Baedeker

Allianz Reiseführer

Hawaii

VERLAG KARL BAEDEKER

Hinweise zur Benutzung

Sternchen (Asterisken) als typographisches Mittel zur Hervorhebung bedeutender Bau- und Kunstwerke, Naturschönheiten und Aussichten, aber auch guter Unterkunfts- und Gaststätten hat Karl Baedeker im Jahre 1844 eingeführt; sie werden auch in diesem Reiseführer verwendet: Besonders Beachtenswertes ist durch * einen vorangestellten 'Baedeker-Stern', einzigartige Reiseziele sind durch ** zwei Sternchen gekennzeichnet.
Zur raschen Lokalisierung der Reiseziele von A bis Z auf der beigegebenen Reisekarte sind die entsprechenden Koordinaten jeweils neben der Überschrift in Rotdruck hervorgehoben: Honolulu **F 3**

Farbige Streifen an den rechten Seitenrändern erleichtern das Auffinden der Großkapitel des vorliegenden Reiseführers: Die Farbe Blau steht für die Einleitung (Natur, Kultur, Geschichte), die Farbe Rot für die Reiseziele, und die Farbe Gelb markiert die praktischen Informationen.

Wenn aus der Fülle von Unterkunfts-, Gast- und Einkaufsstätten nur eine wohlüberlegte Auswahl getroffen ist, so sei damit gegen andere Häuser kein Vorurteil erweckt.

Da die Angaben eines solchen Reiseführers in der heute so schnellebigen Zeit fast ständig Veränderungen unterworfen sind, kann der Verlag weder Gewähr für die absolute Richtigkeit leisten noch die Haftung oder Verantwortung für eventuelle inhaltliche Fehler übernehmen. Auch lehrt die Erfahrung, daß sich Irrtümer kaum gänzlich vermeiden lassen.

Baedeker ist ständig bemüht, die Qualität seiner Reiseführer noch zu steigern und ihren Inhalt weiter zu vervollkommnen. Hierbei können ganz besonders die Erfahrungen und Urteile aus dem Benutzerkreis als wertvolle Hilfe gar nicht hoch genug eingeschätzt werden. Vor allem **Ihre Kritik, Berichtigungen und Verbesserungsvorschläge sind uns stets willkommen.** Sie helfen damit, die nächste Auflage noch aktueller zu gestalten. Bitte schreiben Sie in jedem Falle an die

Baedeker-Redaktion
Karl Baedeker GmbH
Marco-Polo-Zentrum
Postfach 31 62
D-73751 Ostfildern.

Der Verlag dankt Ihnen im voraus bestens für Ihre Mitteilungen. Jede Einsenderin und jeder Einsender nimmt an einer jeweils zum Jahresende unter Ausschluß des Rechtsweges stattfindenden Verlosung von drei JRO-Leuchtgloben teil. Falls Sie gewonnen haben, werden Sie benachrichtigt. Ihre Zuschrift sollte also neben der Angabe des Buchtitels und der Auflage, auf welche Sie sich beziehen, auch Ihren Namen und Ihre Anschrift enthalten. Die Informationen werden selbstredend vertraulich behandelt und die persönlichen Daten nicht gespeichert.

Vorwort

Dieser Reiseführer gehört zur neuen Baedeker-Generation. In Zusammenarbeit mit der Allianz Versicherungs-AG erscheinen bei Baedeker durchgehend farbig illustrierte Reiseführer in handlichem Format. Die Gestaltung entspricht den Gewohnheiten modernen Reisens: Nützliche Hinweise werden in der Randspalte neben den Beschreibungen herausgestellt. Diese Anordnung gestattet eine einfache und rasche Handhabung. Der vorliegende Band hat die im Pazifischen Ozean gelegenen acht Hauptinseln des Hawaii-Archipels – Hawaii, Kauai, Lanai, Maui, Molokai, Niihau und Oahu – zum Thema.

Der Reiseführer gliedert sich in drei Hauptteile: Im ersten Teil wird über Allgemeines, Klima, Pflanzen und Tiere, Bevölkerung, Religion, Wirtschaft, Geschichte, berühmte Persönlichkeiten und Kultur berichtet. Eine Sammlung von Literaturzitaten leitet über zum zweiten Teil, in dem die Reiseziele – Inseln, Städte und Orte, Nationalparks und Landschaften – mit ihren Sehenswürdigkeiten beschrieben werden. Daran schließt ein dritter Teil mit reichhaltigen praktischen Informationen, die dem Besucher das Zurechtfinden vor Ort wesentlich erleichtern. Sowohl die Reiseziele als auch die Informationen sind in sich alphabetisch geordnet. Baedeker Allianz Reiseführer zeichnen sich durch Konzentration auf das Wesentliche sowie Benutzerfreundlichkeit aus. Sie enthalten viele eigens entwickelter Pläne und zahlreiche farbige Abbildungen. Zu diesem Reiseführer gehört eine ausführliche Reisekarte, auf der die im Text behandelten Reiseziele anhand der angegebenen Koordinaten leicht zu lokalisieren sind.

Palmenstrand auf der Insel Oahu und Blick auf die Na Pali Coast auf der Insel Kauai

Wir wünschen Ihnen mit dem Baedeker Allianz Reiseführer viel Freude und einen erlebnisreichen Aufenthalt im Inselstaat Hawaii!

Baedeker
Verlag Karl Baedeker

Inhalt

Natur, Kultur Geschichte
Seite 8 – 75

Reiseziele von A bis Z
Seite 76 – 223

Praktische Informationen von A bis Z
Seite 224 – 283

Aloha

Hula-Hula

Farbenfrohe Begrüßung

Seit Jahrhunderten träumen Menschen von Hawaii, der handvoll schöner Inseln im Pazifik, wo polynesische und asiatische Kulturen und Traditionen miteinander verschmolzen sind. Hier erwarten den Gast traumhafte Strände, eine intakte Unterwasserwelt, einsame Buchten, wilde Küsten, tropische Wälder, exotische Flora und Fauna, schneebedeckte Berge, lavaspeiende Vulkane und nicht zuletzt freundliche Menschen. Zutritt zu diesem Inselparadies hat man über **Oahu**, den "Versammlungsort". Sie ist die Hauptinsel des gesamten Archipels mit der supermodernen Hauptstadt Honolulu und dem vielleicht berühmtesten Strand der Welt: Waikiki, einer vollendeten Mischung aus Tokio und Miami. **Maui**, die "Zauberinsel" oder auch Perle des Archipels genannt wird, besitzt die meisten Badestrände und den Haleakala, einen riesigen erloschenen Vulkan mit einem gewaltigen Krater. Hier gelingt das Kunststück, einerseits die Schätze der Natur zu erhalten und trotzdem vom Tourismus zu leben.

Die größte Insel und gleichzeitig Namensgeberin für den gesamten Archipel ist **Hawaii**, sie wird auch **Big Island** oder Insel der Orchideen und Vulkane genannt. Zu ihren Hauptattraktionen gehören der Volcanoes Nationalpark mit zwei der aktivsten Vulkane der Welt: Kilauea und Mauna Loa, deren Lavaströme ganz aus der Nähe besichtigt werden können. Der zeitweise schneebedeckte Mauna Loa erhebt sich übrigens 4100 m über dem Meeresspiegel; zusammen mit dem unter Wasser liegenden Teil überragt er sogar den Mount Everest.

Waikiki auf Oahu

Bekanntestes Urlaubsziel des gesamten Archipels

Hawaii!

"Die Garteninsel" **Kauai** ist die älteste, am wenigsten bekannte und daher auch die ruhigste der größeren Hawaii-Inseln mit üppiger Vegetation, klaren Bächen, Wasserfällen, tiefen Tälern und atemberaubenden Schluchten, bekannt aus zahlreichen Filmen wie u.a. "Jurassic Park".
Vom Fremdenverkehr noch relativ unberührt sind die beiden Nachbarinseln Mauis, **Molokai**, "die freundliche Insel", und **Lanai**, "die abgeschiedene Insel".
Hawaii ist sowohl verträumtes Tropenparadies, als auch glitzernde Urlaubsmetropole mit perfekter Hotellerie und umfassendem Unterhaltungs- und Freizeitangebot zu Wasser und zu Land. Je nach Blickrichtung und persönlichem Engagement findet der Besucher, was er gesucht hat und vielleicht noch manches mehr. Denn abseits von vielbetretenen Pfaden stößt der an Land und Leuten Interessierte auf nahezu unberührte Natur und jahrhundertealte Kultur. Damit Hawaii kein Disneyland im Pazifik wird, bemühen sich verschiedene Initiativen schon seit Jahren um jahrhundertealte Kultur, die fast verloren schien. Alte Kunst-Techniken wie das Kranzbinden, das Holzschnitzen oder der Hula-Tanz werden neu belebt, Hawaiisch an den Grundschulen wieder unterrichtet. Geschäfte werden gegründet wie der Little Hawaiian Craftshop in Waikikis größter Shopping-Mall, wo Arbeiten einheimischer Künstler verkauft werden – eine Art Keimzelle des sanften Widerstands im Herzen des touristischen Leviathans. Ausflüge, zu Fuß und im Auto, erschließen die abwechslungsreiche Natur.

Hawaii

Schwarzer Sandstrand auf der Insel Hawaii

Unterhaltung

Seelöwen im Sea Life Park auf Oahu

Ananas

Oder Pine, wie die Einheimischen ihre wichtigste Frucht nennen

Zahlen und Fakten

Hinweis

Mit der Bezeichnung 'Hawaii' kann allgemein sowohl die Insel Hawaii als auch der Staat Hawaii, d.h. die Gesamtheit der Hawaii-Inseln gemeint sein. Um Verwechslungen vorzubeugen, wird im folgenden der Begriff 'Hawaii' für das Staatsgebiet verwandt. Wird von der Insel Hawaii gesprochen, ist entweder der Zusatz 'Insel' vorangestellt oder ihr Beinamen 'Big Island' benutzt.
Des weiteren soll hier noch darauf hingewiesen werden, daß üblicherweise die Redewendung 'in' Hawaii soviel bedeutet wie 'im Staate Hawaii', wogegen 'auf' Hawaii identisch ist mit 'auf der Insel Hawaii'.

Allgemeines

Lage

Die Hawaii-Inselkette (Hawaiian Islands) erstreckt sich über eine Länge von 2436 km im nördlichen Pazifik von Südosten nach Nordwesten über den Nördlichen Wendekreis (Wendekreis des Krebses) zwischen 154° 40′ und 178° 75′ westlicher Länge und 18° 54′ und 28° 15′ nördlicher Breite. Die acht großen Inseln liegen gänzlich in tropischen Breiten, während sich die Nordwestlichen Hawaii-Inseln zum größten Teil nördlich des Wendekreises befinden. Die Lage inmitten des Pazifischen Ozeans macht die Inseln zu der am stärksten isolierten Inselgruppe der Welt.

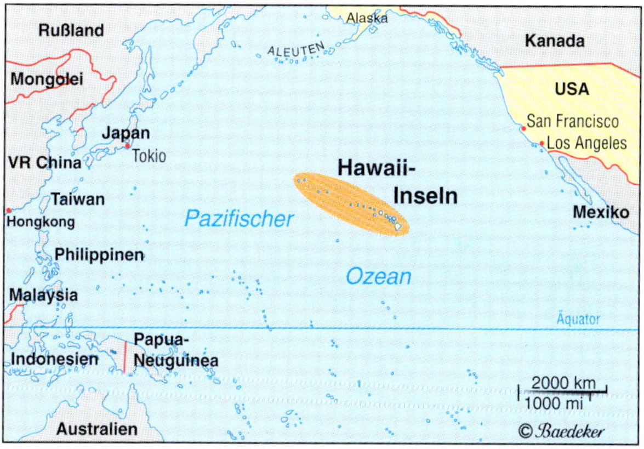

Inselgruppe

Der Archipel Hawaii dehnt sich vom Kure-Atoll im Nordwesten bis zur Insel Hawaii im Südosten aus und umfaßt insgesamt 132 Inseln, Korallenriffe und Sandbänke. Man unterscheidet die Nordwestlichen Hawaii-Inseln (Northwestern Hawaiian oder Leeward Islands), die insgesamt eine Fläche von nur 7 km² einnehmen, und die acht Hauptinseln im Südosten mit einer Fläche von 16540 km². Diese Hauptinseln setzen sich aus den bewohnten Inseln Hawaii, Maui, Oahu, Kauai, Molokai, Lanai und Niihau sowie der unbewohnten Insel Kahoolawe zusammen. Die Ergebnisse von Ausgrabungen auf den Nordwestlichen Hawaii-Inseln lassen Rückschlüsse zu, daß auch ein Teil jener Inseln früher bewohnt war.

◀ *Chinaman's Hat: Wahrzeichen der Insel Oahu*

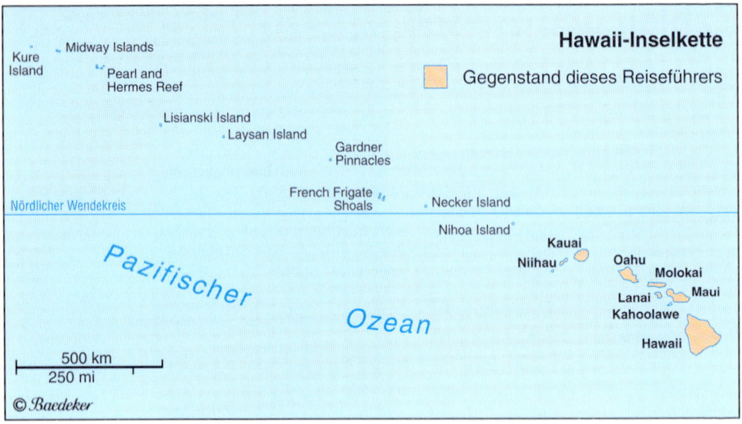

Inselgruppe (Fortsetzung)

Die fünf Midway-Inseln im äußersten Nordwesten gehören nicht zum US-Bundesstaat Hawaii, sondern unterstehen der US-Marine, die dort einen Flotten- und Flugstützpunkt mit 500 Mann unterhält. Auch auf dem Kure-Atoll befindet sich eine Navigationsstation der US-Küstenwache mit etwa 20 Mann, die einzigen Bewohner dieser Inseln.

Northwestern Hawaiian Islands

Die Nordwestlichen Hawaii-Inseln sind zum größten Teil erst im vergangenen Jahrhundert entdeckt worden. Sie sind die ältesten Inseln des ganzen Archipels; ihr Alter wird auf 6–25 Mio. Jahre geschätzt. Anfang des 20. Jh.s wurden alle Inseln, mit Ausnahme der Midways, vom damaligen US-Präsidenten Theodore Roosevelt unter Naturschutz gestellt und das gesamte Gebiet zum 'Hawaiian Islands National Wildlife Refuge' erklärt.

Entstehung der Hawaii-Inseln

Vulkanismus

Der Archipel Hawaii besteht aus den Spitzen erkalteter Schildvulkane, deren Hauptlavamasse sich unter Wasser befindet. Die Berge der Hawaii-Inseln sind daher durchweg erkaltete Vulkane; nur zwei Vulkane auf der Insel Hawaii werden noch zu den aktiven Vulkanen gerechnet: der Mauna Loa und der Kilauea.

Die vulkanische Entstehung Hawaiis beginnt im mittleren Tertiär und ist damit eine vergleichsweise junge Entwicklung. Die Bildung der Hawaii-Inselkette hat insgesamt einen Zeitraum von 70 Millionen Jahren eingenommen.

Hawaii befindet sich in einer seismographisch unruhigen Zone des Pazifiks, in der die meisten Landvulkane liegen und die größte Zahl an Erdbeben registriert wird.

Nach dem Modell der 'Hot Spots' sammelt sich an bestimmten Stellen des Erdmantels im Laufe der Jahrmillionen Magma an, das sich durch Brüche und Erdspalten in Form von Vulkanausbrüchen entleert. Da Hawaii auf einem Teilstück der Erdkruste, dem Pazifischen Becken liegt, das wiederum durch die Bewegung der in riesige Platten zerteilten Erdoberfläche, in diesem Fall der 'Pazifischen Platte', sich von Südost nach Nordwest bewegt, wandert Hawaii jährlich um etwa 8–10 Zentimeter nordwestlich. Die Plattenverschiebung bewirkt, daß sich über dem 'Hot Spot' unter Hawaii nicht nur ein Vulkan bildet, sondern eine Kette von Vulkanen von Nordwest nach Südost entsteht. Die ältesten Vulkane befinden sich im Nordwesten (Kure Atoll), das jüngste Glied mit noch aktiven vulkanischen Erscheinungen ist die südöstlichste Insel Hawaii.

Vulkanismus (Fortsetzung)

Das unterschiedliche Alter der Inseln spiegelt sich in den verschiedenen Verwitterungsstadien der Inseln wider. Ist die Insel Hawaii durch den aktiven Vulkanismus im Wachsen begriffen, so sind die nodwestlichen Nachbarinseln durch Erosion und Meeresabtragung bereits am schrumpfen. Auf dem Atoll Kure und auf den Midway Inseln, 2500 km nordwestlich, ragt nur noch Riffkalk aus dem Meer.

Lavaformen

Die Lavaströme auf Hawaii treten in zweierlei deutlich unterscheidbaren Formen auf. Ihre polynesische Namen sind feststehende Begriffe in der Vulkanforschung geworden. Die 'aa'-Lava hat eine rauhe, kantige Struktur, während die 'pahoehoe' eine dünnflüssige Lava ist, die durch ihre glatten oder gewellten Formen auffällt. Sie ist die heiße flüssige und gasreiche Lava, die sich durch Abkühlung oder Entgasung in 'aa'-Lava verwandeln kann. Die chemische Zusammensetzung der beiden Lavaarten ist identisch.

Die schwarzen Sandstrände bestehen aus dem von Meerwasser erodierten und zerkleinerten Lavagestein.

Erdbeben und Tsunamis

Neben Vulkanausbrüchen treten Erdbeben auf den Hawaii-Inseln als Folge dieser unruhigen Zone im Erdinneren auf. Sie sind teilweise so schwach, daß sie gar nicht wahrgenommen werden. Die Erdbeben sind entweder Begleiterscheinungen von Vulkanausbrüchen oder Folgeerscheinung von Verwerfungen, also Bruchflächen der Gesteinsschichten, die durch die Bewegung der Pazifischen Scholle auf dem Grunde des Pazifischen Ozeans entstehen können.

Als Folge von Seebeben entsteht der Tsunami, eine riesige Flutwelle, die beachtliche Schäden anrichten kann. Ursache des Tsunami sind Erdbeben am Meeresboden, die ungewöhnlich lange Wellenbewegungen auslösen. Die Geschwindigkeit des Tsunami, die bis auf 100 km/h ansteigen kann, verlangsamt sich, wenn die Welle in die Küstengewässer eintritt, gleichzeitig nimmt aber die Wellenhöhe zu. Es bilden sich Wellenberge bis zu einer Höhe von 35 m. Die Zentren der Seebeben können sich sehr weit entfernt von den Hawaii-Inseln befinden, und so entstehen die meisten Tsunamis, die Hawaii erreichen, am Rande des Pazifischen Ozeans.

Besonders die Insel Hawaii mußte große Schäden durch Tsunamis verkraften, doch auch die übrigen Inseln waren betroffen.

Das in Honolulu befindliche Tsunami Information Center, in dem seismologische Daten und Informationen über die Gezeitenzyklen gesammelt und ausgewertet werden, gibt rechtzeitig Tsunami-Warnungen aus.

Entstehung der Hawaii-Inselkette

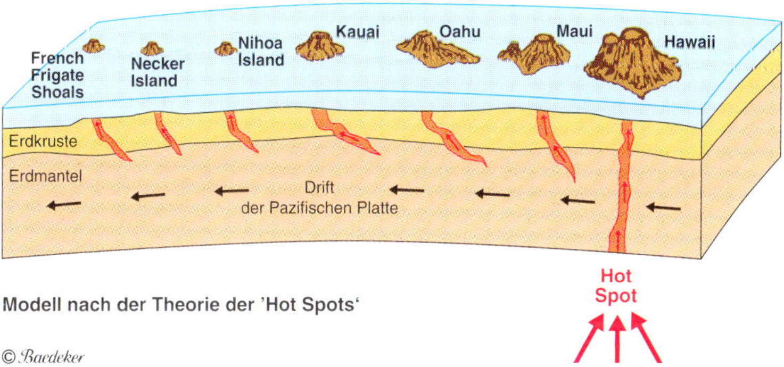

Modell nach der Theorie der 'Hot Spots'

Verwaltungsgliederung

50. Bundesstaat der USA

Im März 1959 wurde Hawaii zum 50. Bundesstaat der Vereinigten Staaten von Amerika erklärt. Die Hauptstadt ist Honolulu auf der Insel Oahu.
Der Staat Hawaii, der nach der gleichnamigen Insel benannt wurde, ist der einzige Inselstaat der USA. Flächenmäßig ist Hawaii zwar klein, doch insgesamt noch der viertkleinste Staat der USA, nach Rhode Island, Connecticut und Delaware. Hawaii hat als einziger Staat der USA keine gemeinsamen Grenzen zu anderen US-Bundesstaaten und ist auch nicht der Nordamerikanischen Landmasse angehörig.

Regierung

An der Spitze des Staates steht ein Gouverneur, der alle vier Jahre gewählt wird. Das Parlament besteht aus zwei Kammern, dem Repräsentantenhaus mit 51 Abgeordneten und dem Senat mit 25 Mitgliedern. Das Repräsentantenhaus wird alle zwei Jahre neu gewählt, der Senat im Vierjahres-

Die acht Hauptinseln des Hawaii-Archipels

rhythmus. Ein Abgeordneter wird in das US-Repräsentantenhaus entsandt.

Regierung (Fortsetzung)

Der Staat Hawaii ist in vier Counties (Bezirke) eingeteilt, die bis auf das Hawaii County jeweils mehrere Inseln umfassen. Die kommunale Verwaltung ist ebenfalls Aufgabe der Counties, denn es fehlt eine eigenständige kommunale Verwaltungsebene. An der Spitze des County steht ein Bürgermeister (Mayor), der das Ernennungsrecht für alle Beamten innerhalb des County hat. Nachteilig an diesem System ist, daß große Städte, wie die Hauptstadt Honululu und die größeren Orte der Inseln, keine eigene kommunale Verwaltung haben, um ihre speziellen Probleme effektiver angehen zu können.

Counties (Bezirke)

Die Politik in Hawaii wird von zwei großen Parteien bestimmt: den 'Demokraten' und den 'Republikanern'. Seit der Anerkennung Hawaiis als US-

Politik

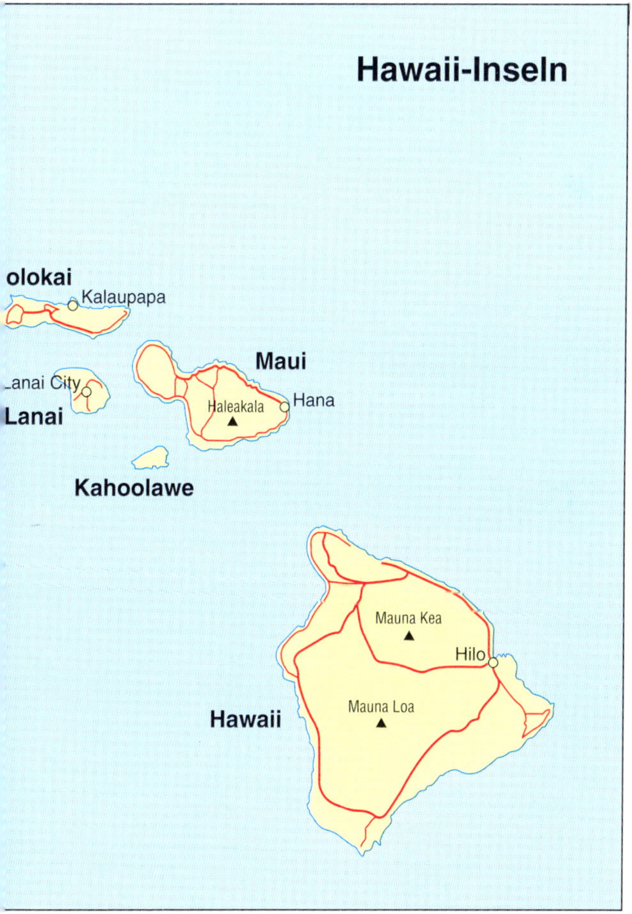

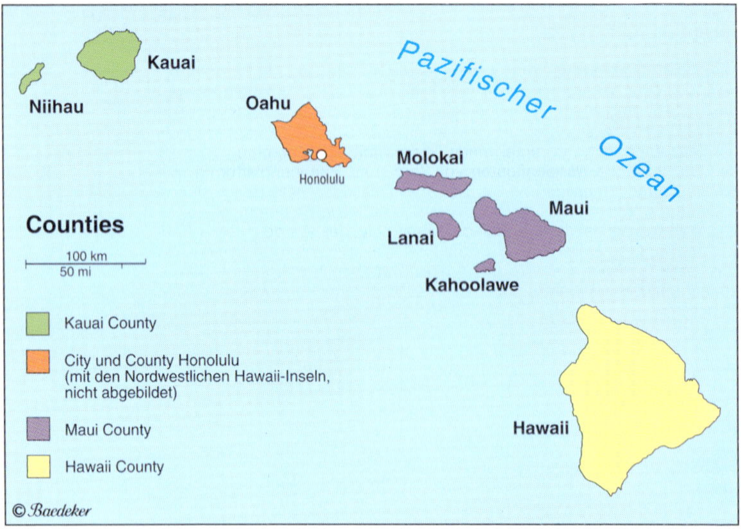

Politik (Fortsetzung)

Bundesstaat im Jahre 1959 liegt die Inselpolitik fest in demokratischer Hand. Eine Besonderheit ist, daß die ethnische Vielfalt der Bevölkerung sich auch in der Zusammensetzung ihrer politischen Repräsentanten widerspiegelt. So war z.B. George Ariyoshi, hawaiischer Gouverneur von 1974–1986, japanischer Herkunft. Der erste Gouverneur hawaiischer Abstammung war John Waihee, dessen Amtszeit sich von 1986 bis 1994 erstreckte. Derzeitiger Gouverneur ist Ben Cayetano.
Die hawaiischen Politiker haben den Ruf, im Gegensatz zum üblichen amerikanischen Medienspektakel zurückhaltend und medienscheu zu sein und eher auf politischen Konsens bedacht, als auf Konfrontation aus zu sein.
Politischen Einfluß üben besonders die Vertreter der wichtigsten Wirtschaftszweige von Hawaii aus (Tourismus, Zucker- und Ananasproduktion sowie die Bauindustrie). Doch auch die Arbeitnehmerorganisationen sind politisch schlagkräftig. Durch die Zunahme der Arbeitsplätze im Dienstleistungsbereich konnte die Gewerkschaft des öffentlichen Dienstes ihren Einflußbereich vergrößern. Die Gewerkschaft der Hafen- und Lagerarbeiter (International Longshoremen and Warehousemen's Union), welche die Interessen der Zucker- und Ananasarbeiter vertritt, hat heutzutage durch die allmähliche Umstrukturierung der Wirtschaft an Bedeutung verloren.

Staatssymbole

Flagge

Die Staatsflagge wurde ursprünglich um 1816 für König Kamehameha I. entworfen und stellt eine Kombination des britischen Union Jack und der amerikanischen 'Stars and Stripes'-Flagge dar. Sie besteht aus acht abwechselnd weißen, roten und blauen Streifen (für die acht Hauptinseln einschließlich Kahoolawe) und dem britischen Union Jack in der oberen linken Ecke. Der Ursprung der hawaiischen Flagge ist nicht eindeutig geklärt, doch wird vermutet, daß der englische Seefahrer George Vancouver Kamehameha die britische Flagge als Geschenk mitbrachte. Während des Krieges von 1812, in dem sich britische und amerikanische Kriegsschiffe in hawaiischen Gewässern bekämpften, soll Kamehameha als diplomatische

Lösung zur Vermeidung von Konflikten mit beiden Staaten, die neue Flagge gestaltet haben.

Flagge (Fortsetzung)

Siegel

Das große Staatssiegel trägt die Inschrift "State of Hawaii", das Staatsmotto und die Jahreszahl 1959, das Jahr, in dem Hawaii der 50. Staat der USA wurde. In der Mitte befindet sich ein Wappen, das links die Figur des Königs Kamehameha I. und rechts die eine hawaiische Flagge haltende Freiheitsgöttin zeigt, darunter einen Phönix mit ausgebreiteten Flügeln. Umrankt sind die Wappenfiguren von Taro- und Bananenblättern sowie Farnkräutern.

Wappen

Recht kompliziert ist das Wappen der Monarchie, das aus dem Jahre 1845 stammt und z. B. an den Gittern des Iolani-Palasts zu sehen ist. In der Mitte des viergeteilten Wappens befindet sich die alte Dreiecksflagge der hawaiischen Häuptlinge mit zwei gekreuzten Speeren. Darüber steht eine Krone, links davon eine Darstellung des Häuptlings Kamanawa, einen Speer in der Hand, rechts des Häuptlings Kameeiamoku, der einen 'kahili' (Federbusch) hält. Die beiden Häuptlinge gelten als jene, die den späteren König Kamehameha I. bei den Einigungsbestrebungen unterstützten. Darunter ist wieder das Staatsmotto angebracht ("Das Leben des Staates wird für immer durch Rechtschaffenheit geprägt sein"). Das Staatswappen befindet sich auch auf den von der Monarchie ausgegebenen Münzen.

Hymne

Auch die Staatshymne ist königlichen Ursprungs und wurde durch einen Beschluß des Parlaments von 1967 übernommen. Der Text zu der Hymne "Hawai'i pono'i" (→ Hawaii in Zitaten) wurde im Jahre 1874 von König David Kalakaua zu Ehren von Kamehameha I. geschrieben und sollte nach der Melodie der britischen Nationalhymne "God Save the King" gesungen werden. Doch zwei Jahre später schuf der Potsdamer Heinrich Berger, Leiter der Royal Hawaiian Band, eine Melodie, die auch die Hawaiianer begeisterte.

Staatswappen am Tor zum Iolani Palace

Allgemeines (Fortsetzung) Staatsblume Hibiskus

Im Jahre 1923 wurde der Hibiskus, ein Malvengewächs, zur Staatsblume gewählt. Wegen seiner kurzen Blütezeit wird er auch Stundenblume genannt. Wenn auch oft der rote Hibiskus als Staatsblume angesehen wird, so muß doch festgestellt werden, daß in dem fast 70 Jahre alten Parlamentsbeschluß die Farbe nicht festgelegt wurde.

Staatsbaum 'kukui'

Hawaii hat auch einen Staatsbaum, den 'kukui' oder Candlenut Tree, ein Nußbaum, der wegen der vielfältigen Verwendung seines Nußöls für die Hawaiianer große Bedeutung hatte. Vor 1959 hatte die Kokospalme als offizieller Baum gegolten.

Staatstier Buckelwal

Das Staatstier ist der Buckelwal, eine Walart, die vom Aussterben bedroht ist. Von den rund 1000 dieser Tiere im Nordpazifik kommen 250 bis 600 von November bis Ende Februar in die Gewässer der Hawaii-Inseln, um dort ihre Jungen zur Welt zu bringen.

Staatsvogel 'nene'

Auch der Staatsvogel ist vom Aussterben bedroht: Die 'nene' oder Hawaiische Gans, die nur noch auf den Inseln Hawaii und Maui vorkommt, hat dort auf dem lavabedeckten Boden in einer Höhe von 1200 bis 2400 m ihren bevorzugten Lebensraum. Versuche, gezüchtete 'nenes' später dann in der Wildnis auszusetzen, waren bis jetzt nicht erfolgreich.

Staatsfisch 'humuhumunukunukuapua'a'

Der Staatsfisch hat einen Namen, bei dem sogar Hawaiianer Schwierigkeiten haben, ihn richtig auszusprechen: Es ist der 'humuhumunukunukuapua'a', ein kleiner Fisch, welcher der Familie der 'humuhumu'-Gattung angehört. Er ist sogar in einem Schlagerlied verewigt:
"I want to go back
to my little grass shack
in Ke-ala-ke-kua, Hawaii
where the humuhumunukunukuapuaa goes swimming by".

Aloha State

Der offizielle Beinamen von Hawaii ist Aloha-Staat (aloha=willkommen), was bedeuten soll, daß auch der 'Aloha-Geist', der Sinn für Lebensfreude und Freundschaft in der Politik ebenso wie im täglichen Umgang miteinander seinen festen Platz haben soll.

Klima

Allgemeines

Das Klima im Bereich des Hawaii-Archipels ist ganzjährig gleichmäßig mit milden Temperaturen und sonnigem Wetter, wenn auch häufig unterbrochen von heftigen Regenfällen, insbesondere auf der Ostseite der Inseln. Beeinflußt wird es vor allem durch die beständig wehenden Passatwinde aus dem Nordosten, die das tropische Klima angenehm und gut verträglich machen.
Es gibt auf Hawaii nur zwei Jahreszeiten, den Sommer von Mai bis Oktober und den Winter von Oktober bis April. Im Winter sind die Temperaturen etwas niedriger, und Wolken und Regen treten häufiger auf. Ursache hierfür sind feuchte und kühle Winde, die die Passatwinde zeitweilig unterbrechen.

Einflußfaktoren

Das Klima von Hawaii ist von dem Zusammenspiel verschiedener Faktoren bestimmt:
Die Lage innerhalb der Tropen sorgt für das ganzjährig relativ gleichmäßige Klima mit geringen Temperaturunterschieden und einer gleichbleibend hohen jährlichen Sonneneinstrahlung.
Die riesige Wasserfläche des Pazifischen Ozeans mit einer das ganze Jahr über fast konstanten Wassertemperatur von 24 °C bis 27°C wirkt als 'Thermostat': Sie kühlt warme Luftströme ab und erwärmt kalte Luftmassen.
Im Winter, wenn die Sonne südwärts wandert, können die Hawaii-Inseln in den Einfluß der pazifischen Tiefdruckgebiete gelangen. Sie sind die

Einflußfaktoren (Fortsetzung)

Ursache für wolkenreiches, regenreiches Wetter, das mitunter auch sehr stürmisch sein kann.
Die Größe der Inseln und ihre Oberflächengestalt – besonders die hohen Berge – beeinflussen das lokale Klima. Sie zwingen die Luftmassen zum Aufstieg und teilen die Inseln in niederschlagsreiche Luvseiten und trockenere Leeseiten. Durch sie prägen sich auch verschiedene Höhenklimata aus. So ist der Gipfel des Mauna Kea auf der Insel Hawaii im Winterhalbjahr sogar ab und zu mit Schnee bedeckt.

Temperaturen

Bezeichnend für das Klima der Hawaii-Inseln ist, daß die Temperaturunterschiede von Sommer und Winter geringer sind als die zwischen Tag und Nacht. Auch wenn als extreme Temperaturwerte in Honolulu 33°C und 15°C gemessen wurden, so ist doch die Temperaturspanne insgesamt als gering zu bezeichnen.
Die jährlichen Durchschnittstemperaturen liegen zwischen 22° C (Januar) und 26° C (August). In den Wintermonaten von November bis März können die Temperaturen bis auf 18° C sinken; in den Sommermonaten werden an einigen Tagen bis zu 30° C erreicht.
Bedeutender sind die Temperaturunterschiede zwischen Küste und Gebirge. In den Gebirgsregionen entsteht mit steigender Höhe ein Wärmeabfall, und so kann es dort merklich kühler sein. Bei Bergwanderungen muß deswegen warme Kleidung mitgenommen werden.

Niederschläge

Die Niederschlagsmenge und deren räumliche Verteilung ist von dem Relief der Inseln und der Windrichtung der Passatwinde abhängig. Die im Windschatten liegenden Leeseiten der Gebirge haben geringere Niederschlagswerte als die windzugewandten Luvseiten.
Durch die häufigen Steigungsregen gehen in den mittleren Höhenlagen auf der Luvseite die höchsten Niederschlagsmengen nieder. So gilt der 1575 m hohe Waialeale auf Kauai mit einer durchschnittlichen Regenmenge von 12000 mm pro Jahr als regenreichster Punkt der Welt. Dagegen ist Puako auf der Insel Hawaii mit 230 mm Niederschlägen pro Jahr der niederschlagsärmste Ort der Inseln. Die mittleren Jahresniederschläge für Honolulu liegen bei 600 mm. Typisch für die Niederschläge auf Hawaii sind die unregelmäßigen Regenschauer, die nur lokal begrenzt niedergehen, aber große Niederschlagsmengen in kurzer Zeit bringen.
Die Niederschlagsmenge nimmt insgesamt im Winterhalbjahr zu, doch läßt sich keine feste Regenzeit bestimmen.

Ausgewählte Klimadaten

Meßstation: Honolulu (Oahu)

Monate	Temperaturen in °C: Durchschnitts-maximum	Durchschnitts-minimum	Sonnenscheinstunden pro Tag	Tage mit Niederschlag	Niederschlagsmenge in mm
Januar	24,4	20,6	7,3	14	104
Februar	24,4	19,4	7,7	11	66
März	25,0	19,4	8,3	13	78
April	25,6	20,0	8,6	12	48
Mai	26,7	21,1	8,8	11	25
Juni	27,2	22,2	9,1	12	18
Juli	27,8	22,8	9,4	14	23
August	28,3	23,3	9,3	13	28
September	28,3	23,3	9,2	13	36
Oktober	27,8	22,2	8,3	13	48
November	26,7	21,1	7,5	13	64
Dezember	25,6	20,6	6,2	15	104
Jahr	26,7	21,1	8,3	154	643

Klima (Fortsetzung) Sonnenscheindauer

Durch die geographische Nähe zum Äquator ist die Sonneneinstrahlung das ganze Jahr über hoch. Insgesamt ist die mittlere Sonnenscheindauer im Sommer höher, doch ist auch darauf zu achten, daß innerhalb der Inseln in den Küstengebieten die Sonne am häufigsten scheint; dagegen sind die mittleren Höhenlagen oft in Wolken gehüllt.
Auf Oahu schwankt die durchschnittliche monatliche Sonnenscheindauer zwischen 129 Stunden im Februar und 270 Stunden im Juni, das sind 40% bzw. 72% der möglichen Sonnenscheindauer. Die mittlere tägliche Sonnenscheindauer in Honolulu variiert zwischen 6 Stunden im Dezember und 9,4 Stunden im Juli.
Der Unterschied zwischen dem kürzesten und längsten Tag ist nur gering: Im Dezember bleibt es 11½ Stunden hell, im Juni 13 Stunden (zum Vergleich: Südkalifornien 10 und 14½ Stunden, die Nordostküste der USA 8½ und 15½ Stunden).

Pflanzen und Tiere

Flora

Allgemeines

Durch die Abgeschiedenheit der Hawaii-Inseln (die kürzeste Entfernung vom Festland beträgt 3200 km) nahm die Besiedelung der Inseln durch Pflanzen einen langen Zeitraum ein. Die meisten Samen und Sporen wurden von Vögeln auf die Inseln transportiert.
Die verschiedenen Landschaftsformen – Küsten, Berge, Täler, Moore –, verbunden mit den unterschiedlichen klimatischen Höhenstufen, den feuchten Luvseiten und den trockenen Leeseiten, boten die Voraussetzungen für eine vielfältige Vegetation. Es entwickelte sich eine Vielzahl an endemischen, nur auf den Hawaii-Inseln vorkommenden Pflanzen.
Heute sind nur noch wenige der ursprünglich vertretenen Arten in abgelegenen, schwer zugänglichen Gebieten zu finden. Viele Pflanzen sind ausgestorben oder vom Aussterben bedroht. Künstlich eingeführte Zier- und Nutzpflanzen überwiegen in weiten Teilen der Inseln.
Informationen über die ursprüngliche Pflanzenvielfalt sind durch mündliche Überlieferungen und durch spätere Aufzeichnungen der Seefahrer James Cook, George Vancouver, Otto von Kotzebue und der ersten hawaiischen Wissenschaftler überliefert worden.

Vegetationszonen

Die Verteilung der Pflanzen auf den Inseln steht in engem Zusammenhang mit dem Klima und der Oberflächenform. Die durchschnittlichen jährlichen Niederschläge und die Temperaturen sind dabei die wichtigsten klimatischen Faktoren. Durch die verschiedenen Höhenlagen auf den Inseln haben sich folgende Vegetationszonen gebildet: im Küstenbereich Strandvegetation, in den trockeneren Gebieten Strauchvegetation, in den feuchten Gebieten Regenwald und in den höher gelegenen Bergregionen Bergwald mit den fast vegetationslosen Gipfelzonen.
In den niedriger gelegenen Gebieten ist die ursprüngliche Vegetation durch den Anbau von Nutzpflanzen größtenteils verdrängt. Eingeführte Pflanzen aus Asien, Afrika, Australien und tropischen Regionen Amerikas haben hier eine neue Vielfalt entwickelt. In den städtischen Regionen sind ebenfalls viele eingeführte tropische Pflanzen anzutreffen.
Die Schönheit und Reichhaltigkeit der heutigen hawaiischen Pflanzenwelt kann man besonders gut in den zahlreichen öffentlichen und privaten Parks und Botanischen Gärten betrachten.

Eingeführte Pflanzen

Die ersten Siedler, die Polynesier, die von den Marquesas und Tahiti nach Hawaii kamen, haben Kokosnuß, Banane, Zuckerrohr, Süßkartoffel, Brotfrucht, Yamswurzel und Taro, ein stärkehaltiges Knollengewächs, mitgebracht. Früchte, die wir heute als exotisch oder gar hawaiisch ansehen, sind ebenfalls von Siedlern eingeführt worden. Dazu gehören die Papaya, Mango, Ananas und Guave, die größtenteils aus Südamerika stammen.

Torch Ginger

Heliconia

Eingeführte Pflanzen (Fortsetzung)

Die zahlreichen Blumenarten, die man gerne als 'typisch hawaiisch' bezeichnet, sind ebenso in anderen Ländern und Kontinenten heimisch, wie Java, Indien und China. Beispiele hierfür sind der Hibiskus (sogar zur Staatsblume avanciert), Plumerias, Proteas, Anthurien, Ingwer, Strelitzias und Heliconias. Von den vielen Orchideenarten ist nur eine Spezies einheimisch, alle anderen Arten sind ursprünglich eingeführt worden und werden heute kommerziell gezüchtet.

Bäume

Nur zwei Baumarten sind auf Hawaii einheimisch: der Koa-Baum, eine wegen seiner beachtlichen Größe beeindruckende Akazienart mit einem bis zu 3 m dicken Stamm und einer Höhe von mehr als 20 m, und der 'ohia', der sowohl in niedriger Form als Strauch, wie auch als bis zu über 30 m hoher Baum vorkommt. Der Koa-Baum ist an seinen sichelförmigen Blättern und gelben Blüten erkennbar. Sein Holz wurde von den Polynesiern zur Herstellung von Kanus, Surfbrettern und Kalebassen verwendet.
Der 'ohia' ist der am häufigsten in Hawaii anzutreffende Baum. Sein besonders hartes Holz wurde sowohl zur Produktion von Gebrauchsgegenständen und Möbeln als auch zum Bau von Häusern verwandt.
Ein anderer, weitverbreiteter Baum ist der 'kukui' oder Candlenut Tree, ein Nußbaum, dessen Öl als Brennstoff für Öllampen verwendet wurde. Die Nüsse werden heute noch als Gewürz benutzt.
Der Papiermaulbeerbaum hatte eine wichtige Bedeutung für die Herstellung von 'kapa'. Aus seiner Rinde, wie auch aus der Rinde anderer Bäume und Sträucher, wurde ein Rindentuch aus Bastfasern hergestellt, das die ursprüngliche Kleidung der Inselbewohner war.

Silberschwertpflanze

Eine botanische Besonderheit und Rarität ist die Silberschwertpflanze. Sie wächst in Höhenlagen ab 2000 m und ist nur noch am Rande des Haleakala-Kraters anzutreffen. Erst nach einem Zeitraum von 5-10 Jahren treibt sie einen riesigen Blütenstand, der eine Höhe von 2 m erreichen kann. Nach der Blüte bildet sie Samen und stirbt ab.

Fauna der Hawaii-Inseln

Allgemeines

Insgesamt kann die einheimische Tierwelt der Hawaii-Inseln als sehr artenarm bezeichnet werden, was durch die isolierte Lage der Inseln zu erklären ist. Amphibien und Reptilien sind überhaupt nicht vorhanden, wodurch die Inseln nach wie vor ein ‘Paradies’ ohne Schlangen sind. Besonders artenreich ist dagegen die Insekten- und Schneckenwelt. Ebenfalls sind die hawaiischen Gewässer reich an Fischen und Korallen.
Die ehemals vielen Vogelarten, die auf den Hawaii-Inseln vorzufinden waren, sind heute größtenteils ausgestorben. Nur noch wenige Arten konnten ihren Lebensraum in abgelegenen Berggebieten erhalten.

Säugetiere

Sämtliche Haustiere wie Rinder, Pferde, Schafe, Schweine, Ziegen, Hühner und Hunde sind durch die Besiedelung der Inseln eingeführt worden. Ratten und Mäuse wurden unfreiwillig mitgebracht. Besonders die Weide-

Säugetiere (Fortsetzung)

tiere haben stark zur Veränderung des lokalen Ökosystems beigetragen. Durch die starke Trittbelastung und das Abweiden in den niedrig gelegenen Gegenden veränderte sich dort die Vegetation und damit auch das Vorkommen einheimischer Pflanzen und Tiere. Die Vögel verschwanden aus diesen Gebieten; einige Arten starben aus, andere zogen sich in die höher gelegenen Bergwälder zurück.

Nur zwei Säugetiere gelten als 'Ureinwohner' der Inseln: eine Robbenart – die Hawaii-Mönchsrobbe – und die behaarte Fledermaus. Die Mönchsrobbe ist vom Aussterben bedroht und nur noch auf den unbewohnten Nordwestlichen Hawaii-Inseln anzutreffen. Die Fledermaus ist noch in den Berggegenden in Höhenlagen von 1300 bis 2000 m zu finden.

Der Buckelwal taucht in den Gewässern der Hawaii-Inseln, besonders vor der Insel Maui, auf, um seine Jungen aufzuziehen. Ebenso kommen der Pottwal und der nur 5-6 m kleine Schnabelwal vor. Delphine, die der Familie der Zahnwale zugeordnet werden, sind hier das ganze Jahr über.

Fauna (Fortsetzung) Schildkröte

Die sehr selten gewordene Grüne Meeresschildkröte hat ihre größte Kolonie auf den French Frigate Shoals, einer Gruppe von zwölf kleinen Sandbänken innerhalb der Norwestlichen Hawaii-Inseln.

Vögel

Von den berühmten hawaiischen Vögeln sind heute nur noch wenige Arten anzutreffen. Die Kleidervögel und die verschiedenen Arten der Honigfresser, aus deren Federn die königlichen Roben hergestellt wurden, sind zum größten Teil ausgestorben. Von den rund 70 Arten sind 23 bereits verschwunden, und 31 weitere Arten gehören zu den vom Aussterben bedrohten Vögeln. Auf Oahu gibt es keine einzige ursprünglich vertretene Vogelart mehr, und auf den übrigen Inseln haben sich viele der einheimischen Vögel auf über 1000 m hoch gelegene Berggebiete zurückgezogen.
Der Staatsvogel, die 'nene' oder Hawaiische Gans, hatte in den vierziger Jahren auf der Insel Hawaii nur noch einen Bestand von 40 Exemplaren; auf Maui war sie ganz verschwunden. Seitdem sie geschützt ist, hat sich ihr Bestand auf den Abhängen des Mauna Loa und Mauna Kea auf Hawaii sowie des Haleakala auf Maui auf insgesamt 600 vermehrt.

Nicht zu vergessen ist die beträchtliche Anzahl an Zugvögeln, die jährlich auf den unbewohnten Nordwestlichen Hawaii-Inseln Rast machen. Besonders beeindruckend ist der Pazifische Regenpfeifer, der seinen Flug von Alaska oder Sibirien bis in den südlichen Pazifik auf Hawaii kurz unterbricht.
Mehrere Millionen Seevögel brüten auf den kleinen nordwestlichen Inseln und Atollen; Beispiele sind der Laysan-Albatros, der größte Seevogel Hawaiis, verschiedene Tölpelarten und die Seeschwalbe.

Insekten

Von den 10000 hawaiischen Insektenarten, die sich nach Ansicht von Entomologen aus nur 150 ursprünglich vorhandenen Arten entwickelt haben, sind viele nur auf einer der Inseln vertreten. Ihre Existenz ist oft vom Vorhandensein einer einzigen Pflanzenart abhängig.
Die ersten Ungeziefer – Flöhe, Läuse und Fliegen – wurden erst durch die polynesischen Siedler mitgebracht. Moskitos, Termiten, Ameisen und Kakerlaken sind vermutlich später von Seefahrern eingeschleppt worden, ebenso möglicherweise die Obst- und Gemüseschädlinge.

Schnecken

Völlig ungeklärt ist, wie sich fast 1000 Schneckenarten auf den Hawaii-Inseln entwickeln konnten, von denen nicht wenige endemisch, d.h. ausschließlich nur hier vorkommend sind. Es gibt allein ca. 100 Baumschnekkenarten, deren Schneckenhäuser durch ihre schönen Farben und Muster auffallen.

Fische

Die Unterwasserwelt in den den Inseln vorgelagerten Korallenriffen und in dem höhlenreichen Vulkangestein entlang der Küsten beherbergt allein 700 Fischarten. Hier finden sich – um nur eine kleine Auswahl zu nennen – Blaue Lippfische, Korallenfische, Red-Hine-Fische, der 'kihikihi', Schmetterlings-, Papageien- und Ziegenfische. Die meisten Fischarten sind nicht nur in den Gewässern Hawaiis anzutreffen, sondern im gesamten tropischen Bereich des Indischen und Pazifischen Ozeans.
Die Korallenriffe sind heute durch den Abbau der Korallen für Souvenirs und die Schmuckindustrie gefährdet. Beim Tauchen und Schnorcheln ist darauf zu achten, daß keine Korallen beschädigt werden.

Bevölkerung

Strukturdaten

Nach Schätzungen von 1989 beläuft sich die Bevölkerungszahl des Staates Hawaii auf 1112000 Einwohner. Die räumliche Verteilung der Bevölkerung auf die einzelnen Inseln fällt sehr unterschiedlich aus. Allein vier Fünftel der Bevölkerung leben auf der Insel Oahu. Etwa die Hälfte der Einwohner von Oahu konzentriert sich wiederum auf die Hauptstadt

Honolulu. Die nächstgrößeren Städte sind Hilo (Hawaii) mit 43500 Einwohnern, Pearl City (Oahu) mit 43000 Einwohnern, gefolgt von fünf weiteren Orten auf Oahu: Kailua (35000), Kaneohe (29000), Waipahu (29000), Mililani (22000) und Wahiawa (17000). Die restlichen Städte haben meist weniger als 15000 Einwohner.

Strukturdaten (Fortsetzung)

Auch wenn die meisten Städte von der Einwohnerzahl her relativ klein sind, so ist doch der Grad der Verstädterung auf den Inseln recht hoch. Nur ein Fünftel der Bevölkerung lebt auf dem Land. Die Tendenz, in städtische Gebiete zu ziehen, hält weiterhin an.
Die durchschnittliche Bevölkerungsdichte auf den Hawaii-Inseln beträgt 63 Einw./km², ein sehr niedriger Wert. Dabei darf allerdings nicht vergessen werden, daß die Einwohnerdichte von Insel zu Insel extrem schwankt. Die dichtest besiedelte Insel Oahu verzeichnet mit 546 Einw./km² den mit Abstand höchsten Dichtewert in Hawaii.

Ethnischer Pluralismus

Begegnung von Ost und West

Die mehr als eine Million Bewohner von Hawaii setzen sich aus 50 ethnischen Gruppen zusammen und gelten als die vollkommenste Völker- und Rassenmischung auf kleinem Raum. Die ethnischen Wurzeln der Bevölkerung von Hawaii liegen sowohl in Asien als auch in Europa. Die Hawaii-Inseln sind damit nicht nur geographisch gesehen eine Verbindung der östlichen und der westlichen Welt, sondern auch in gesellschaftlicher Hinsicht. Hawaii ist der einzige Staat der USA, der nur aus ethnischen Minderheiten besteht und – trotz gegenwärtiger rascher Zunahme der weißen Bevölkerung durch den Zuzug vieler Kalifornier – keine weiße Mehrheit besitzt.
Etwa 60 % der Bewohner sind auf den Inseln geboren, 25 % stammen vom amerikanischen Festland und 15 % sind im Ausland geboren.

Zusammensetzung der Bevölkerung

Nach der Volkszählung von 1980 setzt sich die Bevölkerung von Hawaii wie folgt zusammen:

Weiße	318770	33,0 %
Japaner	239750	25,0 %
Filipinos	113900	12,0 %
Hawaiianer	115000	10,0 %
Chinesen	56300	6,0 %
Puertoricaner	19350	2,0 %
Schwarze	17350	2,0 %
Koreaner	17950	2,0 %
Samoaner	14100	1,5 %
Mexikaner	8700	1,0 %
Vietnamesen	3500	0,4 %
Indianer	2050	0,3 %
Guamanen	1700	0,2 %
Sonstige	85000	5,0 %

Die größten ethnischen Gruppen sind hiermit die Weißen und die Japaner, deren Zahlen weiterhin im Steigen begriffen sind. Während des letzten Jahrzehnts hat sich vor allem die Zahl der Vietnamesen erhöht. Unberücksichtigt sind bei diesen Angaben die Angehörigen der US-Streitkräfte, die in Hawaii, vor allem in Pearl Harbor und Schofield Barracks, stationiert sind, sowie deren Familienangehörige, zusammen etwa 100000 Personen.

Bevölkerungsentwicklung

Hawaiianer

Die ersten Besiedler der Inseln, die Hawaiianer, sind eine Mischung verschiedener polynesischer Rassen und dürften im 6. oder 7. Jh.n.Chr. von

Bevölkerungsentwicklung (Fortsetzung)

den etwa 1600 km südlich gelegenen Marquesas-Inseln nach Hawaii gekommen sein.
Im 12. Jh. wurde Hawaii von Bewohnern Tahitis erobert, welche die bis dahin geschaffene Kultur und Religion weitgehend veränderten. Als der britische Seefahrer James Cook im Jahre 1778 Hawaii entdeckte, waren die Inseln von ungefähr 300000 Hawaiianern bewohnt. Sie lebten weitgehend von Agrarprodukten und wurden als groß, stark und friedlich beschrieben.
Die Zahl der Hawaiianer verminderte sich rasch durch die eingeschleppten Krankheiten, denen sie keinerlei Immunität und Abwehrkräfte entgegensetzen konnten.
Als die ersten Missionare 40 Jahre später nach Hawaii kamen, war die hawaiische Bevölkerung um mehr als die Hälfte auf 140000 gesunken. Einer Schilderung zufolge sind allein im Jahr 1804 fast 100000 Hawaiianer an einer Typhus- oder Cholera-Epidemie (die Hawaiianer nannten die Krankheit 'okuu') gestorben. In den folgenden Jahren breiteten sich Tuberkulose, Lepra, Masern, Blattern und andere Infektionskrankheiten mit fast immer tödlichen Folgen weiter aus.
Im Jahre 1882 war die Zahl der Hawaiianer nach einer Volkszählung von König David Kalakaua auf 48000 gesunken.
Diese Umstände zusammen mit einer hohen Kindersterblichkeit und einem hohen Anteil an Mischehen haben dazu geführt, daß es heute höchstens noch 10000 'echte' Hawaiianer gibt. Nach dem Gesetz gelten alle Bewohner mit nur einem hawaiischen Großelternteil als Hawaiianer, so daß offiziell 10 % (115000) der Inselbevölkerung Hawaiianer sind.

Statistische Daten (Auswahl)

Das Absinken der Bevölkerungszahlen durch den Rückgang der hawaiischen Bevölkerung und das erneute Ansteigen durch Zuwanderungen anderer Nationalitäten verdeutlichen folgende statistische Werte:

1778	300000 Einwohner	(Schätzung)
1832	130000 Einwohner	(Schätzung)
1882	48000 Einwohner	
1900	154000 Einwohner	
1950	499769 Einwohner	
1980	893428 Einwohner	
1990	1108229 Einwohner	

Weitere ethnische Gruppen

Die erste große ethnische Veränderung der hawaiischen Bevölkerung setzte durch die Zuwanderung der Kontraktarbeiter für die Plantagenwirtschaft ein. Als erste Gruppe wurden Chinesen als Landarbeiter nach Hawaii gebracht. In der zweiten Hälfte des 19. Jh.s und Anfang des 20. Jh.s folgten Filipinos und Japaner und ab 1878 Portugiesen, deren soziale Stellung von Anfang an als Vorarbeiter ('lunas') relativ gut war. Koreaner und Puertoricaner wurden ebenfalls ursprünglich als Plantagenarbeiter angeheuert und tragen zu der heutigen Völkermischung bei. Diese gelenkte Art der Einwanderung dauerte bis zum Ende des Zweiten Weltkrieges an.
Jüngste Einwanderungsgruppe sind die Samoaner, die von Amerikanisch-Samoa nach Hawaii kommen, um ihre Lebensbedingungen zu verbessern. Ebenso ist die Zahl der Festlandsamerikaner, seitdem Hawaii US-Bundesstaat ist, weiterhin im Wachsen begriffen.

Soziale Probleme

Die Hawaiianer gelten heute oft als Problemgruppe. Die Arbeitslosenrate liegt bei ihnen überdurchschnittlich hoch, ebenso die Krankheits- und Kriminalitätsrate. Sie befinden sich in der sozialen Hierarchie am unteren Ende und fühlen sich an den Rand der Gesellschaft gedrängt. An dem Wirtschaftswachstum, das hauptsächlich durch den boomenden Tourismus ausgelöst wurde, haben sie kaum Anteil, und so liegen ihre Einkommen unter dem Durchschnitt. Die heutigen Probleme der Hawaiianer müssen im Zusammenhang mit der geschichtlichen Entwicklung auf den Hawaii-Inseln gesehen werden. Bis heute wird als eine der Ursachen für

Ethnische Vielfalt ...

... Hawaiian People

Bevölkerung, Soziale Probleme (Fortsetzung)

das soziale Elend der Hawaiianer die ungerechte Landverteilung angesehen. Den Landansprüchen der Hawaiianer auf das sog. Kronland wurde zum Großteil bis heute nicht entsprochen. Dagegen ist ein Drittel des im Privatbesitz befindlichen Landes in Händen von nur sieben Eigentümern.

Im Gegensatz zur Situation der Hawaiianer konnten andere Bevölkerungsteile ihre soziale Stellung deutlich verbessern. Ein Beispiel dafür sind die Japaner, die besonders seit den siebziger Jahren ihren gesellschaftlichen und wirtschaftlichen Einfluß ausbauen konnten. Hohe japanische Investitionen im Immobiliengeschäft und Tourismus ließen allerdings Befürchtungen aufkommen, daß Hawaii mehr und mehr unter japanischen Einfluß gerät.
Ebenso schafften die Chinesen den sozialen Aufstieg vom Plantagenarbeiter in die hawaiische Oberschicht. Zusammen mit den Weißen bestimmen diese drei Bevölkerungsgruppen zum Großteil über das wirtschaftliche und politische Wohlergehen Hawaiis.

Religion

Religionsvielfalt

Die auf Hawaii vertretenen Religionen sind ein Spiegelbild der auf den Inseln lebenden unterschiedlichen gesellschaftlichen Gruppen. Die im Jahre 1840 verfassungsmäßig festgeschriebene Religionsfreiheit führte zu einer heute kaum überschaubaren Vielfalt von Religionen und Sekten.

Ab 1820 setzte mit dem Eintreffen der ersten Missionare vom amerikanischen Festland die erste Christianisierungswelle ein. In den folgenden Jahren breiteten sich fast alle christlichen Konfessionen aus. Gleichzeitig verlor die hawaiische Religion mehr und mehr an Bedeutung und verschwand fast vollständig.

Buddha-Statue

Kauahaao Church

Religionsvielfalt (Fortsetzung)

Die Katholiken, mit 209000 Gläubigen die zahlenmäßig stärkste Gruppe, sind mit 68 Kirchen auf den Inseln vertreten.
An protestantischen Glaubensrichtungen sind folgende Glaubensgemeinschaften vertreten: Mormonen, Baptisten, Unitarier, Adventisten, Lutheraner, United Church of Christ, Methodisten, Assembly of God, anglikanische Hochkirche, Zeugen Jehovas und andere. Die jüdische Gemeinde umfaßt 2000 Gläubige.

Neben den christlichen Religionsgemeinschaften haben sich auch östliche Religionen in großer Zahl etabliert. Japaner und Chinesen, die als erste Kontraktarbeiter nach Hawaii kamen, brachten als ihre Religionen Buddhismus, Shintoismus, Taoismus und Konfuzianismus nach Hawaii.
Heute ist der Buddhismus mit über 65000 Anhängern und fast 80 Tempeln die zweitgrößte Glaubensgemeinschaft in Hawaii. Seit Beginn dieses Jahrhunderts läßt sich der zunehmende Einfluß des Shintoismus an den zahlreichen Shintoschreinen erkennen.
Zu den asiatischen Glaubensgemeinschaften zählen weit mehr als 100000 Anhänger. Indische Tempel, Pagoden, Synagogen und Moscheen sind Ausdruck weiterer auf Hawaii lebender Glaubensgemeinschaften.
Mehr als 300000 Bewohner der Inseln gehören keiner Religionsgemeinschaft an.

Missionierung

Protestanten

Am 23. Oktober 1819 war von Boston ein Schiff mit den ersten für Hawaii bestimmten Missionaren in See gestochen. Ein junger hawaiischer Theologiestudent, Henry Opukahaia aus Napoopoo (Kauai), der nach New England gegangen war, veranlaßte den American Board of Commissioners for Foreign Missions, Missionare nach Hawaii zu entsenden. Er selbst konnte an dieser Reise nicht mehr teilnehmen, denn er starb kurz vor der Abfahrt des Schiffes an Typhus (⟶ Berühmte Persönlichkeiten, Henry Opukahaia). Am 4. April 1820 landete der Zweimaster 'Thaddeus' nach einer über 200 Tage langen Fahrt in Kailua-Kona (Hawaii) und begann mit der Aufgabe der Christianisierung der Hawaiianer, die 1863 als abgeschlossen galt: Hawaii war ein christliches und damit, vom Standpunkt der Missionare aus, ein zivilisiertes Land geworden.

Katholiken

Hinter den erfolgreichen protestantischen Missionaren wollten die Katholiken nicht zurückstehen: schon 1827 kamen die ersten katholischen Geistlichen, wurden aber von der schon zum Christentum bekehrten Königin Kaahumanu des Landes verwiesen. Durch die Zuwanderung der Portugiesen und Filipinos, die dem katholischen Glauben angehörig waren, konnte die katholische Kirche ihren Einfluß nach und nach stärken.

Mormonen

Die Mormonen erreichten Hawaii im Jahre 1850 mit den Plänen, auf der Insel Lanai eine Gemeinde und Stadt nach dem Vorbild von Salt Lake City im US-Staat Utah zu gründen. Sie wurden aber 1858 wieder nach Utah zurückgerufen. Nach ihrer Rückkehr nach Hawaii im Jahre 1864 ließen sie sich in Laie (Oahu) nieder und legten dort eine Zuckerrohrplantage und einen Tempel an. In der heute noch bestehenden Mormonengemeinde befindet sich das Polynesian Cultural Center (⟶ Reiseziele von A bis Z, Oahu) und der große, 1919 erbaute Mormonentempel.
Mit jetzt 32000 Gläubigen stellt die 'Kirche Jesu Christi der Heiligen der letzten Tage' – die volle Bezeichnung für die Mormonen – die größte protestantische Gemeinschaft in Hawaii.

Religion der Hawaiianer

Religiöses Leben

Das Alltagsleben der Hawaiianer war in vielen Bereichen durch die Religion geprägt. Die Natur spielte dabei eine bedeutende Rolle: Besonderen

Religiöses Leben (Fortsetzung)

Formen und Symbolen in der Natur und auch bestimmten Pflanzen wurde göttliche Kraft zugeschrieben. Nach Vorstellung der Hawaiianer kann sich der Geist der Götter in lebenden und toten Gegenständen verkörpern. Naturereignisse wie Vulkanausbrüche oder Tsunamis wurden als Launen der Götter verstanden.

'kapus'

Das soziale Leben der Hawaiianer wurde durch eine große Anzahl von Regeln und Verboten kontrolliert. Dieser Verhaltenskodex, 'kapu' genannt, betraf nahezu alle Lebensbereiche. Beispielsweise durften Frauen und Männer nicht gemeinsam essen. Frauen war es weiterhin untersagt, bestimmte Speisen, wie Fisch und Bananen, zu verzehren. Wurden diese sehr strengen Regeln nicht eingehalten, drohte die Todesstrafe. Die Flucht in einen Schutztempel blieb der einzige Ausweg.

Hawaiische Götter

Insgesamt wurde die beträchtliche Anzahl von 40000 Göttern und Halbgöttern verehrt. Für fast jeden Aspekt des täglichen Lebens gab es einen Gott, wobei die Götter für Männer und Frauen unterschiedlich waren. Sie hatten die Form von Idolen, die meistens aus Holz geschnitzt waren und teilweise die Größe von Menschen erreichten. Mitunter waren sie aber auch aus Federn, Stroh oder Steinen geformt. Menschliches Haar bedeckte meistens die Köpfe.
Im Bishop Museum in Honolulu kann man noch solche Idole bewundern, doch begegnen sie dem Touristen heute eher als billige Nachbildungen in den zahlreichen Souvenirläden mit breiten Mündern und riesigen, glitzernden Zähnen.

Hauptgötter

Die großen Götter in Hawaii waren Ku, Hina, Kane, Kanaloa, Lono und Pele.
Ku, der Schutzgott des Krieges und Gott der männlichen Zeugungskraft, und Hina, die Mondgöttin, verkörperten die männliche und die weibliche Seite der Natur.
Kane, das hawaiische Wort für Mann oder auch Ehemann, war der populärste Gott der Hawaiianer. Er war der Gott des Lebens, des Sonnenlichts, des frischen Wassers und des Waldes. Da Kane der Gott des Lebens ist, verzichtet er auf Opfer und wird auch im allgemeinen nicht in einem Idol verkörpert.
Kanaloa, der Gott der Ozeane und der Winde, wurde auch als Schutzgott des Heilens verehrt. Er lag mit Kane im Kampf und wurde dadurch zum Gott des Todes.

Zwei Götter überdauerten sowohl den Sturz der Götter durch König Kamehameha II. als auch die Christianisierungsbemühungen der Missionare und konnten bis heute ihre Popularität beibehalten: Pele, die Göttin des Feuers, deren Sitz der Vulkan Kilauea auf Hawaii ist, und der Halbgott Maui, nach dem die Insel Maui benannt wurde. Um seine Heldentaten ranken sich viele Legenden, vor allem soll es ihm gelungen sein, die Sonne festzuhalten, um den Bewohnern mehr Tageslicht zur Verrichtung ihrer Arbeiten zu verschaffen.
Lono war der Gott der Wolken, der Ernte und des Regens – also ein Gott, der Wohltaten stiftet. Ihm zu Ehren wurde das Erntedankfest ('makahiki') abgehalten.

Hawaiische Tempel 'heiau'

Die Hawaiianer verehrten ihre Götter in verschiedenen Tempeln, die 'heiau' genannt wurden. Ein 'heiau' bestand aus einer rechteckigen, nicht überdachten Steinmauer, die die Größe eines Fußballfeldes einnehmen konnte. Im Inneren wurde eine Plattform als Opferstätte gebaut – heute oft die einzigen übriggebliebenen Reste aus jener Zeit
Eine besondere Art von Tempeln waren die Schutztempel, Zufluchtstätten für Verfolgte, die gegen die 'kapus', die hawaiischen Lebensregeln, verstoßen hatten.
Als Opfergaben wurden Fische, Hühner, Hunde und Obst gereicht, um die Götter versöhnlich zu stimmen. Jedoch vom 12. Jh. an wurden in den

Religion, Tempel (Fortsetzung)

'heiaus' unter dem Einfluß der Tahitianer für bestimmte Götter auch Menschenopfer dargebracht.

Auflösung der hawaiischen Religion

Mit dem Tode von Kamehameha I. im Jahre 1819, dem Gründer des hawaiischen Königreichs, wurde das Ende des alten Religionssystems eingeleitet. Seine beiden Lieblingsfrauen – Polygamie war im alten Hawaii an der Tagesordnung, und Kamehameha I. machte davon üppigen Gebrauch – Kaahumanu und Keopuolani benutzten den neuen König Kamehameha II., um mit den 'kapus', den vielen Verboten, die der alte Glaube den Hawaiianern auferlegte, zu brechen. Zwei der heiligsten 'kapus' fielen im November 1819: erstmals aßen Männer und Frauen zusammen, und den Frauen wurde überdies erlaubt, bisher Verbotenes zu essen, etwa Bananen und bestimmte Fischarten.
Kaahumanu, von ihrem Mann zur 'kuhia nui', zur Regentin für den schwächlichen und im Ruf eines Trinkers stehenden jungen Königs ernannt, war die wirkliche Herrscherin des Landes. Sie saß bei dem ersten 'freien Essen', dem 'ai noa', neben dem König, und mit den ersten Bissen, die sie gemeinsam einnahmen, wurde sozusagen das Ende der hawaiischen Religion besiegelt.
Auf Geheiß von Kamehameha II. wurden die bis dahin als heilig angesehenen 'heiaus' vernichtet und die Idole verbrannt, so daß heute nur ärmliche Reste geblieben sind, die zum Teil erst in jüngster Zeit restauriert wurden.

Der Niedergang der hawaiischen Religion und damit verbunden, der hawaiischen Kultur, muß auch im Zusammenhang mit der damaligen Entwicklung auf den Inseln gesehen werden. Das Auftauchen der Missionare aus New England und die spätere Einwanderung von Plantagenarbeitern aus China, Japan und den Philippinen veränderten das gesellschaftliche und soziale Leben weitgehend, sodaß sich die Grundlage für die hawaiische Religion, die intakte hawaiische Lebensgemeinschaft, mehr und mehr auflöste.

Wirtschaft

Allgemeine Situation

Der Zustand der hawaiischen Wirtschaft ist von den Folgen einseitiger Entwicklung durch Monokulturen gekennzeichnet. Die ausschließliche Konzentration auf Ananas- und Zuckerrohranbau ab Mitte des letzten Jahrhunders hat sich durch die steigende Konkurrenz auf den Weltmärkten und allgemeine Überproduktion zu einer anfälligen und einseitigen landwirtschaftlichen Struktur entwickelt.
Seit den 60er Jahren verschiebt sich die tragende Säule der hawaiischen Wirtschaft mehr und mehr von der Landwirtschaft zum Tourismus.
Im Industriesektor kann die Bauwirtschaft von den Auswirkungen des Bevölkerungswachstums und von dem regen Ausbau touristischer Großprojekte und touristischer Infrastruktur profitieren. Der Schwerpunkt der hawaiischen Industrie liegt aber nach wie vor in der Zucker- und Ananasindustrie. Von regionaler Bedeutung ist die Textil- und Bekleidungsindustrie, die in kleineren Unternehmen produziert. Industriestandort ist hauptsächlich die Insel Oahu.
Bei der allmähliche Umwandlung Hawaiis in eine Dienstleistungsgesellschaft spielen sowohl der Tourismus als auch die Stationierung amerikanischer Truppen und deren Versorgung eine bedeutende Rolle.

Um die allgemein unstabile Lage der hawaiischen Wirtschaft zu mildern, wurden in den letzten Jahren verstärkt Versuche unternommen, Investoren in Bereichen der modernen Technologie (Nachrichtentechnik, Produktion von Computersoftware, Produktion von elektronischen Gütern, Biotechnologie, Ozeanforschung und Astronomie) und der regenerativen Energie (Windenergie, Erdwärme) zu gewinnen und dadurch eine gewisse Diversifizierung der Wirtschaft zu erreichen.

Landwirtschaft und Verarbeitung der Agrarprodukte

Rückläufige Entwicklung

Die Bedeutung der Landwirtschaft, einst wichtigster Wirtschaftsfaktor der Inseln, ist mehr und mehr rückläufig. Sinkende Preise für Zucker und Ananas – die langjährigen Stützen der Landwirtschaft – haben eine Umstrukturierung ausgelöst: Die Anzahl der Plantagen und somit die Anbauflächen haben sich verringert, wobei sich die Produktion auf den noch vorhandenen Flächen erhöht hat. Die Bedeutung anderer Anbauprodukte nimmt im gleichen Maße zu.

Zuckerrohr

Die Polynesier hatten bei der Besiedlung Hawaiis Zuckerrohr mitgebracht und es als Windschutz und Nahrungsmittel zum Süßen von Speisen angebaut. Die Hawaiianer kauten das Zuckerrohr und preßten den Saft aus, der ihnen sowohl als Nahrung wie als Medizin diente. Darüber hinaus fand Zuckerrohr auch Verwendung in den religiösen Riten.

Kommerzieller Zuckerrohranbau

Der erfolgreiche kommerzielle Zuckerrohranbau begann um die Mitte des 19. Jh.'s, nachdem die Technologie zur Zuckergewinnung so weit entwikkelt war, daß man mit Hilfe von Zentrifugen die Melasse aus dem Zuckersirup entfernen konnte und somit weiße Zuckerkristalle gewonnen werden konnten. Aus der großen Anzahl von Unternehmungsgründungen in der Zuckerindustrie schälten sich bald die 'Big Five' heraus, fünf Unternehmer, die nach und nach sämtliche Unternehmen aufkauften. Die feudale Struktur der Zuckerwirtschaft wurde schon bald gefestigt. Einer der 'Big Five' war Claus Spreckels, damals schon Zuckerkönig von Kalifornien. Er kam 1876 nach Hawaii, erwarb große Ländereien auf der Insel Maui und errichtete dort die erste moderne Zuckerraffinerie Hawaiis. Zuckerrohranbau benötigt große Mengen an Wasser, und das von Spreckels entwickelte Bewässerungssystem konnte eines der Hauptprobleme des kommerziellen Anbaus lösen.
Spreckels war Wegbereiter für den einträglichen Zuckerrohranbau. Die Entstehung zahlreicher Plantagen war die Folge. Zuckerproduktion war zu diesem Zeitpunkt der konkurrenzlose Wirtschaftsfaktor der Inseln.

Da aber angesichts des fortgesetzten Schwindens der hawaiischen Bevölkerung bei gleichzeitigem Aufschwung der hawaiischen Zuckerwirtschaft ein beträchtlicher Arbeitskräftemangel entstand, warb man vor allem anfänglich aus Asien Plantagenarbeiter an. Die ersten Kontraktarbeiter kamen aus China, es folgten Japaner und später weitere Nationalitäten, die alle in der heutigen Mischbevölkerung wiederzufinden sind: Filipinos, Mexikaner, Samoaner, Portugiesen und eine Anzahl befreiter Sklaven aus den amerikanischen Südstaaten, die hier nun auch keine besseren Lebensbedingungen vorfanden.
Die Arbeit auf den Zuckerplantagen war hart und die Arbeitsbedingungen katastrophal. Erst durch die gewerkschaftliche Organisation der Arbeiter nach dem zweiten Weltkrieg verbesserte sich ihre Lage allmählich.
Die heutige Situation des Zuckerrohranbaus ist durch eine deutliche Abnahme der Zahl der Zuckerfarmen auf etwa 300 Plantagen gekennzeichnet. Die Hauptanbaugebiete liegen auf den vier größten Inseln: Hawaii, Maui, Oahu und Kauai.
Die Zuckerrohrverarbeitung hat sich auf 16 Gesellschaften reduziert. Die immer noch einflußreichen fünf Großunternehmen haben ihre Wirtschaftsaktivitäten auf andere Wirtschaftszweige ausgedehnt.

Ananas

Ananasfelder gehören zu dem vertrauten Bilde Hawaiis, allerdings ist ihre wirtschaftliche Bedeutung im Vergleich zum Zuckerrohr geringer. Die Ananas kam um das Jahr 1820 aus Brasilien nach Hawaii und wurde zunächst nur in ganz geringer Menge angebaut.
Die Sorte, die jetzt fast ausschließlich in Hawaii angebaut wird, ist die Cayenne-Frucht, eine sehr süße und besonders große Frucht mit einem Gewicht von 2–3 kg. Diese Sorte stammt von der Karibik-Insel Jamaica und wurde erst 1886 in Hawaii eingeführt.

Zuckerrohr ...

und Ananasanbau

Ananas (Fortsetzung)

Der großflächige Anbau und die industrielle Weiterverarbeitung von Ananas wurde von dem Bostoner James Drummond Dole initiiert. Er erkannte als erster die Bedeutung der Ananas und pflanzte in Wahiawa auf der Insel Oahu auf einem 24 ha großen Gelände Ananas an. Auch heute befinden sich dort noch große Ananasfelder. Zur Weiterverarbeitung der Ananas errichtete er eine Konservenfabrik, und Ananas in Dosen eroberten bald den amerikanischen und später dann den Weltmarkt.

Im Jahre 1922 kaufte die Firma Dole die gesamte Insel Lanai, auf der sich noch heute die größte Ananasplantage der Welt befindet. Wenn auch als Folge der weltweiten Überproduktion die Anbaufläche von Jahr zu Jahr zurückgeht, kommen heute noch 90% aller amerikanischen Ananas von Lanai.

Taro

Nur zum Eigenverzehr der Hawaiianer dient der Anbau von Taro, ein für sein Wachstum auf reiche Bewässerung angewiesenes Knollengewächs, aus dem das Nationalgericht 'poi' bereitet wird. Die Hauptanbaugebiete befinden sich auf Kauai.

Kona-Kaffee

Kona-Kaffeepflanzen wachsen besonders gut an der oft von Wolken verhangenen Westküste der Insel Hawaii.
Der Kona-Kaffee, der als Feinschmeckersorte in letzter Zeit Marktgewinne verzeichnen konnte, wird in erster Linie von Kleinbetrieben erzeugt, die ihre im September fällige Ernte an einige große Röstereien abliefern. Der Lavaboden im Schatten des Berges Mauna Loa scheint für das Wachstum, ebenso wie das Klima mit reichlich Tau am Morgen, Sonnenschein am Vormittag und schattenspendenden Kumuluswolken am Nachmittag, ideale Voraussetzungen zu bieten.
Im Vergleich zu anderen Kaffeesorten ist der teure Kona-Kaffee ein vollmundiger, aromatischer Kaffee, den man in vielen Restaurants der Inseln genießen kann.

Orchideen

Macadamia-Nüsse

Wie Ananas und Kaffee ist auch der Macadamia-Nußbaum nicht auf Hawaii heimisch, sondern stammt aus Australien.
Die Anbaugebiete befinden sich an der Ostküste der Insel Hawaii. Die Nußbäume tragen die ersten Früchte erst nach sieben oder acht Jahren.
Die beiden größten Plantagen befinden sich südlich bzw. nördlich von Hilo; die Mauna Loa Macadamia Nut Corporation, etwa 5$^1/_2$ Meilen südlich von Hilo, hat eine Anbaufläche mit mehr als 800000 Bäumen und stellt in ihrer Fabrik zahlreiche Erzeugnisse aus Macadamia-Nüssen her. Die zweite große Fabrik ist die Hawaiian Holiday Macadamia Nut Factory in Honokaa, nördlich von Hilo an der Straße Nr. 19 gelegen.

Früchte

Zu den Früchten, die in größeren Mengen in Hawaii angebaut werden, zählen Papayas, Mangos, Kokosnüsse, Bananen, Guaven, Passionsfrüchte, Avocados, Wassermelonen und Orangen. Als die besten Papayas gelten die Kahuku-Papayas, und von diesen wieder eine Abart, die Kamiya-Papayas, die in Kahuku an der Nordküste von Oahu wachsen. Auf Kauai gibt es vorzugsweise die Erdbeer-Papayas mit rötlichem Fleisch. Den besten Ruf unter den Mangos haben jene, die aus Waianae (Oahu) und von der Westküste Kauais kommen. Papayas, Ananas und Bananen reifen das ganze Jahr hindurch, Mangos in den Sommermonaten. Im Zuge einer angestrebten Diversifizierung der landwirtschaftlichen Produkte hat der Anbau von Früchten und auch von Gemüse an Bedeutung gewonnen.

Blumen

Das Züchten von Blumen und Orchideen auf der Insel Hawaii und hier auch besonders in der Umgebung von Hilo stellt eine lukrative Einnahmequelle dar. Orchideen werden sowohl für den Eigenbedarf als auch für den Export angebaut.

Viehzucht

Von erheblicher Bedeutung für die hawaiische Landwirtschaft ist auch die Viehzucht, die vor allem auf den Inseln Hawaii und Molokai betrieben wird. Auf Hawaii befindet sich nahe der Nordküste die größte Privatranch der

Viehzucht (Fortsetzung)

Vereinigten Staaten, die Parker Ranch mit etwa 50000 Stück Vieh, und auf Molokai die über 5500 ha große Puu O Hoku Ranch, die ausschließlich die französische Charolais-Rinder züchtet. Insgesamt kann sich Hawaii aber nur zu 40 % mit Fleisch selbstversorgen.
Der Gesamterlös der landwirtschaftlichen Produktion liegt bei etwa 500 Mio. US-Dollar, wobei die Viehzucht nicht ganz 100 Mio. US-Dollar erwirtschaftet, also nicht viel mehr als ein Zehntel dessen, was der Tourismus Hawaii einbringt.

Militär

Durch seine geographische Lage kommt Hawaii eine wichtige militärstrategische Bedeutung zu, und so ist Hawaii der größte Übersee-Stützpunkt der Vereinigten Staaten mit zahlreichen Militärstützpunkten der Marine, der Luftwaffe und der Landverteidigung.
Ungefähr 60000 Militärangehörige und ihre Familien sind in Hawaii stationiert. Ebenso werden eine große Zahl hochqualifizierter Zivilisten in den Militärbasen beschäftigt. Die Versorgung dieser Bevölkerungsgruppen kurbelt wiederum den Dienstleistungssektor an. Die Finanzmittel, die vom Verteidigungshaushalt des Bundes nach Hawaii fließen, stellen die zweitgrößte Einkommensquelle des Staates Hawaii dar.
Der Flächenverbrauch für militärische Einrichtungen ist beachtlich. Besonders auf der Insel Oahu, auf der nahezu 80 % der Bevölkerung Hawaiis lebt, kommt es zu konkurrierenden Bodenansprüchen. Das Militär, das 26 % der Fläche Oahus beansprucht, ist dort nicht immer ein gern gesehener Gast.

Tourismus

Allgemeines

Hawaii zählt zu den Regionen, die durch günstiges Klima, abwechslungsreiche Landschaft und traumhafte Strände ein ausgeprägtes Tourismuspotential aufweisen. Während im Jahre 1959, als Hawaii der 50. Staat der USA wurde, nur etwa 250000 Touristen nach Hawaii reisten, sind es 1993 fast 6,2 Mio. Besucher gewesen, die dem Tourismus zum Wirtschaftsfaktor Nr.1 verhalfen. Dank dieser Entwicklung hat sich das Bruttosozialprodukt Hawaiis in diesen drei Jahrzehnten auf 20 Mrd. US-Dollar verzehnfacht, der Anteil des Fremdenverkehrs beträgt daran rund 4,5 Mrd., und die Arbeitslosenquote auf 3,5 % gesenkt, womit sie die niedrigste Quote aller US-Staaten ist. 40 % aller Arbeitsplätze sind heute bei weiter steigender Tendenz, im Tourismus bzw. in vom Tourismus abhängigen Wirtschaftszweigen zu finden.

Kapazitäten

Für die Touristen stehen etwa 70500 Hotelzimmer bereit – ein Drittel davon im Besitz japanischer Unternehmen. Weiterhin gibt es eine beachtliche Anzahl an Condominiums, Wohneinheiten, die mit Ferienappartements vergleichbar sind.

Ausbaupläne

Nach den gegenwärtigen Plänen dürfte sich die Zahl der Hotelzimmer bis 1992 um 8000 und bis 1995 um weitere 7000 erhöhen. Mehrere Hotelkonzerne wie Ritz Carlton, Embassy Suites und Four Seasons haben ihre ersten Hotels auf Hawaii eröffnet oder befinden sich noch in der Bauphase. Nach der Entwicklung von Mega-Komplexen wie Hyatt Regency Waikoloa auf der Insel Hawaii und Westin Kauai scheint noch nicht einmal eine Denkpause eingelegt worden zu sein. Zahlreiche der älteren Hotels werden teil- oder ganz renoviert, um mit dem Trend zur Qualitätssteigerung Schritt halten zu können. Das gilt vor allem für Waikiki, wo sich die Konkurrenz durch ein neues japanisches Hotel, das noch im Bau befindliche Prince Hotel, verstärkt. Die größeren Hotels bemühen sich jetzt, Kongresse und Tagungen nach Hawaii zu bringen, um ihre Auslastung zu erhöhen. Die durchschnittliche Belegungsquote liegt derzeit bei 60 bis 65 %.

Herkunft der Touristen

Insgesamt kamen im Jahr 1987 65% der Touristen vom amerikanischen Festland, 22% aus Japan und 13% aus Kanada, Europa und dem Südpazifik, einschließlich Australien und Neuseeland. Kein Wunder, daß in mehreren großen Hotels, so etwa im Hilton Hawaiian Village in Waikiki, der auf Band aufgenommene Weckruf in englischer und japanischer Sprache gehalten ist, und viele Restaurants schon zum Frühstück auch japanische Spezialitäten anbieten.
Von der vergleichsweise geringen Zahl europäischer Touristen (im Jahre 1990 kamen von insgesamt 6971000 Touristen 220000 aus Europa) nehmen die Deutschen mit 54000 Touristen immerhin eine beachtliche Größenordnung ein.

Ausgaben der Touristen

Statistischen Erhebungen zufolge geben die japanischen Touristen in Hawaii viermal soviel aus wie die US-Amerikaner. Nach japanischer Sitte treten sie den Rückflug geschenkbeladen an. Ein ausführlicher Einkaufsbummel geht natürlich voraus: Man muß erlebt haben, wie sich in der japanischen Hauptreisezeit, der sog. 'Golden Week', vor den feinsten Geschäften entlang der Kalakaua Avenue in Waikiki lange Schlangen japanischer Kauflustiger bilden, die nur hereingelassen werden, wenn andere die Geschäfte wieder verlassen haben.

Aufenthaltsdauer

Im Durchschnitt hält sich der Tourist neun Tage in Hawaii auf. Alle Reisenden kommen im Flugzeug, wodurch sich die Aufenthaltsdauer der Urlauber im Vergleich zu früher stark verkürzt hat. Zu Zeiten der Anreise per Schiff nahm man noch bis in die 50er Jahre die einwöchige Fahrt von der amerikanischen Westküste aus in Kauf und blieb dann dementsprechend länger vor Ort, nämlich durchschnittlich einen Monat.

Regionale Verteilung

Beliebtestes Urlaubsziel ist die Insel Oahu und dort besonders Waikiki. Ungefähr 70% der Touristen halten sich auf Oahu auf, 15% auf Maui, je 7% auf Kauai und Hawaii und weniger als 1% auf Molokai und Lanai. Waikiki ist die Tourismushochburg Hawaiis und zieht zweieinhalbmal soviele Touristen an wie alle anderen fünf Inseln zusammengenommen.

Auswirkungen des Tourismus

Weitere Erschließung

Die rapide steigenden Besucherzahlen auf den Inseln und der damit einhergehende weitere touristische Ausbau, nicht nur auf der Insel Oahu, sondern auch auf bis jetzt weniger bekannten Inseln wie z.B. Molokai, haben weitreichende Veränderungen mit sich gebracht.

Bodenspekulation und touristische Großprojekte

Besonders gravierend ist die Bodenspekulation, welche die Bodenpreise in die Höhe getrieben und den damit einhergehenden Ausverkauf der Inseln beschleunigt hat. Japanisches Kapital, das in den letzten Jahren in großen Mengen nach Hawaii floß, wurde hauptsächlich in touristische Projekte investiert. Von 20 Luxushotels am Strand von Waikiki waren 1988 bereits 17 in japanischer Hand. Die Japaner, die auch die zweitstärkste Touristengruppe darstellen, gewinnen mehr und mehr Einfluß im Wirtschaftsgeschehen und speziell im Tourismus Hawaiis.
Insgesamt liegt der Großteil touristischer Investitionen in den Händen von sechs multinationalen Konzernen. Da der Erlös von Zuckerrohr- und Ananasanbau rücklaufig ist, investieren die Nachkommen der einstigen 'Zukkerbarone' ebenfalls in touristische Großprojekte.

Soziale Auswirkungen

Der neue Trend zu luxuriösen Großprojekten auf touristisch bisher kaum erschlossenen Inseln verstärkt das soziale Gefälle zwischen der in ländlichen Gebieten lebenden einheimischen Bevölkerung und den kapitalkräftigen Touristen in ihren Luxusherbergen. Besonders auf den dünn besiedelten Inseln kann es leicht zu einem Ungleichgweicht zwischen der Anzahl der einheimischen Bevölkerung und den zahlreichen Touristen kommen.

Dichtgedrängt am Strand von Waikiki

Qualität der Arbeitsplätze

Ein weiteres Problem ist die Qualität der Arbeitsplätze, die im Tourismus geschaffen werden. Die häufig unqualifizierten Arbeiten im touristischen Dienstleistungssektor sind oft nicht sehr attraktiv und zusätzlich nicht gerade einträglich. Die einheimische Bevölkerung profitiert somit nur in geringem Maße von der touristischen Entwicklung auf ihren Inseln.

Umweltbelastungen

Umweltbelastungen nehmen mit steigender Besucherzahl besonders auf der dicht besiedelten Insel Oahu zu. Erhöhtes Verkehrsaufkommen, steigender Verbrauch von Trinkwasser, anwachsende Müllberge und große Abwassermengen sind die Folgen.

Abhängigkeiten

Die empfindlichste Stelle des Tourismus in Hawaii ist die Abhängigkeit von dem ausschließlichen Transportmittel Flugzeug. Die Furcht vor dem Fliegen zu Zeiten des Golf-Krieges Anfang 1991 hat zu einem extremen Buchungsrückgang bei sämtlichen amerikanischen Fluggesellschaften geführt. Hawaii war besonders hart betroffen, da sowohl die Japaner als auch die Amerikaner ausblieben. Die weitgehende Abhängigkeit vom Tourismus, die für den Fall einer Rezession in den Vereinigten Staaten und Japan, den beiden wichtigsten Touristenländern, katastrophale Folgen für Hawaii haben könnte, hat die Staatsregierung veranlaßt, nach Mitteln und Wegen zu suchen, andere Wirtschaftszweige zu stärken, was bis jetzt allerdings nicht sehr erfolgreich war.

Südseemythos

Nicht zuletzt soll an dieser Stelle auch darauf hingewiesen werden, daß die meisten Touristen nach Hawaii reisen, in der Vorstellung, ein Paradies vorzufinden. Es sollte jedoch jedem Tourist bewußt sein, daß die Welt der Einheimischen, trotz Freundlichkeit und Aloha-Esprit, nicht so problemlos und sonnig ist, wie die des Touristen. Ein offener Blick für das Leben und die Probleme der Inselbewohner und ein Akzeptieren und Schätzen der hawaiischen Lebensart und Kultur sollte für jeden Besucher selbstverständlich sein.

Geschichte

Um 750 Die ersten Siedler aus Polynesien kommen vermutlich über die 2600 Meilen (4160 km) entfernten Marquesas-Inseln nach Hawaii.

1100 Hochseetüchtige Kanus verkehren während der nächsten zwei Jahrhunderte zwischen Hawaii und dem 2740 Meilen (4380 km) entfernten Insel Tahiti.

1535 Von Historikern umstritten ist die Landung einer spanischen Expedition unter Juan Gaetani in Hawaii. Daher gilt James Cook als der eigentliche Entdecker Hawaiis.

1758 In Kohala, im Norden der Insel Hawaii, kommt der spätere König Kamehameha I. zur Welt.

1778 Am 18. Januar sichtet Cook die nordwestlichen Inseln des Hawaii-Archipels und nennt sie nach seinem Auftraggeber und Mäzen, dem Earl of Sandwich, die Sandwich-Inseln. Drei Tage später geht er mit der Besatzung seiner Schiffe 'Resolution' und 'Discovery' in Waimea (Kauai) an Land und wird mit großen Ehren empfangen. Nach seiner Rückkehr aus der Arktis sichtet er am 26. November erstmals Maui.

1779 Am 17. Januar landen die britischen Schiffe in der Kealakekua-Bucht an der Kona-Küste von Hawaii, wo sich 10000 Hawaiianer zu ihrer Begrüßung eingefunden haben. Am 14. Februar kommt es an Land zu einem Zwischenfall – angeblich wollte Cook einen Häuptling entführen: Cook, vier Matrosen und zahlreiche Hawaiianer finden den Tod.

1785 Das erste Handelsschiff macht auf der Rückfahrt von China in Hawaii fest.

1786 Im Mai kommen englische und französische, bald auch russische, spanische und amerikanische Schiffe nach Hawaii.

Landung der Schiffe 'Resolution' und 'Discovery' in Waimea (Kauai)

Kamehamehas Ziel ist die Herrschaft über die Hawaii-Inseln. Seine Truppen fallen in Maui ein. 1789

Ein gewaltiger Ausbruch des Vulkans Kilauea führt zur Vernichtung der Streitkräfte unter Kamehamehas Gegner Keoa Kuahuula auf Maui. 1790

Erstmals landen Schiffe unter dem britischen Seefahrer George Vancouver in der Kealakekua-Bucht (Hawaii). Durch ihn werden die ersten Rinder in Hawaii eingefürt. 1792

Der Sieg in der Schlacht von Nuuanu Pali auf Ohua ermöglicht es Kamehameha, alle Inseln mit Ausnahme von Kauai, unter seiner Herrschaft zu vereinigen. 1795

Kamehamehas Versuch, Kauai zu vereinnahmen, wird durch einen Sturm, der seine Flotte vernichtet, vereitelt. 1796

Die ersten Pferde werden an Bord eines amerikanischen Frachters auf die Insel Hawaii gebracht. 1803

Ein erneuter Invasionsversuch Kamehamehas auf Kauai wird durch eine plötzlich auftretende Seuche zum Scheitern gebracht. 1804

Unter Druck erklärt sich König Kaumualii von Kauai bereit, seine Insel an das hawaiische Königreich unter Kamehameha I. abzutreten. 1810

John Palmer Parker läßt sich in Waimea (Hawaii) nieder und erhält von Kamehameha das Privileg, die wild lebenden Rinder für den Weiterverkauf von Fleisch und Häuten zu jagen: dies ist der Beginn der Parker Ranch. 1815

Am 21. Mai unterzeichnet Kaumualii von Kauai mit dem deutschen Arzt Georg Anton Scheffer ein Abkommen, wonach Kauai dem Schutz des russischen Zaren unterstellt wird. Ein halbes Jahr später trifft ein russischer Zweimaster unter dem Kommando Otto von Kotzebues in Hawaii ein und wird von König Kamehameha festlich empfangen. Ein Jahr später widerruft Kaumualii wiederum seine Erklärung. 1816

Am 8. Mai stirbt Kamehameha I; sein Sohn Liholiho wird am 20. Mai als Kamehameha II. zum neuen König ausgerufen. 1819
Am 20. September landen die ersten Walfängerschiffe in der Kealakekua-Bucht (Hawaii).
Im November schafft König Kamehameha die hawaiische Religion ab und läßt die 'kapa'-Regeln außer Kraft setzen.

Am 31. März trifft das erste Schiff mit US-Missionaren an der Kona-Küste (Hawaii) ein. 1820

Kumualii wird als Geisel nach Honolulu gebracht und gelobt erneut Loyalität gegenüber dem Königshaus. Er wird mit Kaahumanu, der Regentin und Lieblingsfrau von Kamehameha I. vermählt. 1821

Am 27. November begeben sich König Kamehameha II. und Königin Kamamalu an Bord eines britischen Walfangschiffs nach Großbritannien. Beide erliegen dort einer Grippe; ihre sterblichen Überreste treffen erst am 3. Mai 1825 an Bord eines britischen Kriegsschiffes in Honolulu ein. 1823

Am 6. Juni wird Prinz Kauikeaouli, gerade 9 Jahre alt, zum neuen König (Kamehameha III.) proklamiert; seine Stiefmutter Kaahumanu bleibt Regentin. 1825

Als erstes US-amerikanisches Kriegsschiff trifft am 16. Januar der Zweimaster 'Dolphin' in Honolulu ein. 1826

1827 Am 7. Juli treffen erstmals katholische Missionare aus Frankreich ein, werden aber bald von Kaahumanu wieder des Landes verwiesen.

1830 Aus dem noch mexikanischen Kalifornien kommen die ersten 'paniolos', die späteren Cowboys als Viehhüter auf die Inseln.

1831 In Lahaina (Maui) wird das Lahainaluna-Seminar gegründet, eine christliche Bildungsstätte für junge Hawaiianer.

1832 Am 5. Juni stirbt die Regentin ('kuhina nui') Kaahamanu.
Die erste Volkszählung wird von den Missionaren durchgeführt; die Bevölkerungszahl wird auf 130000 geschätzt.
Das Alphabet der hawaiischen Sprache wird ebenfalls von Missionaren auf sieben Konsonanten und fünf Vokale festgelegt; die erste Übersetzung des Neuen Testaments ins Hawaiische wird bald darauf veröffentlicht.

1833 Die sechste und letzte Gruppe der nordamerikanischen Missionare kommt in Hawaii an.

1834 Am 14. Februar erscheint die erste gedruckte Ausgabe einer hawaiischen Wochenzeitschrift, das vierseitige Blatt "Ka Lama Hawaii". Die erste Druckerei befindet sich im Lahainaluna-Seminar.

1836 Das erste hawaiisch-englische Lexikon mit etwa 5700 Wörtern erscheint.
Am 30. Juli wird die erste englischsprachige Wochenzeitung "Sandwich Island Gazette" von zwei Amerikanern in Honolulu veröffentlicht.

1837 In Wailuku (Maui) wird von den Missionaren ein Zentralinternat für Mädchen eröffnet, um geeignete Frauen für die hawaiischen Absolventen des Lahainaluna-Seminars auszubilden.
Erstmals seit ihrer Vertreibung kehren katholische Missionare wieder nach Hawaii zurück.

1838 Die Missionare bringen mit dem "Hawaiian Spectator" die erste literarische Zeitschrift heraus.

1839 Am 17. Juni verkündet Kamehameha III. die Einführung von Bürgerrechten für alle Hawaiianer und erläßt gleichzeitig ein Toleranzedikt gegenüber allen Religionen.

1840 Die Zeitung "The Polynesian" erscheint erstmals; ihr Herausgeber James Jackson Jarves schreibt drei Jahre später die erste hawaiische Geschichte: "The History of the Hawaiian or Sandwich Islands".

1843 Admiral Lord Paulet, Kapitän des britischen Zweimasters 'Carysfort', will Hawaii unter britisches Protektorat zwingen. Fast ein halbes Jahr weht der 'Union Jack' über Hawaii, bis Admiral Richard Thomas mit einem anderen Kriegsschiff erscheint, um die Zession rückgängig zu machen.
Am 28. November wird in London eine gemeinsame britisch-französische Erklärung unterzeichnet, die die Unabhängigkeit der Sandwich-Inseln anerkennt; eine entsprechende Erklärung wird im Sommer 1844 von der US-Regierung abgegeben.

1845 Das erste englisch-hawaiische Lexikon wird von der Lahainaluna Seminary Press veröffentlicht.
Erstmals wird in Kailua-Kona erzeugter Kaffee exportiert, genau 124 kg.
Die Hauptstadt des Königreichs Hawaii wird von Lahaina nach Honolulu verlegt.

1846 Mehr und mehr Walfangschiffe landen in Lahaina (596) und Honolulu (429).
Erstmals wird als Exekutivorgan des Königreichs eine Regierung mit sechs Ministern sowie einem Kronrat gebildet. Ende April wird der zweite Teil der

Verfassung zur Verteilung des Landes, die 'Große Mahele' verkündet. Sie tritt 1848 in Kraft. 1846 (Fortsetzung)

In Honolulu wird unter dem Namen Thespian Theatre das erste Theater gegründet, das nur eine Saison lang existiert. Ihm folgt das Royal Hawaiian Theatre. 1847

Die Landverteilung wird in Kraft gesetzt: Je ein Drittel des Landes wird der königlichen Familie, der Regierung und der hawaiischen Bevölkerung zugesprochen. Zum ersten Mal haben hawaiische Bürger Zugang zu Landbesitz. 1848

In Honolulu wird das erste Postamt ins Leben gerufen und die ersten Briefmarken werden herausgegeben. 1850
Durch ein Gesetz wird die Verpflichtung dringend benötigter ausländischer Kontraktarbeiter ermöglicht.

Kamehameha III. unterzeichnet ein Geheimabkommen, nach dem für den Fall einer weiteren Ausbreitung des französischen Imperialismus Hawaii dem Schutz der Vereinigten Staaten unterstellt wird. 1851

Anstelle der alten Verfassung von 1840 wird am 8. Juni eine neue proklamiert, in der alle Männer zur Beteiligung an der Regierung des Landes aufgerufen werden. 1852

Die erste amtliche Volkszählung ergibt eine Bevölkerungszahl von nur 73000 Bewohnern; 30% aller Bewohner gehören christlichen Kirchen an. 1853

Herrscher des Königreichs Hawaii

Kamehameha I. (1758?–1819)
Kamehameha der Große, König von 1795 bis 1819, verheiratet mit Kaahumanu

Kamehameha II. (1799–1824)
Liholiho, ältester Sohn von Kamehameha I., König von 1819 bis 1824, verheiratet mit Keopuolani, Mitregentschaft von Kaahumanu

Kamehameha III. (1814–1854)
Kauikeaouli, jüngerer Bruder von Kamehameha II., König von 1825 bis 1854, Kaahumanu und später Kıhau, älteste Halbschwester von Kamehameha III, sind die Regentinnen

Kamehameha IV. (1834–1863)
Alexander Liholiho, Sohn von Kinau und Enkel von Kamehameha I., König von 1855 bis 1863

Kamehameha V. (1830–1872)
Lot Kapulaiwa, Bruder von Kamehameha IV., König von 1863 bis 1872

William C. Lunalilo (1835–1874)
König von 1873 bis 1874, erster gewählter König von Hawaii

David Kalakaua (1836–1891)
König von 1874 bis 1891, gewählt

Liliuokalani (1838–1917)
Lydia Kamekaeha Kaolamalii, Königin von 1891 bis 1893, gewählt, letzte Königin Hawaiis

1853 (Fortsetzung) Innerhalb von acht Monaten fordert eine Blatternepidemie den Tod von fast 2500 Hawaiianern.

1854 Besonders ergiebiges 'Lahaina-Zuckerrohr' wird aus Tahiti importiert und gibt der Zuckerindustrie zusätzlichen Auftrieb.
Zehn Schulen werden geschaffen, in denen die hawaiische Jugend auch englischen Unterricht erhalten soll.
Am 15. Dezember stirbt Kamehameha III., sein Nachfolger wird Prinz Alexander Liholiho als Kamehameha IV.

1855 Der erste regelmäßige Schiffsverkehr zwischen Hawaii und dem Festland wird von der 'Regular Dispatch'-Linie eröffnet. Ein Brief aus New York trifft in einer Rekordzeit von 55 Tagen in Honolulu ein.
Durch den Ausbruch des Vulkans Mauna Loa wird die Stadt Hilo gefährdet.

1856 Die Zeitung "Pacific Commercial Advertiser" wird gegründet. Sie ist Vorläuferin des heutigen "Honolulu Advertiser", eine der beiden bedeutenden Tageszeitungen Hawaiis.

1858 Die erste Bank Hawaiis wird in Honolulu von Frank Reed Bishop unter dem Namen Bank of Bishop & Co, Ltd. eröffnet, die heutige First Hawaiian Bank.

1860 Die Bevölkerungszahl geht weiterhin drastisch zurück. Eine neue Volkszählung stellt eine Einwohnerzahl von nur noch knapp 70000 fest.
In Honolulu wird der Grundstein für das erste hawaiische Krankenhaus, das Queen's Hospital, gelegt.

1861 Mit dem Ausbruch des US-Bürgerkriegs wird der Zuckerpreis in die Höhe getrieben, was der hawaiischen Zuckerindustrie einen Aufschwung beschert.

1863 Die nordamerikanische Missionsgesellschaft beendet ihre Tätigkeit in Hawaii und überläßt die weitere Arbeit der Hawaii Evangelical Association.
Am 30. November stirbt Kamehameha IV.; ihm folgt sein älterer Bruder Lot Kamehameha als Kamehameha V. auf den Thron.

1864 Kamehameha V. verkündet eine neue Verfassung, die ihm zu mehr Machtbefugnissen verhilft. Er verkauft die Insel Niihau für 10000 Dollar an die Familie Sinclair-Robinson.

1866 König Kamehameha V. verfügt die Einrichtung einer Leprastation in Kalawao (Molokai), in der Leprakranke, nicht selten mit Gewaltanwendung, isoliert werden. Innerhalb der ersten sieben Jahre steigt die Zahl der Patienten auf 800 an.

1867 Zwischen Hawaii und den Vereinigten Staaten von Amerika wird ein Gegenseitigkeitsvertrag abgeschlossen, durch den der Zuckerexport in die USA erleichtert werden soll.

1868 Ein erneuter Ausbruch des Mauna Loa mit begleitenden Erdbeben bringt neue Gefahren für die Insel Hawaii.

1872 Heinrich Berger, deutscher Kapellmeister am Hofe von Kamehameha V., gibt am 11. Juni sein erstes Konzert mit der Royal Hawaiian Band, die er bis 1915 leiten wird.
Am 11. Dezember stirbt Kamehameha V., und da er keinen Erben hinterläßt und keinen Nachfolger bestimmt hat, muß aufgrund der Verfassung ein neuer König vom Parlament gewählt werden.

1873 Am 8. Januar wird William Charles Lunalilo zum König gewählt.
Im September schlägt er eine Rebellion der Leibgarde nieder.

Royal Hawaiian Band

Am 3. Februar stirbt König Lunalilo; das Parlament wählt David Kalakaua zu seinem Nachfolger. Am 17. November bricht der neue Herrscher zu einem Besuch der Vereinigten Staaten von Amerika auf und kehrt erst im Februar 1875 zurück. 1874

Ein neuer Gegenseitigkeitsvertrag mit den USA tritt in Kraft, durch den die Zuckerexporte erheblich erhöht werden. Bis 1890 werden sie sich verzehnfachen. 1876

Die erste Gruppe portugiesischer Arbeiter aus Madeira trifft in Hawaii ein; bis Ende des Jahrhunderts wächst ihre Zahl auf 18000 an. 1878

Der Grundstein für den Iolani-Palast in Honolulu, in dem künftig der König residieren soll, wird gelegt. 1879

König Kalakaua geht auf Weltreise. 1881

Das Parlament überträgt dem Zuckerindustriellen Claus Spreckels ein großes Gebiet Kronland in der Umgebung von Wailuku (Maui). 1882

Kalakaua und Königin Kapiolani sind die ersten hawaiischen Monarchen, die sich in dem eigens dafür erbauten Pavillon im Park des Iolani-Palasts krönen lassen. 1883

Erstmals ist die Bevölkerungszahl Hawaiis wieder gestiegen; eine Volkszählung weist ca. 80600 Personen aus. 1884

Durch die gemilderten Emigrationsgesetze in Japan steigt die Zahl der japanischen Kontraktarbeiter in Hawaii sehr rasch an. Innerhalb eines Jahrzehnts machen sie ein Viertel der gesamten hawaiischen Bevölkerung aus. 1886

1887 Kalakauas ausschweifender Lebensstil erhöht die Staatsschulden erheblich. Die neugegründete 'Hawaiian League', die unter anderem der sich ausbreitenden Korruption den Kampf angesagt hat, setzt eine neue Verfassung durch, die die Vorrechte des Monarchen und die Rechte der Hawaiianer zugunsten ausländischer Wirtschaftsinteressenten beschneidet. Die Amerikaner sichern sich vertraglich das alleinige Nutzungsrecht von Pearl Harbour.

1891 Am 20. Januar stirbt Kalakaua in San Francisco, neun Tage später tritt seine Schwester Liliuokalani die Thronfolge an.

1892 Das 1889 in Honolulu gegründete Bishop Museum, das Zentrum für den südpazifischen Kulturraum, wird eröffnet.

1893 Am 17. Januar wird Königin Liliuokalani durch einen unblutigen Staatsstreich gestürzt. Sie hatte versucht, ihre Rechte durch eine neue Verfassung zu stärken. Ihre Gegner, die eine Annexion durch die US-Amerikaner forcierten, setzen Sanford B. Dole an die Spitze einer provisorischen Regierung. Dole schafft die Monarchie ab, aber die angestrebte Annexion wird von dem amerikanischen Präsident Grover Cleveland abgelehnt.

1894 Am 3. Juli wird die Verfassung der Republik Hawaii angenommen und Dole am nächsten Tag zum Präsidenten gewählt.

1895 Am 6. Januar bricht eine Gegenrevolution aus, ein Versuch, Liliuokalani wieder an die Macht zu verhelfen. Der Aufstand wird jedoch niedergeschlagen und die Königin erklärt sich am 24. Januar zur Abdankung und Anerkennung der Republik bereit.

1896 Die Einwohnerzahl ist auf 109000 gestiegen, wobei der Anteil der nicht auf den Inseln Geborenen, der Halbhawaiianer und Ausländer die Zahl der hawaiischen Bevölkerung übersteigt.

1898 Mit Ausbruch des spanisch-amerikanischen Krieges benutzen die amerikanischen Streitkräfte Oahu als Militärstützpunkt.
Am 7. Juli unterzeichnet US-Präsident William McKinley einen Kongreß-Beschluß zur Annexion Hawaiis. Damit endet am 12. August die Souveränität Hawaiis, doch bleibt der republikanische Staatsapparat noch bis 1900 bestehen.

1900 Am 14. Juni wird Hawaii offiziell Territorium der Vereinigten Staaten von Amerika mit Dole als erstem Gouverneur.
Ein Feuer zur Vernichtung pestverseuchter Häuser gerät außer Kontrolle; ein Gebiet von 15 ha in Chinatown von Honolulu fällt den Flammen zum Opfer.

1901 Das Territorial-Parlament tritt zu seiner ersten Sitzung zusammen und setzt eine Einkommenssteuer fest.
Stromgetriebene Straßenbahnen ersetzen in Honolulu die bisherige Pferdebahn.

1903 Das County-System als Verwaltungsapparat wird in Hawaii eingeführt. Das Parlament richtet das erste Ersuchen an den Kongreß, Hawaii als Bundesstaat aufzunehmen.

1906 Die ersten philippinischen Arbeiter kommen nach Hawaii.

1907 Mit nur fünf Studenten wird das College of Agriculture and Mechanic Arts gegründet und 1911 in das College of Hawaii umbenannt. Die daraus 1920 entstandene University of Hawaii hat heute etwa 50000 Studenten verteilt auf Honolulu und Hilo sowie sieben weitere angegliederte Community Colleges.

Jack London und seine Frau reisen erstmals für vier Monate nach Hawaii, weitere Besuche folgen in den Jahren 1915 und 1916. 1907 (Fortsetzung)

Die Hawaiian Pineapple Growers Association zur Intensivierung des Ananasanbaus wird gegründet. 1908
Der Kongreß beschließt, einen Flottenstützpunkt in Pearl Harbor zu errichten.

Die Schofield Barracks, später zum größten ständigen Armeestützpunkt der Vereinigten Staaten von Amerika ausgebaut, werden in Wahiawa (Oahu) errichtet. 1909

Die Library of Hawaii, später State Library of Hawaii, wird gegründet. Sie ist die erste öffentliche Bücherei von Hawaii. 1913

Das amerikanische Unterseeboot 'Skate' geht im Hafen von Honolulu unter, die gesamte Mannschaft findet den Tod. 1915

Der Hawaii National Park wird von der Bundesregierung auf Hawaii und auf Maui ins Leben gerufen. 1916

Die USA tritt mit der Kriegserklärung an Deutschland in den Ersten Weltkrieg ein. Die hawaiische Nationalgarde wird für den Kriegsdienst mobilisiert. 1917

Das Trockendock in Pearl Harbor wird eingeweiht. 1918

Der große Mormonentempel in Laie (Oahu) wird eingeweiht. 1919

Die Bevölkerung ist auf 256000 gestiegen, der Anteil an Japanern hat mit 42,7% seinen Höhepunkt erreicht. 1920

Die Hawaiian Pineapple Co. erwirbt die Insel Lanai und verschifft die Ananasfrüchte nach Honolulu in ihre Konservenfabriken. 1922
Zwei Rundfunkstationen in Honolulu strahlen ihre ersten Sendungen aus.

Ein achtmonatiger Streik auf einer Zuckerplantage in Hanapepe (Kauai) endet mit dem Tod von 17 Streikenden und vier Polizisten, 101 Personen werden verhaftet. 1924

Am 31. August wird der erste Flug von San Francisco nach Hawaii von einem zweimotorigen Wasserflugzeug der US-Armee unternommen, doch geht ihm 300 Meilen (500 km) von den Inseln entfernt der Treibstoff aus; erst am 10. September wird die fünfköpfige Besatzung von einem U-Boot gerettet. 1925

Die Honolulu Academy of Arts wird als erstes Kunstmuseum von Hawaii eröffnet. 1927
Während der erste Flug zweier Leutnants in einer dreimotorigen Fokker-Maschine vom Festland nach Hawaii glückt, müssen 14 Tage später zwei Zivilflieger in einem Travelair-Eindecker nach 25stündigem Flug an der Küste von Molokai notlanden.

Der erste Radiotelefondienst Honolulu – London wird eröffnet und bald auf die Hauptstädte Europas und Südamerikas ausgedehnt. 1932

Franklin D. Roosevelt ist der erste amerikanische Präsident, der Hawaii besucht. 1934
Regulärer Luftpostdienst innerhalb der Inseln beginnt.

Luftpostdienst Kalifornien – Hawaii wird mit dem viermotorigen 'China Clipper' von Pan Am eingeleitet. 1935

1941 Mit dem japanischen Bombenangriff auf Pearl Harbor, der fast 2400 Tote und die Versenkung zahlreicher Kriegsschiffe forderte, ist der Eintritt der USA in den Zweiten Weltkrieg besiegelt. Am 30. Dezember beschießen japanische U-Boote die Häfen Hilo (Hawaii), Nawiliwili (Kauai) und Kahului (Maui).

1942 Am 28. Januar versenkt ein japanisches U-Boot ein US-Transportschiff in hawaiischen Gewässern.
Am 2. März wirft ein japanisches Flugzeug Bomben auf Honolulu ab.

1946 Der schwerste Tsunami, der je Hawaii heimgesucht hat, richtet im Gebiet von Hilo (Hawaii) große Schäden an. Er fordert 150 Menschenleben, 160 Personen werden verletzt und ein Sachschaden von mehr als 25 Mio. US-Dollar entsteht.
Ein Komitee des US-Repräsentantenhauses spricht sich für die sofortige Aufnahme Hawaiis als amerikanischer Bundesstaat aus, doch der Widerstand des US-Senats bringt alle weiteren Versuche für die nächsten zehn Jahre zum Scheitern.

1949 Am 1. Mai beginnt ein sechs Monate dauernder Streik der Gewerkschaft der Hafenarbeiter, durch den der Hafenverkehr in Honolulu fast völlig zum Erliegen kommt.

1950 Das Bevölkerungswachstum hält weiterhin an. Im Vergleich zum Jahre 1900 hat sich die Einwohnerzahl mehr als verdreifacht; sie ist auf fast 500000 angestiegen.

1952 Am 1. Dezember nimmt die erste hawaiische Fernsehstation KGMB in Honolulu ihre Tätigkeit auf.

1955 Die angeblich kommunistische Unterwanderung der hawaiischen Gewerkschaften verzögert wieder die Aufnahme von Hawaii als US-Bundesstaat.

1959 Am 11. und 12. März stimmen der Senat mit 76:15 Stimmen und das US-Abgeordnetenhaus mit 323:89 Stimmen für den Beitritt Hawaiis als US-Bundesstaat. Eine Volksabstimmung in Hawaii ergibt eine Mehrheit von 17:1 Stimmen. Die Bewohner der Insel Niihau sprechen sich gegen den neuen Status aus.
Mit einer Wahlbeteiligung von 93% der Wahlberechtigten werden am 28. Juli der Gouverneur, zwei Bundessenatoren und ein Abgeordneter gewählt.
Am 21. August wird Hawaii offiziell zum 50. Bundesstaat der USA erklärt.
Ein Düsenflugzeug der australischen Quantas-Linie landet erstmalig in Honolulu. Mit dem Einsetzen des regelmäßigen Düsenflugverkehrs wird eine neue Phase des Tourismus eingeleitet.

1960 Innerhalb eines Jahrzehnts ist die Bevölkerung um mehr als 20% auf nun 609000 Personen angestiegen.
Die Schaffung des East-West Center an der University of Hawaii mit der Aufgabe, den kulturellen und technologischen Austausch zwischen Ostasien, dem Pazifikraum und den Vereinigten Staaten zu fördern, wird vom Kongreß genehmigt.
Erneut sucht ein schwerer Tsunami die Insel Hawaii heim und fordert 57 Menschenleben; gleichzeitig kommt es zu Vulkanausbrüchen und Erdbeben im Gebiet von Puna (Hawaii).

1964 Zwischen Hawaii und Tokio wird das erste Unterwasserkabel für 84 Mio. US-Dollar verlegt.

1967 Sieben US-Fluglinien erhalten eine Landegenehmigung. Hawaii wird nun von 35 Festlandsflughäfen aus angeflogen. Als Folge steigt die Zahl der Touristen in diesem Jahr auf 1 Mio. an.

Der sprunghafte Anstieg der Bevölkerung hält an: innerhalb eines Jahrzehnts wächst die Einwohnerzahl Hawaiis um weitere 25%. 1970

Am 2. April treten die Lehrer in einen dreiwöchigen Streik, um bessere Bezahlung und Arbeitsbedingungen durchzusetzen. 1973
Ein Erdbeben richtet in Hilo (Hawaii) beträchtlichen Schaden an.

Mit dem Auslaufen des 40 Jahre alten Zuckergesetzes schnellt der Zuckerpreis von 11 auf 65 Cent in die Höhe. 1974
Der Demokrat George Ariyoshi ist der erste Amerikaner japanischer Abstammung, der zum Gouverneur Hawaiis gewählt wird.

Erstmals wird in Hawaii die Freigabe der unbewohnten Insel Kahoolawe, die dem Militär zur Waffenerprobung dient, durch die symbolische Besetzung der Insel gefordert. 1976

Am Vulkan Kilauea (Hawaii), der als aktivster Vulkan der Welt gilt, kommt es 14 Tage lang zu mehreren Vulkanausbrüchen, die in unregelmäßigen Abständen in den nächsten 12 Jahren wieder auftreten. 1977

Hawaii begeht die Zweihundertjahrfeier der ersten Landung der Expedition von Captain James Cook. 1978

Vier Millionen Touristen, mehr als das Vierfache der eigenen Bevölkerung, besuchen Hawaii. 1979
Auf dem Mauna Kea, dem höchsten Berg der Hawaii-Inseln, wird eines der größten Infrarot-Teleskope aufgestellt.

Das Bruttosozialprodukt des Staates Hawaii liegt bei ungefähr 13 Mrd. US-Dollar; davon entfallen nahezu 24% (3,7 Mrd. US-Dollar) auf den Tourismus, aber nur noch knapp 2,5% (352 Mio. US-Dollar) auf die Zuckerindustrie, die mehr und mehr an Bedeutung verliert. 1981

Erstmals ist die Bevölkerungszahl auf über eine Million angestiegen; zwei Drittel der Bewohner leben in Honolulu. 1983

An der praktisch unbesiedelten Westküste Oahus soll eine Satellitenstadt zur Entlastung Honolulus entstehen. Weiterhin ist der Bau von sieben Hotels mit japanischer Finanzierung geplant. 1986

Die Gesamtproduktion in der Landwirtschaft beläuft sich auf 609 Mio. US-Dollar. Mit einem Wachstum von 9% im Vergleich zum Jahre 1982 kann die landwirtschaftliche Produktion nicht mit der starken Preissteigerung auf den Inseln mithalten. 1987

Mit einer Auslastungsrate der Hotels von 78,5% steht Hawaii an der Spitze der US-amerikanischen Staaten. Honolulu allein liegt mit 85% Auslastung noch erheblich günstiger, doch ist das Preisniveau im allgemeinen sehr hoch. 1988

Das Leben in Hawaii ist teuer: Die Lebenshaltungskosten in Hawaii liegen um 28,7% über dem Durchschnitt des US-amerikanischen Festlandes. Im Gegensatz dazu entspricht das Durchschnittseinkommen der Hawaiianer dem der Festlandsbewohner. 1989
Am 1. Juni werden die Gebiete um Hilo, Puna und dem Volcanoes National Park auf Hawaii durch zwei Erdbeben erschüttert.

Im Regenwaldgebiet von Puna auf der Insel Hawaii wird mit dem Bau des ersten geothermischen Kraftwerks begonnen, das 20% des Strombedarfs der Insel durch Nutzung der Erdwärme decken soll. Dieses aufwendige Großprojekt ist allerdings umstritten, da es ökologisch und ökonomisch nicht vertretbar ist. 1990

1990 (Fortsetzung) Die Regierung plant die Gründung eines Ensembles, das in den Vereinigten Staaten von Amerika und im Ausland zur weiteren Belebung des Tourismus hawaiische Tanz- und Musikvorführungen darbieten soll.
Ende Mai wird der Küstenort Kalapana im Süden der Insel Hawaii durch Lavamassen von einem erneuten Ausbruch des Vulkan Kilauea völlig zerstört.

1991 Am 11. Juli sind die Vulkangipfel der Inseln Hawaii und Maui bevorzugte Beobachtungspunkte einer totalen Sonnenfinsternis, die zwischen den Hawaii-Inseln und Nordbrasilien als ungewöhnliches Himmelsspektakel beobachtet werden kann.

1992 Der Wirbelsturm Iniki fegt am 11./12. September mit Windgeschwindigkeiten bis zu 280 km in der Stunde über die Insel Kauai und hinterläßt enorme Zerstörungen.

Berühmte Persönlichkeiten

Hinweis

Die nachstehende, namensalphabethisch geordnete Liste vereinigt Persönlichkeiten, die durch Geburt, Aufenthalt, Wirken oder Tod mit Hawaii im weitesten Sinne verbunden sind und überregionale, oft sogar weltweite Bedeutung erlangt haben.

Dwight Baldwin
Theologe
(1798–1886)

Der in Durham, US-Bundesstaat Connecticut, geborene Theologe und Mediziner kam 1831 mit dem vierten Missionarsschiff in Honolulu an. Er wurde erst in Waimea (Hawaii) stationiert und war dann 1835–1870 in Lahaina (Maui) als Pastor und Arzt tätig. Im Baldwin Home Museum sind noch seine Wohnräume und die Arztpraxis zu besichtigen (⟶ Reiseziele von A bis Z, Maui). Für die Ausgabe des Neuen Testaments in hawaiischer Sprache übersetzte er mehrere Kapitel. Die letzten Lebensjahre verbrachte er in Honolulu. Von seinen acht Kindern wurde sein Sohn Henry P. Baldwin erfolgreicher Zuckerrohrfarmer. Mit seinem Schwager Samuel T. Alexander begründete er die Firma Alexander & Baldwin, die heute noch eine der größten Gesellschaften in Hawaii ist.

Hiram Bingham
Theologe
(1789–1869)

In Bennington im US-Bundesstaat Vermont geboren, studierte Bingham am Middlebury College und am Andover Theological Seminary. Er wurde 1818 in Boston ordiniert und für die erste Missionarsfahrt 1820 nach Hawaii ausgewählt. Dort war er Pastor an der ersten Kirche in Hawaii, der Mokuaikaua-Kirche. In seiner zwanzigjährigen Missionarstätigkeit geriet er wegen seiner sittenstrengen Haltung oft in Konflikte mit den in Lahaina (Maui) anlandenden Walfängern, die seiner Meinung nach Unmoral nach Lahaina brachten. Sein Beitrag zur Schaffung einer hawaiischen Schriftsprache war außerordentlich. Aktive Mitarbeit an der Kodifizierung des hawaiischen Alphabets und die Übersetzung großer Teile des Neuen Testaments in die hawaiische Sprache zählen zu seinen Verdiensten. Er starb in New England, wohin die Familie mit Rücksicht auf den schlechten Gesundheitszustand von Frau Baldwin 1840 zurückgekehrt war.

Bernice Pauahi Bishop
Großgrundbesitzerin
(1831–1884)

Prinzessin Pauahi, eine Enkelin von König Kamehameha dem Großen, heiratete den Bankier Charles Reed Bishop und sollte die Nachfolge des erbenlosen Königs Kamehameha V. als Königin von Hawaii antreten. Nach dem Tod ihrer Kusine Ruth Keelikolani (1826–1883) wurde sie zur Haupterbin der Kamehameha-Ländereien (Bishop Estate), die damals etwa 9% der gesamten Bodenfläche der Inseln einnahmen. Sie konnte sich ihres Reichtums nicht lange erfreuen, denn sie starb knapp ein Jahr nach dem Tode ihrer Kusine. Testamentarisch verfügte sie die Errichtung der Kamehameha-Schule in Honolulu für Kinder hawaiischer Abstammung, heute die bedeutendste Schule in Hawaii.

Charles Reed Bishop
Bankier
(1822–1915)

Bishop, der aus Glens Falls im US-Bundesstaat New York stammt, kam im Jahre 1846 aus Oregon nach Hawaii und heiratete dort Prinzessin Bernice Pauahi. Er wurde innerhalb weniger Jahre Leiter des Zollamts, gründete im Jahre 1858 das Handelshaus Aldrich & Bishop und bald darauf die erste hawaiische Bank, Bank of Bishop & Co, Ltd., die heutige First Hawaiian Bank. Durch die reichlichen Gewinne bei der Finanzierung der sich im Aufbau befindlichen Zuckerrohrindustrie und auch dank des Erbes seiner Frau konnte er sich früh aus dem Geschäftsleben zurückziehen. Er wurde auf Lebenszeit zum Mitglied des hawaiischen Oberhauses ernannt und diente vier Königen sowie der letzten Königin als Ratgeber. Im Jahre 1889 errichtete er zum Gedenken an seine Frau das Bernice P. Bishop Museum in Honolulu (⟶ Reiseziele von A bis Z, Oahu). Die von ihm ins Leben gerufene Bishop Trust Corporation, heute noch eine bedeutende Großgrundbesitzerfirma, stellte Mittel für den Betrieb des anthropologischen Museums zur Verfügung. Bishop starb 1894 in San Francisco.

Henry Augustus P. Carter
Industrieller
Diplomat
(1837–1891)

Henry August Carter wurde in Honolulu geboren und begann seine erfolgreiche Geschäftskarriere schon im Alter von 19 Jahren. Bereits sechs Jahre später war er Partner der heute noch bestehenden Handelsfirma Charles Brewer & Co. Auch ihm verhalf die aufstrebende Zuckerindustrie zu großem Reichtum. Im Jahre 1875 handelte er einen Gegenseitigkeitsvertrag mit den Vereinigten Staaten von Amerika aus und wurde anschließend von König David Kalakaua nach London, Paris und Berlin geschickt, um den dortigen Regierungen die Bedeutung des Vertrags zu erklären. Im Jahre 1883 wurde er zum Ministerpräsidenten in Washington ernannt. Bei der Verlängerung des Gegenseitigkeitsvertrags im Jahre 1887, an der Carter wieder maßgebend beteiligt war, wurde den Vereinigten Staaten gestattet, in Pearl Harbor einen Flottenstützpunkt anzulegen.

James Cook
Seefahrer
(1728–1779)

Captain James Cook machte sich als englischer Weltumsegler zum letzten großen Entdecker maritimer Gebiete. Während seiner drei Reisen (1768 bis 1779) entdeckte er die Ostküste Australiens, Neuseeland und zahlreiche Inselgruppen im Pazifik. Auf seiner letzten Reise, auf der er auch zum ersten Mal auf den Hawaii-Inseln landete, suchte er eine nördliche Durchfahrt vom Pazifik zum Atlantik. Seine beiden Schiffe 'Resolution' und 'Discovery' kreuzten vor Kauai, gingen schließlich in der Kealakekua-Bucht vor Anker und wurden dort sehr freundlich und neugierig von den Einheimischen begrüßt. Die Ankunft Cooks wurde für die Rückkehr des Gottes 'lomo' gehalten, und dementsprechend ehrfurchtsvoll wurde er an Land empfangen. Cook gab den Inseln den Namen Sandwich-Inseln, zu Ehren von Lord Sandwich, seinem Gönner und Mäzen.

Seine zweite Ankunft in Hawaii verlief unter keinem glücklichen Stern. Cook mußte wegen Sturmschäden frühzeitig nach Hawaii zurückkehren. Der diesmalige Empfang war nicht mehr so freundlich, und die Spannungen nahmen auf beiden Seiten zu. Als nun auch noch ein Beiboot der 'Discovery' von den Hawaiianern entwendet wurde, ging Cook an Land und wollte diese Tat sühnen. Es kam zu einem Handgemenge, in dem Cook den Tod fand. Die beiden Schiffe kehrten mit den wenigen sterblichen Überresten Cooks nach Großbritannien zurück.

Joseph Damien de Veuster
Priester
(1840–1889)

Der im belgischen Tremeloo geborene Geistliche kam 1864 als Herz-Jesu-Missionar nach Hawaii und wurde in Honolulu ordiniert. Auf seinen eigenen Wunsch hin wurde er in die Lepra-Kolonie auf Molokai geschickt und betreute dort aufopfernd jahrelang die Leprakranken. Er selbst wurde auch von der damals noch tödlichen Krankheit angesteckt und starb Jahre später daran.

Weithin bekannt wurde Damien nach seinem Tode durch einen Offenen Brief, den der Dichter Robert Louis Stevenson, der sich in Kalaupapa aufgehalten hatte, an einen Gegner des Geistlichen schickte. Pfarrer Charles McEwen Hyde hatte versucht, die Verdienste Damiens um die Leprakranken zu schmälern. Seine Bedeutung für Hawaii ist auch in Washington sichtbar: Von den beiden hawaiischen Statuen der Bildhauerin Marisol im Capitol stellt die eine Damien dar, die andere König Kamehameha I.

James D. Dole
Industrieller
(1877–1958)

In Boston geboren und Absolvent der Harvard-Universität, kam Dole kurz vor der Jahrhundertwende nach Hawaii und wurde dort als Begründer des Ananasanbaus erfolgreicher Geschäftsmann. Die 1901 von ihm gegründete Hawaiian Pineapple Corporation in Wahiawa (Oahu), brachte schon nach zwei Jahren ihre erste Ernte ein. Kurze Zeit später erbaute er eine der damals größten Konservenfabriken der Welt auf Oahu. Bis 1932 war er Präsident des Unternehmens und noch weitere 16 Jahre Vorsitzender des Aufsichtsrats. Im Jahre 1922 erwarb die Firma die ganze Insel Lanai von ihrem Vorbesitzer für 1,1 Mio. US-Dollar. Die größte Ananasplantage der Welt wurde nun auf diesen Ländereien angelegt. Zusätzlich wurde ein Hafen für den Versand der Früchte ausgebaggert, und Lanai City entstand als Wohnort für die Beschäftigten. Von 1933 bis 1958 lebte Dole in Washington und San Francisco, kehrte dann nach Hawaii zurück und starb bald darauf.

James D. Dole (Fortsetzung)

Heute gehört die Insel Lanai wie auch die Dole Corporation, die fast schon ein Synonym für Ananasanbau geworden ist, der Firma Castle and Cooke.

Sanford Ballard Dole
Präsident der hawaiischen Republik
(1844–1926)

Sanford B. Dole, ein entfernter Verwandter von James D. Dole, kam in Honolulu, als Sohn von Daniel Dole, dem Begründer der Punahou School, zur Welt. Er studierte auf dem Festland, wurde Anwalt und kehrte Ende der sechziger Jahre nach Honolulu zurück. 1884 wurde er ins Parlament gewählt und zwei Jahre später zum Richter am Obersten Gerichtshof ernannt. 1893 war er maßgeblich am Sturz der Monarchie beteiligt, wurde im gleichen Jahr zum Präsidenten der provisorischen Regierung gewählt und blieb Präsident der Republik Hawaii, bis die Hawaii-Inseln zum Territorium der USA erklärt wurden. Von 1900 bis 1903 war er der erste Gouverneur und bis 1916 US-Distriktrichter. Seine "Memoirs of the Hawaiian Revolution", 1936 postum in Honolulu veröffentlicht, sind ein bedeutendes, wenn auch einseitiges Quellenwerk für eine wichtige Epoche Hawaiis.

John Owen Dominis
Gouverneur
Prinzregent
(1832–1891)

John Owen Dominis kam in Schenectady, US-Bundesstaat New York, zur Welt und reiste als Achtjähriger mit seinen Eltern nach Hawaii. Nach einigen Jahren geschäftlicher Tätigkeit wurde er mit knapp 30 Jahren von König Kamehameha IV. zu seinem persönlichen Sekretär und Oberhofmeister ernannt. 1868 erfolgte seine Bestallung zum Gouverneur von Oahu, einen Posten, den er 19 Jahre lang bekleidete. 1862 hatte er Lydia Kamakaeha Kaolamalii Liliuokalani geheiratet, die Schwester von David Kalakaua, dem siebenten König von Hawaii, der sie zu seiner Nachfolgerin bestimmte. Das Ehepaar wohnte im Dominis-Haus 'Washington Place', dem jetzigen Wohnsitz der Gouverneure von Hawaii. Als Liliuokalani Anfang 1891 Königin wurde, hatte Dominis, nummehr Prinzregent, nur noch sieben Monate zu leben.

Queen Emma
Gemahlin von Kamehameha IV.
(1836–1885)

Königin Emma war eine Urenkelin von Kamehameha I. und heiratete König Kamehameha IV. im Jahre 1856, ein Jahr nach seiner Thronbesteigung. Ihr Geburtsname war Kalanikaumakeamano, und nach dem Tode ihres Mannes nahm sie den Namen Kaleleonalani an. Sie hatte maßgeblichen Anteil an der Gründung des auch heute noch größten Krankenhauses Hawaiis, des Queen's Hospital, sowie der episkopalischen Glaubensgemeinschaft in Hawaii. Als König Lunalilo (Kamehameha IV.) 1874 nach knapp einjähriger Regentschaft starb und ein Nachfolger gewählt werden mußte, kandidierte sie für das höchste Amt im Staat, erhielt aber nur sechs von 39 Stimmen, womit sie David Kalakaua unterlag. Ihre Anhänger zettelten Unruhen gegen den neuen Herrscher an, doch Emma erkannte Kalakaua als rechtmäßigen Nachfolger an. Ihr nahe Honolulu gelegener Sommerpalast ist heute noch ein beliebtes Ausflugsziel.

Walter Murray Gibson
Theologe
Politiker
(1822–1888)

Der von englischen Eltern abstammende Gibson wurde auf einer Schiffsreise von London nach Spanien geboren. Im Jahre 1861 kam er als Missionar der Mormonen nach Hawaii und blieb dort, während der größte Teil der Mormonengemeinde nach Utah zurückgerufen wurde. Als jene einige Jahre später nach Hawaii zurückkehrten, stellten sie fest, daß Gibson mit Kirchengeldern etwa die Hälfte der Insel Lanai erworben und sie auf seinen Namen eingetragen hatte, worauf er 1864 exkommuniziert wurde. Zwei Jahre später wurde er Bürger von Hawaii und schaltete sich 1872 in die Politik ein. Er erwarb die führende Zeitung, Pacific Commercial Advertiser (heute Honolulu Advertiser), und wurde 1882 von König Kalakaua zum Ministerpräsidenten und Außenminister von Hawaii ernannt. Während seiner Regierungszeit blühte die Korruption wie selten zuvor. Er entwickelte in dieser Zeit die Idee, unter der Führung Hawaiis eine Föderation aller polynesischer Inselgruppen zu schaffen, die noch nicht Kolonien der europäischen Großmächte waren. Nach seinen Vorstellungen sollte Kalakaua der 'Kaiser des Pazifik' werden. Es stellte sich jedoch bald heraus, daß die betroffenen damaligen Insel-Königreiche wenig Interesse an einem solchen Plan hatten. Am Tage vor der Unterzeichnung der Kalakaua von Revolutionären aufgezwungenen sog. Bajonett-Verfassung wurde Gibson

W. M. Gibson (Fortsetzung)

auf das Festland abgeschoben. Sein letztes Lebensjahr verbrachte er in San Francisco.

Hewahewa letzter Hohepriester (gest. 1837)

Der letzte Hohepriester unter dem alten 'kapu'-System unterstützte König Kamehameha II. und die Regentin Kaahumanu bei der Entzauberung und Abschaffung der alten hawaiischen Götter. Mehr als 100 heidnische Symbolfiguren sollen von ihm vernichtet worden sein. Er ließ sich zum Christentum bekehren und wurde eifriger Kirchgänger einer Gemeinde in Waialua (Oahu). In seinen letzten Lebensjahren betrieb er eine Farm zwischen Waialua und Waikiki.

Daniel K. Inouye US-Senator (geb. 1924)

Daniel K. Inouye, 1924 in Honolulu geboren, ist einer der ersten Hawaiianer japanischer Abstammung, der eine bedeutende Rolle in der Politik Hawaiis spielte. Er studierte an der University of Hawaii und der George Washington Law School in St. Louis, nahm am Zweiten Weltkrieg an Kämpfen in Europa teil und ließ sich nach Beendigung des Krieges als Anwalt in Honolulu nieder. Von 1955 bis 1959 gehörte er dem Parlament des Territoriums Hawaii an, wurde daraufhin in den Kongreß gewählt und ist seit 1962 US-Senator. Als solcher zeichnete er sich besonders bei der Iran-Contra-Untersuchung 1987/88 aus, in der er den Mitvorsitz führte.

Kaahumanu Königin Regentin (1768–1832)

Die in Hana (Maui) geborene Tochter und Schwester mächtiger Häuptlinge wurde eine der Ehefrauen von König Kamehameha dem Großen. Als Stiefmutter von Kamehameha II. wurde sie nach dem Tode von Kamehameha I. zur Mitherrscherin und ersten Regentin ('kuhina nui') ernannt. Im Jahre 1821 heiratete sie den als Geisel nach Honolulu gebrachten König Kaumualii von Kauai, der sich bis dahin der Einigung Hawaiis widersetzt hatte, und gleichzeitig dessen Erben Kealiiahonui. Sie übernahm eine führende Rolle bei der Abschaffung des 'kapu'-Systems und ließ sich 1825 in der Kirche von Pastor Hiram Baldwin in Kona zum Christentum bekehren. Die Lehren der Missionare dienten ihr auch zur Inkraftsetzung von Gesetzen, die schwere Strafen auf Mord, Diebstahl und Nichteinhaltung der Sonntagsruhe festlegten. Kurz vor ihrem Tod in Honolulu empfing sie von Pastor Bingham die erste Übersetzung des Neuen Testaments ins Hawaiische.

Duke Paoa Kahanamoku Schwimmer, Wellenreiter (1890–1968)

Der in Haleakala (Maui) geborene, mehrfache Olympiasieger war der erste hawaiische Spitzensportler, der weltweit bekannt wurde. Schon als Schüler der Kamehameha-Schule in Honolulu war er einer der besten Wellenreiter mit seinem 50 kg schweren und 5 m langem Surfbrett. Im Alter von 20 Jahren entwickelte er den später als 'American Crawl' bekannten Schwimmstil, der zunächst 'Hawaiian Crawl' genannt wurde. Bei den Olympischen Spielen in Stockholm 1912 holte er sich mehrere Goldmedaillen und stellte einen Weltrekord im 100-m-Schwimmen auf, den er kurz danach in Hamburg schon wieder brach. Bei den Olympischen Spielen in Antwerpen 1920 – er war nun schon 30 Jahre alt – stellte er im 100-m-Freistilschwimmen einen neuen Weltrekord mit 60 Sekunden auf. 1924 verlor er seinen Weltmeistertitel an Johnny Weissmüller, der für die Strecke 59 Sekunden benötigte. Auch 1928 in Amsterdam holte er sich wieder Medaillen, wenn auch keine goldenen, und 1932 in Los Angeles, nun schon 42 Jahre alt, gehörte er der amerikanischen Wasserpolo-Mannschaft an. In den zwanziger Jahren wirkte er an mehreren Filmen mit, die ihm keinen langwährenden Ruhm einbrachten. Beruflich war er nur in untergeordneten Stellen tätig, kontrollierte Wasserzähler, war Hausmeister im Rathaus von Honolulu und arbeitete an einer Tankstelle, bis ihn die Bewohner Honolulus auf den Ehrenposten eines Sheriffs wählten. In seinen letzten Lebensjahren empfing er als Protokollchef der Stadt prominente Gäste.

David Kalakaua Siebter König von Hawaii (1836–1891)

David Kalakaua wurde als Nachkommme der Stammeshäuptlinge der Insel Hawaii in Honolulu geboren. Im Jahre 1874 wurde er zum Nachfolger des erbenlosen Königs Lunalilo gewählt und regierte 17 Jahre lang. Er wird der 'Lustige Monarch' genannt, der die Schönen Künste förderte,

James Cook

König David Kalakaua

Königin Liliuokalani

David Kalakaua (Fortsetzung)

viele Reisen unternahm, ein Hofleben nach europäischem Muster führte und sich nur am Rande um die Regierungsgeschäfte kümmerte, die er seinen Beamten überließ. Zum ersten Mal besuchte ein hawaiischer König die Vereinigten Staaten und bereiste die europäischen Hauptstädte, um andere Könige und Kaiser kennenzulernen. Er liebte ein prunkvolles Leben und zeigte dies beispielsweise, indem er und seine Frau, Königin Kapiolani, eine diamantengeschmückte Krone trugen. Sein Unvermögen, sich gegen die immer machtvolleren Interessensgruppen durchzusetzen und gegen die sich ausbreitende Korruption vorzugehen, heizte die monarchiefeindliche Stimmung in Hawaii an und zwang ihn, 1887 die sog. Bajonett-Verfassung zu unterzeichnen, die ihm mehrere seiner Befugnisse nahm. Er starb in San Francisco, wo er seine angegriffene Gesundheit wiederherstellen wollte.

Kamehameha I. Erster König von Hawaii (1758? – 1819)

Kamehameha I., auch 'der Große' genannt, ist der Begründer der hawaiischen Monarchie und leitet die Epoche der Kamehameha-Dynastie ein, deren Regierungszeit von 1795 bis 1872 andauerte. Sein Geburtsort ist North Kohala an der Nordküste von Hawaii. Er war Augenzeuge der Landung der Cook-Expedition 1778 in Kauai und wurde selbst durch Geschützfeuer verletzt, als die Hawaiianer Captain Cook in der Nähe des jetzt Captain Cook genannten Ortes an der Kealakekua-Bucht im Südwesten der Insel Hawaii töteten. Als Folge eines zehnjährigen Krieges gelang es Kamehameha mit Hilfe von Bundesgenossen, seine Herrschaft über die Insel Hawaii zu konsolidieren und Maui sowie Lanai zu erobern. Molokai kam als nächste Insel unter seine Herrschaft, und 1795 gelang ihm die Eroberung Oahus. In diesem Jahr bildet er sein Königreich, das sich damals zuerst aus sechs der acht Hawaii-Inseln zusammensetzte. Kauai und Niihau gelangten aufgrund eines Abkommens mit König Kaumualii von Kauai an die Krone. Kamehameha I. öffnete Hawaii nach außen. Der Handel mit anderen Ländern blühte; als Haupthandelswaren wurden Schweine, Süßkartoffeln und das wertvolle Sandelholz, das jetzt ganz aus Hawaii verschwunden ist, verkauft. Kamehameha I. starb in Kailua-Kona (Hawaii), wahrscheinlich dort, wo sich das heutige Hotel Kamehameha befindet. Seine Gebeine wurden in einer geheimgehaltenen Höhle versteckt, da andernfalls ein Menschenopfer hätte erbracht werden müssen. Mit seinem Tode ging die Ära des alten Hawaiis zu Ende.

Kamehameha II. Zweiter König von Hawaii (1796 – 1824)

Liholiho, der älteste Sohn und Nachfolger von Kamehameha I. und dessen 'heiliger Frau' Keopuolani, mußte sich die Mitregentschaft von Kaahumanu, des ersten Königs Lieblingsfrau, gefallen lassen. Die beiden Frauen überredeten ihn , das alte 'kapu'-System zu brechen – seine leibliche Mutter war dann auch die erste des Königshauses, die sich 1823 auf ihrem Totenbett in Lahaina zum Christentum bekehren ließ. Seine Regierungs-

Kamehameha II. (Fortsetzung)

zeit war auf der einen Seite durch den Verlust der alten Werte geprägt; auf der anderen Seite gewannen neue Einflüsse, sowohl durch die Missionare als auch durch neue Kontakte nach außen zunehmend an Bedeutung. Durch den fortgesetzten Handel mit Sandelholz und den Ausbau Hawaiis zu einer Walfänger-Station wurde weniger der Reichtum des Landes und seiner Bewohner als der des Königshauses vermehrt. Um sich die Gunst Großbritanniens zu erhalten, ging Kamehameha II. mit seiner Frau an Bord eines britischen Walfängerschiffes 1823 auf die beschwerliche Reise nach Großbritannien. In London starben im Juli 1824 Königin und König innerhalb von sechs Tagen an Masern. An Bord eines Kanonenboots unter dem Kommando von Lord George A. Byron wurden die Leichname nach Honolulu zurückgebracht.

Kamehameha III. Dritter König von Hawaii (1813–1854)

Kauikeaouli, der jüngere Bruder von König Kamehameha II., war erst elf Jahre alt, als er Thronerbe wurde. Er hatte jedoch lange Zeit keinen politischen Einfluß, denn Kaahumanu, Lieblingsfrau von Kamehameha I., blieb bis zu ihrem Tode 1832 weiterhin Regentin. Als die ältere Halbschwester Kinau (1805–1839) von Kamehameha III. die Rolle der verstorbenen Königin übernehmen sollte, kam es zu dauernden Reibereien zwischen den beiden. Kamehameha III., der das ausschweifende Leben liebte, wandte sich vor allem gegen die puritanischen Lebensregeln der Missionare, die Kinau strikt auf das Leben der Hawaiianer angewandt wissen wollte. Die Umwandlung des Königreichs in eine konstitutionelle Monarchie erfolgte Schritt für Schritt. Der Verkündigung der Rechte der Hawaiianer 1839 folgte ein Jahr später die Verabschiedung der ersten Verfassung. Eine säuberliche Trennung des Eigentums der Krone und der Regierung sowie eine Steuerreform wurden durchgesetzt. Als nächster Schritt wurde eine aus fünf Ministern bestehende Regierung gebildet und schließlich die 'Große Mahele', eine Gesetzesschrift zur Landaufteilung (1846), verkündet, aufgrund derer erstmalig jedem Hawaiianer Landerwerb möglich wurde. Zu Regierungszeiten von Kamehameha III. wurden immer wieder Machtansprüche der Großmächte deutlich sichtbar. Der König mußte Versuche der Franzosen und der Briten abwenden, Hawaii zu einer ihrer Kolonien zu machen – tatsächlich hatte ein britisches Geschwader im Jahre 1843 Hawaii fünf Monate lang annektiert –, und zu Beginn der fünfziger Jahre galt es auch, entsprechende Versuche der USA zunichte zu machen. Als er 1854 starb, war die Wirtschaft Hawaiis auf eine festere Basis gestellt als jemals zuvor.

Kamehameha IV. Vierter König von Hawaii (1834–1863)

Alexander Liholiho, Sohn Kinaus und Enkel von Kamehameha I. wurde von Kamehameha III. zu seinem Nachfolger bestimmt. Mit seinem Bruder hatte er in jungen Jahren Paris, London, New York und Teile der Vereinigten Staaten besucht. Seine Regierungszeit ist durch zwei Entwicklungen gekennzeichnet: ein allmähliches Abrücken von den Vereinigten Staaten bei gleichzeitiger Verstärkung des britischen Einflusses. Des weiteren mußte er Maßnahmen gegen die fortgesetzte Verminderung der hawaiischen Bevölkerung durch Krankheiten treffen, worauf die Gründung des ersten hawaiischen Krankenhauses (Queen's Hospital in Honolulu) erfolgte. Er starb an den Folgen eines schweren Asthmaanfalls im Alter von 29 Jahren.

Kamehameha V. Fünfter König von Hawaii (1830–1872)

Die Regierungszeit von Lot Kapulaiwa Kamehameha (Kamehameha V.) war von kurzer Dauer. In diesen neun Jahren bemühte er sich, die Monarchie zu stärken, oft mit despotischen Mitteln, was letztlich zu ihrer Schwächung beitrug. "Er kleidete sich einfach", sagte Mark Twain über ihn, der im Jahre 1866 Hawaii bereiste. "Tag und Nacht kann man ihn auf seinem alten Pferd unbegleitet in Honolulu sehen. Er ist populär, sehr geachtet, sogar beliebt." Im Jahre 1864 schrieb er selbst eine neue Verfassung, die insgesamt 23 Jahre in Kraft blieb. In dieser Verfassung räumte er sich und seinem Kabinett bedeutend mehr Rechte ein und beschränkte im gleichen Zuge das Wahlrecht der Bürger wieder. Er blieb als einziger der Kamehameha-Dynastie unverheiratet, und da er ohne designierten Nachfolger

Kamehameha V.
(Fortsetzung)

starb, mußte die Verfassungsbestimmung angewandt werden, nach der der nächste König vom Parlament zu wählen sei.

Liliuokalani
letzte Königin
von Hawaii
(1839 – 1917)

Lydia Kamekaeha Kaolamalii (Liliuokalani), um zwei Jahre jünger als ihr Bruder David Kalakaua, wurde nach dessen Tod zur neuen Herrscherin von Hawaii proklamiert. Sie heiratete 1862 Owen Dominis, den Privatsekretär ihres Bruders, kurz vor dessen Ernennung zum Gouverneur von Oahu. Schon während der vielen Auslandsreisen ihres Bruders wirkte sie als Regentin. Als sie 1891 Kalakauas Nachfolge antrat, wollte sie die der Monarchie und dem hawaiischen Volk durch die Bajonett-Verfassung verlorengegangenen Vorrechte zurückgewinnen, was aber schon 1893 zu ihrem Sturz führte. Sie erhielt Hausarrest in ihrem Haus Washington Place in Honolulu und wurde gezwungen, 1895 die Abdankungsurkunde zu unterzeichnen. Als der Erste Weltkrieg ausbrach, gelobte sie den Vereinigten Staaten von Amerika Loyalität. Sie ist auch Verfasserin zahlreicher hawaiischer Liedtexte, darunter das bekannte "Aloha'oe".

Lunalilo
Sechster König
von Hawaii
(1833 – 1874)

William Charles Lunalilo war der erste gewählte König von Hawaii. Als Enkel eines Halbbruders von Kamehameha I. war er einer der letzten Nachkommen der Herrscherfamilie. Bei seiner Wahl besiegte er mit Leichtigkeit seinen einzigen Widersacher David Kalakaua. Da er ein Gegner der von Kamehameha V. geschriebenen Verfassung von 1864 war, schlug er mehrere Änderungen vor; insbesondere lehnte er Landbesitz als Voraussetzung für das aktive Wahlrecht ab. In seine nur einjährige Regierungszeit fiel eine Rebellion der Leibgarde gegen ihre Offiziere. Er löste dieses Problem, indem er sie später als "unnütz und kostspielig" auflöste. Zeit seines Lebens war er schwächlich und starb schließlich an den Folgen von Alkohol und Tuberkulose.
Ein Teil seines Vermögens ging in die Stiftung des Lunalilo-Heims "für arme, kranke und gebrechliche Hawaiianer unter Bevorzugung der Älteren" über.

John Avery Noble
Schlager-
komponist
(1892 – 1944)

In Honolulu geboren und schon früh mit Musik in Berührung gekommen, hat John A. Noble etwa 300 Schlagermelodien geschrieben, manche mit deutlich hawaiischer Note. Seit 1922 leitete er die Kapelle des Moana-Hotels in Waikiki und gestaltete neue Musikmischungen aus hawaiischen Rhythmen und Jazzmusik. Später leitete er das erste Ensemble, das Schallplattenaufnahmen hawaiischer Musik machte. Viele seiner eigenen Kompositionen sind hawaiische Evergreens geworden.

Henry Opukahaia
Erster hawaiischer
Christ
(1792 – 1818)

Als Kind mußte Opukahaia in seinem Geburtsort auf der Insel Hawaii mitansehen, wie seine Eltern und ein Bruder Opfer einer Stammesfehde wurden. Ein Onkel in Napoopoo an der Südwestküste nahm sich seiner an, aber als Siebzehnjähriger verließ er Hawaii und ließ sich auf einem Schiff, das nach New England unterwegs war, anheuern. Dort kam er mit Studenten des Yale College und des Andover Seminary in Kontakt, ließ sich zum Christentum bekehren – der erste hawaiische Christ – und nahm den Namen Henry Obookiah an. Er war maßgeblich daran beteiligt, daß der in Boston ansässige Rat für Auslandsmissionen beschloß, Missionare nach dem damals noch als Sandwich-Islands bekannten Hawaii zu entsenden. Eigentlich sollte er die Reise mitmachen, starb aber vor der Abfahrt des Zweimasters 'Taddeus' an Typhus.

John Waihee
Gouverneur
(geb. 1946)

John Waihee, derzeitiger Gouverneur der hawaiischen Regierung, ist der erste Politiker hawaiischer Abstammung, der in dieses hohe Amt gewählt wurde. Im Jahre 1986 trat er die Wahl als Kandidat der Demokratischen Partei an. Seine politische Karriere begann schon früher: vier Jahre, 1982 – 1986, war er stellvertretender Gouverneur, nachdem er mehrere Jahre Abgeordneter im hawaiischen Repräsentantenhaus war. Nach seiner Jurapromotion an der University of Hawaii war er in mehreren Staatsbehörden und als Anwalt in Honolulu tätig. Er stammt aus dem Ort Honokaa, einem Dorf an der Nordküste der Insel Hawaii.

Henry Martyn Whitney
Drucker
Verleger
(1824–1904)

Als Sohn eines Missionars in Waimea (Kauai) geboren, wurde er 1831 zur Schulung und Ausbildung nach New England geschickt, konnte aber infolge teilweisen Verlusts seines Gehörs die akademische Laufbahn nicht einschlagen und lernte statt dessen das Druckereigewerbe. Im Jahre 1849 kehrte Whitney nach Hawaii zurück, errichtete das erste Postamt der Inseln und war bis 1886 Leiter des hawaiischen Postwesens, für das er die ersten Briefmarken druckte. Er eröffnete eine eigene Druckerei, in der er alle Veröffentlichungen der Missionare herausbrachte. 1856 gründete er den Pacific Commercial Advertiser als Wochenblatt (heute die Tageszeitung Honolulu Advertiser) und vier Jahre später die hawaiische Zeitung Ka Nupepa Kuokoa. Den Advertiser, den er 1870 verkauft hatte, erwarb er 18 Jahre später zurück und leitete den Verlag bis 1894. Von 1873 bis 1891 war er Mitglied des hawaiischen Staatsrats.

Deutsche in Hawaii

Hinweis

Die Verbindungen zwischen dem hawaiischen Königshaus und dem deutschsprachigen Raum waren vielfältig, und so war es nicht verwunderlich, daß auch einige Deutsche ihr Glück auf den Hawaii-Inseln suchten. Neben den Amerikanern und Briten waren die Deutschen hauptsächlich als Geschäftsleute in der Industrie oder als Ärzte im Gesundheitswesen tätig. Die deutschen Unternehmer in Hawaii brachten es zu erheblichen finanziellen Erfolgen und konnten durch ihre exponierte Position auch politischen Einfluß geltend machen.

Heinrich Berger
Dirigent
Komponist
(1844–1929)

Der in Potsdam geborene Musiker trat 1861 in die preußische Armee ein, nahm am Preußisch-Österreichischen Krieg 1866 teil und ließ sich dann zum Regimentskapellmeister ausbilden. Auf ein Ersuchen von König Kamehameha V. an Kaiser Wilhelm I., einen Kapellmeister für die junge Royal Hawaiian Band nach Honolulu zu entsenden, fiel die Wahl auf Berger. Am 11. Juni 1872 dirigierte er sein erstes Konzert und leitete damit die erfolgreiche Periode der Royal Hawaiian Band ein, an deren Spitze er in einem Zeitraum von 43 Jahren mindestens 15000 Konzerte dirigierte. In dem Maße, in dem er europäische Einflüsse nach Hawaii brachte, faszinierte ihn auch die hawaiische Musik. So komponierte er die hawaiische Nationalhymne "Hawaii Ponoi", deren Text von König David Kalakaua stammt. Er soll auch der Königin Liliuokalani bei der Komposition des wohl bekanntesten aller hawaiischen Lieder, "Aloha'oe" geholfen haben. Berger war nebenbei Organist an der Kawaiahao-Kirche in Honululu und inszenierte zusätzlich Opern; die erste Opernaufführung in Honolulu geht ebenfalls auf ihn zurück. Seine Musik wurde zu den unterschiedlichsten Anlässen gespielt; seine Konzerte waren allseits beliebt, und bald konnte Berger sich mit dem Namen 'Vater der hawaiischen Musik' schmücken.

Heinrich Hackfeld
Geschäftsmann
(1815–1887)

Der 1815 im oldenburgischen Delmenhorst zur Welt gekommene Handelsmann kam als Kapitän seines Handelsschiffes, das zwischen Hamburg und China verkehrte, nach Hawaii. In Jahre 1848 eröffnete er ein schon bald florierendes Geschäft für Schiffszubehör in Honolulu. Seine Firma H. Hackfeld & Co. spezialisierte sich auf die Einfuhr von Maschinen und sonstigem Zubehör für die aufstrebende Zuckerindustrie und entwickelte sich innerhalb weniger Jahre zum bedeutendsten Kommissionsgeschäft in Hawaii. Auch sein politischer Einfluß wuchs: von 1852 an war er in Honolulu Honorarkonsul für Deutschland, Schweden und Norwegen. Obwohl er 1863 mit seiner Familie nach Deutschland zurückkehrte, verkaufte er sein Geschäft erst 1886, doch blieb die Firma weiter unter deutscher Leitung. Während des Ersten Weltkriegs wurde sie beschlagnahmt, ging in amerikanischen Besitz über und hieß nun American Factors, Ltd., jetzt abgekürzt 'Amfac', eine der größten Unternehmensgruppen im Pazifik, zu der auch zahlreiche Hotels und die Kaufhauskette 'Liberty House' gehören.

Carl Conrad von Hamm Geschäftsmann (1870–1965)

Der Bremer Carl Conrad von Hamm kam nach einer Banklehre bei der Deutschen Bank 1891 nach Honolulu und arbeitete dort auf Vermittlung seines Vetters William Maertens bei der deutschen Firma Hofschlaeger & Co. 1899 gründete er mit seinem Schwiegervater Alexander Young, einem bekannten Industriellen und Hotelier, die Firma Von Hamm-Young Co., Ltd., die Autos und Benzin importierte und 1907 die erste Autowerkstatt Hawaiis in Honolulu eröffnete. Das Geschäft entwickelte sich rasch, und bald kamen Niederlassungen auf den anderen Inseln dazu. Nach Youngs Tode stand das gesamte Unternehmen unter der Leitung von Hamm, der erst als Achtundachtzigjähriger in den Ruhestand trat. Er selbst schätzte sein Vermögen auf 20 Mio. US-Dollar.

Theodor C. Heuck Architekt (1830–1877)

Der aus Hamburg stammende Heuck war als Schreiner, Architekt und Ingenieur ausgebildet, als er 1850 in Hawaii ankam. Er war der erste professionelle Architekt in Hawaii, zu dessen Bauwerken das Queen's Hospital, das Königliche Mausoleum, die Baracken vor dem Iolani-Palast und Anbauten zum Gefängnis und dem Zollhaus zählen. Politischen Einfluß übte Heuck 1864–1867 als Mitglied im hawaiischen Parlament aus. Ferner war er Sekretär der Gesundheitsbehörde von Hawaii, Konsul des Königreichs Preußen und des Norddeutschen Bundes. 1874 verließ er Honolulu und starb schon drei Jahre später in Hamburg.

William Hillebrand Arzt, Botaniker (1821–1886)

An deutschen Universitäten zum Arzt und Botaniker ausgebildet, kam der Hamburger William Hillebrand 1851 nach Honolulu und ließ sich dort als Arzt nieder. 1860 wurde er zum Chefarzt des neuen Queen's Hospital ernannt und erwarb sich insbesondere bei der Bekämpfung mehrerer Epidemien große Verdienste. Gleichzeitig arbeitete er an einem Buch über die hawaiische Flora, das erst postum erschien und bis ins 20. Jh. hinein als einziges zuverlässiges Kompendium der Pflanzenwelt der Inseln galt. Es ist nicht ganz klar, weshalb König Kamehameha V. ihn gegen Ende seiner Regierungszeit zum Leiter des neugeschaffenen Einwanderungsamtes ernannte. Er wurde beauftragt, 1000 chinesische Kulis als Arbeitskräfte für die Zuckerplantagen nach Hawaii zu bringen. Seine Anregung, auch portugiesische Arbeiter aus Madeira anzuwerben, wurde erst befolgt, nachdem er seinen Posten aufgegeben und Hawaii verlassen hatte.

Heinrich D. F. Isenberg Plantagenbesitzer (1837–1903)

Heinrich Isenberg stammte aus Dransfeld und hatte eine landwirtschaftliche Ausbildung hinter sich, als er Ende der fünfziger Jahre nach Hawaii kam. Er fand eine Anstellung als Leiter der großen Lihue-Zuckerplantage auf Kauai, heiratete die Tochter des Besitzers und wurde nach dessen Tod selbst Eigentümer der Plantage. Zu der stetig wachsenden Plantage erwarb er noch weitere Anbauflächen in Koloa (Kauai) hinzu. 1878 zog er sich von der aktiven Plantagenarbeit zurück, wurde aber drei Jahre später Partner der Firma H. Hackfeld & Co., die er nach dem Ausscheiden Hackfelds 1886 ganz übernahm. Auch er gehörte zu der kleinen Zahl deutscher Dollar-Millionäre in Hawaii.

Georg Anton Scheffer Arzt und Abenteurer (1779–1836)

Scheffer, der aus Bayern stammte und seine medizinische Ausbildung an der Universität Göttingen absolviert hatte, griff auf sehr abenteuerliche Weise in den Gang der hawaiischen Geschichte ein. Während der napoleonischen Kriege war er Feldarzt in der russischen Armee und diente danach als Schiffsarzt der russisch-amerikanischen Kompanie, die Stützpunkte an der Küste Kaliforniens anlegen wollte, um die russischen Truppen im unwirtlichen Alaska besser versorgen zu können. Scheffer hatte jedoch andere Ideen. Ende 1815 traf er in Hawaii ein, begab sich an den Hof von Kamehameha I., heilte diesen rasch von einer Grippe und erhielt zum Dank Ländereien in Honolulu. Dort ließ er von den auf seinem Schiff mitgekommenen Russen ein Blockhaus bauen, dessen Fertigstellung von den Hawaiianern allerdings verhindert wurde. Inzwischen waren drei weitere russische Schiffe in Honolulu angekommen, und die gesamte Expedition fuhr nach Kauai weiter, wo König Kaumualii eine Vereinbarung mit Scheffer unterzeichnete, durch die die Insel dem Schutz von Zar Alexander I.

G. A. Scheffer (Fortsetzung)

unterstellt wurde. Ein Jahr lang, von 1816 bis 1817, wehte die russische Fahne über einer hawaiischen Insel. In dieser Zeit ließ Scheffer das mit Kanonen bestückte Fort Elizabeth oberhalb von Waimea errichten und war dabei, eine zweite Festung im Hanalei-Tal zu bauen, als Kamehameha dem Spuk ein Ende bereitete. Er überzeugte Kaumualii, das Abkommen mit Scheffer für ungültig zu erklären und die russischen Schiffe zum Verlassen der hawaiischen Gewässer aufzufordern. Der Zar unterstützte Scheffers Alleingang nicht und ließ Kamehameha wissen, daß ihm nur an normalen Handelsbeziehungen gelegen sei. Scheffer selbst begab sich an Bord eines amerikanischen Schiffes nach Macao, ging 1821 nach Brasilien, kaufte sich von Kaiser Pedro I. einen Grafentitel mit ausgedehnten Ländereien und verbrachte dort den Rest seines Lebens.

Claus Spreckels Plantagenbesitzer (1828–1908)

Der 'Zuckerkönig' von Kalifornien und Hawaii kam in Lamstedt bei Hannover zur Welt und lebte einige Jahre in South Carolina, New York und San Francisco. Dort gründete er die California Sugar Refinery, die erste Zuckerfabrik, die Würfelzucker herstellte. Die hawaiische Konkurrenz auf dem Zuckermarkt schaltete er aus, indem er alle Schiffsladungen mit Rohrzukker, die sich auf dem Weg nach Kalifornien befanden, aufkaufte. Seinen Einzug als 'Zuckerkönig' in Hawaii startete er mit 100 000 Morgen gepachtetem Land auf Maui. Dort ließ er den heute noch bestehenden, nach ihm benannten Ort Spreckelsville errichten und installierte ein Bewässerungssystem, das von dem eigens dafür angelegten, fast 50 km langen Bewässerungsgraben gespeist wurde. Seine Beziehungen zu König David Kalakaua nützte er auf rücksichtslose Weise aus, um sich immer neue Vorteile zuzuschanzen. Er profitierte von der sich im Lande ausbreitenden Korruption und galt – bis er den Bogen überspannte – als der 'ungekrönte König' von Hawaii. Nicht ganz freiwillig verließ er nach zehnjährigem Aufenthalt Hawaii im Jahre 1886, begab sich wieder nach San Francisco und gründete dort die Oceanic Steamship Company, die erste regelmäßige Verbindung zwischen dem Festland und Hawaii. Die Hawaiian Commercial & Sugar Company, die Zuckerplantagen und Raffinierien verkaufte er gegen Ende seines Lebens. Hawaii besuchte er im Jahre 1905 zum letztenmal.

Hugo Stangenwald Arzt und Fotograf (1829–1899)

Stangenwald gehörte zu der Gruppe junger Revolutionäre, die mit Carl Schurz nach 1848 nach Amerika kamen. Er hielt sich erst in mehreren Orten des Festlands auf, ehe er 1851 nach Hawaii kam. In Honolulu ließ er sich als Arzt nieder und erwarb sich bald bei seinen hawaiischen Patienten den Ruf eines Sofort-Heilers. Seine erste Praxis war in der Merchant Street nahe der Fort Street, an der Stelle, an der später Hawaiis erster Wolkenkratzer, das fünfstöckige Stangenwald Building, errichtet wurde. Er war auch ein leidenschaftlicher Fotograf und druckte als erster Daguerreotypien in Hawaii.

Georg F. Straub Arzt (1879–1966)

Georg Straub folgte seines Vaters Fußstapfen und studierte Medizin an den Universitäten Würzburg und Heidelberg. Er kam im Jahre 1906 nach Hawaii, praktizierte in Honolulu und gründete später die nach ihm benannte Straub Clinic. Daraus entwickelte sich das heutige an der King Street gelege Straub Hospital, das sich als eines der besten Krankenhäuser von Hawaii etabliert hat. Sein Hobby war die Musik; viele Jahre spielte er als Cellist im Honolulu Symphony Orchestra.

Kultur

Hawaiische Sprache

Allgemeines

Hawaiisch ist eine polynesische Sprache, die in mündlicher Form von Generation zu Generation weitergegeben wurde. Dieses ausdrucksstarke und melodische Idiom gehört zu den Besonderheiten Hawaiis und ist heute wieder im Zuge einer Renaissance der hawaiischen Kultur neben amerikanischem Englisch als offizielle Sprache anerkannt.
Die hawaiische Sprache, die die Eingeborenen sprachen, als 1820 die ersten Missionare auf den Inseln eintrafen, ist nicht mehr mit dem heutigen Hawaiisch identisch.

Erste Kenntnisse über die Hawaiische Sprache

Captain James Cook, der Entdecker der Inseln, hatte in seinem postum im Jahre 1785 veröffentlichten Buch "A Voyage to the Pacific Ocean" erstmals der Welt Mitteilung vom Bestehen einer hawaiischen Sprache gemacht; etwa 200–300 Worte hatte er in dem Buch in englischer Rechtschreibung wiedergegeben.
Der deutsche Dichter und Naturforscher Adalbert von Chamisso, der als Teilnehmer der russischen Expedition unter Otto von Kotzebue in den Jahren 1816 und 1817 jeweils einen Monat auf Hawaii zubrachte, veröffentlichte ein Jahr vor seinem Tode 1837 eine hawaiische Grammatik. Von Kotzebue, der auf seiner Reise um die Welt in den Jahren 1823–1826 ein zweites Mal Hawaii besuchte, schrieb im zweiten Band der englischen Ausgabe "O Wahi" für Hawaii, "Hanaruro" für Honolulu, "Tameamea" für Kamehameha, "Wahu" für Oahu, "Muwe" für Maui, usw. Eine einheitliche Schreibweise war damals noch nicht festgelegt.

Schriftform

Ein Jahr vor Erscheinen des Buches von Kotzebue machten sich die Missionare an die Arbeit, eine einheitliche Schriftform für Hawaiisch zu finden. Sie entschieden sich für ein nur zwölf Buchstaben umfassendes Alphabet: sieben Konsonanten (h, k, l, m, n, p und w) sowie fünf Vokale (a, e, i, o und u). In dieses Sprachgerüst mußte nun die hawaiische Sprache eingezwängt werden.
Das erste hawaiisch-englische Lexikon erschien im Jahre 1836, und erst neun Jahre später folgte die englisch-hawaiische Ausgabe. Nach mehr als einem Jahrhundert kam das erste maßgebende hawaiisch-englische Lexikon von Mary Kawena Pukui und Samuel H. Elbert heraus, dem sie 1964 das englisch-hawaiische Lexikon folgen ließen. Die zweite, in einem Band zusammengefaßte Auflage enthält etwa 25 000 hawaiische Wörter.

Wiederbelebung

Heute ist Hawaiisch eine vom Niedergang bedrohte Sprache. Abgesehen von den 250 Bewohnern der Insel Niihau sprechen nur noch wenige, meist alte Hawaiianer diese Sprache.
Seit einigen Jahren sind jetzt Bemühungen im Gange, die Neubelebung der Sprache zu fördern und damit auch das hawaiische Kulturgut, das in hawaiischen Liedern, Geschichten und Mythen überliefert wurde, wiederzuentdecken.
Obwohl Hawaiisch an den Schulen gelehrt wird, ist der tägliche Gebrauch der Sprache in den hawaiischen Familien kaum noch üblich.
An der University of Hawaii in Honolulu, an der Kurse in Hawaiisch angeboten werden, streiten sich die Philologen eher über die Bedeutung einzelner hawaiischer Wörter und linguistischer Spitzfindigkeiten, als daß eine Reaktivierung des Hawaiisch in größerem Rahmen bis jetzt erreicht worden wäre.
Als Tourist begegnet man der hawaiischen Sprache nur in wenigen Bereichen. Einige Wörter sind in die amerikanische Umgangssprache eingegangen, doch die meisten hawaiischen Begriffe sind als Orts- und Straßen-

Hawaiische Sprache, Wiederbelebung (Fortsetzung)

namen erhalten geblieben. In hawaiischen Liedern kann man dem angenehmen Klang dieser Sprache lauschen.
Wer gerne Hawaiisch hören möchte, hat die beste Gelegenheit in der Kawaiahao-Kirche in Honolulu, in der jeden Sonntag Predigten auf Hawaiisch gehalten werden.

Hawaiisches Wörterbuch

Im Teil → Praktische Informationen, Sprache, ist zusammen mit einer Einführung in die Hawaiische Sprache ein hawaiisch-deutsches Wörterbuch zusammengestellt.

Musik und Tanz

Traditionelle Formen

Entstehung

Die hawaiische Musik hat ihren Ursprung in der Gottesverehrung und wurde in Form von religiösen Gesängen, 'mele' genannt, dargeboten. Die 'mele' waren einfache Melodien mit sich immer wiederholenden Tönen, wobei die Bedeutung der Worte wichtiger war als die Musik selbst. Die Lieder, die von den 'kahunas', den Priestern, gesungen wurden, waren Lobgesänge auf das Land, auf Häuptlinge und Könige oder auf die romantischen Seiten des Lebens. Ebenso war die mündliche Übermittlung von historischen Ereignissen Zweck der 'mele'.
Gesänge mit rhythmischer Begleitung standen meist im Zusammenhang mit dem Hula-Tanz. Begleitinstrumente waren Trommeln, Kürbisrasseln mit Federschmuck, Bambusstäbe und Kastagnetten aus Kieselsteinen. Rhythmisches Aufstampfen und Händeklatschen verstärkten die instrumentale Untermalung.

Hula-Tanz

Der Hula-Tanz geht auf die Frühgeschichte der Hawaiianer zurück. Er war eine gottesdienstliche Handlung und wurde nur von Männern getanzt. Erst im Laufe der Zeit diente er mehr und mehr der Unterhaltung und wurde fast ausschließlich von Frauen erlernt.
Vermutlich waren die Männer zu sehr mit Kriegen und der Sorge um den Lebensunterhalt beschäftigt, um noch Zeit zum Tanzen zu finden. Die Hula-Männertänze wurden schon von dem Zeichner John Webber, der die erste Cook-Expedition begleitete, im Bilde festgehalten.
Um Hula-Tänzer zu werden, wurde man schon als Kind auserwählt und in klosterähnlichen Schulen unterrichtet. Erst nach jahrelanger Unterweisung war man ausgebildeter Hula-Tänzer.
Zum Unterschied zu vielen Tänzen ethnischer Gruppen und primitiver Völker hatte der Hula nie eine sexuelle Bedeutung.

Niedergang des Hula-Tanzes

Mit Eintreffen der calvinistischen Missionare war das vorläufige Ende des 'hula' besiegelt. Der Hula-Tanz wurde als ein obszönes, heidnisches Überbleibsel angesehen, das nicht mit dem christlichen Glauben zu vereinbaren war.
Da die Missionare aber die Bedeutung von Musik für die Hawaiianer erkannten, gründeten sie Kirchenchöre und übermittelten den Hawaiianern die Inhalte der christlichen Religion in Hymnen und Liedern. Chormusik hat heute immer noch einen erkennbaren Einfluß in der hawaiischen Musik.

Wiederbelebung des Hula-Tanzes

Erst König David Kalakaua gelang es im Jahre 1874, den Hula-Tanz wiederzuentdecken. Er gründete eine eigene Tanzgruppe und ermunterte seine Untertanen, die alten Tanzformen zu erlernen. Inzwischen waren einige der ursprünglichen Tänze in Vergessenheit geraten, aber es gelang trotzdem, einige der älteren Formen zu rekonstruieren.
Im Einklang mit König Kalakauas Bemühungen wurden 'hula halaus' (Hula-Schulen) ins Leben gerufen, die bis auf den heutigen Tag bestehen geblieben sind.

Hula-Tänzerinnen mit Musikinstrumenten

Heutige Bedeutung des Hula-Tanzes

Im Zuge der Renaissance der hawaiischen Kultur hat auch der 'hula' in den letzten Jahrzehnten einen neuen Aufschwung erlebt. Diverse Hula-Tanzschulen bilden die Jungen und Mädchen in der Kunst des Hula-Tanzes im traditionellen Stil aus.
Um professionelle Fertigkeit zu erlangen, ist jahrelanges Training nötig. Wenn auch heute 'hula' oft aus kommerziellen Gründen für den Touristen getanzt wird und der Tourist sogar dazu angehalten wird, mitzutanzen, nachdem man ihm einige der Grundbewegungen beigebracht hat, ist es ein ganz besonderer Genuß, den von Berufstänzerinnen mit einem Höchstmaß an Grazie und Eleganz ausgeführten Tanz zu erleben.
Wer erstmals einen Hula beobachtet – z.B. bei der Kodak-Hula-Show in Honolulus Kapiolani-Park (→ Reiseziele von A bis Z, Waikiki) –, dem erscheint er vielleicht eher statisch, da die Tänzerinnen sich mit den Füßen kaum bewegen. Es sind die auf die Rhythmen der Musik abgestimmten wiegenden Bewegungen des Körpers, das Spiel der erhobenen Hände und Finger und der wechselnde Gesichtsausdruck, die die reizvolle Einheit dieses Tanzes bilden. Für den Außenseiter ist die Symbolik der Handbewegungen am schwierigsten zu interpretieren, zumal man ja den hawaiischen Text des begleitenden Sängers nicht versteht. Aus dem Tanz sprechen letztlich auch die Lebenserfahrungen der Tänzerinnen, was in den individuellen Tanzstilen deutlich wird.

Traditionell wird der Hula nicht in Grasröcken getanzt. Sie waren in Hawaii nie üblich, sondern stammen von den Gilbert-Inseln. Ursprünglich und gelegentlich auch heute noch tragen die Tänzerinnen mit Ti-Blättern

Heutige Bedeutung des Hula-Tanzes (Fortsetzung)

bedeckte Röcke, die immer über die Knie hinabreichen. Auch sind die Hüften traditioneller Hula-Tänzerinnen immer bedeckt.

Trotz der weitreichenden Vermarktung des Hula-Tanzes ist er ein Symbol für Hawaii geblieben und drückt nach wie vor die hawaiische Kunst- und Lebensform aus. Hula-Revuen werden im Rahmen eines Luau und häufig auch als Abendunterhaltung in zahlreichen Hotels angeboten.

Einflüsse anderer Kulturen auf die hawaiische Musik

Kirchenmusik

Die erste Periode der hawaiischen Musik seit Eintreffen der Missionare kann auf den Zeitraum von 1820 bis 1870 begrenzt werden. In dieser Epoche war die Bekehrung der Hawaiianer zum Christentum bereits abgeschlossen. Calvinistische Hymnen mit hawaiischen Texten, die von den Geistlichen aus dem Englischen übertragen wurden, bildeten für die Hawaiianer die Attraktion des Gottesdienstes, im Gegensatz zu den von ihnen als langweilig empfundenen und schwer verständlichen Predigten.

Weiter Einflüsse

Durch die einsetzenden Einwanderungswellen kamen weitere unterschiedliche Musikeinflüsse nach Hawaii. Die Portugiesen brachten ihre Fado-Gesänge mit nach Hawaii, halb sentimentale, halb traurige Gesänge, die in die Musik der Hawaiianer Eingang erhielten.
Ein kleines Saiteninstrument, die 'ukulele' ('Springfloh'), stammt von Madeira. Die Gitarre wurde vermutlich von Cowboys aus Mexiko und Südamerika mitgebracht.

Hawaiian Royal Band

Die zweite Periode, die den Zeitraum von 1870 bis 1895 umfaßt, ist durch den Einfluß des weitgereisten König Kalakaua gekennzeichnet. Die Hawaiian Royal Band, von seinem Vorgänger Kamehameha V. im Jahre 1872 gegründet, wurde während seiner Regierungszeit mit Heinrich Berger als Dirigent zu einem bedeutenden Blasorchester im europäischen Stil. Sowohl Heinrich Berger als auch Mitglieder des Königshauses schrieben Texte und komponierten. Die Hawaiian Royal Band gab unter Berger 15 000 Konzerte und wurde somit zum festen Bestandteil der hawaiischen Unterhaltungsmusik.

Neue Vielfalt

Nach 1895 – dem Jahr, in dem die hawaiische Stahlgitarre von Joe Kekuku eingeführt wurde – zeichnete sich die hawaiische Musik durch größere instrumentale Vielfalt aus, denn das neue Instrument fand rasch neben der 'ukulele' und der normalen Gitarre seinen Platz.
Vom Festland her machte sich der Einfluß der Ragtime-Musik bemerkbar, eine Frühform des Jazz. Um die Jahrhundertwende entstanden auch die ersten englischen Texte zu hawaiischen Kompositionen. Die 'hapa haole'-Lieder (halb-weiß) wurden fester Bestandteil hawaiischer Musik.
Um die Jahrhundertwende wanderten viele hawaiische Musiker auf das Festland ab, darunter auch Kekuku, der nicht wieder nach Hawaii zurückkehrte. Dort konnten sie mit dieser neuen Art der hawaiischen Musik das Publikum begeistern. Besondere Erfolge waren im Jahre 1904 die Aufführung der Revue "Bird of Paradise" und die Auftritte auf der 1915 in San Francisco abgehaltenen Panama-Pazifik-Ausstellung.

Einflüsse aus Hollywood

In den zwanziger Jahren stieg Hollywood in das Hawaii-Geschäft ein. Es entstand eine Reihe von Südseefilmen, in denen die Romantik und der Flair Hawaiis vermarktet wurden.
Das Ergebnis war, daß die Musik nun fast ganz 'haole' (weiß) wurde: mehr und mehr verdrängten Broadway und Hollywood die echte hawaiische Musik, und die Festlandsmoden der Unterhaltungsmusik wurden auch in Hawaii bestimmender Teil der Musikszene.
In den sechziger Jahren, als der Massentourismus einsetzte, war in Hawaii Rock-Musik die beherrschende Musik; die traditionelle Musik war fast vergessen und noch selten zu hören.

Musik und Tanz (Fortsetzung) Siebziger Jahre

In den siebziger Jahren begann man sich wieder auf die traditionelle hawaiische Musik zu besinnen, jedoch hatten die versüßlichten Versionen von Bing Crosby und der Royal Hawaiian Serenaders keine Zuhörer mehr. Fast gleichzeitig entstanden neue Gruppen, die Jazz- und Rock-Einflüsse mit traditionellen Harmonien und Rhythmen verbanden. Bei dem Kalama-Quartett kann man beispielsweise der typische Falsett-Stimme des führenden Tenors lauschen.
Eine Reihe traditioneller Instrumente wurde wiederentdeckt, die vor allem als Begleitmusik zum Hula-Tanz verwendet werden, so die 'ili'ili' (Steinkastagnetten), die 'pahu' (mit Haifischhaut bezogene Trommel), die 'ipu' (Gourd-Kürbistrommel) und die 'uli uli' (ausgehöhlte Kokosnuß, gefüllt mit Steinchen oder Muscheln).

Musikgruppen

Auf folgende bedeutende hawaiische Musiker mit ihren Ensembles, die sowohl in Waikiki wie auch gelegentlich in den Hotels der anderen Hawaii-Inseln zu hören sind, soll hier hingewiesen werden: Don Ho, auf den die Wiederbelebung der hawaiischen Musik zurückzuführen ist, die Brüder Cazimero, Henry Kapomo, die Peter-Moon-Band und die Makaha Sons of Niihau.
Vielleicht der bekannteste unter den hawaiischen Musikern ist Al Harrington, aber sein Stil entspricht eher sentimentaler Festlandsschlagermusik (Sinatra und Bing Crosby) und kann nicht als echt hawaiisch angesehen werden.

Musik im Rundfunk

In Honolulu sendet die Rundfunkstation KCCN (1420 auf der AM-Scala) 24 Stunden lang hawaiische Musik jeglicher Stilrichtungen. Musik ist nach wie vor ein wichtiger und allgegenwärtiger Bestandteil des hawaiischen Lebens.

Blumenkränze (Leis)

Bedeutung

Das Knüpfen und das Tragen einer Blumenkette, die in Hawaii 'lei' genannt wird, ist Ausdruck der hawaiischen Lebensfreude und Naturverbundenheit. Leis sind Geschenke der Liebe und Symbol für Schönheit.
Es gibt immer einen Anlaß, ein 'lei' zu schenken und zu tragen: bei der Ankunft, beim Abflug, auf Hochzeiten, auf Schulabschlußfeiern und auf Trauerfeiern. Manchmal werden mehrere übereinander getragen – und wenn um den Hals kein Platz mehr ist, wird sie dem Beschenkten um die Arme gelegt. Traditionell bekommt der Beschenkte bei der Lei-Zeremonie einen Kuß.
'Leis' sind Kunstwerke, die Kenntnisse über die verschiedenen Blüten und Pflanzen vorraussetzen. Beim Sammeln werden die Blüten und Blätter sorgsam ausgewählt und nach überlieferten Methoden zusammengestellt und verarbeitet.

Tradition

Ursprünglich wurden Girlanden dieser Art der Göttin Laka (oder Hiiaka), der Göttin der Gnade und des Schutzes, zum Geschenk gemacht. Die Lei-Ketten wurden zu den religiösen Tänzen getragen und haben auch heute noch eine symbolische Bedeutung beim Hula-Tanz.

Blüten

Anfänglich wurde für die 'leis' das Laub des in den Bergen wachsenden Maile-Baumes verwandt. Heute werden sie hauptsächlich aus Blüten hergestellt, die alle wohlriechend, manchmal sogar sehr intensiv riechend sind, etwa Plumeria, Pikake, Nelken, Orchideen, Hyazinthen und andere.

Herstellung

Es gibt eine große Vielfalt an 'leis'. In Honolulu und dort vor allem in und um Chinatown kann man den Frauen zusehen, wie sie die unterschiedlichen Ketten weben:
'Kui' ist die häufigste und billigste Art der Lei-Kette. Bei ihr werden die Blüten am Ende oder durch die Mitte verschnürt und auf ein Band gespannt.

Herstellung (Fortsetzung)

Bei den 'humuhumu' werden die Blüten zu einem flachen 'lei' verarbeitet und auf ein Bananen- oder Ti-Blatt aufgenäht. Sie sind besonders als Hutband geeignet. 'Wili' sind Lei-Ketten, die aus Blättern, Farn und Blüten bis zur Länge eines Blumenstraußes gebunden werden. 'Hili' sind aus duftenden Blättern und Farnen geflochten; zusammen mit Blüten ergeben sie ein 'haku', den schwierigsten, schönsten und gleichzeitig auch den teuersten aus Pflanzen hergestellten 'lei'.
Die Materialien sind allerdings nicht immer Pflanzen und Blüten. Es werden z.B. auch Kukui-Nüsse, kleine Muscheln und farbige Federn verwendet. Diese sehr seltenen 'leis' sind heutzutage extrem teuer. Die 'leis' aus Federn waren früher den Adeligen vorbehalten.

Inseltypische 'leis'

Auch jede einzelne Insel hat ihre typischen 'leis'. Auf Kauai, der ältesten der Hauptinseln, verwendet man die wie Anis riechenden Früchte des Mokihana-Baumes, die ihren eigenartigen Duft monatelang bewahren. Aus Rosenblüten gefertigte Lei-Ketten gibt es auf Maui: der 'lokelai' oder 'roselani'. Auf Molokai werden 'leis' aus Blättern, Blüten und Nüssen des Kukui-Baumes hergestellt, und auf der Insel Hawaii werden für die Lei-Girlande die weißen oder orangefarbenen Blüten des Lehua-Baums verwandt. Eine Besonderheit sind die auf Niihau aus winzig kleinen Muscheln hergestellten 'leis'. Die Preise bewegen sich, je nach der Seltenheit, Farbe und Qualität der Muscheln sowie der Länge der Girlande ab 1000 US-Dollar aufwärts.

◀ *'Lei Maker' in der Honolulu Academy of Arts*

Hawaii in Zitaten

James Cook
Captain
(1728–1779)

Die Einwohner (Hawaiis) sind mittelgroß, mit einigen Ausnahmen kräftig gebaut, weder durch schöne Gestalt noch durch auffallende Züge ausgezeichnet, da diese mehr einen offenen und gutmütigen als lebhaften, intelligenten Charakter zum Ausdruck bringen. Das Gesicht, besonders das der Frauen, ist manchmal rund, andere wieder haben ein langes. Wir können auch nicht sagen, daß sie als Stamm durch irgendeine allgemeine Gesichtsbildung ausgezeichnet sind. Dagegen besteht eine bemerkenswerte Gleichheit in Größe, Farbe und Wuchs zwischen beiden Geschlechtern als an den meisten von mir besuchten Plätzen. Das Haar ist meistens straff, wenn auch bei einigen gekreuselt, und obwohl seine Naturfarbe gewöhnlich schwarz ist, wird es wie auf den Freundschafts- und anderen Inseln gefärbt.
Sie sind kräftig, lebhaft und vorzügliche Schwimmer. Es war nichts ungewöhnliches, wenn die Brandung so hoch war, daß man nicht im Kanoe landen konnte, Frauen mit dem Kind an der Brust über Bord springen, und ohne ihre Kleinen zu gefährden, durch das furchtbare Wasser an Land schwimmen zu sehen. Sie schienen sich einer freien, fröhlichen Veranlagung zu freuen. ... Es war ein Vergnügen zu beobachten, mit wie großer Zärtlichkeit die Frauen ihre Kinder behandelten und wie bereitwillig die Männer bei einem so zarten Dienst ihre Hilfe anboten. Das unterscheidet sie zur genüge von den Wilden, die Weib und Kind mehr als notwendig wie als wünschenswert oder ihrer Aufmerksamkeit würdig betrachten.

Captain James Cook: "Entdeckungsfahrten im Pacific. Die Logbücher der Reisen 1768-1779", Greno Verlag, Nördlingen 1987.

Heinrich
Zimmermann
Matrose
(1741–1805)

Ihre Wohnungen sind ganz zugemacht und mit einer ordentlichen Tür zum Eingange versehene Hütten, und an verschiedenen Stellen kann das Tageslicht hinein. Sie sind von unten bis oben auf mit Gras und Laub durch schön geflochtene Stricke so dicht und kunstvoll eingeflochten, daß auch der stärkste Regen nicht durchdringen kann; sie haben aber keine besonderen Zimmer oder Abteilungen. Ihr Lager besteht in einer von bemaltem Gras kunstvoll geflochtenen Matte, und jene der Tahiten kommen diesen an Kunst, Schönheit und Stärke bei weitem nicht gleich. Gerätschaften in den Hütten nahm ich gar keine bei ihnen war, außer aus Holz fein gedrehte Schüsseln und Teller. ...
Die Inseln sind insgesamt sehr hohe bergige Länder, überaus fruchtbar und wasserreich. In Owaihi (Hawaii) trafen wir einen feuerspeienden Berg an, und einige bemerkten wir, die ausgebrannt waren. Die Früchte des Landes bestehen in mehreren Arten Pisangs, Yamswurzeln, Brotfrucht, süßen Kartoffeln, Kokosnüssen, viel und gut gewachsenen Zuckerrohr, auch mehreren Gewächsen, deren Namen ich nicht angeben kann. Ihre vierfüßigen Tiere sind Schweine und Hunde. An diesen wie an Hühnern und Hähnen haben sie einen so reichlichen Überschuß, daß die tahitischen Inseln ihnen den Vorrang weit überlassen müssen.

Heinrich Zimmermann: "Reise um die Welt mit Capitain Cook", Horst Erdmann Verlag, Tübingen, Basel 1978.
Der Matrose Zimmermann hat verbotener Weise auf seinen Seereisen mit Cook ein Tagebuch geführt und später seine Aufzeichnungen veröffentlicht (Erstveröffentlichung 1781).

Kamehameha III.
Dritter König
von Hawaii
(1814–1854)

"Ua mau ke ea o ka aina i ka pono"
"Das Leben des Landes wird für immer in Rechtschaffenheit fortbestehen."

Rede von Kamehameha III. am 31. Juli 1843 heutiges Staatsmotto.

Kalakaua
Siebter König
von Hawaii
(1836–1891)

Hawai'i pono'i, Nana i kou mo'i, kalani ali'i, Ke ali'i.	Mein Hawaii, Blick auf deinen König, Den königlichen Häuptling, Den Häuptling
Makua lani e, Kamehameha e, Na kaua e pale Me ka ihe.	Königlicher Vater Kamehameha, Den wir verteidigen werden Mit Speeren.
Hawai'i pono'i, Nana i na ali'i, Na pua muli kou, Na poko'i.	Mein Hawaii, Blick auf deine Herrscher, Die Kinder nach dir, Die jungen.
Hawai'i pono'i, e ka lahui e, O kau hana nui E ui e.	Mein Hawaii, O, du Nation, Unsere große Pflicht Zu wetteifern.

"Hawai'i pono'i". Heutige Staatshymne, von König David Kalakaua 1874 zu Ehren von Kamehameha I. geschrieben und von Heinrich Berger vertont.

Charles Nordhoff
US-amerikanischer Journalist
Matrose
(1830–1901)

Die Menschen sind überraschend gastfreundlich und nett. Sie verstehen es, Fremde sich wie zu Hause fühlen zu lassen: sie haben Muse und wissen, was sie auf angenehme Weise damit anfangen sollen. In vielfacher Hinsicht bestimmt das Klima ihre Gewohnheiten und nichts geschieht mit fiebernder Hast wie bei uns. In Honolulu sind sie schon lange davon überzeugt, daß morgen auch wieder ein anderer Tag ist.

Charles Nordhoff: "Northern California, Oregon and the Sandwich Islands", 1874.

Richard Henry Dana
US-amerikanischer Schriftsteller
Seefahrer
Anwalt
(1815–1882)

Es ist keine geringe Sache, wenn man feststellt, daß die Missionare das ganze Volk in weniger als 40 Jahren Lesen und Schreiben, Rechnen und Nähen gelehrt haben. Sie haben ihm ein Alphabet, eine Grammatik und ein Wörterbuch gegeben, seine Sprache vor der Ausrottung bewahrt, die Bibel und andere Werke des Gottesdienstes, der Wissenschaft und der Unterhaltung übersetzt.

Robert L. Stevenson
Britischer Schriftsteller
(1850–1894)

Die Landschaft (von Molokai) ist grandios, traurig und öde. Mächtige Bergwälle erheben sich entlang der ganzen Insel aus einem ungewöhnlich tiefen Meer. Der Berg ist voller Efeu und Wälder. Mittwegs zwischen Ost und West schiebt sich das Vorgebirge vor. Die beiden kleinen Orte (Kalawea und Kalaupapa) zu beiden Seiten kahl und die Bevölkerung wie Gorgonen und Chimären, furchterregend.

Robert L. Stevenson: "Brief an Sidney Colvin", 1889.

Mark Twain
US-amerikanischer Schriftsteller
(1835-1910)

Und dann gab es noch eine merkwürdige Einrichtung, welche 'Tabu' genannt wurde. Dies war eine geheimnisvolle und furchtbare Macht, wie sie kein europäischer Monarch jemals besessen hat, ein Mittel und Werkzeug von unschätzbaren Wert für den Gewalthaber. Liholiho war auch Herr und Meister des 'Tabu'. Es war die wirksamste und sinnreichste Erfindung, die je gemacht worden ist, um die Ansprüche des Volkes in bescheidenen Grenzen zu halten.
Dieses 'Tabu' (das Wort bedeutet ein Ding das verboten ist) verlangte, daß beide Geschlechter in verschiedenen Häusern wohnten; aber essen durften sie nicht in den Häusern, dazu gab es einen anderen Ort. Es untersagte den Frauen, ihres Mannes Haus zu betreten. Auch durften beide Geschlechter nicht zusammen essen; zuerst aßen die Männer, und die

Mark Twain
(Fortsetzung)

Weiber mußten sie bedienen. Dann konnten die Weiber essen was übrig blieb - wenn überhaupt noch etwas da war - und sich selbst bedienen. Das heißt, sie bekamen nur die Reste der gröbsten, unschmackhaften Kost. Alle guten, leckeren und auserlesenen Eßwaren, wie Schweinefleisch, Geflügel, Bananen, Kokosnüsse, die besseren Fischsorten und dergleichen, bestimmte das 'Tabu' ausschließlich zur Speise für die Männer. Die Weiber mußten sich ihr Lebenlang mit einem ungestillten Sehnen danach begnügen, und mußten sterben, ohne je zu erfahren, wie das alles schmeckte.

Mark Twain: "Meine Reise um die Welt", Verlag von Robert Lutz, Stuttgart 1898.

Liliuokalani
Königin von
Hawaii
(1838–1917)

Aloha'oe, aloha'oe,	Leb wohl, leb wohl
E Ke onaona no ho i ka lipo	Du süßer Duft in der blauen Ferne
One fond embrace, a ho'i a'e au	Eine zärtliche Umarmung noch und ich gehe,
	Bis wir uns einst wiedersehen.

"Aloha'oe". Wohl bekanntestes hawaiisches Lied, von Königin Liliuokalani geschrieben und von Heinrich Berger vertont.

Jack London
US-amerikanischer Schriftsteller
(1876–1916)

Hawaii ist ein Paradies – und ich werde nie müde, es zu verkünden, aber ich muß ein einschränkendes Wort hinzufügen. Hawaii ist ein Paradies für die Wohlhabenden. Es ist kein Paradies für den ungelernten Arbeiter aus dem Festland und überhaupt nicht für Menschen ohne Geld. Es ist zu bedenken, daß Hawaii verhältnismäßig sehr alt ist. Als Kalifornien noch eine riesige Viehranch für Häute und Talg war, veröffentlichte Hawaii schon Zeitungen und hatte bereits höhere Schulen.

Jack London: "My Hawaiian Aloha", 1916.

Somerset
Maugham
Britischer
Schriftsteller
(1874–1965)

(Honolulu) ist der Treffpunkt von Ost und West. Das ganze Neue findet sich neben dem unermeßlichen Alten. Und wenn einem nicht das Romantische begegnet ist, das man erwartete, hat man dennoch etwas einzigartig Interessantes erlebt. Alle diese seltsamen Menschen leben eng nebeneinander, mit verschiedenen Sprachen und verschiedenen Gedanken; sie glauben an verschiedene Götter und sie haben verschiedene Werte. Nur zwei Leidenschaften teilen sie: Liebe und Hunger. Und wie man sie so beachtet, hat man den Eindruck außergewöhnlicher Vitalität.

Sommerset Maugham: "The Trembling of the Leaf", 1921.

Henry Adams
US-amerikanischer Historiker
(1838–1918)

Kilauea Volcano House – unsere Pilgerfahrt ist zu Ende. Von der Terrasse des Hotels schaue ich auf den schwarzen Boden des Kraters und seinen dampfenden, rauchenden, jetzt gekühlten See, zwei bis drei Meilen entfernt. Für mich noch eindrucksvoller ist die breite, abfallende Masse des aufsteigenden Mauna Kea, 10000 Fuß über uns, eine Masse roter Lava mit dunkelroten oder schwarzen Streifen, aber im lieblichen, morgendlichen Sonnenlicht weicher aussehend, als der Körper eines Säuglings, das Rot mit darüberliegendem matten Violett gefärbt.

Henry Adams (Fortsetzung)

Henry Adams: "The Letters of Henry Adams", 1930.

Wenn man sich in Hawaii Wochen, ja Monate aufgehalten hat, wird man noch immer nicht begreifen, daß ein kleiner Teil der Welt mit sovielen Wundern angefüllt sein kann.

James A. Michener US-amerikanischer Schriftsteller (geb. 1907)

James A. Michener: "Hawaii: The Case for Our 50th State", 1953.

Menschen aus Polynesien, Boston, China, von der Gegend des Fuji-Berges oder aus den Barrios der Philippinen, sind (im 19. Jahrhundert) nicht mit leeren Händen, unterwürfig oder in der Angst, zu verhungern, auf diese Inseln gekommen. ... Auf diesen Inseln gibt es keinerlei Gewißheit. Bringt eure eigene Nahrung, eure eigenen Götter, eure eigenen Blumen und Früchte und eure eigenen Auffassungen. Denn wer ohne irgendetwas auf diese Inseln kommt, geht zugrunde.

James A. Michener: "Hawaii", 1959.

Es ist erstaunlich, wie rasch selbst starke Vorurteile verschwinden, sobald man erst in Hawaii ankommt... Wenn es in Hawaii einen Gruppenkonflikt gibt, besteht er eher zwischen Generationen als zwischen Rassen.

Walter Kolarz US-amerikanischer Schriftsteller (gest. 1962)

Walter Kolarz: "The Melting Pot in The Pacific", 1954.

Trotz aller Wachstumsprobleme können sich viele von uns nicht vorstellen woanders zu leben (als in Hawaii). Wenn auch noch soviel gebaut wird, kann dies nicht die rhythmische Brandung von Ebbe und Flut stören oder den weißen Wellenschaum, der im Mondlicht wie Schnee glänzt. Und alle Wolkenkratzer vermögen nicht, die große, gelbe Sonne ganz fernzuhalten oder für immer die Passatwinde zu blockieren, die den Duft der Pikeke und Plumeria über die Hügel breiten.

Scott E. Stone US-amerikanischer Schriftsteller (geb. 1932)

In: Saturday Review, 1963.

Man kann 'Aloha' sagen anstelle von Guten Tag oder Aufwiedersehen, oder wenn man sich nach der Gesundheit eines Onkels erkundigt oder wenn man bittet, ein Surfboard geliehen zu bekommen oder selbst bei einer Trauerfeier.

Philip Hamburger US-amerikanischer Schriftsteller (geb. 1914)

Philip Hamburger: "An American Notebook", 1965.

Die Hawaiianer haben eine Parabel über sich selbst; sie singen, daß sie Krabben in einem Korb ähneln; sobald eine versucht, hinauszuklettern, wird sie von den anderen zurückgeholt.

Francine de Plessix Gray US-amerikanische Schriftstellerin (geb. 1930)

Francine de Plessix Gray: "Hawaii: The Sugar Coated Fortress", 1972.

Manchmal ist die Luft hier (in Honolulu) schrecklich klar. Man kann aufs Meer hinausschauen und sieht die weiche, warme, zerfetzte Wolkendecke, die sich immer weiter und weiter ausdehnt. Es scheint fast so, als ob man in die Ewigkeit schauen kann. Der Wind blies und die Sonne schien durch das Laub und sprenkelte den Boden mit Licht und Schatten.

James Jones US-amerikanischer Schriftsteller (1931–1977)

James Jones: "The Letters of James Jones", 1989.

Ich trat in die grelle Nachmittagssonne hinaus. Hätte ich nicht gewußt, daß hinter Hoteltürmen und Einkaufszentren der Pazifische Ozean liegt, ich

Margret Mitchell Dukore

Margret Mitchell Dukore
US-amerikanische Schriftstellerin
(geb. 1951)
(Fortsetzung)

hätte geglaubt, mich an einem heißen Tag in Manhatten zu befinden. Nur: Die Menschen sahen nicht aus, als gingen sie ins Büro. Manche waren blaß, andere sonnengebräunt, einige trugen Muumuus, Aloha-Hemden und brandneue Hüte aus Kokosfasern. Die wenigsten hatten Badeanzüge an. Sie ließen immerhin ahnen, daß irgendwo da draußen das Meer liegen mußte.
Es gab Japaner, die völlig anders aussahen als die einheimischen Japano-Amerikaner: Sie waren kleiner und blasser, hatten teurere Kameras bei sich, und ihre Kleidung wirkte ein wenig altmodisch. Ein japanisches Brautpaar war offenbar den ganzen Weg von Japan hierher in seiner Hochzeitskleidung gekommen. Seidenkleid und Schleier der Braut waren zerknittert von den sieben Stunden im Jumbo. Das Paar ging lächelnd durch die Halle eines der großen Hotels, vorüber an kitschig mit verschlungenen Farnen dekorierten Teppichen, vorbei an Hängekörben mit künstlichen Pflanzen und glänzenden Kunststoffmöbeln. Und doch zitterte die Hand der Braut vor Aufregung, als sie sich ins Register eintrug.
Ich überquerte die Kalakaua Avenue, die Hauptstraße, und schlenderte durch ein dreistöckiges, einen Häuserblock langes Einkaufszentrum. Einst hatte hier eine Imbißstube an einer Promenade gestanden, die zu den Resten der Palmengärten rings um das alte Royal Hawaiian Hotel führte, das mayestätische 'Pink Palace' am Pazifik. Am Ende stieß ich auf ein kleines Überbleibsel der früher einmal so weiten Rasenflächen der Palmengärten. Gerade wurden rosarote Lampions für ein Luau, ein Freßfest für die Hotelgäste, aufgehängt, und als ich nähertrat, sah ich das Schild 'Arcade Shops', das auf Läden in der Lobby hinwies. So war also ein Teil der großen, reich dekorierten Halle, des alten Royal Hawaiian auch dem Kommerz geopfert worden. Rosarot war das Hotel allerdings noch immer, doch es wirkte winzig zwischen seinem neuen Trakt auf der anderen Seite und dem Sheraton Waikiki.

Margret Mitchell Dukore: "Wo das Geld zum Himmel wächst". In: Geo-Special "Hawaii", Nr. 4/1984.

Dan Boylan
US-amerikanischer Schriftsteller

Wer die Inseln mitten in einem Wahlkampf besuchen würde, könnte ohne Schwierigkeiten erkennen, daß die Politik der Bürger Hawaiis von einmaliger Prägung ist. Man denke nur an das Wahlkampf-Ritual des 'Schilder-Winkens'. Seit über einem halben Jahrhundert sind Reklametafeln nämlich untersagt, um die Schönheit Hawaiis zu bewahren. Und so begannen die Kandidaten der politischen Parteien in den späten sechziger Jahren, sich selbst als lebende Werbeträger zu betätigen. Auch heute noch stellen sich die Kandidaten für jedes öffentliche Amt – vom Abgeordneten bis zum Distriktbürgermeister – mit ihren Wahlhelfern monatelang, morgens und abends, entlang den Highways auf und winken mit Schildchen mit ihrem Konterfei den vorüberfahrenden Verkehrsteilnehmern zu.
Oder man denke an den jährlichen Eröffnungstag des Zweikammer-Parlaments von Hawaii im Januar. Ein Besucher braucht nur den protokollarischen Ablauf dieses Tages zu beobachten, um zu begreifen, daß der 'Aloha-Geist' der Liebe, Freundschaft und Zusammenarbeit auch in der Politik der Inseln wirksam ist. Die Senatoren und Abgeordneten in ihren jeweiligen Kammern sind mit 'leis' geschmückt, lauschen den Melodien einheimischer Musiker und schauen sich hawaiianische Tänze an. Danach gibt jeder in seinem Büro einen Ersttags-Empfang für jeden Bürger, der 'mal eben reinschauen' möchte. Für die Wähler stehen schwer beladene Tische voll köstlicher Spezialitäten bereit: hawaiianisches 'laulau' (Fisch oder Schweinefleisch in Bananenblättern), japanisches 'sushi' (Reis mit verschiedenen kostbaren rohen Fischen) und philippinisches 'adobo' (Schweinefleisch oder Huhn in Essigsoße).

Dan Boylan: "Politik und Wirtschaft: Stärke durch Vielfalt". In: "Hawaii Aloha", Alouette Verlag, Oststeinbek 1987.

Routenvorschläge

Vorbemerkung

Die folgenden Routenvorschläge sollen dem Besucher Anregung geben, auf abwechslungsreiche Art die Hawaii-Inseln zu erkunden. Bei der Auswahl der Routen wurde darauf Wert gelegt, eine angenehme Mischung von Landschaftserlebnis, Badepausen und Kultur zu bieten. Die Verschiedenartigkeit der einzelnen Inseln wird dabei herausgestellt.
Da wohl die meisten Hawaii-Besucher die Ausflugsfahrten mit einem Mietauto unternehmen werden, beginnen die Routen jeweils am Flughafen der Inselhauptstädte.
Die Kilometerangaben beziehen sich bei Rundfahrten auf die gesamte Strecke (inklusive Abstecher zu den Sehenswürdigkeiten entlang der Strecke), bei den restlichen Routen nur auf die Hinfahrt.
Orte und Landschaften, die im Abschnitt 'Reiseziele von A bis Z' unter einem Hauptstichwort beschrieben sind, erscheinen innerhalb der folgenden Routenvorschläge **in halbfetter Schrift**; Beschreibungen der anderen erwähnten Orte können über das Register nachgeschlagen werden.

1: **Insel Hawaii** · *The Big Island* Nördliche Inselrundfahrt (ca. 415 km)

Allgemeines

Diese Tour entlang der nordöstlichen und nordwestlichen Küste der Insel Hawaii läßt den Besucher die Vielfältigkeit und Üppigkeit der Vegetation dieser Insel erleben. Die Rückfahrt durch das Inselinnere bietet einen krassen Landschaftswechsel: fast vegetationslose Berggebiete vulkanischen Ursprungs vermitteln das Bild einer fremdartigen, doch reizvollen Landschaft über weite Strecken hinweg.
Neben dem faszinierenden Naturerlebnis kommt die Kultur nicht zu kurz: die Museen in Waimea und althawaiische Kulturstätten an der nördlichen Westküste sind Bestandteil der Route.
Die Fahrt kann entweder als Tagesfahrt (frühzeitig aufbrechen!) unternommen werden, oder mit Übernachtung in Kailua-Kona als Zweitagesausflug geplant werden.

Hamakua Coast

Wir verlassen Hilo in Richtung Norden auf der Straße Nr. 19, passieren bald den Ort Pepeekeo und gelangen – vorbei an dichter tropischer Vegetation und Zuckerrohrfeldern zur Linken, die Hamakua-Küste zur Rechten – nach Honokaa. Dort zweigt nun die Straße Nr. 240 ab, die zu dem Waipio Valley Lookout führt. Will man das **Waipio Valley** besuchen, sollte man vorher eine Übernachtungsmöglichkeit buchen, denn der Ausflug hinab ins Tal nimmt den restlichen Tag in Anspruch.

Waipio Valley Lookout

Zurückgekehrt nach Honokaa, wird die Fahrt auf der Straße Nr. 19 nach **Waimea (Kamuela)** fortgesetzt. Hier kann das Parker Ranch Museum im großen Shopping Center von Waimea und das Kamuela Museum am Ortsende besucht werden. Die großen Ländereien der **Parker Ranch** erstrecken sich rund um Waimea bis zur Küste hin.

Waimea

Parker Ranch

Die Fahrt geht nun weiter durch die Kohala-Berge auf der Straße Nr. 250 zur nördlichen Spitze der Insel Hawaii. In dem ehemals bedeutenden Zuckerstädtchen Hawi zweigt man in die Straße Nr. 220 ab und gelangt nach **Kapaau**, dem Geburtsort von Kamehameha I., dessen Standbild hier zu besichtigen ist. Man kann die Straße noch bis zu ihrem Ende am Pololu Lookout fahren. Auf dem Rückweg geht es weiter auf der Straße Nr. 270 zum **Lapakahi State Historical Park**, dessen Besichtigung empfehlenswert ist.

Kapaau

Lapakahi State Historical Park

Route 1
(Fortsetzung)
Kawaihae Coast
Puukohola Heiau
Kailua-Kona

Der Kawaihae-Küste nach Süden folgend, kommt man zu dem Gelände des **Puukohola Heiau**. Die Fahrt geht nun weiter die Küste entlang Richtung **Kailua-Kona**, vorbei an vielen Badebuchten, die zu einer Badepause einladen. In Kailua-Kona angekommen, kann die Fahrt unterbrochen und hier übernachtet werden.

Saddle Road

Kailua-Kona verläßt man über die Straße Nr. 190 Richtung Waimea. Hat man noch sehr viel Zeit vor Eintritt der Dunkelheit zur Verfügung und ist man ein geübter und ausdauernder Fahrer, kann man die Rückfahrt nach Hilo durch die prächtige Vulkanlandschaft entlang der Saddle Road (Straße Nr. 200) antreten. Diese einsame Bergstrecke ist schlecht ausgebaut und nimmt viel Zeit in Anspruch; jedoch lohnt sich die Mühe, denn die vulkanische Landschaft entlang der Route ist ein besonderes Erlebnis. Vorbei an den Abzweigen zum **Mauna Kea** (Tagestour zu Fuß möglich) und zum Mauna Loa gelangt man wieder in die belebtere Gegend von **Hilo**. Wem die Strecke zu anstrengend ist, kann ab Waimea wieder auf der Straße Nr. 19 entlang der Küste nach Hilo zurückfahren.

2: **Insel Hawaii** · *Big Island*
Vulkanroute von Hilo nach Kailua-Kona (ca. 250 km)

Allgemeines

Auf dieser Tour wird der Süden der Insel Hawaii besichtigt. Junge Vulkanlandschaften, die sich auch heute noch durch wiederholte Eruptionstätigkeiten verändern, bilden den beeindruckenden landschaftlichen Schwerpunkt dieser Fahrt. Die folgende Strecke entlang der Kona-Küste führt an einer der bedeutendsten hawaiischen Fluchtburgen (City of refuge) vorbei, die heute, in ihrer ursprünglichen Form wiederaufgebaut, einen guten Einblick in das religiöse Leben der Hawaiianer gibt.
Ist diese Route als Eintagesfahrt geplant, empfiehlt es sich, in Kailua-Kona zu bleiben. Als Zweitagestour kann ein Teil der nördlichen Inselrundfahrt (Route 1) angehängt werden.

Hilo

Kilauea Caldera

Man verläßt den Ausgangsort **Hilo** südwärts auf der Straße Nr. 11. Dieser erste Teil der Fahrt geht entlang der malerischen Orchideenfelder der Insel Hawaii. Kurz nach der Ortschaft Volcano beginnt der **Hawaii Volcanoes National Park**. Hier zweigt linker Hand die Crater Rim Road ab, eine Ring straße, die um die Caldera des Kilauea-Vulkans herumführt. Man kann an verschiedenen Stellen einen Zwischenstopp einlegen, die Aussicht genießen oder einen Spaziergang durch die eigenartige Vulkanlandschaft machen.

Naalehu

Ka Lae

Die Fahrt geht nun weiter auf der Straße Nr. 11 zum südlichsten Punkt der Hawaii-Inseln, nach Ka Lae. Kurz nach **Naalehu**, am Ende des Ortsteiles Waiohinu, biegt man in eine kleine Straße nach rechts ein und gelangt nach ca. 15 km nach Ka Lae mit schönem Ausblick auf das Meer und auf die von der Brandung umspülten Lavafelsen. Zurück auf der Straße Nr. 11, geht die Fahrt entlang der kargen Abhänge des **Mauna Loa** weiter Richtung Kona-Küste.

Puuhonua o
Honaunau

St. Benedict's
Church

Man fährt weiter entlang der Kona-Küste Richtung Norden. Nicht ausgelassen werden sollte auf dieser Tour die bekannte Fluchtstätte **Puuhonua o Honaunau (City of Refuge)**, die über einen Abzweig Richtung Küste bei der Honaunau-Bucht erreicht werden kann. Ebenso sollte der Innenraum der **St. Benedict's Church (Painted Church)** besichtigt werden.

Captain Cook

Kailua-Kona

Nicht weit entfernt von der Ortschaft **Captain Cook** steht in der Kealakekua-Bucht das Captain Cook Monument, zur Erinnerung an den gewaltsamen Tod des Seefahrers. Nur noch wenige Kilometer weiter gelangt man nach **Kailua-Kona**, dem Ziel der Tagesetappe.

Die Rückfahrt kann am nächsten Tag entweder über Waimea und die Küstenstraße Nr. 19 oder über die Saddle Road (Straße Nr. 200) angetreten werden (Beschreibung der Fahrtstrecke siehe Route 1).

Route 2 (Fortsetzung) Rückfahrt

3: **Insel Kauai**
Fast eine Rundtour

Die Insel Kauai ist zwar fast kreisrund, doch ist wegen ihrer unerschließbaren Nordwestküste (Na Pali Coast) ein Umrunden der Insel nicht möglich. Auch das gesamte Inselinnere ist praktisch unzugänglich, so daß für Besichtigungsfahrten nicht viel Auswahl bleibt. So werden im folgenden eine Südtour und eine Nordtour geschildert.

Allgemeines

3a: Nordwärts nach Haena

(ca. 75 km)

Von **Lihue** aus begibt man sich auf der Straße Nr. 56 Richtung Norden nach **Wailua**, wo Fern Grotto, Wailua-Wasserfall und Coconut Grove besichtigt werden können. Nach diesem ersten Zwischenstopp geht es weiter der Küste entlang nach **Kapaa** und zur Nordküste nach **Kilauea**. Hier sollte ein Abstecher zum **Kilauea Lighthouse** an die Küste gemacht werden.

Lihue
Wailua
Kapaa
Kilauea

Nun beginnt der touristisch geprägte Teil der Nordküste. Zuerst erreicht man **Princeville** mit seinem schönen Golfplatz, dann folgt die Bucht von **Hanalei** mit gleichnamigen Ort. Kurz vor Hanalei sollte man den Ausblick in das Hanalei Valley nicht verpassen. Hier kann man eine Pause einlegen und ein Stück in das Tal hineinwandern. Wer lieber die Badefreuden genießen will, hat eine reichliche Auswahl an pardiesischen Stränden in der Hanalei Bay und in den sich anschließenden Buchten.

Princeville
Hanalei

Um einen Blick auf die einzigartigen Klippen der **Na Pali Coast** werfen zu können, fährt man die Straße Nr. 56 bis an ihr Ende. Neben der Besichtigung der trockenen und nassen Höhlen kann man hier den Anfang des Kalalau-Pfades bis zum Hanakapiai-Strand (3 km) entlangwandern. Man sollte dabei bedenken, daß die ganze Strecke auch wieder zurückgegangen werden muß! Einen Eindruck von Landschaft und Vegetation dieses Inselteiles wird dem Besucher auf dieser Wanderung bestimmt vermittelt.

Haena State Park
Na Pali Coast

Für die Rückfahrt muß man aus Mangel an Alternativen die gleiche Strecke benutzen.

Rückweg

3b: Südwärts zum Waimea Canyon

(ca. 80 km)

Um den Süden der Insel von **Lihue** aus zu erkunden, verläßt man die Stadt auf der Straße Nr. 50 Richtung Puhi und biegt einige Kilometer später in die Straße Nr. 520 ein, um einen Abstecher nach **Poipu** zu machen. Durch den Tunnel of the Trees gelangt man zuerst nach Koloa, einem jüngst restauriertem Zuckerstädtchen, und schließlich nach Poipu, einem stark touristisch geprägtem Ort. Etwas westlich von Poipu sollte man nicht das Spouting Horn, ein geräuschvolles Naturschauspiel, verpassen. An einem der schönen Strände dieser Gegend empfielt sich eine Badepause.

Lihue
Poipu

Von Koloa biegt man auf die Straße Nr. 530 Richtung Lawai ab. Hier sind gleich zwei sehenswerte botanische Gärten in nächster Nähe: der **Pacific Tropical Botanical Garden** (Stichstraße ab Lawai) und die Olu Pua Botanical Gardens in der Nähe der Ortschaft Kalaheo. Weiter geht die Fahrt nach **Hanapepe**, ein Ort mit speziellem Charakter.

Lawai
Kalaheo
Hanapepe

Route 3b (Fortsetzung) Waimea

Der Straße Nr. 50 folgend, gelangt man nun nach **Waimea**, die Stadt, die wegen ihrer historischen Bedeutung als Landeplatz von Captain Cook bekannt wurde.

Nach Besichtigung des **Fort Elizabeth** und des Captain Cook Monument empfiehlt sich bei schönem Wetter eine Fahrt in die Berge (Straße Nr. 550) zum Kalalau-Aussichtspunkt. Der prächtige Ausblick hinab zur **Na Pali-Küste** läßt die Strapazen des kurvenreichen Anwesens vergessen.

Waimea Canyon

Die Ausblicke unterwegs hinab in den **Waimea Canyon** sind ebenfalls beeindruckend. Wer Zeit hat, kann im Kokee State Park erholsame Wanderungen machen. Günstig ist es, in der Kokee Lodge zu übernachten (Vorbestellung nötig!) und den Rückweg am nächsten Tag anzutreten.

4: **Insel Maui**

Wilde Landschaft und Traumstrände im Westen (ca. 105 km)

Allgemeines

Die Erkundung des Westens der Insel Maui bietet sowohl Naturerlebnis mit schönen Badebuchten, vielen Küstenausblicken und unzugänglichem Landesinneren als auch touristische Annehmlichkeiten entlang der Kaanapali-Küste und reichhaltige Möglichkeiten, die historisch interessante Stadt Lahaina zu erkunden.

Sowohl im Norden als auch im Süden der Insel sind die Straßen teilweise in schlechtem Zustand oder Privatstraßen und für den Allgemeinverkehr gesperrt. So ist eine Rundtour um die Insel zumindest gegenwärtig nicht möglich. Stattdessen bieten sich verschiedene Ausflüge an.

Kahului

Olowalu

Lahaina

Der Ausgangsort **Kahului** wird über die Schnellstraße Nr. 380 verlassen, die später in die Straße Nr. 30 mündet. An der Küste angekommen, geht die Fahrt weiter über Maalaea nach **Olowalu**, wo schöne Felszeichnungen zu besichtigen sind. Von hier ist es nicht mehr weit nach **Lahaina**, der bekannten Walfängerstadt, in der man einen längeren Zwischenstopp einlegen und einen Spaziergang durch den historischen Teil der Stadt machen sollte.

Kaanapali

Kapalua

Die folgende Strecke geht entlang von Zuckerrohrfeldern zu dem nun wieder touristisch ausgebauten Küstenstreifen bei **Kaanapali**. Der lange Sandstrand und eine beträchtige Anzahl von Luxushotels verbreiten ein besonders exquisites Flair. Etwas weiter nördlich liegt Kapalua, ebenfalls mit ausgezeichneten Bademöglichkeiten und noch nicht so touristisch ausgebaut wie der vorherige Ort Kaanapali.

Vulkan Haleakala

Von Kihei gibt es keine Verbindungsstraße zum **Haleakala National Park**. Diesen erreicht man statt dessen von Kihei über Kahului, Pukalani und Haleakala. Auf der Straße Nr. 377 gelangt man dann zur Zahlstelle des Haleakala State Parks. Einschließlich der Rückfahrt nach Kihei muß man für diese Tour mit rund 70 km rechnen.

5: **Insel Molokai**

Fischteiche und vergessene Täler im Osten (ca. 75 km)

Allgemeines

Die Strecke entlang der Südküste ist besonders für diejenigen geeignet, die die Landschaft der Insel auch gerne zwischendurch zu Fuß erkunden wollen. Festes Schuhwerk sollte mitgenommen werden.

Kaunakakai

Vom Flughafen Hoolehua fährt man auf der Straße Nr. 460 Richtung **Kaunakakai**, wobei man den ersten Halt beim Kapuaiwa Grove, dem großen Kokosnußhain, einlegen kann. Weiter geht es durch **Kaunakakai**, dem

Route 5 (Fortsetzung)

Hauptort der Insel. Nun geht es immer der Südküste entlang (Straße Nr. 450), welche die flache Küstenseite von Molokai ist. Wegen ihrer vorgelagerten Riffe eignete sie sich ideal zum Anlegen der **Königlichen Fischteiche**, die unterwegs immer wieder zu sehen sind. Nächster Zwischenstopp ist Kamalo, wo die **St. Joseph's Church** zu besichtigen ist. Man folgt dem Küstenverlauf bis kurz vor Pukoo; dort zweigt die Straße zum **Illiopae Pukoo Heiau** ab (Voranmeldung!). Wer gut zu Fuß ist, kann von hier ein Teilstück des **Wailau Trails** Richtung Wailau Valley entlangwandern.

Halawa Valley

Eine andere Möglichkeit ist, die nun nicht mehr asphaltierte Straße bis an ihr Ende weiterzufahren. Die Fahrt ist zeitraubend, lohnt sich aber wegen der schönen Landschaftseindrücke und dem Ausblick ins **Halawa Valley** am Ende der Strecke. Von hier kann man nun ins Tal hinunterwandern, die Moaula Falls besichtigen und am Strand in der Halawa Bay ein Bad nehmen. Man sollte daran denken, rechtzeitg den Rückweg anzutreten, da die Fahrtstrecke doch geraume Zeit in Anspruch nimmt.

6: **Insel Oahu**
Rundfahrt mit Geschmack von Ananas und Wind (ca. 150 km)

Allgemeines

Diese Inselrundtour durchquert unterschiedliche Landschaften Oahus. Zuerst fährt man an den Vorstädten Honolulus vorbei und gelangt anschließend in die landwirtschaftlich intensiv genutzte Ebene (Schofield Plateau), die von den beiden Gebirgsketten Koolau Range und Waianae Mountains eingeschlossen ist. Danach wird sowohl ein Teil der Leeküste (Westküste) als auch fast die gesamte Luvküste (Ostküste) besichtigt.
Die Tour kann auch in zwei Teile aufgeteilt werden, wobei sich eine Übernachtung an der Westküste anbietet, oder nach der Besichtigung des Waimea Falls Park der Rückweg (gleiche Strecke) angetreten werden sollte. Will man das reichhaltige Programm des Polynesian Cultural Center wahrnehmen, empfiehlt sich aus Zeitgründen ein separater Besuch.

Honolulu
Pearl City

Der erste Teil dieser Tour ist ganz der Ananas gewidmet. Man verläßt **Honolulu** Richtung Nordwesten auf dem Lunalilo Highway (H 1), der in den Kamehameha Highway übergeht, vorbei an Foster Village und Pearl City. Danach biegt man auf den Highway Nr. 2 (H2) nach Norden ab; Mililani Town wird umfahren, und so gelangt man schon bald in das landwirtschaftliche Zentrum von Oahu, nach Wahiawa. Hier ist der **Wahlawa Botanic Garden** einen Besuch wert.

Wahiawa

Am Rande der Stadt lockt nun die Ananas. Beide großen Ananasfirmen sind hier vertreten: Im Dole Pinapple Pavillion und im Del Monte Variety Garden (beide etwas außerhalb der Stadt gelegen) kann man alles über Ananasanbau, verschiedene Ananassorten und die Weiterverarbeitung der Früchte erfahren. Bei der Weiterfahrt entlang der Straße Nr. 99, vorbei an Ananas- und Zuckerrohrfeldern, kann man sein neues Wissen gleich anwenden.

Haleiwa

Hat man nun das Schofield Plateau durchquert, erreicht man Haleiwa an der windabgewandten Küste Oahus. Entweder hier oder an einer der vielen Badestellen entlang der sich nun anschließenden Küstenstraße Richtung Norden (Straße Nr. 83) kann eine Badepause eingelegt werden.
Schon bald erreicht man die Waimea Bay, wo gleich mehrere Sehenswürdigkeiten warten. Die Besichtigung des **Puu O Mahuka Heiau** sollte dabei nicht ausgelassen werden. Nun zweigt man ab in das Tal des Waimea River und erreicht den **Waimea Falls Park**, berühmt wegen seines Wasserfalls, seiner schönen Pflanzen und eines interessanten Veranstaltungsangebots zur hawaiischen Kultur.

Waimea Falls Park

Hier kann die Rundtour abgebrochen werden und der Rückweg auf beschriebener Strecke nach **Honolulu** angetreten werden.

Route 6
(Fortsetzung)
Leeseite

Der zweite Teil der Tour geht nun weiter entlang der Straße Nr. 83 um die nördliche Spitze von Oahu herum. Man passiert die bevorzugten Strände der geübten Surfer (Waimea Beach Park, Sunset Beach), die besonders im Winter, wenn hier die höchsten und schönsten Wellen sich brechen, ihre Kunst unter Beweis stellen. Vorbei an dem schön gelegenen Luxushotel Turtle Bay Hilton und über Kahuku mit einer zu besichtigenden Zuckermühle geht die Fahrt weiter nach Laie, dem Zentrum der Mormonen. Hier können der **Mormon Temple** und das **Polynesian Cultural Center** besucht werden.

Laie

Luvseite

Die folgende Fahrtstrecke (weiter auf der Straße Nr. 83) führt entlang der Luvküste Oahus mit steilen Berghängen und kleinen, grünen Tälern des Koolau-Gebirges zur Rechten.
Hat man noch genügend Zeit, sollte man unbedingt eine Fahrtunterbrechung einlegen und die kleine Wanderung (3 km) zu den **Sacred Falls** unternehmen. Hier bekommt man einen guten Eindruck von den landschaftlichen Schönheiten der Insel.
Die Fahrt geht weiter entlang der Küste zum Kualoa Regional Park, von dem der Ausblick zur Insel Mokolii, auch bildhaft **Chinaman's Hat** genannt, zum Fotografieren einlädt. In der Nähe befindet sich auch ein alter hawaiischer Fischteich (Molii Fishpond), ein Wasserbecken, das durch Korallenbänke vom Meer abgetrennt wurde.

Sacred Falls

Kaneohe

Der letzte Streckenabschnitt führt nun nach Kaneohe und zurück über die Straße Nr. 63 (Likelike Highway) oder die Straße Nr. 61 (Pali Highway) mit dem Nuuanu Pali Lookout nach **Honolulu**.

Honolulu

7: **Insel Oahu**
Krater, Strand und Tempel im Südosten (ca. 100 km)

Allgemeines

Diese Tour gibt auf einer gut befahrbaren und übersichtlichen Fahrtstrecke einen Eindrück von der Vielfältigkeit Oahus – und das gleich in unmittelbarer Nähe von Waikiki. Hält man sich nicht übermäßig lange an den Sehenswürdigkeiten auf, kann der Ausflug auch als Nachmittagstour gemacht werden. Gemütlicher ist es jedoch, wenn man sich einen ganzen Tag Zeit nimmt. Will man sich länger im Sea Life Park aufhalten, ist eine gezielte Ausflugsfahrt dorthin anzuraten.

Honolulu

Diamond Head

Man zweigt vom Lunalilo Freeway (H 1) in Waikiki ab, verläßt **Honolulu** auf der Kalakaua Avenue in Richtung Südosten, passiert den Kapiolani Park zur Linken und erreicht das erste Ausflugsziel, den Diamond Head Crater. Ein Abstecher in die Caldera des Kraters ist durch einen Tunnel möglich, der sich auf der Nordseite des Diamond Head befindet.
Weiter geht es durch den Nobelvorort Kahala (Besichtigung der neuen Luxushotelanlage Kahala Hilton möglich) zum Highway Nr. 72 (Kalanianaole Highway), der entlang der Küste zur einzigartigen Hanauma Bay führt. Hier kann man eine Badepause einlegen (sehr gute Bedingungen auch zum Schnorcheln) oder einen Spaziergang im Koko Head Regional Park machen.

Sea Life Park

Wen es jedoch weiterdrängt, der kann die Fahrt entlang der Straße Nr. 72 vorbei am Coco Crater zum **Sea Life Park** fortsetzen. Ein reichhaltiges Besichtigungs- und Vorführprogramm sorgt hier für Abwechslung. Wer es beschaulicher will, kann auch die waghalsigen Drachenflieger beobachten, die sich hier am Makapuu Point von den Felsen in die Tiefe stürzen.

Haiku Gardens
Byodo-In Temple

Will man sich nun von diesen vielen Attraktionen in einem der besinnlichen Gärten der Insel ausruhen, kann man die Fahrt Richtung Kaneohe fortsetzen (Straße Nr. 72, Nr. 61, Nr. 83) und die **Haiku Gardens** besuchen.

Route 7 (Fortsetzung)

Ein weiterer Abstecher in das Valley of the Temples zum **Byodo-In Temple** kann angeschlossen werden.

Nuuanu Pali Lookout

Ist die Sicht gut, empfiehlt sich der Heimweg über die Straße Nr. 61 (Pali Highway) mit einem Halt am Nuuanu Pali Lookout, der noch einmal die Tour von oben zeigt und den wohl schönsten Blick wieder zurück nach Honolulu freigibt. Nun geht es wieder hinab durch die Berge entlang des Nuuanu Valley (Abstecher zu Queen Emma's Summer Palace möglich), durch die bevorzugten Wohnlagen Honolulus zurück nach Downtown. Am Ende des Pali Highway folgt man der Ausschilderung zum Honolulu International Airport.

Reiseziele von A bis Z

Hinweis

In diesem Abschnitt werden die acht Hauptinseln des US-Bundesstaates Hawaii in alphabetischer Reihenfolge vorgestellt: Hawaii, Kahoolawe, Kauai, Lanai, Maui, Molokai, Niihau und Oahu. Die Sehenswürdigkeiten der jeweiligen Inseln sind innerhalb dieser Kapitel ebenfalls alphabetisch angeordnet.

Insel Hawaii · Big Island

Fläche: 10454 km²
County: Hawaii
Bewohnerzahl: 122300
Hauptort: Hilo

Lage und Entstehung

Hawaii, allgemein nur 'Big Island' ("Große Insel") genannt, ist die südöstlichste Insel des Archipels und gleichzeitig mit 10454 km² die größte der Hawaii-Inseln. Die Längserstreckung der Insel beträgt 93 Meilen, die Breite 76 Meilen. Mit diesen beträchtlichen Ausmaßen ist Hawaii mehr als doppelt so groß wie alle anderen Inseln zusammengenommen.
Der Entstehung nach ist Hawaii die geologisch jüngste Insel des Archipels und die einzige, die infolge der anhaltenden vulkanischen Tätigkeit weiterhin am Wachsen ist. Ursprünglich haben fünf Schildvulkane die Landmasse Hawaiis aufgebaut. Die zwei größten Vulkane sind der Mauna Loa (4167 m) und der Mauna Kea (4205 m), die zusammen 73% der Inseloberfläche ausmachen. Mit dem erloschenen Vulkan Mauna Kea hat die Insel den höchsten Berg (4205 m) im Pazifischen Becken; addiert man die enormen Ausmaße unter Wasser dazu – er reicht bis zu einer Tiefe von 5500 m – so ist er der höchste Berg der Welt. Der Mauna Kea ist schon seit Jahrtausenden inaktiv, während am Mauna Loa noch gelegentliche Ausbrüche zu verzeichnen sind. Der Kilauea, ein Nebenvulkan des Mauna Loa, gilt als der aktivste Vulkan der Welt überhaupt, dessen zahlreiche Eruptionen unabhängig von Ausbrüchen des Mauna Loa stattfinden. Während des letzten Jahrhunderts ereigneten sich im Durchschnitt alle elf Monate neue Vulkanausbrüche.
Eine weitere geographische Besonderheit zeichnet die Insel aus: In Ka Lae ('die Spitze') befindet sich der südlichste Punkt der Vereinigten Staaten.

Naturraum

Die vielfältige und kontrastreiche Landschaft der Insel Hawaii wird durch die riesigen Vulkane bestimmt. Hohe Vulkan-Krater mit im Winter schneebedeckten Gipfeln, weite Lavafelder im Südteil der Insel und eher verwitterte Vulkanberge mit tiefen Schluchten und sich anschließender Steilküste im Norden charakterisieren das Landschaftsbild. Hawaii hat nicht viele Badestrände, doch liegt der besondere Reiz dieser Strände in der unterschiedlichen Färbung des Sandes: weiß, grün und schwarz.

Inselname

Die Bedeutung des Wortes 'Hawaii' ist unbekannt, doch ist sein polynesischer Ursprung durch das Auftreten auf mehreren polynesischen Inseln in verschiedenen Abwandlungen offensichtlich. In Neuseeland ist es in der Form 'Hawaiki' bekannt, auf den Cook-Inseln ist von 'Awaiki' die Rede und in Samoa von 'Savai'i' – die Variationen sind auf die unterschiedlichen Alphabete zurückzuführen, die nicht immer die gleichen Konsonanten kennen. Auch 'Hawaii' sollte eigentlich 'Hawai'i' geschrieben werden, um es richtig zu betonen, was aber im allgemeinen unterbleibt.

◀ *Glühende Lava vom Kilauea fließt ins Meer*

Inselname (Fortsetzung)

Um die Insel Hawaii mit dem US-Bundesstaat Hawaii nicht zu verwechseln, existieren eine Reihe weitere Namen für die Insel, deren gebräuchlichste 'Big Island' ist. 'Orchid Island' oder 'Volcano Island' bezeichnen zwar weitere typische Eindrücke von Hawaii, konnten sich aber als Inselnamen nicht durchsetzen.

Klima und Vegetation

Das Klima unterscheidet sich nicht wesentlich von dem der übrigen Inseln, doch ist es durch die hohen Vulkanberge in vieler Hinsicht extremer. Die Ostküste, und das heißt vor allem Hilo und Umgebung, ist äußerst regenreich mit fast tropischem Charakter. Die Niederschläge gehen meist in kurzen, besonders heftigen Regenschauern nieder, die in kurzen Abständen aufeinanderfolgen. Die Gegend um Kailua-Kona an der Westküste ist dagegen besonders trocken.
Die Vegetation ist dementsprechend unterschiedlich ausgeprägt. Während es an der Ostküste Regenwälder mit tropischer Vegetation gibt, sind im Westen, vor allem im Bezirk von Kau, Wüsten vorzufinden.

Bevölkerung

Die Bevölkerung der Insel Hawaii ist in den letzten Jahrzehnten sprunghaft angestiegen. Lebten noch zu Beginn der siebziger Jahre 63 000 Einwohner auf der Insel, stieg ihre Zahl zu Beginn der achtziger Jahre weiter auf 93000 und erreicht heute eine Größenordnung von 112000. Je nach Annahme schwanken die Schätzungen bezüglich der zukünftigen Bevölkerungsentwicklung auf der Insel bis zum Jahr 2005 zwischen 173000 und 258000 zukünftigen Bewohnern.

Bevölkerung (Fortsetzung)

Hilo, County-Sitz und Insel-Hauptstadt, ist mit rund 40000 Einwohnern bei weitem der größte Ort der Insel, gefolgt von Kailua-Kona mit knapp 6000 Einwohnern; nur neun weitere Orte der Insel haben zwischen 1000 und 2000 Einwohnern. Mit 34% stellen Weiße den Hauptanteil der Bevölkerung, gefolgt von Japanern (27%), Hawaiianern und Teil-Hawaiianern (19%), Filipinos (14%), Chinesen (2%) und weiteren Bevölkerungsgruppen (4%).

Im hawaiischen Parlament ist die Insel Hawaii personell nicht sehr stark vertreten. Von den 25 Senatoren im Staatsparlament entfallen nur 3 auf Big Island, von den 51 Sitzen im Abgeordnetenhaus nehmen die Vertreter der Insel nur vier Sitze ein.

Landwirtschaft

Die Landwirtschaft spielt auf Big Island eine größere Rolle als auf den übrigen Hawaii-Inseln – dies obgleich etwa zwei Drittel des Bodens infolge einer dichten Lavadecke als Agrarland ungeeignet sind. Auf der Insel wird 40% der gesamten Zuckerrohrernte des Staates eingebracht, hier werden etwa 16 Mio. kg der teuersten aller Nüsse, der Macadamia-Nüsse, alljährlich produziert und der besonders begehrte und ebenfalls sehr teure Kona-Kaffee angebaut. Die → Parker Ranch, die größte im Familienbesitz befindliche Ranch der Vereinigten Staaten überhaupt, steht für die Viehzucht von Hawaii. Sie produziert zwei Drittel des Rindfleischbedarfs des ganzen Staates. Eine weitere Einnahmequelle ist die Blumenzucht, die in etwa 300 Farmen betrieben wird.

Tourismus

Die Insel Hawaii setzt auf wachsende Touristenzahlen und plant dementsprechend einen schnellen Ausbau der Bettenkapazitäten. Im Planungsstadium befinden sich derzeit nicht weniger als 30 Hotels, die hauptsächlich entlang der Westküste, die durch sonniges Wetter und die schönsten Strände touristisch besonders attraktiv ist, entstehen sollen. Die Zahl der verfügbaren Hotelzimmer würde von derzeit 5000 auf 21000 ansteigen, sollten alle Pläne realisiert werden – nicht miteingerechnet sind dabei ebenfalls geplante Betten in Appartements und Ferienhäusern. Vorerst sind die Infrastruktur-Probleme, die sich aus einer so rasanten Entwicklung vor allem im Straßenbau, bei der Wasserversorgung und der Müllentsorgung ergeben, noch nicht gelöst.

Geschichte

Die Insel Hawaii wurde vermutlich im 7. Jh. von Ka Lae aus besiedelt, dem südlichsten Punkt der Insel und damit der den polynesischen Inseln nächstgelegenste Ankunftsort.

Von Hawaii aus, und zwar von dem im Süden der Insel gelegenen Wahaula Heiau (heute ein Teil des → Hawaii Volcanoes National Park) hat sich der Brauch, Menschenopfer darzubringen, auf die übrigen Inseln ausgebreitet. Die Menschenopfer ('luakinis') sollen auf den aus Tahiti stammenden Priester Paao zurückgehen und wurden bis zur Regierungszeit von Kamehameha I. beibehalten.

Das Schicksal von Kamehameha I. ist besonders eng mit der Insel Hawaii verwoben: Im Jahre 1753 (oder 1758 – das genaue Geburtsdatum ist unbekannt) kam er im Kohala-Distrikt im Nordwesten der Insel zur Welt. Mit seiner Geburt verbindet sich die Legende, daß kurz vor der Niederkunft seiner Mutter Kekuiapoiwa ein Priester weissagte, das zu erwartende Kind würde sich zu einem 'Vernichter der Häuptlinge' entwickeln. So beschlossen mehrere Häuptlinge, das Kind zu töten, aber Kekuiapoiwa überlistete sie, indem sie das Kind in einem Heiau zur Welt brachte und einem Bedienten übergab, der es an die rauhe Küste von Kapaau an die Nordspitze der Insel Hawaii brachte, wo Kamehameha aufwuchs. Die Weissagung erfüllte sich dennoch durch die Eroberungszüge der Truppen von Kamehameha

Geschichte (Fortsetzung)

und die spätere Gründung des ersten hawaiischen Königreichs (→ Berühmte Persönlichkeiten).
Hawaii war auch Ausgangspunkt der ersten Missionierungswelle. Am 20. April 1820 landeten hier in Kailua-Kona die ersten christlichen Missionare – nur wenige Monate, nachdem Kamehameha II. der hawaiischen Religion durch Aufhebung der 'kapus' (Tabus) und weitgehende Zerstörung der Gottesbilder aus Holz und Stein ein Ende bereitet hatte.
In der Folgezeit büßte die Insel ihre Vormachtstellung ein; zunächst wurde Lahaina (Maui) die Hauptstadt des Inselreiches und bald danach Honolulu. Erst mit der Entwicklung des Massentourismus gewann die "Große Insel" wieder etwas von ihrer historischen Rolle zurück und steht heute zweifellos an einem Wendepunkt ihrer Entwicklung.

Captain Cook K 7

Ortschaft

Die Ortschaft Captain Cook, an der Kona-Küste in der Nähe der Kealakekua-Bucht gelegen, ist nach dem britischen Seefaher und Entdecker der Hawaii-Inseln Captain James Cook (→ Berühmte Persönlichkeiten) benannt. Der Ort selbst bietet keine touristischen Sehenswürdigkeiten und ist heute als Zentrum des Anbaus von Kona-Kaffee bekannt.

Royal Coffee Mill Museum

Auf der Strecke zur Kealakekua-Bucht kann man einen Besuch des Kaffeemuseums einlegen. Hier erfährt man alles über den Anbau und die Verarbeitung der besonders edlen Kona-Kaffeesorte, die in diesem Gebiet angebaut wird.
Die Besichtigung der → St. Benedict's Church und des → Puuhonua o Honaunau südlich der Ortschaft Captain Cook kann angeschlossen werden.

Captain Cook Monument

Von der Kealakekua-Bucht aus sieht man in der Ferne ein kleines, weißes Denkmal im Wasser stehen, an der Stelle, an der Captain James Cook seinen Tod fand. Dieser aus Granit gefertigte Obelisk kann nur mit einem Boot direkt erreicht werden.

Tod von Captain Cook

Als Captain James Cook am 20. Januar 1778 in → Waimea (Kauai) landete, wurden er und seine Mannschaft als die ersten Weißen von den Hawaiianern mit allen Ehren begrüßt. Fast auf den Tag ein Jahr später, auf der Rückkehr von Alaska, fand er in der Kealakekua-Bucht einen sicheren Ankerplatz. Bei seiner ersten Ankunft feierten die Hawaiianer gerade 'makahaki', ein Fest zu Ehren des Ernte- und Fruchtbarkeitsgottes Lono, an denen die üblichen 'kapus' aufgehoben waren. Einer hawaiischen Legende zufolge würde Lono während eines solchen Festes auf die Erde zurückkehren, und als Cook mit seinen Schiffen kam, hielt man ihn für den Gott und seine Segelschiffe für fahrende 'heiaus'. Er wurde als Gott geehrt, und die Hawaiianer taten alles, um seine Schiffe wieder mit Proviant zu versorgen. Nachdem Cook und seine Mannschaft einen Monat dort verbracht hatten, starb einer der Seeleute, woraus die Hawaiianer den Schluß zogen, daß es sich wohl doch um gewöhnliche Sterbliche und nicht um Götter handelte. Die Schiffe verließen am 4. Februar die Bucht, kehrten aber neun Tage später zurück, weil eines der Schiffe während eines schweren Sturms beschädigt wurde.
Die Eingeborenen benahmen sich immer feindseliger gegenüber den Weißen. Es kam zu allen möglichen Zwischenfällen: als schließlich ein Kutter von den Hawaiianern gestohlen worden war, ordnete Cook Gegenmaßnahmen an. Einer der Häuptlinge wurde getötet, die erregte Menge ging mit Keulen gegen die Engländer vor. Cook erhielt einen Keulenschlag über den Kopf, die Engländer eröffneten das Feuer, Cook selbst soll zwei Hawaiianer getötet haben. Er erlitt eine leichte Wunde, wurde ins Wasser geworfen und ertrank; ein schändlicher Tod für einen Seefahrer, der nicht schwimmen konnte. Die Hawaiianer trugen den Leichnam davon und

Kaffee-Museum ...

... Kona-Kaffee

Captain Cook (Fortsetzung)

brachten ein paar Tage später, wie es ihrem Brauch entsprach, die von den Knochen abgelösten, in einem 'imu' gebackenen Fleischreste zurück. Wutentbrannt eröffneten die Seeleute Geschützfeuer und verwundeten zahllose Hawaiianer, darunter auch den späteren König Kamehameha I. Nach ein paar Tagen erhielten die Engländer auch die Gebeine von Cook zurück. Die Bestattung fand dann auf hoher See statt. Die Briten lichteten am 22. Februar 1779 in der Kealakekua-Bucht endgültig Anker und kehrten nach Großbritannien zurück.

**Hawaii Volcanoes National Park

K/L 6/7

Allgemeines

Von den vielen Sehenswürdigkeiten, die die Hawaii-Inseln und speziell Big Island zu bieten haben, ist zweifellos der Hawaii Volcanoes National Park die bedeutendste. Hier im Halemaumau-Krater am Südende des Kilauea ist das Heim der Feuergöttin Pele. Wenn sie aus irgendeinem Grund in schlechte Laune gerät, gibt es der hawaiischen Mythologie zufolge, einen Vulkanausbruch. Seit Juli 1986 hat eine neue Ausbruchsserie enorme Lavamengen an die Oberfläche befördert. Die Insel ist seitdem um ca. 300 000 m^2 angewachsen. Die Tätigkeit des Kilauea, der als einer der eindrucksvollsten Schildvulkane gilt, kann auf Schritt und Tritt im Nationalpark beobachtet werden. Daß man allerdings Zeuge einer feuerspeienden Eruption wird, ist nicht sehr wahrscheinlich, da es zu einer solchen im Durchschnitt nur einmal alle elf Monate kommt.

Größe und Lage

Der Hawaii Volcanoes National Park befindet sich im Südosten der Insel Hawaii und wurde 1916 ins Leben gerufen. Er umfaßt neben einem großen Teil des Mauna Loa das gesamte Gebiet des Kilauea einschließlich dessen östlicher und südlicher Flanke, sowie die Küste von Puna, insgesamt eine beachtliche Fläche von 554 km^2.

Größe und Lage (Fortsetzung)

Der am besten erschlossene Teil des Nationalparks befindet sich im Bereich der Kilauea Caldera. Man erreicht diesen Teil durch einen ausgeschilderten Abzweig von der Straße Nr. 11 von Kona oder Hilo aus.
Will man den Park von der Küste aus besuchen, kann man die Küstenstraße von Hilo aus benutzen und auf der Chain of Craters Road durch eine beeindruckende Vulkanlandschaft in die Berge fahren. Diese Variante ist allerdings beschwerlicher und unsicherer, da diese Straße oft von neuen Lavaströmen blockiert ist.

Informationszentrum

Das Kilauea Visitor Center befindet sich am Rande der Kilauea Caldera, 500 m nach der Zahlstelle des Volcanos National Parks auf der linken Seite. Es ist täglich von 9.00 bis 17.00 Uhr geöffnet. Neben allgemeinem Informations- und Kartenmaterial erhält man hier Wandervorschläge. Im weiteren informiert ein Film über die Geschichte und Entwicklung des Kraters Caldera und zeigt die jüngsten Eruptionen des Kilauea.

Jüngste Eruptionen am Kilauea

Die letzten heftigen Ausbrüche des Vulkan Kilauea fanden 1790 und 1924 statt. Seither hat er sich nicht mehr gerührt, doch ist der Halemaumau-Krater, ein Nebenkrater inmitten der Kilauea- Caldera, umso aktiver. Kommt es zu Ausbrüchen an den Abhängen und in den dichten Wäldern, spricht man von Flankeneruptionen, die nicht so spektakulär sind wie die Eruptionen im Gipfelbereich, da sie zumeist nur aus Lava bestehen, und von keinen Feuerströmen begleitet werden.
Durch die ausströmende Lava werden im Umkreis des Kilaueas ständig Veränderungen der Landschaft beobachtet: Fast fortgesetzt bahnt sich das rotglühende, etwa 1200° C heiße Magma durch Lateralgänge einen Weg nach außen, fließt aus Schloten die Abhänge des Vulkans herunter, und zwar an Schwachstellen des Schildvulkans, die man Spaltzonen nennt. Eine dieser Zonen erstreckt sich vom Krater in südwestlicher Richtung bis nach Ka'u, die andere ost-nordostwärts über Puna bis ans Meer.

Manchmal fließt die Lava durch kleine Täler, die auf diese Weise aufgefüllt werden, manchmal werden ganze Wälder zerstört, aber gleichzeitig ein Boden geschaffen, der die Entstehung neuer Vegetation begünstigt, wie es z.B. im Devastation Trail des Nationalparks zu beobachten ist (siehe unten).
Die Lavamassen bringen auch große Zerstörungen mit sich. Immer wieder werden Häuser unter Lava begraben und Straßen unpassierbar gemacht. Im April 1990 wurden sämtliche Häuser des nahe der Küste gelegenen Dorfes Kalapana und der größte Teil des weltberühmten schwarzen Sandstrandes Kaimu Black Sand Beach zerstört. Auch ist die Straße Nr. 130 zwischen Kupaahu und Kalapana seitdem unterbrochen. Nur eine der beiden Kirchen, die Star of the Sea Painted Church, konnte noch rechtzeitig vor der Ankunft der Lavamassen abgebaut werden. Sie wurde kurz vor dem Ende der Straße auf Stelzen wieder aufgestellt.
Dennoch werden die jüngsten Eruptionen als verhältnismäßig milde gegenüber denen früherer Jahre angesehen. Aus dem Jahr 1790 wird berichtet, daß Keoua, ein Häuptling der Insel Hawaii und Widersacher von

Jüngste Eruptionen am Kilauea (Fortsetzung)

Kamehameha I., sich mit seinen Truppen in der Nähe des Kilauea ausruhen wollte, als sie von einem Vulkanausbruch überrascht wurden. Ein großer Teil des Heeres wurde Opfer der Lavamassen, so daß die Armee von Kamehameha leichtes Spiel hatte, die noch verbliebenen Gegner zu besiegen.

Die heutigen wissenschaftlichen Methoden zur Messung und Erforschung von Naturereignissen wie Eruptionen und Erdbeben tragen sicherlich auch dazu bei, daß in letzter Zeit keine Menschen durch Vulkanausbrüche auf Hawaii zu Schaden gekommen sind.

Sehenswertes entlang der Crater Rim Road

Planung

Was sollte man unbedingt im Nationalpark sehen? Die Planung hängt von der verfügbaren Zeit, aber auch vom Wetter ab, das leider infolge der Nähe zur Ostküste nicht die erwartete hawaiische Beständigkeit aufweist, sondern nicht selten zu plötzlichen schweren Regenfällen neigt.
Hat man mehr als einen Tag Zeit, wäre es empfehlenswert, in dem einzigen Hotel innerhalb des Parks zu übernachten, dem Volcano House, für das Vorbestellungen, vor allem in der Hauptreisezeit, unerläßlich sind (⟶ Praktische Informationen, Hotels).

Crater Rim Road

Zuerst sollte man die Crater Rim Road befahren, d.h. einmal um die Caldera des Kilauea herum. Vom Informationszentrum ist dies eine Fahrt von 17,5 km, aber mehrfaches Aussteigen an üppigen Regenwäldern, anderen Kratern und weitgehend zerstörten Gebieten macht die Strecke länger als

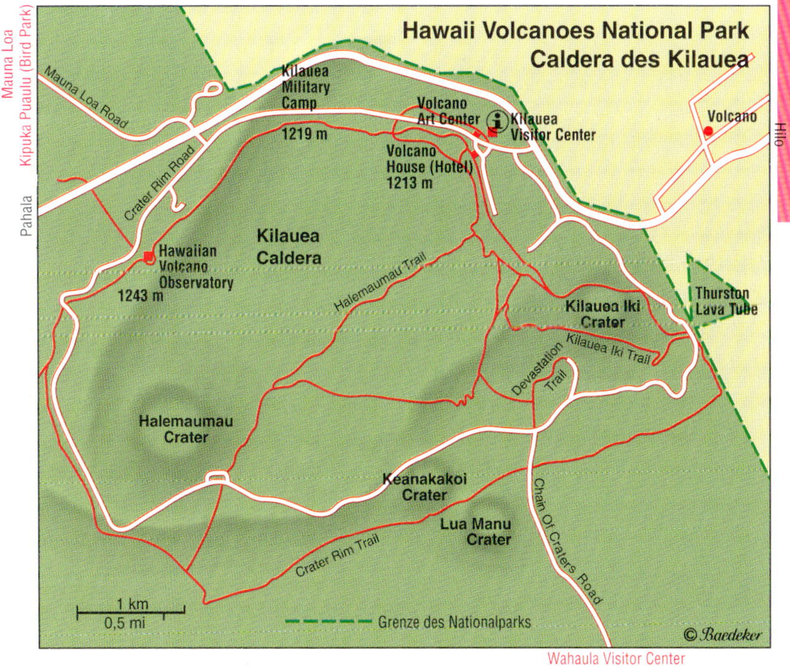

Crater Rim Road (Fortsetzung)

vermutet. Entlang des Weges finden sich mehrfach Pfade zu Aussichtspunkten, auf denen man einen guten Einblick in die von Vulkanen und von vulkanischen Erscheinungen übersäte Landschaft erhält.

Bird Park

Der Bird Park (Kipuka Puaulu) liegt etwas abgelegen und ist über die Mauna Loa Road, die von der Crater Rim Road kurz vor dem Vulkan-Observatorium abzweigt, zu erreichen. Dieses etwa 40 ha große Gelände, das inselförmig von jungen Lavamassen umschlossen ist, ist ein idealer Standort für verschiedene Arten endemischer Pflanzen und Bäume, darunter der Koa-, Kolea-, und Mamani- Baum; ebenso sind seltene hawaiische Vogelarten anzutreffen. Ein 1,5 km langer Fußweg führt durch offene Wiesen und Wälder und bietet ausreichend Gelegenheit, die einzigartige hawaiische Pflanzenwelt zu entdecken. Am Eingang erhält man eine Informationsbroschüre, die alles Beachtenswerte des Bird Parks erklärt.

Die Mauna Loa Road setzt sich auf einer Strecke von 16 km bis zu einem in 2000 m Höhe gelegenen Aussichtspunkt mit Parkplatz fort, von dem man bei klarem Wetter einen schönen Rundblick genießen kann.
Ein Pfad führt weiter bis zum Mokuaweoweo-Krater, dem Gipfelkrater des 4167 m hohen Mauna Loa. Der Weg ist an sich nicht beschwerlich, doch mit einer Länge von hin und zurück 30 km und einer Steigung von über 2000 m ist diese Tour eher als Zwei-Tages-Tour geeignet.

Devastation Trail

Im Südosten der Crater Rim Road führt ein rund 1,6 km langer, kürzlich geteerter Pfad über eine 3 m dicke, sehr junge Lavaschicht. Links und rechts blickt man in eine bizarre Landschaft, die durch einen Ausbruch des kleinen Kilauea Iki-Kraters im Jahre 1959 entstanden ist. Von dem einst dichten Wald blieben nur verkohlte Stümpfe übrig. Doch schon bald nach der Eruption fingen die ersten Blumen und Ohia-Bäume wieder an zu sprießen. Am Ende des Devastation Trails hat man eine gute Aussicht in den Kilauea Iki-Krater (iki ist das hawaiische Wort für “klein”).

Blick in den Kilauea Iki-Krater

Hawaii Volcanoes National Park (Fortsetzung)
Thurston Lava Tube

Ebenfalls vom östlichen Teil der Crater Rim Road zweigt ein Weg in die von der Straße her nicht sichtbare Thurston Lava Tube ab. Zunächst kommt man durch einen Wald mit riesigen Farnkräutern und Bäumen, dann betritt man den etwa 150 m langen, bis zu 6 m hohen Lavatunnel, der sich durch das unterschiedlich schnelle Abkühlen der Lavamassen bildete. Das Äußere des raschen Lavastroms kühlte ab, während das Magma im Inneren weiter hindurchströmen konnte. Es bildete sich eine tunnelartige Hohlform. Der Weg durch den Tunnel ist beleuchtet.

Halemaumau Crater

Unweit der Crater Rim Road im Südwesten gelangt man zu dem besonders aktiven Halemaumau-Krater, einer riesigen Feuergrube mit einem Durchmesser von 800 m, dem legendären Sitz der hawaiischen Feuergöttin Pele. Bis zum Jahr 1924 war er mit einem brodelnden Lava-See gefüllt, bis dieser dann mit gewaltigem Getöse unter den Kraterboden absank und die Lava abfloß. In den sechziger Jahren füllte sich die Grube nochmals, sank aber dann rasch wieder ab. Der Halemaumau wird zwar ständig wissenschaftlich beobachtet und erforscht, doch lassen sich kaum Vorhersagen über sein zukünftiges Verhalten machen.

Was die riesigen Mengen Lava angeht, die von den Kratern Hawaiis ausgeworfen werden, so muß man den Angaben der Wissenschaftler vertrauen. Als 1950 der Mauna Loa 23 Tage lang aktiv war, hat er allein 600 Mio. m^3 Magma ausgespien. Im Laufe eines Jahrhunderts hat er 4 Mrd. m^3 Magma an die Oberfläche befördert. Hinzu kommen noch emporgeschleuderte Gesteinsmassen, die bei dem Ausbruch des Halemaumau im Jahre 1924 nach Berechnungen der Seismologen 14 Tonnen betrugen.

Jagger-Museum

Näheres über die jüngeren Vulkanausbrüche erfährt man im Jagger-Museum, das sich neben dem Vulkan-Observatorium unweit der Crater Rim Road befindet. Neben einer gründlichen Einführung in die Vulkanologie bemühen sich die Wissenschaftler vor allem, den Zusammenhang zwischen den hawaiischen Legenden und den wahren Naturereignissen zu ergründen.

Die Filme und Dia-Schauen, die hier über die diversen Eruptionen gezeigt werden, vermitteln dem Besucher einen anschaulichen Eindruck von den Naturgewalten, die hier mit unbeschreiblichen Energien zu Tage treten.

Volcano Art Center

Ebenfalls empfehlenswert ist ein Besuch des Volcano Art Center in der Nähe des Eingangs zum Nationalpark. Es ist in dem aus dem Jahr 1877 stammenden ehemaligen Volcano-Hotel untergebracht, das auf der gegenüberliegenden Seite der Crater Rim Road ein neues Gebäude bezogen hat.

Hinweis

Lavaströme haben in den letzten Jahren mehrere nahe der Küste gelegene Straßen unpassierbar gemacht, darunter die Straße Nr. 130 im Osten von Wahaula. Die Wiederinstandsetzung wird einige Zeit in Anspruch nehmen. Man achte auf die Warnschilder, wenn man sich einer Sperrzone nähert.

*Hilo

L 6

Allgemeines

Hilo liegt an der Ostküste der Insel Hawaii, in die Hilo Bay eingebettet, einer sichelförmigen Bucht, wie es der Name 'Mondsichelbucht' beschreibt.
Als älteste Siedlung der Insel Hawaii wurde Hilo im selben Jahr gegründet, in dem Captain Cook die Hawaii-Inseln erreichte (1778).
Heute ist Hilo mit 43500 Einwohnern die zweitgrößte Stadt des Staates Hawaii. Allein ein Drittel der Bevölkerung von Big Island lebt hier. Hilo ist Inselhauptstadt, Countysitz und bedeutendes Wirtschaftszentrum von Big Island (Zuckerrohranbau und Blumenzucht), darüber hinaus eine wichtige Hafenstadt.

Zerstörung durch Tsunamis

Zwei verheerende Tsunamis in den Jahren 1946 und 1960 haben große Teile der Stadt zerstört. Die meisten Regierungsgebäude, die sich in Küstennähe befanden, wurden in sichereren Stadtteilen neu errichtet. Stattdessen entstanden als Küstenschutz entlang der Küste diverse Grünanlagen mit Promenaden und Freizeiteinrichtungen.

Touristische Bedeutung

Der Regenreichtum in der Region von Hilo macht die Stadt nicht gerade zu einem bei Touristen besonders beliebten Ort, doch bietet die noch gut erhaltene Altstadt mit Gebäuden, die bis ins Jahr 1870 zurückgehen, reizvolle Möglichkeiten für einen Stadtspaziergang. Dank der hohen Niederschläge ist in den Gärten von Hilo und Umgebung eine einzigartige Blumenpracht, vor allem Orchideen und Anthurien, zu bewundern.
Hilo ist außerdem ein geeigneter Ausgangspunkt, um die diversen Sehenswürdigkeiten in der näheren Umgebung zu erkunden. Dazu gehört besonders der knapp 50 km entfernte → Hawaii Volcanoes National Park, verschiedene Wasserfälle und tropische Regenwälder.
Als Badeort ist Hilo nicht besonders zu empfehlen. Die wenigen vorhandenen Strände sind meist künstlich geschaffene Badestellen (beach parks) und nicht mit den natürlichen Sandstränden an anderen Stellen der Insel zu vergleichen.

Sehenswürdigkeiten in Hilo und Umgebung

Banyan Drive

Der Banyan Drive erstreckt sich entlang der Hilo Bay und der Waikoloa-Halbinsel. Diese breite Küstenpromenade ist dicht mit weit ausladenden Banyan-Bäumen bepflanzt, die sich wie ein Blätterdach über die Straße wölben. Hier liegen die meisten Hotels von Hilo, und falls man nicht ohnehin in einem der dortigen Hotels untergebracht ist, lohnt sich ein Spaziergang entlang dieser einzigartigen Straße.
Der Banyan Drive grenzt an einen schönen Golfplatz, den Banyan Golf Course, an den sich wiederum auf der anderen Straßenseite der ⟶ Liliuokalani Garden anschließt.

Coconut Island

Dieses Inselchen ist über eine Fußgängerbrücke beim Hilo Hawaiian Hotel zu erreichen. Bei klarem Wetter hat man von dort aus einen besonders

Coconut Island

Coconut Island (Fortsetzung)

schönen Ausblick auf den Pazifik, oder – wenn das Wetter mitspielt – auf den schneebedeckten Gipfel des Mauna Kea.

*Hawaii Tropical Botanical Gardens

Lage
An Straße 19, 12 km nordwestlich vom Banyan Drive (Tel. 964-5233)

In den Hawaii Tropical Botanical Gardens erwarten die Besucher über 1800 verschiedene einheimische Pflanzenarten, viele Blumen, darunter Orchideen (Hilo ist das Zentrum der Orchideenzucht von Hawaii), Sträucher, Palmen und Bäume. Ein schönes Erlebnis ist bereits die Fahrt auf dem 4-Mile Scenic Drive, der 6 km hinter Papaikou von der Straße Nr. 19 abzweigt (und anschließend wieder einmündet).

Akaka Falls

Ebenfalls von der Straße Nr. 19 zweigt rund 16 km nördlich von Hilo in Honomu die Straße Nr. 220 ab, die zu den Akaka Falls führt. Am Parkplatz beginnt ein kurzer schöner Spazierweg durch dichte Vegetation zunächst zu den Akaka Falls und weiter zu den Kahuna Falls.

Kalakaua Park

Dieser kleine Park liegt mitten in der Altstadt von Hilo, zwischen Waianuenue Avenue und Kalakaua Street, Kinoole und Keawe Street.
Er ist nach dem hawaiischen König David Kalakaua benannt, der häufig nach Hilo kam; mehrere der im Park befindlichen Bäume sollen während seiner Regierungszeit gepflanzt worden sein. In der Mitte des Parks ist König Kalakaua in einer Bronzestatue verewigt.
Dieser Park ist zugleich ein günstiger Ausgangspunkt für einen Bummel durch die Altstadt Hilos. Unmittelbar gegenüber dem Nordende des Parks befindet sich das Federal Building, nur einen Steinwurf entfernt an der

Die mächtigen Banyan-Bäume entlang des Banyan Drive

Kalakaua Park (Fortsetzung)

Kalakaua Street ist die alte Polizeiwache, jetzt Sitz des East Hawaii Cultural Center. Die alten Häuser, die sich rundum den Park befinden und in denen jetzt Geschäfte und Restaurants etabliert sind, üben einen ganz besonderen Reiz aus.

Liliuokalani Gardens

Am Ende des Banyan Drive befindet sich dieser im Stil japanischer Gärten gestaltete Park, der den Namen der letzten Monarchin von Hawaii trägt.
In der Mitte steht ein japanisches Teehaus, in dem regelmäßig Teezeremonien stattfinden. Pagoden und Steinlaternen entlang der Wege und zierliche, halbmondartige Brücken, die über kleine Teiche führen, geben diesem Park ein fernöstliches Flair.

*Lyman House Memorial Museum

Lage
276 Haili Street, Ecke Kapiolani Street
(Tel. 935-5021)

Dieses restaurierte Haus stammt aus dem Jahre 1839 und gilt als ältestes noch bestehendes Holzhaus der Insel. Es wurde von der Missionarsfamilie David und Sarah Lyman gebaut und bewohnt. Bis in die zwanziger Jahre dieses Jahrhunderts befand es sich noch im Besitz der Gründerfamilie und wurde 1932 als Museum eröffnet, in dem man das Leben der ersten Missionare auf Hawaii nachempfinden kann.
Das Mobiliar stammt aus der damaligen Zeit, zumeist aus Ohia-Holz gefertigt, Fußböden und Türen aus Koa-Holz. Einer der Räume wurde ursprünglich als Schulzimmer benutzt; die Zimmer des oberen Stockwerks dienten als Schlafzimmer für die acht Kinder der Lymans.

Neben diesem Holzhaus wurde ein modernes, zweistöckiges Gebäude als Erweiterung des Museums errichtet; im Erdgeschoß befindet sich die

Lyman House Memorial Museum (Fortsetzung)

Island Heritage Gallery, im oberen Stockwerk die Earth Heritage Gallery. In beiden wird die Geschichte der Hawaii-Inseln und ihrer Bewohner anhand von Artefakten, Bildern und Fotos dargestellt. Hier sind u. a. zu sehen: eine hawaiische Grashütte, von den Hawaiianern benutztes Handwerkszeug, Steinlampen, Mörser, 'lomi-lomi'-Stäbe, die zur Massage verwandt wurden, und vieles andere mehr. In der Earth Heritage Gallery befindet sich eine große Mineraliensammlung, ferner Muscheln, Holzversteinerungen und eine Abteilung über die endemische Tier- und Pflanzenwelt der hawaiischen Inseln. Für wissenschaftliche Zwecke steht eine aus 26000 Büchern und Fotos bestehende Bibliothek zur Verfügung.

Mauna Loa Macadamia Nut Co.

Lage
An Straße 11 südlich etwa 9 km, dann auf Wegweiser achten (Tel. 966-8612)

Die Insel Hawaii, und hier wieder das regenreiche, mit tropischer Sonne und Lavaboden gesegnete Hilo, ist eines der Zentren für den Anbau der Macadamia-Nüsse, die ursprünglich aus Australien stammen und erst vor etwa 120 Jahren nach Hawaii eingeführt wurden.
Mit der kommerziellen Anpflanzung der Bäume begann die Firma Mauna Loa erst 1948, und die erste Ernte wurde acht Jahre später eingebracht – der Zeitraum, den die Bäume brauchen, bis sie die ersten Nüsse tragen. Mit 800000 Bäumen ist die Mauna Loa Macadamia Nut Mill heute der Welt größter Produzent dieser besonders wohlschmeckenden, aber auch sehr fetthaltigen Nüsse. Im Visitor Center hat man hier Gelegenheit, die Herstellung von Macadamia-Konfekt, Kuchen, Keksen und anderen Produkten zu beobachten, die man in den Geschäften der Insel wiederfinden kann.

Naha Stone

Vor der Stadtbücherei von Hilo in der Waianuenue Avenue, zwischen Ululani und Kapiolani Street, nur ein paar Schritte vom Lyman House Memorial Museum entfernt, stehen zwei große Steine: der größere, Naha-Stein genannt, ist ein 3200 kg schwerer Monolith aus Kauai, der kleinere soll aus einem Heiau stammen. Um den Naha Stone rankt sich eine Legende, wonach nur derjenige erster König von Hawaii werden kann, der diesen Steinriesen mit eigenen Händen auf die Spitze stellen kann. König Kamehameha I. gelang angeblich mit göttlicher Hilfe diese Aufgabe.

Nani Mau Gardens

Lage
421 Makalika Street
Straße 11
Nach 5 km in die Makalika Street (Tel. 959-3541)

Dieser etwas außerhalb von Hilo im üppigen Panaewa-Regenwald gelegene Park hat wohl die vielfältigste Orchideensammlung der Insel Hawaii. Hier kann man alles über Orchideenzucht und die häufig verbreiteten Anthurien erfahren. Einer der seltenen hawaiischen Kräutergärten, ein Wasserlilienteich und ein japanischen Gartenpavillon können ebenfalls bewundert werden.

Rainbow Falls

Dieser im Westen der Stadt im Wailuku River State Park gelegene Wasserfall ist über die Waianuenue Avenue in wenigen Minuten zu erreichen.
Der etwa 30 m hohe Wasserfall ist von mehreren Aussichtspunkten einsehbar. Besonders schön ist sein Anblick, wenn sich in seinem Wasser die Sonnenstrahlen brechen und die Farben des Regenbogens sichtbar werden, ganz seinem Namen entsprechend.
Etwa 3 km weiter entlang der Waianuenue Avenue kommt man zu einem weiteren Wasserfall, dem Pee Pee-Wasserfall.
Noch etwas weiter das Flußtal aufwärts gelangt man zu den Boiling Pots, kleine kreisrunde Teiche (Baden verboten wegen Strömungsgefahr).

Suisan-Fischmarkt

Lage
Ecke Banyan Drive
Lihiwai Street

Vom Banyan Drive nur wenige Minuten entfernt, kann man hier täglich ab 7.30 Uhr einer äußerst lebhaften Fischauktion beiwohnen, meistens ein Handelsgeschäft zwischen den Großhändlern und den Fischern, die Mahimahi, Okakapa, Thunfisch und Meeresfrüchte anbieten. Den Worten zu folgen ist nicht gerade leicht, denn hier verhandelt man auf Englisch, Japanisch und Hawaiisch, manchmal in allen drei Sprachen zugleich, so daß man den Eindruck gewinnt, als handle es sich um Pidgin-Englisch, jene ursprünglich in China entstandene Hilfssprache für die Völker im Pazifischen Raum ('pidgin' rührt übrigens daher, daß die Chinesen so das Wort 'business' aussprechen).

Tsunami Memorial

Unweit des Parkplatzes des Wailoa Information Center, der über die Kamehameha Avenue und Pauahi Street zu erreichen ist, steht ein Mahnmal für die zahlreichen Opfer der Springfluten (Tsunamis), die zuletzt 1946 und 1960 Hilo heimsuchen. Es ist ein Vulkanstein, der eine gewellte Rundmauer bildet und sich wie zu einer Welle erhebt – eine abstrakte, symbolische Gestaltung der Flutwelle.

*Kailua-Kona K 6

Allgemeines

Die Ortschaft Kailua-Kona setzt sich aus einer beinahe zusammengewachsenen Kette von Ortschaften entlang der Westküste Hawaiis zusammen. Das Wort Kona bedeutet 'windabgewandt'; aus diesem Grunde haben auf mehreren Hawaii-Inseln Ortschaften, die auf der Leeseite gelegen sind, diesen Namen (auf Kauai, Molokai, Oahu und Niihau). Um Verwechslungen vorzubeugen, ist man übereingekommen, auf der Insel Hawaii einen Doppelnamen, Kailua-Kona zu benutzen.
Kailua-Kona zählt zu den ältesten Orten von Hawaii und ist eng mit der Geschichte von Big Island verbunden. Auf historisch bedeutsamem Boden hat man hier gleichzeitig alle touristischen Bequemlichkeiten.

Anreise

Früher war die einzige Möglichkeit der Anreise nach Kailua-Kona über den Flughafen Hilo, der meistfrequentierte Flughafen der Insel, der allerdings von Kailua-Kona 156 km entfernt ist.
Obwohl die Zahl der Flüge von und zu den übrigen Hawaii-Inseln niedriger ist, hat man jetzt auch die Möglichkeit, den 12 km von Kailua-Kona entfernten Flughafen Keahole direkt vom amerikanischen Festland anzufliegen.
Beabsichtigt man allerdings die Erkundung von Big Island insgesamt, so ist es ratsam, seinen Aufenthalt sowohl auf die Ostküste (Hilo) als auch auf die Westküste (Kailua-Kona) zu verteilen.

Touristische Bedeutung

South Kona, Kona, Kailua und North Kona zählen zu den meistbesuchten Gegenden der Hawaii-Inseln. Dies ist nicht zuletzt auf das beständige Wetter zurückzuführen; da Kailua-Kona im Regenschatten der hohen Berge (Mauna Loa und Mauna Kea) liegt, soll hier an 344 Tagen im Jahr die Sonne scheinen, weshalb dieses Gebiet auch die 'Goldene Küste' von Hawaii genannt wird.
An der Kona-Küste findet man alles: hier gibt es Luxus- und einfache Hotels, interessante Läden und Geschäfte und eine Reihe von Sehenswürdigkeiten, die eng mit der Geschichte der Insel verknüpft sind. Das ganze Jahr über kann man in ein Blumenmeer aus Bougainvilleas, Jasmin und Plumerias eintauchen, und wer sich gerne am Strand erholen will, hat reichlich Auswahl.
Man kann ohne weiteres mit einigen Spaziergängen Kailua-Kona für sich erschließen – wenn man sich nicht nur am Strand aufhalten will.

Sehenswürdigkeiten in Kailua-Kona (Stadtplan S. 94)

*Ahuena Heiau

Dieser unmittelbar hinter dem Hotel Kamehameha befindliche Tempel ist vollständig restauriert und vielleicht das beste Beispiel für eine hawaiische Opferstätte. Der Ahuena Heiau, in dem auch Menschenopfer dargebracht wurden, wurde von Kamehameha I. an dem Kamakahonu Strand errichtet und dem Gott Lono geweiht.
Kamehameha I. hat die letzten Jahre seines Lebens hier verbracht und dürfte auch, nicht allzuweit entfernt von seinem Geburtsort ⟶ Kapaau, gestorben sein. Seine Gebeine wurden, dem hawaiischen Brauch zufolge, auf einer Stein-Plattform des Heiau vom Fleisch des Leichnams abgelöst und dann nördlich des Ortes, vermutlich am Wawahiwa Point, an einem geheimen Platz versteckt.
Hier wuchs sein Sohn und Nachfolger Kamehameha II. auf, und von hier ging die Abschaffung der Tabus und die Zerstörung der heidnischen Idole und Tempel zu Regierungszeiten von Kamehameha II. aus (⟶ Zahlen und Fakten, Auflösung der hawaiischen Religion). Die weiteren Maßnahmen zur Beendigung der alten Religion wurden dann von ⟶ Lahaina, dem Regierungssitz, aus durchgeführt. Die Restaurierung des Ahuena Heiau wurde vom ⟶ Bishop Museum in Honolulu überwacht, aber nur etwa ein Drittel des ursprünglichen Tempels wurde wiederhergestellt (Eintritt frei).

Alii Drive

An dieser belebten Geschäftsstraße und Uferpromenade von Kailua-Kona entlang der Kailua Bay reihen sich Hotels, Geschäfte, Boutiquen, Restaurants, Cafés und historische Monumente aneinander. Hier kann man sei-

Ahuena Heiau

Hulihee Palace

nen Ausgangspunkt für einen Stadtspaziergang wählen und gleich in dieses bunte Treiben des Ortes eintauchen.

Alii Drive
(Fortsetzung)

Hulihee Palace

Lage
Alii Drive
(Tel. 329-1877)

Dieses Gebäude wurde 1838 von Kuakini, dem Gouverneur der Insel und Bruder der verstorbenen Königin von Hawaii, auf dem Gelände erbaut, auf dem die erste Behausung von Kamehameha I. stand. Prinzessin Ruth, Halbschwester der Könige Kamehameha IV. und V., damals die reichste Frau des Inselreiches und mit einem Gewicht von fast drei Zentnern auch die schwerste, hat eine Zeitlang hier gewohnt. König Kalakaua ließ es in einen Sommerpalast für das hawaiische Königshaus umbauen. Prinz Kuhio, dem er es vererbte, ließ aus unbekanntem Grunde die gesamte Innenausstattung des Palasts versteigern. Ein großer Teil des Mobiliars konnte aber von der Organisation 'Daughters of Hawaii' erworben werden, so daß die Bestände als authentisch angesehen werden können. In dem heutigen Museum ist u. a. auch eine Bildergalerie der hawaiischen Könige und eine Sammlung von Speeren zu sehen, die Kamehameha I. gehört haben sollen. (Absolutes Fotografierverbot im Inneren des Museums.)

Kailua Pier

Der Kailua Pier liegt gegenüber dem Ahuena Heiau am nordwestlichen Ortsende von Kailua-Kona. Hier ist das Zentrum der Vergnügungs-Schifffahrt und Ausgangspunkt für Hochseeangeln und kommerziellen Fischfang, der um Kona besonders ergiebig ist.
Man kann die zum Schnorcheln notwendige Ausrüstung mieten, ebenso wie Unterwasser-Kameras. Fast den ganzen Tag herrscht hier reger Bootsverkehr (⟶ Praktische Informationen, Inseltouren, Sport).

Stadtplan

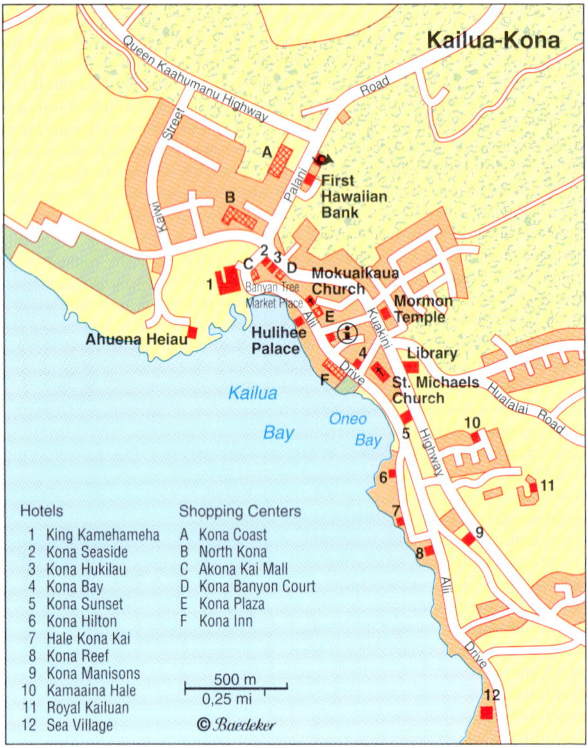

Keauhou Bay

Die am Ende des Alii Drive gelegene Bucht ist durch eine Reihe historischer Stätten und die Überreste mehrerer Heiaus gekennzeichnet (eine Karte, in der die meisten Sehenswürdigkeiten markiert sind, ist im Keauhou Bay Hotel erhältlich). Hier befindet sich auch das besonders schön angelegte Kona Surf Hotel mit seiner sehenswerten Gartenanlage, in der nahezu 30000 Pflanzen, Blumen, Früchte, Sträucher und Bäume aus den verschiedenen Südsee-Inseln wachsen. Nicht weit von hier wird auch, allerdings nur an Samstagen von 7.30 bis 14.30, der Kona-Flohmarkt abgehalten.

Mokuaikaua-Kirche

Lage
Alii Drive
(Tel. 329-1589)

Gegenüber dem → Hulihee-Palast steht die älteste Kirche der hawaiischen Inseln aus dem Jahre 1837. Der 33 m hohe Kirchturm ist das höchste Bauwerk und gleichzeitig Wahrzeichen des Ortes.
Das Gelände, auf dem die 36 m lange und 14 m breite Mokuaikaua-Kirche steht, wurde den ersten in Hawaii angekommenen Missionaren im Jahre 1820 von König Kamehameha II. geschenkt. Ein Modell des Dreimasters 'Thaddeus' aus Boston, auf dem die Missionare nach mehrmonatiger Fahrt in Hawaii ankamen, ist im Inneren der Kirche ausgestellt.

Die Kirche, von ihrem ersten Geistlichen Asa Thurston entworfen, hat Mauern aus Lavagestein, das mit zerstoßenen und gestrockneten Korallen verputzt und mit Hilfe des einheimischen Kukui-Nußöls verbunden wurde. Die Ecksteine stammen vermutlich aus einem Heiau. Für das Kircheninnere wurden einheimische Hölzer des Ohia-Baumes (Pfosten und Balken) und des Koa-Baumes (Kanzel, Kirchengestühl) verwandt.
Gottesdienste: sonntags (10.30 Uhr) und mittwochs (19.00 Uhr).

Kailua-Kona, Mokuaikaua-Kirche (Fortsetzung)

Kamuela

→ Waimea

Kapaau

K 5

Kapaau ist als Geburtsort von Kamehameha I. und damit als Wiege des hawaiischen Königreichs bekannt. Heute steht in diesem verschlafenen Ort nahe der Nordspitze von Big Island mit nur etwa 600 Einwohnern, an der Straße Nr. 270 gelegen, als einzige Sehenswürdigkeit die Originalstatue von König Kamehameha I. Sie war eigentlich für Honolulu bestimmt (→ Honolulu, Aliiolani Hale), doch ging sie auf dem Transport verloren. Es ist jedenfalls lohnenswert, die Originalstatue anzusehen, denn sie ist im Vergleich zu der in Honolulu aufgestellten Kopie lebensgetreuer und weniger verfremdet. Alljährlich wird die Statue am Vorabend des Kamehameha-Tages (11. Juni) frisch gestrichen, da sie sehr unter Wind und Wetter zu leiden hat.

Originalstatue von Kamehameha I.

Auf der Fahrt nach Kapaau (Straße Nr. 270 oder 250) gelangt man in den Ort Hawi, einst dank der Zuckerproduktion eine blühende Stadt. Heute ist Hawi ein Beispiel für die Auswirkungen des Niedergangs der Zuckerwirtschaft in dieser Region. Der Ort ist zu relativer Bedeutungslosigkeit abgesunken. Die verlassenen Anlagen der Kohala Sugar Company sind heute noch Zeugen dieser Zeit.

Hawi

Kurz hinter Kapaau endet die Straße am Pololu-Aussichtspunkt, der den Blick in das von steilen Hängen umgebene Pololu Valley freigibt.

Pololu Lookout

Lapakahi State Historical Park

K 5

Auf dem Wege nach Kapaau entlang der Küste gelangt man zum Lapakahi State Historical Park. Zu dieser größten Ausgrabungsstätte Hawaiis führt ein kleiner Feldweg Richtung Meer, der von der Straße Nr. 270 abzweigt. Hier kann man auf Entdeckungsreise gehen und in den Resten eines hawaiischen Fischerdorfes Spuren des dörflichen Alltagslebens vor 600 Jahren verfolgen.

Lava Tree State Park

M 7

Inmitten eines von Vulkanausbrüchen stark verwüsteten Gebiets, etwa in der Mitte zwischen dem Kilauea-Krater und dem Meer, ca. 3 Meilen östlich von Pahoa, befindet sich eine der seltsamsten Naturerscheinungen von Hawaii: die sogenannten Lava trees.
Der Lava Tree State Park entstand im Jahre 1790, als ein rasch fließender Lavastrom ein mit Ohia-Bäumen bepflanztes Waldstück erreichte. Die Bäume verbrannten, um die verkohlten Stümpfe herum blieben bis zu 4 m

Lave Tree State Park (Fortsetzung)

hohe Lavaaushärtungen stehen. Fast gleichzeitig entstanden durch mehrere Erdstöße Spalten im Untergrund, durch die die noch flüssige Lava rasch abfließen konnte. Heute ist die Landschaft mit ihren hohen, schattenspendenden Bäumen zugewachsen und der Gegensatz zu den Zeugen des einstigen Lavaausbruchs macht die Landschaft und einen Besuch des State Parks sehr reizvoll.

*Mauna Kea

K/L 6

Berg der Superlative

Der Mauna Kea ('Weißer Berg') ist mit 4205 m nicht nur der höchste Berg der Hawaii-Inseln, sondern des gesamten Pazifik-Raumes. Mißt man seine Höhe vom Meeresboden aus, wird er mit 5500 zusätzlichen Höhenmetern unter Wasser zum gewaltigsten Bergmassiv der Welt. Im Gegensatz zum Mauna Loa, der als ein Teil des → Hawaii Volcanoes National Park verwaltet wird, untersteht der Mauna Kea direkt dem Staat Hawaii. Der Mauna Kea hat in der Gipfelregion ewigen Schnee und ist von Dezember bis Mai ein beliebtes Skigebiet – was wohl kaum ein Besucher von Hawaii vermuten würde.

Saddle Road

Mit einem geländegängigen Wagen kann man über die Saddle Road (Straße Nr. 200, teilweise ungeteert, schmal, kein Wasser auf der Strecke, keine Unterkünfte, möglicherweise Regen, Wind, Hagel), bis zum Gipfel gelangen, aber diese Fahrt setzt einen geübten Fahrer voraus. Die Saddle Road beginnt in Hilo und führt über das Plateau zwischen Mauna Kea und Mauna Loa nach → Waimea und von dort über die Straße Nr. 190 nach Kona – entfernungsmäßig die kürzeste Strecke, die aber infolge der schlechten Straßenverhältnisse mehr Zeit beansprucht als die Fahrt entlang der Küste auf der Straße Nr. 19.

Gipfelaufstieg

Der Aufstieg beginnt etwa 42 km von Hilo entfernt beim ausgeschilderten Abzweig von der Saddle Road. Nach 6 km erreicht man Hale Pohaku, ein Lager, in dem einige der Beschäftigten des Observatoriums auf dem Mauna Kea wohnen. Etwas weiter bei dem Kilohana-Aussichtspunkt gabelt sich der Weg: man kann entweder einen 9,6 km langen Wanderweg wählen oder auf der Straße bleiben, die zum Observatorium führt.
Rasch gelangt man über die Baumgrenze in vegetationslose Regionen, die nur noch mit verwittertem roten Lavaboden bedeckt sind. Fantastische Ausblicke – vorausgesetzt, man befindet sich nicht in den Wolken – belohnen den, der die Mühen des Aufstiegs auf sich nimmt. Man passiert auf dieser Strecke auch den 3700 m hoch gelegenen Waiau (Wasserstrudel), den dritthöchsten See in den Vereinigten Staaten.
Den Gipfel bedeckt die meiste Zeit des Jahres eine Schneedecke, die einen dazu verleiten kann, auch einmal in den Tropen Ski zu fahren.
Der Aufstieg ist wegen der ungewohnten Höhe und der dünnen Luft sehr anstrengend und langwierig; man sollte seine Kräfte nicht überschätzen.

Observatorium

Das Observatorium (10-m-Mosaikspiegelteleskop 'Keck I'), das sich in Gipfelnähe befindet, gilt infolge seiner Lage als eine der besten Sternwarten und Beobachtungsposten der Welt. Es wird von der NASA und der Universität von Hawaii als Forschungsstätte unterhalten. An bestimmten Wochenenden im Mai kann das Observatorium besichtigt werden; dazu muß man sich in Hilo (Tel. 935-3371) anmelden. Es gibt auch die Möglichkeit, eine Tour auf den Mauna Kea mit einem geländegängigen Fahrzeug mit Abholung in Kailua-Kona zu unternehmen (Tel. 775-7121).

Mauna Loa

→ Hawaii Volcanoes National Park

Naalehu

K 7

Südlichster Ort der USA

Naalehu ist die am weitesten südlich gelegene Gemeinde der Vereinigten Staaten von Amerika, mit ihren fast 1200 Einwohnern ein sauberer, fast ganz von Italienern und Filipinos bewohnter Ort, der ganz und gar kein südländisches Gepräge aufweist.

Waiohinu

Zu Naalehu, das an der Südroute zwischen Hilo und Kona (Straße Nr. 11) liegt, gehört auch der Ortsteil Waiohinu mit riesigen Bäumen, mehreren Kirchen (darunter die sehenswerte Kauaha'ao Church) und dem einzigen Hotel der ganzen Gegend, dem Shirakawa Hotel – ganz in der Nähe eines Baumes, den Mark Twain pflanzte, als er sich vor fast 125 Jahren in Hawaii aufhielt.

Ka Lae

Unweit des Ortes zweigt ein ungepflasterter Weg nach dem etwa 16 km entfernten Ka Lae ab, dem südlichsten Punkt nicht nur der Hawaii-Inseln, sondern der USA insgesamt. Ka Lae liegt 800 km südlich des Breitengrades von Miami und fast 1600 km südlich von Los Angeles.
Ka Lae ist nicht bewohnt, doch wird von Wissenschaftlern angenommen, daß die ersten Polynesier, die von Tahiti und anderen Südseeinseln nach Hawaii kamen, zuerst hier landeten.

Painted Church · St. Benedict's Church

K 7

Diese kleine katholische Holzkirche, unweit des → Puuhonua O Honaunau National Historic Park gelegen, ist den kurzen Abstecher von der Straße Nr. 160 wert, weil sie, abgesehen von ihrer schönen Lage, eine originelle Bemalung im Innenraum vorweist. Der belgische Geistliche Jean Berch-

Innenbemalung der St. Benedict's Church

Painted Church (Fortsetzung)

man Velghe, der sie um die Jahrhundertwende erbaut hat, benutzte zur Bemalung der Wände gewöhnliche Tünche. Seine Darstellungen verschiedener biblischer Szenen und hawaiischer Motive verraten erstaunliches Talent. Hinter dem Altar schuf er nach dem Vorbild der Kathedrale im spanischen Burgos eine perspektivische Darstellung. Zu den hawaiischen Motiven gehören die mit Blumen und Palmen bemalten Kirchensäulen. Velghe, der nur fünf Jahre lang (1899–1904) diese Kirche betreute, hat auch andere Innenräume von Kirchen in der Südsee ausgemalt.

*Parker Ranch K 5

Größte Ranch der USA

Einen für Hawaii ungewohnten Eindruck erwecken die riesigen Ländereien der Parker Ranch, die sich von der Nordwest-Küste Hawaiis bis in die Berge der Kohala-Bergkette erstrecken. Mit 920 km^2 nimmt die Parker Ranch in ⟶ Waimea, an der Straße Nr. 19 gelegen, etwa 9% der Inselfläche ein. Aus kleinen Anfängen im Jahre 1847 hat sie sich zur heute größten privaten Viehfarm der USA entwickelt. Sie wird jetzt bereits in der sechsten Generation der Gründerfamilie betrieben.
Seit den sechziger Jahren wurden besonders in Küstennähe Ländereien, die für die Viehzucht wenig ertragreich waren, verkauft und touristisch erschlossen. Eine beträchtliche Anzahl Hotels, darunter auch Luxushotels (z. B. Mauna Kea Beach Hotel, Sheraton Royal Waikoloa und Mauna Lani Bay Hotel) und Appartementhäuser sind hier entstanden.

Anfänge der Viehwirtschaft

Gegen Ende des 18. Jh.s wurden die ersten Rinder von dem britischen Seefahrer George Vancouver als Geschenk an König Kamehameha I. nach Hawaii gebracht. Sie wurden in freier Wildbahn gehalten, verwilderten rasch und nahmen schnell an Stückzahl zu. Der König beauftragte nun seinen Freund John Parker – 1809 aus Massachusetts nach Hawaii gekom-

Viehweiden der Parker Ranch

men und mit einer zur Führungsschicht gehörenden Hawaiianerin verheiratet –, das Vieh einzufangen und zu zähmen, wobei er die besten Exemplare für seine eigene Herde auswählte. Dies war der Anfang der Parker Viehzucht. Erst mit dem Landverteilungsgesetz von 1847 (die 'Große Mahele') erhielt Parker selbst ein kleines Stück Weideland am Nordostabhang des Mauna Kea. Seine Frau Kelii-kipikane-o-kolakala, eine Kusine einer der Frauen von Kamehameha I., war zusätzlich zu 2,5 km^2 Land berechtigt. Parker kaufte beträchtliche Ländereien dazu und legte damit den Grundstock seiner Ranch. Der jetzige Eigentümer des Landes und des Viehbestands (50000 Rinder, 1000 Pferde), Richard Smart, ist der Urururenkel des Gründers.

Parker Ranch, Anfänge der Viehwirtschaft (Fortsetzung)

Die hawaiischen Cowboys, die heute noch auf der Parker Ranch arbeiten, sind zum Teil direkte Nachfahren der um 1830 aus Mexiko geholten 'vaqueros', die Parker kommen ließ, um die wilden Rinder einzufangen. Da es im Hawaiischen keine Übersetzung gab, wurden sie 'paniolos' nach dem Wort 'espanõl' (Spanisch) genannt. Am Kamehameha-Tag (11. Juni) sowie am amerikanischen Unabhängigkeitstag (4. Juli) oder auch zu anderen Gelegenheiten finden hier Rodeos und andere Veranstaltungen statt.

Paniolos

Seit 1988 ist die gesamte Ranch auch für Besucher geöffnet, die an einem vierstündigen oder eineinhalbstündigen Rundgang teilnehmen können.
Auf der Tour werden u.a. der Familienfriedhof, die Puukalani-Stallungen (wo auf der großen Tour auch Lunch serviert wird), das von Smart rekonstruierte Haus von John Parker mit dem authentischen Mobiliar aus der zweiten Hälfte des 19. Jh.s und das elegante, moderne Haus, das Puuopelu, in dem Smarts beträchtliche Sammlung französischer und venezianischer Kunst, chinesischer Jade-Stücke und seltener Gläser untergebracht ist, besichtigt. Hier befinden sich ebenso rund 100 Kunstwerke, darunter Gemälde von Degas, Renoir, Pissarro, de Vlaminck und Dufy.

Besichtigung der Ranch

John Palmer Parker Museum

Viel über die Familiengeschichte erfährt man im John Palmer Parker Museum, in dem Familienbilder, alte Bibeln, historische Kleidungsstücke, alte Geräte und Waffen, eine Druckpresse und vieles andere ausgestellt sind. Ein Raum ist der Darstellung der Karriere von Duke Kahanamoku (⟶ Berühmte Persönlichkeiten), dem mehrfachen Olympiasieger im Schwimmen, gewidmet.
An das Museum schließt sich ein kleines Kino an, in dem eine viertelstündige Diavorführung über Geschichte und Gegenwart der Parker Ranch informiert.

Lage
Parker Ranch Shopping Center
Waimea
(Tel. 885-7655)

**Puuhonua o Honaunau National Historic Park K 7

Die heutige Tempelanlage wurde von der Nationalparkverwaltung restauriert und entspricht dem Zustand der Tempelstätte gegen Ende des 18. Jahrhunderts.
Die Zweiteilung der Anlage in einen durch eine 3 m hohe und 5 m breite Mauer geschützten Tempelbereich (Fluchtburg) und in das von außen zugängliche Gelände des Palastes ist heute noch zu erkennen. Die dicke Mauer zwischen dem ehemaligen Palast und der Zufluchtsstätte ist über die Jahrhunderte erhalten geblieben, wenn auch in den Jahren 1902 und 1963/64 Reparaturarbeiten vorgenommen wurden.
Die anhand von Zeichnungen rekonstruierten Tempelgötter aus Koa-Holz stehen heute an derselben Stelle wie ehemals.
Auf dem etwa 800 m^2 großen Gelände (für dessen Begehung man im Visitors Center kostenlos einen Plan erhält) sind ferner noch zu sehen: der Landeplatz der königlichen Kanus ('keone'ele'), die Steine, auf denen die

Lage
Honaunau
Straße 11
Abzweig bei Meilenstein 104 oder 103
(Tel. 328-2326)

Orientierungskarte

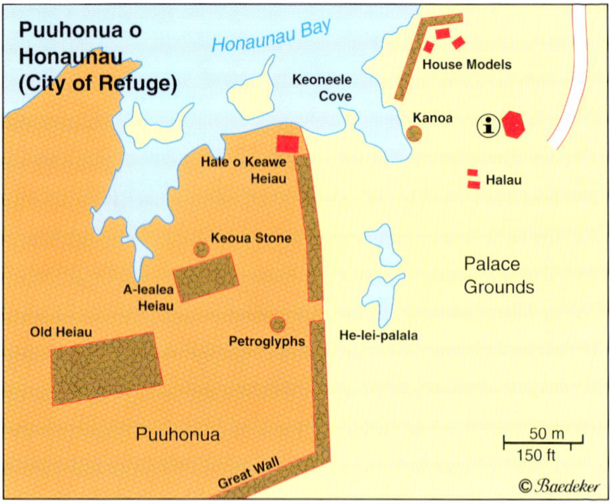

Lage (Fortsetzung)

Königsfamilien eine Art hawaiischer Mühle ('konane') spielten, der Kuuhumanu-Stein, hinter dem sich die Königin vor den Häschern Kamehamehas versteckte, aber entdeckt wurde, als ihr Hund zu bellen anfing, ein königlicher Fischteich ('he-lei-palalu'), den Keoua-Stein, angeblich der Lieblingsplatz des Kona-Königs Keoua, Begräbnishöhlen, Felszeichnungen (petroglyphs) und Modelle von Häusern der Priester und der Bewohner der Fluchtburg.

Auch wenn die gesamte Tempelstätte rekonstruiert ist, so wird hier doch die hawaiische Geschichte und das damalige gesellschaftliche Leben in anschaulicher und vielfältiger Art lebendig. Vielleicht kann man in Hawaii mit Ausnahme des → Bishop Museum in Honolulu nirgends soviel über die untergegangenen Traditionen des Inselreiches lernen wie hier.

'kapus' Lebensregeln

Das Zusammenleben in der althawaiischen Gesellschaft wurde durch die 'kapus' bestimmt. Dieses System von Verhaltensregeln und Verboten beherrschte viele Bereiche des täglichen Lebens und erstreckte sich auf Landbesitz, Eßgewohnheiten, Verhalten der Geschlechter, Rolle der Frau bis hin zum Geschlechtsleben. Über die Einhaltung der 'kapus' wachten die Angehörigen der Königsfamilien ('ali'i').
Da die 'kapus' nach hawaiischer Auffassung von den Göttern stammten, bedeutete jeder Verstoß eine Herausforderung der Götter und mußte mit dem Tod bestraft werden. Die einzige Rettung war die oft äußerst schwierige Flucht in eine Zufluchtsstätte bzw. Fluchtburg.

Schutz durch 'mana'

Auf der Insel Hawaii gab es sechs Zufluchtstätten, von denen Puuhonua o Honaunau (Zufluchtsstätte in Honaunau) die heiligste und bedeutendste war. Unmittelbar daneben befand sich das Ahnenhaus der Könige von Hawaii.
Um die Bedeutung dieser Stätten zu verstehen, muß man das Zusammenspiel der Religion mit der Rolle der hawaiischen Herrscher betrachten. Die Hawaiianer glaubten an die göttliche Ausstrahlung ('mana') ihrer Könige, die selbst nach deren Tode von ihren Gebeinen ausging. Die Orte, meist 'heiaus', an denen ihre Gebeine versteckt wurden, waren dadurch ebenso

Idole aus Koa-Holz am Strand des Puuhonua o Honaunau ▶

Puuhonua o Honaunau, Schutz durch 'mana' (Fortsetzung)

von dieser Heiligkeit erfüllt. Unter dem Schutz von 'mana' waren diese Tempel eine sichere Zufluchtsstätte für jene, die sich gegen die 'kapus' vergangen hatten. Nach einer von einem Priester ('kahuna') vorgenommenen Absolutionszeremonie konnte der "Verbrecher" ungestraft und sicher nach Hause zurückkehren.

Entstehung der Fluchtburg

Vermutlich geht der Bau von Puuhoonua o Honaunau auf das Jahr 1550 zurück. Die Zufluchtsstätte wurde dem damaligen zum Gott erhobenen Herrscher von Kona, Keawe-ku-i-ke-kaai, geweiht. Nach seinem Tode wurde hier für ihn ein Tempel (Hale-o-Keawe heiau) errichtet und seine Gebeine dort beigesetzt. Während der darauffolgenden 2½ Jahrhunderte wurden weitere 22 Herrscher Konas hier bestattet. Die Heiligkeit dieses Ortes nahm mit Anzahl der beigesetzten Herrscher zu, denn ihre Gebeine verbreiteten 'mana', die göttliche Ausstrahlung. Der letzte königlicher Abstammung, dessen Gebeine hier beigesetzt wurden, war ein im Jahre 1818 verstorbener Sohn von Kamehameha I.
Nach Auflösung der hawaiischen Religion und Abschaffung des Kapu-Systems wurde dieser heilige Ort als einer der letzten zerstört. Die Gebeine der hier bestatteten Könige wurden an geheimer Stelle versteckt.

*Puukohola Heiau K 5

Lage
Straße 19 von Waimea oder Kona, dann 270 (Tel. 882-7218)

Diese Tempelanlage ist der letzte größere 'heiau', der auf den hawaiischen Inseln entstand. Kamehameha I. ließ ihn in den Jahren 1790–1791 errichten, in einer Zeit, in der er noch kein geeintes Hawaii und Königreich geschaffen hatte. Puukohola Heiau entstand auf den Fundamenten eines mindestens zwei Jahrhunderte älteren Heiaus. Auf dem etwa 68×30 m großen Gelände befinden sich insgesamt die Überreste von drei Tempeln. Der Puukohola Heiau mit seiner riesigen Opfer-Plattform ist dabei besonders beeindruckend. In der Nähe befinden sich die Reste eines kleineren Tempels, des Mailekini Heiau; und ein dritter, der Haleokapuni Heiau, liegt heute etwa 30 m von der Küste entfernt unter Wasser.

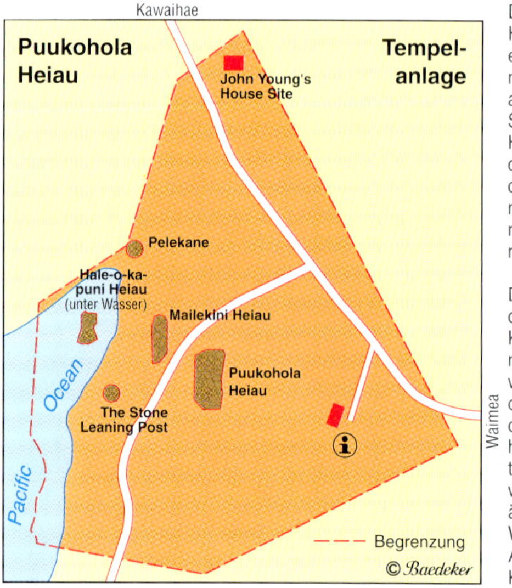

Das Grundstück, auf dem sich das Haus von John Young befand, ein enger Mitarbeiter von Kamehameha, grenzt direkt an die Tempelanlage an. Er kam als britischer Seemann im Jahre 1790 nach Hawaii und war 1802–1812 unter dem Namen Olohana Gouverneur der Insel Hawaii. Von seinem Haus nördlich des Heiaus auf der anderen Seite der Straße Nr. 270 ist nicht mehr viel zu sehen.

Der Grund für den Tempelbau war die Prophezeiung des Priesters Kapuokahi, derzufolge Kamehameha alle Inseln erobern würde, wenn er einen Tempel zu Ehren des Kriegsgottes Kukailimoku auf dem Puukohola-Hügel bei Kawaihae errichtete (Puukohola bedeutet soviel wie 'Wasser des Zorns', weil sich die Hawaiianer in dieser äußerst trockenen Gegend um das Wasser stritten).
Als der Tempel fertig war, lud Kamehameha seinen Vetter Keoua

Waikoloa Petroglyphs

Tempelanlage (Fortsetzung)

Kuahuula, seinen einzigen ernstlichen Widersacher auf der Insel Hawaii, zur Einweihung ein, unter dem Vorwand, mit ihm Frieden schließen zu wollen. Kaum war Keoua mit seinem Gefolge den Kanus entstiegen, wurden sie von den wartenden Truppen niedergemetzelt, Keouas Leichnam wurde zum Heiau hinaufgetragen und als Opfergabe dem Kriegsgott dargebracht.
So verhalf Kamehameha tatkräftig der Prophezeiung zur Erfüllung. Mit dem Tode von Keoua endete aller Widerstand, und im Jahre 1794 gelang es Kamehameha, die Inseln Lanai, Molokai und Maui, die er schon einmal besessen, aber wieder verloren hatte, zurückzuerobern. Mit der Eroberung der Insel Oahu im darauffolgenden Jahr konnte Kamehameha das Königreich Hawaii ausrufen. Die Kontrolle über Kauai erlangte er erst aufgrund einer Vereinbarung mit dem dortigen König.

Zerstörung und Wiederaufbau

Nach 1819 wurde der Puukohola Heiau, wie alle übrigen Heiaus, im Zuge der Auflösung der hawaiischen Religion zerstört und verfiel allmählich, obwohl die Fundamente selbst Erdbeben standhielten. Eine hawaiische Organisation baute 1928 einen Weg und Stufen, die zum Heiau hinaufführen. 1972 wurde die Anlage zur National Historic Site erklärt und damit in die Obhut des National Park Service in Washington gegeben, die die entstandenen Schäden allmählich ausbessert.

Waikoloa Petroglyphs

Auf der Straße Nr. 19 in südlicher Richtung der Küste entlang gelangt man in der Nähe der Ortschaft Puako zu den Waikoloa-Felszeichnungen, die sich auf zwei Petroglyphenfeldern erstrecken. Sie sind über einen kleinen Fußweg am Ortsende zu erreichen. Beeindruckend ist die Vielfalt der Motive, die man hier – noch sehr gut erhalten – auf dem schwarzen Lavagestein entdecken kann.

Rainbow Falls

⟶ Hilo

Saddle Road

⟶ Mauna Kea

Waimea · Kamuela K 5

Viehzuchtzentrum

Waimea ('rotes Wasser') liegt im Nordwesten der Insel und ist von Hilo über die Straße Nr. 19 als auch von Kailua-Kona (Straße Nr. 19 und Straße Nr. 190) zu erreichen. Die Weiterfahrt nach Hawi zur Nordspitze der Insel (Straße Nr. 250) ist ebenfalls möglich. Waimea ist mit seinen knapp 1500 Einwohnern ein Verkehrsknotenpunkt im Norden der Insel und zugleich gut an die anderen Zentren der Insel Hawaii (Hilo, Kailua-Kona) angebunden.
Die Entwicklung von Waimea ist eng mit der bedeutenden ⟶ Parker Ranch verknüpft, dank derer Waimea zum Mittelpunkt der hawaiischen Viehzucht avancierte.

Kamuela

Da es ein Waimea auch auf Kauai und Oahu gibt, hat die Post für Waimea die Postbezeichnung Kamuela eingeführt, die hawaiische Schreibweise für Samuel, wobei man nicht weiß, ob diese Ehrung dem ehemaligen Postmeister Samuel Spencer oder Samuel Parker, dem Sohn des Ranch-Gründers, gilt.

Ortsbesichtigung

Waimea hat für einen solch kleinen Ort ein ungewöhnlich großes Einkaufszentrum, das Parker Shopping Center (mit dem ⟶ Parker Museum), ein Mehrzweck-Auditorium und zweifellos weit mehr Restaurants, als man in einem Ort von dieser Größe vermuten würde. Auch ein Gotteshaus wie die Imiola-Kirche würde man nicht unbedingt hier vermuten: sie ist im Stil der Kirchen von New England im Jahre 1857 von Lorenzo Lyons erbaut worden, mit weißgestrichenem Holz und einem spitzen Turm. Der Geistliche erlernte die hawaiische Sprache und übersetzte fortan englische Hymnen ins Hawaiische und umgekehrt althawaiische Gesänge ins Englische. Vor der Kirche steht ein einfaches Denkmal des Geistlichen.

Kamuela Museum

Lage
Westlich des Ortes, an Kreuzung der Straßen 19 und 250
(Tel. 885-4724)

Waimea hat ein originelles Museum, das Kamuela Museum, welches aus privater Initiative eines Ehepaars entstand, das hier hawaiische Artefakte aller Art sammelte. Albert Salomon war Polizist in Honolulu, seine Frau Harriett ist die Urenkelin von John Palmer Parker; beide begannen ihre Sammlung vor mehr als einem halbem Jahrhundert.
Zu beschreiben, was es hier alles zu sehen gibt, ist kaum möglich; Frau Parker nimmt sich im allgemeinen der Besucher an und führt sie vor die ihrer Ansicht nach wichtigsten Ausstellungsgegenstände. Es bleibt dem Besucher auch genügend Zeit, sich nach Belieben in diesem Haus hawaiischer Sammelleidenschaft (die sich nicht auf Hawaiisches beschränkt) umzusehen.

Kahua Ranch

Fährt man von Waimea Richtung Kapaau auf der Straße Nr. 250 durch die Kohala-Berge, passiert man auf halber Strecke die neben der ⟶ Parker

Ranch bedeutende Kahua-Rinderfarm. Der Besitzer dieser Ranch hat seine Aktivitäten auf alternative Energiegewinnung erweitert und eine Großwindanlage zur Stromerzeugung installiert. Die stählernen Windräder wirken beim ersten Anblick etwas befremdend in der hawaiischen Landschaft, doch stellen sie eine Möglichkeit dar, umweltfreundlich Energie zu gewinnen.

Waimea, Kahua Ranch (Fortsetzung)

Waipio Valley K 5

Ursprüngliches Hawaii

Dieses Tal an der Nordostküste von Big Island, etwa 80 km nordwestlich von Hilo gelegen, hat man häufig als eine Art 'Shangri La' bezeichnet, eine weitgehend von der Außenwelt abgeschlosse Gegend, über die die Zeit hinweggegangen ist.
Das etwa 1½ km breite Tal durchschneidet die Kohala-Berge und ist durch die tief abfallenden Klippen auf den drei Landseiten schwer erreichbar. Der fast immer starke Wellengang an der Küste macht es auch von Meeresseite her sehr unzugänglich.
Auf dem fruchtbaren Talboden wachsen Bananen, Papayas, Mangos, Avocados und Grapefruits. Blühende Ingwer-Bäume, Orchideen und Hibiscus schmücken die Landschaft.

Hiilawe Falls

Der Waipio mit seinen Verzweigungen und Nebenarmen wird von dem aus 300 m Höhe herabfallenden Hiilawe-Wasserfall gespeist. Dieser Doppelwasserfall zählt zu den höchsten Wasserfällen der Welt, hat heute allerdings in der regenarmen Zeit sehr wenig Wasser, da das Wasser oberhalb des Tales zur Bewässerung abgezweigt wird.

Hawaiische Mythologie

Verständlicherweise spielt das Waipio-Tal ('sich windendes Wasser') eine große Rolle in der hawaiischen Mythologie. Wakea, Urvater aller hawai-

Blick auf die Waipio Bay und das Waipio Valley

Hawaiische Mythologie (Fortsetzung)

ischen Inseln, soll sich vorzugsweise in diesem Tal aufgehalten haben; auch die beiden Hauptgötter Kane und Kanaloa waren hier und sollen sich an Awa berauscht haben. Der Halbgott Maui soll hier sein Ende gefunden haben, als er versuchte, diesen beiden Göttern eine gebratene Banane zu stehlen.

'Tal der Könige'

Das Waipio-Tal gilt auch als 'Tal der Könige', das Tal, von dem aus die hawaiischen Häuptlinge über ihre Völker herrschten. In Liedern wird überliefert, daß hier in diesem damals dichtbevölkerten Tal einst das politische und kulturelle Zentrum des alten Hawaiis lag. Anbauprodukte auf den fruchtbaren Talböden waren neben Bananen und Zuckerrohr hauptsächlich Taro. Nach Eintreffen der Weißen sank auch hier die Bevölkerungszahl rapide ab. Vor 150 Jahren sollen hier nur noch 1500 Bewohner gelebt haben.

Neue Besiedlung

Eine neue Besiedlungswelle setzte zu Beginn dieses Jahrhunderts ein, als Japaner und Chinesen sich im Tal niederließen, Reis und Taro anpflanzten, Häuser bauten und ein richtiges Gemeindeleben schufen. Doch bald setzte eine erneute Abwanderung ein. Der Tsunami von 1946, der auch große Zerstörungen in Hilo anrichtete, überschwemmte das gesamte Tal und zwang die wenigen noch verbliebenen Bewohner, das Tal zu verlassen. Zu Beginn der siebziger Jahre kehrten einige wieder zurück, aber eine zweite Springflut, die das Tal 1979 erneut unter Wasser setzte, vertrieb sie wieder.
Heute leben dort weiterhin sehr abgeschieden und in einfachen Verhältnissen 50 bis 100 Bewohner, hauptsächlich Filipinos, von Fischfang und Taro-Anbau.

Waipio Valley Lookout

Ein Blick in diese schöne Landschaft sollte man sich nicht entgehen lassen: Von Hilo fährt man auf der Straße Nr. 19 nordwärts bis zur Abzweigung der Straße Nr. 240 kurz vor Honokaa und bis zu ihrem Ende in Kukuihaele. Von dort kann man einen Blick in das über 300 m tiefer liegende Waipio-Tal werfen und seine Schönheit erahnen.

Ausflüge ins Tal

Die Straße, die vom Aussichtspunkt hinunter ins Tal führt, ist steil, steinig und schmal, für Autos völlig ungeeignet und selbst mit geländegängigen Wagen nur erfahrenen Fahrern zuzumuten. Eine Möglichkeit, ins Tal zu gelangen, ist entweder ein Fußmarsch, für den man auf alle Fälle genügend Zeit einplanen sollte, oder man läßt sich von Kukuiahele aus mit einem Maultiergespann oder in einem Geländefahrzeug ins und durch das Tal fahren, ein Service, der von Waipio Valley Wagon Tours (Tel. 775-9518) oder Waipio Valley Shuttle (Tel. 775-7121) angeboten wird. In beiden Fällen sind vorherige Reservierungen unerläßlich; am besten schon am Tage vor der geplanten Fahrt.
Im Tal gibt es sogar ein kleines Hotel mit acht Zimmern, vor Jahren für Angehörige des US-Friedenskorps gebaut, die Freiwillige zum Einsatz in Südostasien ausbildeten (Tel. 775-0368). Für die Verpflegung muß man selbst sorgen, da es kein Restaurant im Tal gibt.
Hier im Waipio-Tal kann man ein Hawaii kennenlernen, das in seiner Ursprünglichkeit auf den übrigen Inseln schon längst untergegangen ist.

Insel Kahoolawe

Fläche: 121 km²
Keine Bewohner

Allgemeines

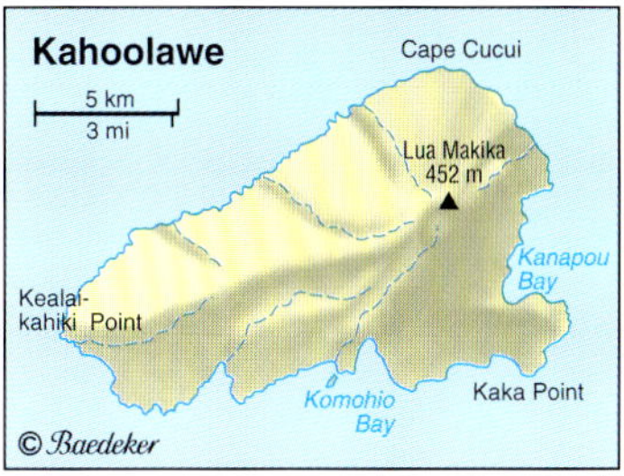

Kahoolawe ist nur etwa 11 km von der Südküste der Insel Maui entfernt und von dort, ebenso wie von Lanai aus, gut zu sehen. Die fast baumlose Insel liegt im Regenschatten des Haleakala-Kraters von Maui und hat deswegen sehr wenig Niederschlag zu verzeichnen. Die Temperaturen sind am Tage hoch, die Nächte sind kalt. Als Folge der starken Überweidung der Insel durch Ziegen und des Wassermangels hat verstärkt Winderosion eingesetzt, den Boden abgetragen und nur noch eine kahle Oberfläche zurückgelassen.
Die Insel nahm fast ein halbes Jahrhundert politisch eine Sonderstellung in Hawaii ein: Sie gehörte zwar zum Bundesstaat Hawaii, aber nach dem Angriff auf Pearl Harbor im Jahr 1941 übernahm das US-Militär die Insel. Jahrzehntelang diente sie als militärisches Übungsgelände, auf dem hauptsächlich Bomben und Granaten zur Detonation gebracht wurden.
Aufgrund massiver Proteste von Militärgegnern wird seit 1991 auf Kahoolawe nicht mehr geschossen. Heute leben auf der unbewohnten Insel nur wilde Ziegen; das Betreten ist jedoch wegen der vielen Blindgänger gefährlich.

Heilige Insel

Für die Hawaiianer ist Kahoolawe eine heilige Insel, und seit 1976 setzte sich die Gruppe 'Protect Kahoolawe Ohana' ('Schützt die Kahoolawe-Familie') für die Rückgabe der 17 km langen und 10 km breiten Insel an die Hawaiianer ein. Dieses Ziel wurde schließlich 1991 erreicht, und seitdem dürfen Ohana-Mitglieder die Insel wieder offiziell betreten und religiöse Feste zelebrieren.

Heute sind hier interessierte Besucher willkommen; die Gruppe Protect Kahoolawe Ohana informiert über die Geschichte, die Bedeutung und den langen Mißbrauch der Insel. Genauere Informationen erteilt Ohana, P.O. Box 62012, Honolulu, HI 96839.

Mythologie

Kahoolawe soll nach Kanaloa, einem der vier hawaiischen Hauptgötter, benannt sein, der allerdings von Kane, dem Hauptgott, ähnlich wie Luzifer, aus dem Himmel verbannt wurde. Von Kahoolawe aus soll Kanaloa als Herr über alle giftigen Dinge und die Toten geherrscht haben.

Geschichte

Offenbar war die ursprünglich bewaldete Insel nur bis zum 13. Jh. von den Hawaiianern bewohnt, als diese infolge einer lang anhaltenden Dürre auf die besser bewässerten anderen Inseln auswanderten. Fast sechs Jahrhunderte war Kahoolawe unbewohnt; in den dreißiger Jahren des vorigen Jahrhunderts benutzte König Kamehameha V. die Insel als Gefängnis. Nach zu vielen Ausbrüchen wurde dises Experiment bald aufgegeben.
In den siebziger Jahren wurde verschiedentlich versucht, Viehzucht auf der Insel zu betreiben, aber erst Angus MacPhee, der die Insel für 200 US-Dollar jährlich pachtete, gelang es, eine gewinnbringende Ranch aufzubauen. Auf der Insel wuchsen Ohia-Bäume, Baumwolle und Tabak wild; MacPhee pflanzte dagegen Eukalyptusbäume und Gras an, das der weiteren Erosion ein Ende bereiten sollte und begann dann mit erfolgreicher Viehzucht.

Geschichte (Fortsetzung)

Obwohl der Pachtvertrag mit der Regierung von Hawaii bis 1954 lief, bot MacPhee 1939 der US-Armee einen kleinen Streifen an der Südküste der Insel als Artillerieschießplatz an. Nach dem japanischen Angriff auf das 170 km entfernte Pearl Harbor im Jahr 1991 enteignete die US-Marine McPhee und nahm die ganze Insel in Besitz.

Jahrzehntelang genoß die Insel die zweifelhafte Auszeichnung, das meistbombardierte Stück der Welt zu sein, obwohl sie von der US-Regierung in das Register historischer Stätten aufgenommen worden war. Heute ist sie statt dessen zum Symbol des aufstrebenden hawaiischen Bewußtseins geworden.

Insel Kauai

Fläche: 1431 km²
County: Kauai
Bewohner: 50 700
Hauptort: Lihue

Lage und Entstehung

Kauai, die nordöstlichste der bewohnten Inseln des Archipels, ist mit einer Landfläche von 1431 km² die viertgrößte Hawaii-Insel. Mit einer Breite von 25 Meilen und einer Längserstreckung von 33 Meilen hat Kauai eine fast kreisrunde Form.
Geologisch ist Kauai mit einem geschätzten Alter zwischen 3,8 und 5,6 Millionen Jahren die älteste der bewohnten Inseln. Sie ist durch die Tätigkeit eines einzigen Schildvulkans entstanden. Während Kauai zusammen mit seiner Satelliten-Insel Niihau im Aufbau begriffen war, waren die sich bis zu 2200 km weiter nordwärts erstreckenden Hawaii-Inseln zum größten Teil bereits erodiert, von Wasser überflutet oder als Korallen-Atolle übriggeblieben. Kauai befindet sich heute im Stadium des Schrumpfens, sein nord-südlicher Durchmesser ist von 48 auf 40 km zurückgegangen, der ost-westliche machte etwa 53 km aus.

Naturraum

Kauai bietet die eindrucksvollste Natur-Szenerie der Hawaii-Inseln. Die topographischen Besonderheiten der Insel sind der Waialeale, dessen Regenwasser in den 78 km² großen Alakai-Sumpf fließt, der Waimea Canyon, der in nord-südlicher Richtung verläuft und eine Tiefe bis zu 1080 m aufweist, und die Na Pali-Küste im Nordwesten der Insel mit bis zu 1200 m hohen zerklüfteten Klippen, die man am besten eigentlich nur aus der Luft sehen kann. Die Unzugänglichkeit des Landesinneren hat der Insel ihre Einzigartigkeit bewahrt und die Besiedelung eher auf die zugänglichen Küstengebiete beschränkt.

Inselname

William Bligh, später als Kapitän der 'Bounty' bekannt, gehörte 1778 der Expedition Cooks an, die erstmals auf Kauai landete. Er war für die Zeichnung der Inselkarten zuständig und bezeichnete darin Kauai als 'Atooi', da damals auf den Inseln noch das aus Tahiti gekommene 't' existierte. Die Bedeutung des Wortes Kauai blieb jedoch bis heute unbekannt.

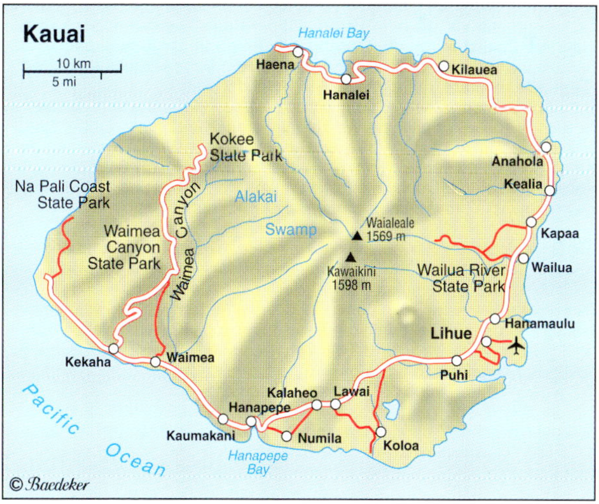

Inselname (Fortsetzung)

Kauai ist als 'Garden Island' bekannt, dank der reichhaltigen Vegetation auf der Insel.

Klima und Vegetation

Wasser prägt die Insel Kauai in verschiedenen Variationen. Auf Kauai gibt es den einzigen schiffbaren Fluß von ganz Hawaii, den → Wailua River, doch noch bekannter ist die Meßstation auf dem 1 596 m hohen Berg Waialeale. Sie gilt nicht nur als der regenreichste Punkt der hawaiischen Inseln, sondern der Erde überhaupt. Kauai ist durch seine nordwestliche Lage den stürmischen Kaltluftmassen besonders ausgesetzt. Im November 1982, als der Orkan Iwa tobte, wurden mit Windstößen bis zu 275 Stundenkilometern auf Kauai der stärkste Sturm in Hawaii gemessen.

Trotz dieser Extreme unterscheidet sich das Klima auf Kauai kaum von dem der anderen Inseln: die durchschnittliche Höchsttemperatur schwankt zwischen 26°C und 29°C, die durchschnittliche Mindesttemperatur zwischen 15°C und 21°C. Die Rekordregenmenge braucht den Touristen nicht zu kümmern, da er sich zumeist in den trockenen Gebieten im Südwesten der Insel aufhalten kann.
Als Folge starker Regenfälle, von denen nur die Südküste ausgenommen ist, hat Kauai eine ungewöhnlich reiche und einzigartige Vegetation. Da große Gebiete der Insel fast völlig unzugänglich sind, konnten sich hier viele endemische Pflanzen entwickeln und bis heute überleben.

Bevölkerung

Wie auf den anderen Inseln ist auch auf Kauai die Bevölkerung gemischt – jede ethnische Gruppe stellt eine Minderheit für sich dar. Die Weißen sind hier mit 28,5% am stärksten vertreten, es folgen die Filipinos mit 26,2%, Japaner mit 25%, Hawaiianer mit 14,6% und Chinesen mit 1,3%.
Die Bevölkerung lebt auf der Insel in eher kleineren Städten. Die größten Siedlungen sind Kapaa, Lihue, Kekaha und Waimea.

Landwirtschaft

Obwohl Kauai die erste Insel war, auf der Zuckerrohr angebaut wurde (im Jahre 1835), ist die heutige Anbaufläche stark dezimiert und steht hinter dem Taroanbau zurück. Die Erträge der Landwirtschaft sind heute relativ bedeutungslos.

Tourismus

Mit Beginn des Massentourismus in den sechziger Jahren erwachte auch das touristische Leben auf Kauai. Das erste größere Hotel, das gebaut wurde, war das Coco Palms Hotel in Wailua, es folgten mehrere Hotels in Princeville und vor allem in Poipu, wo die Baukonjunktur noch in vollem Gang ist. Zuletzt wurde die Gegend um Lihue von der Entwicklung erfaßt, und die sich jetzt in japanischen Händen befindliche Luxusanlage Westin Kauai war mehrere Jahre das größte Hotel der Insel.
Die heutigen touristischen Schwerpunkte sind Princeville und Hanalei im Norden, Kapaa, Waipuli und Wailua im Osten, Hanamaulu, Lihue, Nawiliwili und Puhi im Südosten (mit Luxushotels wie dem Westin Kauai und dem Kauai Hilton) und dem sich am raschesten entwickelnden Poipu im Süden (mit den meisten Luxushotels). Der Westen der Insel ist noch kaum touristisch entwickelt und das Inselinnere praktisch unbewohnt.

Geschichte

Die Geschichte der Besiedlung der Hawaii-Inseln und damit auch der Insel Kauai ist eng mit der Entwicklung auf den Südsee-Inseln verbunden. Etwa um 200 v. Chr. besiedelten die Polynesier die Marquesas-Inseln und die Gesellschafts-Inseln, von denen aus zum ersten Mal Hawaii erreicht wurde. Der genaue Zeitpunkt der Besiedelung von Kauai ist nicht bekannt, doch geht man davon aus, daß die Polynesier von der Insel Hawaii aus die weiteren Hawaii-Inseln erschlossen.
Auf Kauai begann auch die moderne Geschichte der Hawaii-Inseln, denn hier in Waimea setzte Captain James Cook mit seiner Mannschaft zum ersten Mal seinen Fuß auf den Boden Hawaiis: und zwar am 21. Januar 1778, der Tag der Entdeckung Hawaiis.

Kauai, die wasserreiche Insel: Wailua Falls ▶

Geschichte (Fortsetzung)

Kauai war die Insel, die sich lange der Vereinnahmung durch Kamehameha widersetzte. Zweimal, in den Jahren 1796 und 1804, versuchte Kamehameha, Kauai mit Waffengewalt zu erobern. Das erste Mal scheiterte er infolge eines schweren Sturms; das zweite Mal wurden seine Truppen durch eine plötzlich auftretende Krankheit zu sehr geschwächt. Nachdem alle übrigen Inseln von Kamehameha erobert worden waren und er sich 1805 zum König des neuen Reichs ausrufen ließ, schloß sich ihm auch König Kaumualii von Kauai an. Kamehameha ernannte ihn zum Gouverneur von Kauai, womit Kaumualii erreicht hatte, daß die Insel nicht durch einen Krieg Teil des hawaiischen Königreiches wurde. Nach dem Tode von Kamehameha im Jahre 1819 schickte seine Witwe Kaahumanu den neuen König nach Kauai, um Kaumualii zu entführen und nach Oahu zu bringen. Kaumualii wurde zur Ehe mit Kaahumanu gezwungen, die auf diese Weise die Bande zwischen Kauai und den übrigen Inseln stärken wollte.
Durch den Tod von Kaumualii im Jahre 1824 entstand für Kauai eine Periode der Unsicherheit. In zunehmendem Maße gewannen Missionare und nach 1835 Zuckerplantagenbesitzer an Einfluß. Koloa, nahe der Südküste gelegen, wurde als Hafenstadt und Zentrum des Zuckerrohr- und Taroanbaus wichtigstes Besiedlungsgebiet der Insel. Lihue wurde erst 1837 gegründet, ebenfalls inmitten von Zuckerrohrfeldern. Die 1850 entstandene Lihue-Zuckerplantage war bis zu Beginn des Ersten Weltkrieges in deutschem Besitz. Die Entwicklung Kauais war die folgende Zeit vom Zukker bestimmt. Durch den einsetzenden Arbeitskräftemangel in der Zuckerindustrie kamen Chinesen, später Portugiesen, Japaner, Puertorikaner, Koreaner, Spanier, Deutsche und schließlich eine große Zahl von Filipinos auf die Insel. Heute erinnert noch die Lihue Lutheran Church an den deutschen Einfluß auf Kauai. In jüngster Zeit wird die Zuckerrohrindustrie immer mehr von dem Tourismus abgelöst.
Im September 1992 hat der verheerende Wirbelsturm 'Iniki' die Insel stark verwüstet. In der Zwischenzeit hat sie sich jedoch weitgehend erholt; hier und da können aber noch Schäden vorhanden sein.

Kauai als Filmkulisse

An dieser Stelle soll noch kurz darauf hingewiesen werden, daß Hollywood schon ziemlich früh die relativ ungestörte und reizvolle Natur der Insel Kauai als Südsee-Kulisse für zahlreiche Filme entdeckte: Die Kahalahala Bay diente als Schauplatz für einen Teil von "South Pacific"; ein noch berühmterer Film, "Blue Hawaii" mit Elvis Presley, wurde ebenso wie Donovans "Reef" mit John Wayne auf Kauai gedreht. Das Huleia National Wildlife Refuge an der Südküste Kauais sollte in dem Film "Uncommon Valor" den Dschungel Vietnams vorspiegeln.

Coconut Grove

→ Wailua

Fern Grotto

→ Wailua

Fort Elizabeth B 2

Oberhalb der Stelle, an der Captain James Cook in → Waimea landete, sind an der Straße Nr. 50 die Überreste des Forts zu sehen, das der deutsche Arzt und Abenteurer Dr. Georg Anton Scheffer (→ Deutsche in Hawaii) angeblich im Auftrag des russischen Zaren Alexander I. im Jahre 1817 erbaute. Mehrere Monate lang wehte hier die russische Flagge.

Fort Elizabeth (Fortsetzung)

Ursprünglich war das Fort in einem sternförmigen Grundriß angelegt, doch wurde es im Jahre 1864 weitgehend abgetragen. Die Mauern des Forts wurden ohne Mörtel bis zu einer Höhe von 4 m errichtet, sind aber heute nur noch ein einziger Geröllhaufen. Die 38 Geschütze, die später abtransportiert wurden, waren auf den Pazifik und die Mündung des Wailua-Flusses gerichtet. Man kann auch noch erkennen, wo sich die Mannschaftsräume und die Offiziersquartiere befanden.
Das Fort soll in seiner ursprünglichen Gestalt wieder rekonstruiert und aufgebaut werden.

Dr. Scheffer hatte ein weiteres Fort in Honolulu an der Stelle des jetzigen → Aloha Tower gebaut, das allerdings nie fertig wurde. Nur noch der Straßenname 'Fort Street' erinnert an das Bauwerk. Im Tal von → Hanalei begann er mit dem Bau einer Brüstungsmauer; auch dieses Werk blieb unvollendet, denn in der Zwischenzeit mußte Scheffer vor den königlichen Truppen fliehen und Hawaii verlassen.

Hanalei

C 1

Lage

Hanalei, ein Dorf mit nur etwa 500 Einwohnern, liegt in der gleichnamigen Bucht an der Nordküste Kauais. Der mit einem schönen Sandstrand ausgestattete Ort ist gleichzeitig Pforte zum landschaftlich reizvollen Hanalei-Tal.
Ein Museum und eine Reihe besuchenswerter Restaurants laden zum Verweilen ein.

Waioli Mission House

Unmittelbar am Ortsende, an der Route Nr. 56, liegt das Waioli Mission House aus dem Jahre 1841, eines der sehenswertesten Missionshäuser in Hawaii. Während fast alle Missionshäuser im Neu-England-Stil gehalten sind – dies trifft auch auf die Innenausstattung zu –, verrät das Äußere hier ausgesprochen südstaatlichen Einfluß, was darauf zurückzuführen ist, daß der Missionar William P. Alexander aus Kentucky nach Kauai kam. Fünf Jahre später zog die Missionarsfamilie Wilcox in das Haus ein.
Die Räume befinden sich, soweit möglich, im Originalzustand und lassen die hawaiische Wohnkultur der 'malihini' (der Nichteingeborenen) erkennen. Ein großer Teil der Bibliothek des Missionars Abner Wilcox ist noch in seinem Arbeitszimmer zu sehen, darunter auch einige der frühen in Honolulu gedruckten Schulbücher (Öffnungszeiten: täglich 9.00 bis 14.45 Uhr außer an Sonn- und Regentagen).
Links der Straße ist die alte Waioli Huiia-Kirche mit ihren grünen Holzschindeln und den farbigen Glasfenstern zu sehen. Sie wurde von den ersten Missionaren, die 1834 nach Hanalei gekommen waren, erbaut. Jetzt wird sie als Gemeindezentrum genutzt. An Sonntagen kann man hier von 10.00 bis 11.30 Uhr hawaiische Hymnen hören.

Hanalei Museum

Das private Hanalei Museum (Kuhio Highway) beherbergte eine Sammlung zur Lokalgeschichte und Exemplare hawaiischen Kunsthandwerks. Es wurde jedoch beim Wirbelsturm Iniki im Jahr 1992 zerstört. Sein Wiederaufbau ist geplant.

Über die besonders schönen Strände von Hanalei und Umgebung (Hanalei Beach, Lumahai Beach und Kee Beach) mehr unter → Praktische Informationen, Strände.

Haena State Park

Höhlen

Von Hanalei führt die Straße Nr. 56 etwa 10 km weiter bis zum nordwestlichen Teil der → Na Pali Coast. Im Gebiet des Haena State Park liegen links von der Straße mehrere Höhlen, darunter die Dry Cave, die trockene

Tarofelder im Hanalei Valley

Hanalei,
Haena State Park
(Fortsetzung)

Höhle in der Nähe der Küste, die Waikanaloa Wet Cave und die Waikopaloe Wet Cave, die feuchten Höhlen, zu denen man von der Straße aus etwa 130 m bergauf laufen muß.
In der Nähe befinden sich auch Reste zweier hawaiischer Tempel (Kaula Paoa Heiau, Kaula o Laka Heiau).

Hanalei Valley

Den schönsten Blick in das Hanalei-Tal hat man vom Hanalei Lookout, einen Aussichtspunkt an der Straße Nr. 56, der durch einen der üblichen Kamehameha-Wegweiser gekennzeichnet ist. Der Hanalei-Fluß durchzieht wie ein Silberband das gesamte Tal, das von Taro- und Zuckerrohrfelder gesäumt ist. Den Hintergrund bilden die 1200 bis 1500 m hohen Berge.
Man kann in das Tal hinunterfahren; über eine aus dem Jahr 1912 erbaute, nach einem schweren Tsunami 1957 verstärkte Brücke kommt man auf einen am Fluß vorbeiziehenden Weg, der bis zum Beginn des Hanalei National Wildlife Refuge befahrbar ist; von dort aus besteht die Möglichkeit, zu Fuß weiterwandern.

Hanapepe

B 2

Künstlerort

Hanapepe liegt an der Südwestküste Kauais, auf dem Wege nach → Waimea. Von hier, ähnlich wie in Hanalei, hat man einen schönen Ausblick auf das Hanapepe Valley, das zum großen Teil noch mit Taro bepflanzt ist, jenem Knollengewächs, aus dem die Hawaiianer das Nationalgericht 'poi' bereiten. Kauai ist heute Hauptanbaugebiet für Taro und somit Tarolieferant für die übrigen Hawaii-Inseln.

Boutique in Hanapepe

Hanapepe, Künstlerort (Fortsetzung)

Das Ortsbild von Hanapepe erinnert an die Pionierzeit und wirkt etwas vernachlässigt. Heute haben sich hier zahllreiche Künstler niedergelassen. Interessante Boutiquen und ein von einem Japaner angelegter Orchideengarten laden zum Bummeln ein.

Salt Ponds

Am Ortsrand von Hanapepe in westlicher Richtung führt ein markierter Weg zum Salt Pond County Beach Park. Hier befinden sich die Salzteiche, in denen bis heute auf traditionelle hawaiische Art Salz gewonnen wird. In die Teiche wird Meereswasser geleitet, das langsam verdunstet. Das Meersalz bleibt als salzige Kruste am Boden des Teiches zurück. Schon in den Tagebüchern von James Cook wird die Salzproduktion in den Hanapepe Salt Ponds beschrieben.

Olu Pua Botanical Gardens

Auf dem Wege nach Hanapepe (Straße Nr. 50) kann man am Rande der Ortschaft Kalaheo einen Abstecher zum Olu Pua Botanical Garden machen (rechter Hand in die Mehana Road einbiegen). Hier sind auf einem ca. 5 ha großem Gelände neben verschiedenen Orchideenarten und Hibiskuspflanzen mit Blüten in verschiedenen Farbtönen, zahlreiche tropische Bäume und Pflanzen aus mehreren Erdteilen angepflanzt.

Kapaa C 1

Kapaa, von der Einwohnerzahl her die größte Stadt Kauais, liegt an der Ostküste, knapp 20 km nördlich von Lihue.
Im Zentrum des Ortes befindet sich eine große Arbeitersiedlung, einige Hotels und Restaurants. Interessiert man sich für hawaiische Kirchenmalerei, kann man die von hawaiischen Künstlern gestalteten Wandgemälde in der katholischen St. Catherine's Church in Kealia, 2 bis 3 km nordwärts besichtigen.

Kapaa (Fortsetzung)

In der Nähe von Kapaa ist Nonou, der 'Sleeping Giant', zu sehen, ein Bergrücken in der Gestalt eines schlafenden Riesen. Angeblich aß der Riese während eines Luau-Festmahls in Übermaßen, daß er in den ewigen Schlaf sank.

Kilauea C 1

Plantagensiedlung

Kilauea, an der Nordküste Kauais gelegen, ist über die Straße Nr. 56 zu erreichen.
Der Ort hat seinen Ursprung als Plantagensiedlung für die ehemals angrenzenden Zuckerrohrfelder, doch wurde die Zuckerproduktion schon vor Jahren eingestellt.

Kilauea Lighthouse

In Kilauea sollte man einen kurzen Abstecher zur Küste unternehmen. Auf einem steilen Felsen steht der wohl größte Leuchtturm von Hawaii, der 1913 erbaute Kilauea Lighthouse. Seit seiner Stillegung wird er als Wetterstation genutzt. Leider kann er nicht bestiegen werden (Anfahrt: ein 3 km langer Weg geht im spitzen Winkel vom Highway Nr. 56 ab).
Kilauea Point ist der nördlichste Punkt der Insel Kauai und Naturschutzgebiet. Hier leben und nisten verschiedene Vogelarten, darunter Seeschwalben, Sturmtaucher und Albatrosse. Ein Spaziergang um die kleine Halbinsel bietet Gelegenheit, viel über die Pflanzen und Vögel der Hawaii-Inseln zu erfahren. Das National Wildlife Refuge ist sonntags bis freitags, von 12.00 bis 16.00 Uhr geöffnet (Tel. 828-1413; das Gelände ist zum Teil wegen der Hurrikan-Schäden nicht zugänglich).

St. Sylvester Church

Einen Abstecher wert ist auch die um 1880 aus Korallen erbaute St. Sylvester Church. Auf kleinen farbigen Kirchenfenstern wird das Leben von Jesus dargestellt.

Kalihiwai

Im nahegelegenen Ort Kalihiwai wird im Haiwaiian Art Museum and Bookstore zeitgenössische Kunst ausgestellt.

Kokee State Park

→ Waimea Canyon

Lihue C 2

Lihue ist Sitz des County Kauai, zu dem die benachbarte "verbotene Insel" Niihau gehört, und ist – mit Ausnahme von Molokai – das kleinste County der hawaiischen Inseln.
Nur knapp 4000 Menschen leben in Lihue, von dem ein guter Teil Staats- und County-Beamte mit ihren Angehörigen sind.
Als eine wichtige Einnahmequelle hat sich der an Bedeutung zunehmende Flughafen erwiesen, welcher nur wenige Kilometer von Lihue entfernt ist.
Lihue ist auch Verkehrsknotenpunkt im Hinblick auf den Inselverkehr, denn hier laufen die beiden Straßen Nr. 50 und Nr. 56 zusammen, die um den größten Teil der Insel herumführen.
Der Hafen Nawiliwili ist Haupthafen von Kauai und für Tiefseeschiffe ausgebaut.
Früher lag Lihue inmitten von Zuckerrohrfeldern; die beiden Schlote der Lihue Sugar Company ragen heute noch im Ortszentrum heraus und weisen auf die Bedeutung der Zuckerindustrie für Lihue hin. Lihue bietet für den Touristen den Vorteil, von hier aus in nur wenigen Autominuten mehrere gute Strände erreichen zu können (→ Praktische Informationen, Strände).

Sehenswürdigkeiten in Lihue und Umgebung

Grove Farm Homestead Museum

Lage
Nawiliwili Road
(Tel. 2 45-32 02)

Grove Farm ist eine im Jahr 1864 entstandene Zuckerplantage, die von George Wilcox betrieben wurde. Das Hauptgebäude ist heute Museum, wurde mehrfach erweitert und ist mit den übrigen Hütten, Werkstätten, Gemüse- und Blumengärten im Rahmen einer zweistündigen Tour zu besuchen (Führungen Mo., Mi., Do. um 10.00 und 13.00 Uhr; an Regentagen bleibt das Museum geschlossen).
Die Grove Farm ist ein Beispiel für die Epoche der Zuckerrohrplantagen auf Kauai. Da sie schon länger nicht mehr bewirtschaftet wurde, hat sich hier Authentisches über den Zuckerrohranbau konserviert. Die verschiedenen Gebäude ebenso wie das Mobiliar und das umliegende Land gehören einer der ältesten, ziemlich unveränderten Zuckerplantagen an. Man wird hier mit einem lebendigen Stück Vergangenheit von Kauai konfrontiert, das sonst kaum mehr auf den Inseln zu finden ist.

*Kauai Museum

Lage
4428 Rice Street
(Tel. 2 45-69 31)

Untergebracht in einem aus dem Jahr 1924 stammenden Gebäude, ursprünglich Sitz der Kauai Public Library, breitet dieses Museum für den Besucher ein weites Panorama der Geschichte und Kultur von Kauai aus (Öffnungszeiten: Mo.–Fr. 9.30 bis 16.30, Sa. 9.00 bis 13.00 Uhr). In didaktischer Weise wird man mit der Geologie, der Flora, der Ethnologie und Geschichte vertraut gemacht. Die Hauptereignisse Kauais werden dem Betrachter vor Augen geführt: die Entstehung der Insel, ihre Entdeckung

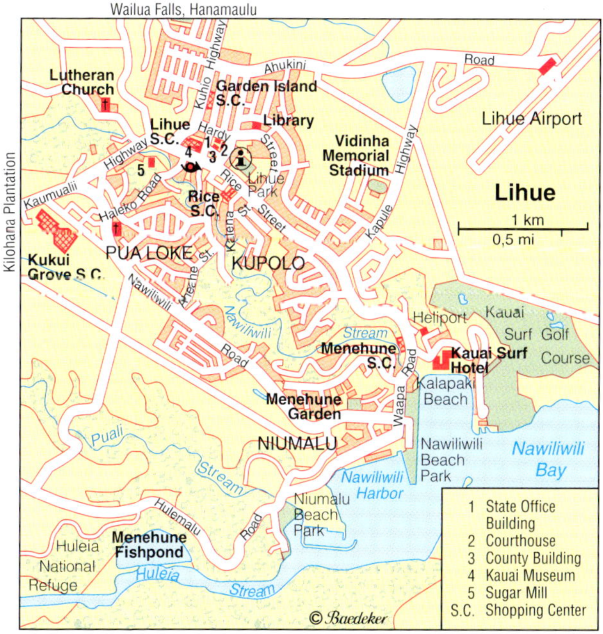

Kauai Museum (Fortsetzung)

durch James Cook im Jahr 1778, der Versuch einer russischen Expansion auf der Insel nach 1815, die Ankunft der Missionare und die Veränderungen, die sie bewirkten, das Plantagenleben im 19. Jh. und die Einwanderung verschiedener Bevölkerungsgruppen aus europäischen und asiatischen Ländern.
Im Erdgeschoß kann man das Modell eines alten hawaiischen Dorfes sehen; weiterhin Fotos von Kauai Anfang des Jahrhunderts, Möbel der Missionare und Ausstellungsgegenstände zur Naturgeschichte Kauais. Im Obergeschoß sind u.a. Fotos der Missionare und eine große Muschelsammlung ausgestellt.
Ein aus der Luft aufgenommener Film von schwer zugänglichen Gebieten auf Kauai, vor allem der → Na Pali-Küste und des Inneren des → Waimea Canyon, wird in regelmäßigen Abständen vorgeführt – man wünschte sich, er würde länger als nur sechs Minuten dauern! Schließlich wird man auch in die Welt der legendären Menehune (→ Menehune Fishponds) eingeführt.

Old Lutheran Church

Lage
Hoomana Road

Die älteste protestantische Kirche Hawaiis wurde 1885 erbaut und war der Mittelpunkt der deutschen Gemeinde. Ein Orkan zerstörte sie 1982, heute steht an ihrer Stelle ein originalgetreuer Nachbau. Die Form ihres Kirchenschiffs erinnert an das Boot, mit dem die deutschen Einwanderer und Missionare nach Kauai kamen.
Nicht weit entfernt liegt die Zuckermühle; nur noch 6,5 km sind es von hier zu den Wailua Falls (→ Wailua).

Kilohana Plantation

Lage
Straße 50, etwa 3 km südwestlich von Lihue
(Tel. 245-5608)

Die Kilohana Plantation ist – ähnlich wie die → Grove Homestead Farm – ein Zeitzeuge der Plantagenwirtschaft auf Kauai. Ihr Gründer, Gaylord Park Wilcox, der Neffe des Begründers der Grove Farm, George N. Wilcox, machte sein elegantes Haus zu einer Art gesellschaftlichen und kulturellen Mittelpunkt von Kauai. In diesem Sinne nannte er das Haus 'Kilohana', hawaiisch für 'das Beste'. Bis 1970 war die Farm im Familienbesitz, wurde dann geschlossen, diente kurze Zeit als Schule und wurde erst vor einigen Jahren wieder rekonstruiert.
Heute findet man ein Museum, ein Einkaufszentrum, ein Restaurant und Obst- und Gemüsegärten vor (geöffnet: täglich von 9.30 bis 21.00, sonntags bis 17.00 Uhr). In den ehemaligen Kinder- und Schlafzimmern, der Bibliothek, einem Ankleideraum und in den restaurierten Gästehäusern auf dem Grundstück befinden sich Boutiquen. Das Warenangebot ist anspruchsvoll und relativ teuer; dasselbe gilt auch für das Restaurant Gaylord. Man kann je nach Lust und Laune das gesamte Gelände zu Fuß oder im Rahmen einer Kutschfahrt besichtigen.

Menehune Fish Pond · Alakoko

Nur ein paar Kilometer von Lihue entfernt, auf der Straße Nr. 51, die Fortsetzung der Waapa Road und der Hulemalu Road, gelangt man in der Nähe von Niumalu zu einem Aussichtspunkt, von dem aus man den Menehune-Fischteich, auch Alakoko-Teich genannt, sehen kann.
Von dem Aussichtspunkt hat man ebenfalls einen schönen Blick auf den Fluß Huleia, den Hafen Nawiliwili, im Hintergrund den 700 m hohen Haupu und weitere Erhebungen der Hoary Head Range.
Der Teich, dessen Steineinfassung an manchen Punkten bis zu 3 m hoch und 80 cm dick ist, wurde ursprünglich zur Zucht von Meeräschen benutzt, Heute dient er teilweise der Austernzucht.

Die Menehune sollen den 270 m langen Fischteich für ein hawaiisches Königspaar gebaut haben; die Einfassung wurde aus Steinen aufgebaut, die sie in einer 40 km langen Kette von Hand zu Hand transportierten und

Menehune Fish Pond: Werk der legendären Menehune

Menehune Fish Pond (Fortsetzung)

weiterreichten. Der Legende zufolge hatten sie sich ausbedungen, daß ihnen niemand bei der Arbeit zuschaue, aber der Prinz und die Prinzessin bestiegen einen Hügel auf der Bergseite des Teiches und beobachteten sie heimlich. Die Menehune bemerkten jedoch das Königspaar, hörten sofort mit der Arbeit auf und verwandelten sie in zwei Felssäulen, die man heute noch oberhalb der Südseite des Teichs sehen kann.

Die Menehune, jene legendären Erbauer von Tempeln und Fischteichen, werden als die Ureinwohner Hawaiis angesehen, die schon vor den ersten Polynesiern auf den hawaiischen Inseln, vor allem aber auf Kauai, gelebt haben sollen. Es sollen Menschen von zwergenhaftem Wuchs, etwa vergleichbar den Kobolden und Gnomen, sein. Die Hawaiianer nannten sie 'keiki o ka'aina', was soviel bedeutet wie 'Kinder des Landes'. Eine ihrer Eigenarten war, daß sie nur nachts aktiv waren, ähnlich unseren Heinzelmännchen.
Viele Hawaiianer glauben heute noch an ihre Existenz. Im 18. Jh. wurde von König Kaumualii von Kauai berichtet, daß sich in seinem Reich 65 Menehune befanden, die angeblich im Tal von Wainiha an der Nordküste von Kauai lebten. Ihre Größe war mit 60 bis 80 cm angegeben; ihre Körper waren sehr muskulös und behaart. Sie konnten nicht sprechen, sondern nur Laute hervorbringen, die denen bellender Hunde ähnelten. Als hervorragende Steinmetze bauten sie über Nacht Heiaus und Wassergräben – bei Tagesanbruch verschwanden sie wieder.

Andere Südseeinseln kennen ähnliche Wesen wie die hawaiischen Menehune unter Bezeichnungen wie Manahune, Manahua oder Makahua – das Wort soll tahitischen Ursprungs sein –, und auch die Maori in Neuseeland haben ähnliche Nachtkreaturen, die sie in ihrer Sprache Patupaiarehe nennen; auch aus der Ähnlichkeit solcher Legenden kann auf die Verwandtschaft der Hawaiianer mit anderen polynesischen Stämmen geschlossen werden.

Blick auf die Na Pali Coast

Menehune Ditch

→ Waimea

*Na Pali Coast B 1

Unzugängliche Küste

Die Na Pali-Küste im Nordwesten der Insel zählt zu den schwer zugänglichen Landschaften der Insel Kauai. Die bis zu 1200 m hohe Bergkette mit hohen, steil ins Meer abfallenden Klippen vermag man nur vom Wasser her oder aus der Luft in ihrer ganzen Schönheit zu sehen. Tief eingeschnittene Täler zur Landseite hin zerteilen die Bergrücken. Alle Versuche, entlang der Küste eine Straße anzulegen, sind bis jetzt wieder aufgegeben worden. Dank dieser Abgeschiedenheit konnte sich hier eine einmalige Vegetationsvielfalt erhalten, die zusammen mit den hohen Steilklippen ein faszinierendes Naturerlebnis bieten. Die bizarren Formen der durch Verwitterung zerklüfteten Vulkanberge mit Höhlen und Wasserläufen, die Wasserfälle bilden, das intensive Grün der dichten Pflanzendecke sowie versteckte Sandstrände am Fuße der Berge belohnen den Besucher.

Ausflüge

Am bequemsten ist die Besichtigung dieses Küstenabschnittes per Boot oder im Hubschrauber (→ Praktische Informationen, Inseltouren), wobei man einen guten Überblick über das gewaltige Ausmaß der Steilküste erhält. Will man etwas mehr Zeit investieren und keine Mühen und Strapazen scheuen, kann man zu Fuß einen Teil der Na Pali-Küste erwandern.

Kalalau Trail

Der Kalalau-Pfad ist ein 17½ km langer Wanderweg, der schon von den frühen Hawaiianern angelegt und benutzt wurde. Diese Wegstrecke ist allerdings auch für den geübten Wanderer anstrengend und schwierig. Der

Einstieg beginnt am Haena State Park (⟶ Hanalei) im Norden; der Weg endet nach fast 18 km im Kalalau-Tal. Um einen Eindruck von der Landschaft und der Pflanzenwelt zu bekommen, kann man auch nur ein kleines Teilstück, nämlich die ersten 3 km bis zum Hanakapiai-Strand, zurücklegen. Diese Strecke ist leichter begehbar, obwohl der Weg nach Regenschauern oft schlammig und rutschig sein kann und auf jeden Fall sehr gutes Schuhwerk voraussetzt.

Na Pali Coast, Kalalau Trail (Fortsetzung)

Wer die ganze Strecke bis zum Kalalau-Tal zurücklegen will, muß ein Zelt und die nötige Verpflegung mitnehmen und dort übernachten, da man für den 35 km langen Hin- und Rückweg zwei bis drei Tage veranschlagen sollte. Der Weg hinter Hanakapiai ist steil, steinig und nicht ganz ungefährlich. Wandert man zur richtigen Jahreszeit, kann man unterwegs die wild wachsenden Früchte probieren: Mangos, Bananen, Guaven und Äpfel.
Wer zelten will, muß die Erlaubnis der Division of State Parks (3060 Eiwa Street, Lihue, Tel. 245-4444) einholen.

*Pacific Tropical Botanical Garden B 2

Dieser vor knapp zwei Jahrzehnten angelegte Botanische Garten ist mit einer Forschungsstation für tropische Pflanzen verbunden. Er ist der einzige Garten dieser Art in den USA, der aufgrund einer Charta des US-Kongresses als gemeinnützige, von Wissenschaftlern geleitete Institution anerkannt ist; allerdings wird er privat finanziert.

Lage
Lawai, von Lihue auf Straßen 56, 50, 530 und Hailima Road
(Tel. 332-7361)
(Telefonische Voranmeldung)

Der Botanische Garten kann nur im Rahmen einer zum Teil im Fahrzeug zurückzulegenden Tour besichtigt werden, an der jeweils nicht mehr als 15 Personen teilnehmen können. Voranmeldungen am Tage vor dem geplanten Besuch sind daher unerläßlich.

Das nicht ganz 1 km² große Gelände ist schmal und langgestreckt und reicht bis zum Pazifik hinab. Das Flüßchen Lawai durchzieht die gesamte Anlage. Da hier einerseits bedrohte Pflanzen aus tropischen Gebieten geschützt und andererseits tropische Nutzpflanzen gezüchtet werden, ist die Zahl der vorhandenen Pflanzenarten beträchtlich.
Von der reichlichen Auswahl kann hier nur ein Teil erwähnt werden: etwa 800 Palmenarten, ca. 60 verschiedenartige Bananenstauden, Kokospalmen, eine große Zahl von Ingwersträuchern mit ihren Blüten in vielen Farben, Gewürzkräuter wie Kardamom aus Südindien, Zimt aus Sri Lanka, Gewürznelken von den Molukken, Jamaikapfeffer und weitere Gewürze, ferner heimische Brotfruchtbäume, die Java-Pflaumen, das ebenfalls heimische Taro, zahlreiche tropische Zierblumen mit Anthurien, vor allem aber Seerosen mit ihren großen, runden Blättern, von denen eine, wie versichert wird, das Gewicht eines kleinen Kindes zu tragen vermag – nämlich die Victoria Amazonica aus Brasilien.

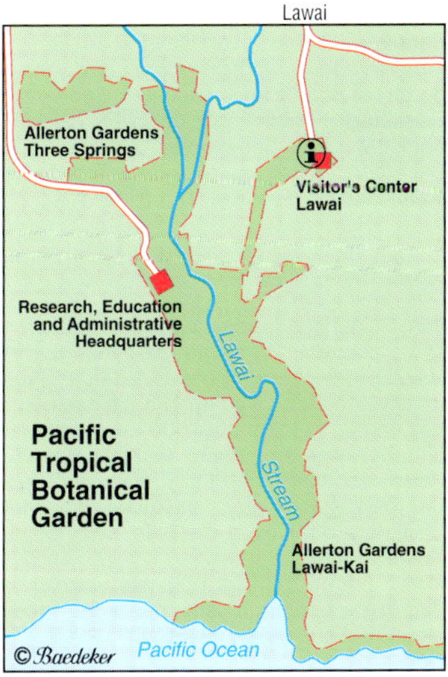

Pacific Tropical Botanical Garden (Fortsetzung)

Außer dem Botanischen Garten wird man noch in den Allerton-Besitz geführt, ein von dem Chicagoer Bankier Robert Allerton angelegter und von seinem Sohn Gregg Allerton fortentwickelter Garten. Ursprünglich war das Gelände im Besitz der Königin Emma, der Frau von Kamehameha IV., deren Sommerhaus bis heute erhalten geblieben ist.

Poipu C 2

Poipu liegt an der besonders sonnigen und warmen Südküste von Kauai, dort, wo die schönsten Strände der Insel sind.
Zucker war, bis Poipu für den Fremdenverkehr entdeckt wurde, die Haupterwerbsquelle von Poipu und den umliegenden Orten. Die touristische Entwicklung des Ortes setzte erst relativ spät ein, doch dafür um so intensiver. Heute ist hier wohl die größte Ansammlung luxuriöser Hotels und Ferienwohnungen (Condominiums) von Kauai. Dank einer städtebaulichen Bestimmung durfte nicht höher als drei Stockwerke gebaut werden, wodurch Poipu seinen ländlichen Charakter wahren konnte.

Die günstige Lage zum Flugplatz von Lihue (nur 22 km entfernt und von dort bequem zu erreichen) verhalf Poipu zusammen mit seinem angenehmen Klima und den paradiesischen Wassersportverhältnissen zum populärsten Aufenthaltsort von Kauai. Der lange weiße Sandstrand und das klare, blaue Wasser laden zum Schwimmen und Wellenreiten (body surfing) ein, die beliebtesten Wassersportarten von Poipu.
Eine große Zahl von Geschäften und Boutiquen aller Art machen einen Einkaufsbummel angenehm; Qualität des Angebots (und Preise) liegen im allgemeinen über dem Durchschnitt.
Man sollte nicht versäumen, die Kiahuna Gardens zu besuchen. Die Anlage wurde ursprünglich schon 1930 geschaffen und hat das ehemalige Wohnhaus des 'Zuckerbarons' von Poipu in seiner Mitte. Heute befindet sich darin das Plantation Gardens Restaurant.

Spouting Horn

Spouting Horn ist ein unmittelbar am Meer zu besichtigender, geysirartiger Wasserstrahl. Durch den Druck der auflaufenden Welle wird das Wasser durch die Kanäle im Lavagestein gepresst und entweicht durch Löcher im Gestein als Fontäne nach oben. Ein gurgelndes und stöhnendes Geräusch begleitet dieses Schauspiel.
Bei starker Brandung kann man hier auch gut beobachten, wie sich die Wellen auf dem schwarzen Lavagestein entlang der Küste brechen.

Koloa

Old Koloa Town

Von Poipu aus landeinwärts gelangt man nach Koloa oder Old Koloa Town, wie der Ort heute oft genannt wird. Koloa war der erste Ort in Hawaii, in dem in größerem Maße der Zuckerrohranbau betrieben wurde, und zwar schon im Jahre 1835. Noch heute haben die Bewohner Koloas, das immerhin mehr als 1500 Einwohner hat, ihre Zuckerrohrfelder in der unmittelbaren Umgebung. Von 1845 bis 1870 war Koloa der größte Ort auf Kauai, und hier befand sich auch der kleine Eingangshafen für die Insel. Der Niedergang Koloas als Zuckeranbaugebiet begann nach dem Zweiten Weltkrieg, doch kam die bald einsetzende Popularität von Poipu auch Koloa zugute.
In den Jahren 1983 bis 1986 wurde ein großer Teil des Ortes restauriert, so daß Koloa heute mit seinen alten Holzhäusern einen schmucken Anblick bietet. Besonders die vielen alten Kirchen und Tempel im Ort sind sehenswert.

Spouting Horn

Old Koloa Town (Fortsetzung)

Die St. Rafaels Church, das älteste katholische Gotteshaus auf Kauai, stammt aus dem Jahre 1854.
Fünf Jahre später entstand die protestantische Koloa Church im neu-englischen Stil, und 1910 folgte der erste buddhistische Hongwanji-Tempel, die Jodo Mission aus demselben Jahr und ein größerer japanischer Tempel wurde im Jahre 1985 errichtet.
Die aus dem Jahr 1835 stammende erste Zuckermühle Kauais ist heute nur noch eine Ruine.

Waita-Reservoir

Unmittelbar nordöstlich von Koloa befindet sich das Waita-Reservoir, das die Region mit Wasser versorgt.
Mit einem Umfang von 1,8 km^2 ist es der größte See der Hawaii-Inseln; er wurde 1906 angelegt.

Princeville C 1

Princeville, an der Nordküste Kauais gelegen, hat zwar ein nicht so beständiges Klima wie die Südküste, konnte sich aber ebenfalls zu einem beliebten Ferienort entwickeln.
Den Namen Princeville verdankt der Ort dem Besuch von König Kamehameha IV. und seiner Gattin Emma, die ihren zweijährigen Sohn Albert mitbrachten. Der schottische Arzt Robert Crichton Wyllie, der später Außenminister unter den Königen Kamehameha IV. und V. war, betrieb damals dort eine Zuckerrohr- und Kaffeeplantage. Wyllie war von dem kleinen Prinzen so begeistert, daß er zu Ehren des Prinzen seiner Plantage den Namen Princeville gab.
Die Kaffeeplantage wurde später aufgegeben, und auch die Zuckerrohrplantage wurde von Dr. Wyllie verkauft. Bis zum Jahre 1968 war daraufhin in erster Linie Viehzucht die Haupteinnahmequelle.

Princeville (Fortsetzung)

Seit 1969 wurde mit dem Ausbau Princevilles zu einem Erholungsgebiet begonnen. Heute ist der Ort für seine besonders schönen Golfplätze bekannt. Einige Luxushotels bieten dem Touristen jeglichen gewünschten Komfort; ebenso gibt es ein reichliches Sportangebot. Die zwei vorhandenen Strände sind allerdings relativ klein.

Wailua

C 1

Stadtgeschichte

Das Gebiet um Wailua und der Mündung des gleichnamigen Flusses ist altes Siedlungsgebiet, das schon von den Ureinwohnern kolonisiert wurde. Ehe die Polynesier sich hier niederließen, sollen in dieser Gegend die legendären Mu gehaust haben, ein den Menehune vergleichbarer Stamm kleingewachsener Menschen, die offenbar infolge ihrer jahrhundertelangen Isolierung eigentümliche physische Charakteristika entwikkelten.
Von den zahlreichen 'heiaus', die in dieser Gegend errichtet wurden, ist heute kaum noch etwas zu sehen. In der Nähe des Coco Palms Hotel ist der Pohaku-hoo Hanau aus althawaiischer Zeit erhalten geblieben. An diesem Geburtsstein brachten die adeligen Frauen ihre Kinder zur Welt. Die Nabelschnüre wurden zum Schutz der Kinder in den Felsspalten versteckt.
Der Wailua, der am Rande der Ortschaft ins Meer mündet, ist der einzige schiffbare Fluß Hawaiis. Sein Unterlauf wurde der 'königliche Weg' genannt.

Südlich der Flußmündung erstreckt sich heute der Lydgate State Park mit Überresten eines hawaiischen Zufluchtstempels.
Wailua (bedeutet "zwei Gewässer", womit zweifellos Meer und Fluß gemeint sind) ist heute ein weit auseinandergezogenes Dorf an der Straße Nr. 56 mit etwa 1600 Einwohnern.

Fahrt zur Fern Grotto auf dem Wailua River

*Fern Grotto

Die größte Sehenswürdigkeit von Wailua ist die an dem 5 km langen, bis zu seinen Quellwassern reichenden Fluß gelegene Fern Grotto, die man mit dem Schiff erreichen kann (Smith's Motor Boat Service; Tel. 822-4111 oder 822-5213, und Waialeale Boat Tour, Tel. 822-3467, 9.00 bis 14.30 Uhr, jede halbe Stunde). Die beiden Boote fahren von der Wailua Marina ab.
Die Grotte ist ein riesiges Fels-Amphitheater, in dem dank des dort immer herrschenden feuchten Klimas ideale Wachstumsverhältnisse für Farnkräuter vorhanden sind. Sie ist auch ein beliebter Ort für Hochzeiten; fast täglich finden hier Trauungen statt. Die das Boot begleitende Mannschaft stimmt hier für die Touristen ein hawaiisches Hochzeitslied an, während über ein Megaphon Erklärungen gegeben werden.

*Wailua Falls

Zwischen Lihue und Hanamaulu zweigt von der Straße Nr. 56 eine Nebenstraße (Nr. 583) ab, ein gewundener Weg, der nach einigen Kilometern zum Wasserfall führt, zwar kaum 1 km von Fern Grotto entfernt, doch ohne bestehende Verbindung. Am Ende der Straße Nr. 583 ist man an einem Doppelwasserfall angelangt, der über eine 25 m hohe Klippe in die Tiefe stürzt.
Es wurde überliefert, daß hier die Häuptlinge des alten Hawaiis als Probe ihrer Kraft und ihres Mutes den Sprung in die Tiefe wagen mußten.
Man kann über einen sehr steilen Weg zum Fuße des Wasserfalls hinabsteigen und dort ein erfrischendes Bad nehmen.

Coconut Grove

Ein paar Kilometer auf der Straße Nr. 56 von Wailua in nördlicher Richtung gelangt man, unmittelbar an der Straße gelegen, zu einem der größten Kokosnußhainen der hawaiischen Inseln, den Coconut Grove. Die Bäume wurden im 19. Jh. von einem deutschen Einwanderer namens William Lindemann gepflanzt, der das bis zu 65 % Fett enthaltende Fleisch der Kokosnuß, die Kopra, zu Öl und Flocken verarbeiten wollte, doch schlug sein Projekt fehl.
Die Kokospalmen blieben bestehen und sind heute ein allgemeiner Anziehungspunkt nicht nur für Touristen, sondern auch für Filmleute. Auch hier wurden Szenen der Filme "South Pacific" und "Blue Hawaii" gedreht. Für einen Rita-Hayworth-Film wurde eine Hochzeitskapelle gebaut, in der es seither mehr als 2000 Eheschließungen gegeben hat. Hier befindet man sich auf einem wirklich schönen Gelände, das die romantische Aura verbreitet, die man von Hawaii erwartet, aber heute nicht mehr überall auf den Inseln finden kann.
In unmittelbarer Nähe befindet sich das Coco Palms Resort, ein touristisches Projekt für gehobene Ansprüche. Am Market Place at Coconut Plantation steht ein riesiges Einkaufszentrum, in dem ein Kulturprogramm mit Hula-Show vorgeführt wird.

Smith's Tropical Paradise Park

Diesen schönen Garten erreicht man, indem man vor der Brücke des Wailua-Flusses links abbiegt und einer kleinen Straße entlang des Flusses folgt. Auf einem Gelände von zwölf Hektar, das auch in einer kleinen Bahn besichtigt werden kann, wird man durch verschiedene Abteilungen geleitet: ein Orchideengarten, ein japanischer Garten und urwaldartige tropische Vegetation. Weitere Veranstaltungen (Musik, Hula-Tänze, Fackelzeremonie) werden hier angeboten.

Waimea

Landestelle von Captain Cook

Waimea an der Südküste von Kauai ist der Ort, an dem die moderne Geschichte Hawaiis begann. Captain James Cook ging in der Bucht von Waimea mit seiner Expedition, den beiden Schiffen Resolution und Discovery vor Anker. Ungefähr an der Stelle, an der Cook das erste Mal hawaiischen Boden betrat, steht heute ein Denkmal zu Ehren des Entdeckers von Hawaii (unmittelbar an der Straße Nr. 50, der Main Street von Waimea, und nicht zu übersehen).
Das heutige Waimea gleicht einem großen Dorf mit etwa 1600 Einwohnern. Historisch war es, wie → Wailua an der Ostküste, wichtiger Regierungssitz der frühen Könige und zugleich eine der drei Hafenstädte von Kauai (neben → Hanalei und → Poipu-Koloa).

Hawaiian Church

Sehenswert ist die Hawaiian Church, in erster Linie deshalb, weil sie von ehemaligen Bewohnern der Insel Niihau, die sich in Waimea angesiedelt haben, besucht wird. An Sonntagen wird der Gottesdienst regelmäßig in Hawaiisch abgehalten. Eine sprachliche Besonderheit ist, daß die früheren Bewohner von Niihau das alte Hawaiisch aus Zeiten vor der Missionierung sprechen. Die Kirche liegt an der Straße Nr. 50 aus östlicher Richtung gesehen links am Westufer des Waimea-Flusses.

Menehune Ditch

Unmittelbar vor der Hawaiian Church zweigt nach rechts die Menehune Road ab, an deren Ende sich der berühmte Menehune Ditch befindet oder vielmehr das, was noch davon übriggeblieben ist. (Näheres über die Menehune findet man unter → Lihue, Menehune Fish Pond.) Der Wassergraben gilt als ihr Meisterwerk, weil hier eine Bauweise benutzt wurde, die auf dem ganzen Hawaii-Archipel unbekannt ist: hier, und nur hier, findet man geschliffene und behauene Steine. Heute kann man nur noch etwa 20 m vom oberen Teil des Grabens sehen, da zahlreiche Steine für den Bau von Straßen und Häusern herausgeschlagen wurden.
Als George Vancouver 1793 in Waimea landete, beschrieb er die Mauer des Grabens um fast 8 m aus dem Fluß hinausragend und erwähnte, daß der Graben einem Zufluß des Waimea-Flusses diente, also ziemlich lang gewesen sein muß; davon ist heute nichts mehr zu sehen. Nach seiner Darstellung kamen die unbehauenen Felsen aus einem 12 km entfernten Steinbruch; wie der Transport vor sich ging, ist noch ungeklärt, denn die Hawaiianer kannten das Rad noch nicht. Es ist kein Wunder, daß die Menehune herhalten mußten, um die Entstehung dieses Bauwerks zu erklären; auf Hawaiisch heißt es übrigens 'kiki ola', Wasserlauf des Ola, eines Oberhäuptlings in Kauai.
Östlich des Ortes, auf einer kleinen Anhöhe, liegt das → Fort Elizabeth mit Ausblick auf den Pazifik und die Mündung des Waimea-Flusses. Waimea bedeutet 'rötliche Erde' auf Hawaiisch, ein Name, der auf die im Fluß mittransportierte rote Erde zurückgeht.

Barking Sands

Fährt man die Straße Nr. 50 die Westküste entlang weiter, gelangt man nach Barking Sands, einer Raketenkontrollstation, die allerdings militärisches Sperrgebiet ist und nicht besucht werden kann.

*Waimea Canyon B 1

Grand Canyon of the Pacific

Zwei Straßen führen von der Straße Nr. 50 zu diesem "Grand Canyon des Pazifik" genannten Naturwunder, einem 19 km langen, 900 m tiefen Canyon: die von der Straße Nr. 50 nur ein paar Autominuten von der Menehune Road abzweigenden Waimea Canyon Road oder die von Kehala, etwas weiter westwärts abgehende Straße Nr. 550, die beide nach einigen Kilometern aufeinandertreffen. Bis zum Ende der Straße, dem 1256 m hohen Kalalau-Aussichtspunkt, sind es 32 bzw. 35 km. Für die Strecke

Blick in den Waimea Canyon

Waimea Canyon (Fortsetzung)

sollte man genügend Zeit einplanen (mindestens einen Tag), um unterwegs mehrmals anhalten und die Einmaligkeit des Canyon auf sich wirken lassen zu können. Wenn man Zeit und Lust hat und gut zu Fuß ist, kann man sich ohne Mühe eine ganze Woche in diesem Gebiet aufhalten.

*Blicke in die Tiefe

Auf dem Wege nach oben gibt es eine Reihe von Aussichtspunkten, alle deutlich markiert, mit immer wieder neuen Ausblicken. Da ist der Waimea Canyon Lookout, ein paar Kilometer weiter der 1100 m hohe Puu Hinahina Lookout, schließlich am Ende der Straße der schon erwähnte Kalalau Lookout. Von dort führt eine ungeteerte Straße zum Puu o Kila-Aussichtspunkt mit Ausblick auf die Na Pali-Küste. Richtung Inselinneres beginnt hier die riesige Hochfläche des Alahai Swamp, einer bewaldeten Sumpffläche, die durch die hohen Niederschläge stark vermoort und nicht begehbar ist.

Der Waimea Canyon, der zwar – was die Ausmaße anbelangt – keinem Vergleich mit dem Grand Canyon in Arizona/Utah standhält, ist deshalb nicht weniger bemerkenswert, denn auch er ist in seiner Art ein Naturwunder. So kann man vom Waimea Canyon Lookout nicht nur in die Schlucht mit ihrem fast ununterbrochenen Wechsel des Farbenspiels hinunterschauen, sondern auch die drei kleineren Canyons sehen, die von den Nebenflüssen des Waimea, dem Waialae, dem Koaie und dem Poomau gebildet werden. In der Ferne kann man gewaltige Wasserfälle ausmachen, den Hihinui und den Waialae.

Vom Kalalau-Aussichtspunkt schaut man hinab auf die Na Pali-Klippen und in das Kalalau-Tal (⟶ Na Pali-Küste), in das man aber von hier aus nicht absteigen kann.

Wetter

Je nachdem, zu welcher Tageszeit man auf die Höhe des Canyon gelangt und wie das Wetter gerade sein mag, ist auch die Stimmung verschieden. Es regnet hier übrigens auch häufig und viel, aber das sind meist kurze Schauer, von denen man sich nicht entmutigen lassen darf (Regenklei-

Waimea Canyon, Wetter (Fortsetzung)

dung sollte immer mitgenommen werden); schon wenige Minuten später kann die Sonne wieder scheinen, auch wenn man sich selbst noch in den Wolken befindet. Den Kampf zwischen dahinziehenden Wolkenbänken und der Sonne zu erleben, ist einer der größten Eindrücke, die man von Kauai und von Hawaii überhaupt mitnehmen kann.

Kokee State Park

Vielleicht 2 km vor Erreichen des Straßenendes kommt man am Hauptquartier des Kokee State Park vorbei, wo sich auch ein kleines, kostenlos zugängliches naturkundliches Museum befindet, in dem man einiges zur Entstehungsgeschichte des Canyon, seiner Fauna und Flora erfahren kann. Von hier führt ein weitläufiges Wanderwegenetz von einer Länge von über 70 km in alle Richtungen. Neben einem Restaurant sind auch Übernachtungsmöglichkeiten vorhanden, die man aber in der Hauptsaison und für die Wochenenden vorausbestellen muß (Tel. 335-6061, schriftliche Vorausbestellungen sind zu richten an: Kokee Lodge, Box 819, Waimea, HI 96796, und müssen mit einer Vorauszahlung von 25 US-Dollar begleitet sein; Aufenthalt ist bis zu fünf Tagen möglich).

Schön ist Kauai...

Wenn man von den Aussichtspunkten in den Canyon, das Kalalau-Tal und die Na Pali-Küste hinabblickt, kann man die Worte eines alten hawaiischen Liedes voll begreifen, das wie folgt beginnt: "Maika'i Kauai hemolele i ka malie" – "Schön ist Kauai, über jeden Vergleich erhaben ..."

Insel Lanai

Fläche: 363 km²
County: Maui
Bewohnerzahl: 2200
Hauptort: Lanai City

Lage und Entstehung

Lanai ist die sechstgrößte Insel des Hawaii-Archipels, allerdings mit ihren 363 km² (29 km lang, 21 km breit) nur halb so groß wie die nahe gelegene Insel Molokai.

Die Entfernungen zu den Nachbarinseln sind relativ gering. Die Westküste von Maui ist lediglich zwölf Kilometer entfernt. Der nur elf Kilometer breite Kalohi Channel trennt Lanai von der Südküste der Insel Molokai. Die Insel Kahoolawe liegt nur 24 km weiter südöstlich.
Sowohl von Maui wie von Molokai aus ist Lanai mit bloßem Auge zu sehen. Die Insel wirkt mit ihrer regelmäßigen Gestalt wie ein langer Buckel am Horizont.

Lanai ist aus einem einzigen kuppelförmigen Schildvulkan entstanden. Die ursprüngliche Gestalt der Insel ist durch starke Erosion überformt worden.

Naturraum

Der Großteil der Insel besteht aus einem etwa 500 m hoch gelegenen Plateau. Die höchste Erhebung ist der 1027 m hohe Lanaihale im Ostteil der Insel. Der einzige Kraterkessel, das Palawai Basin, liegt südlich von Lanai City.

Inselname

Das hawaiische Wort 'lanai' bedeutet 'Tag der Eroberung', wobei der Hintergrund dieser Namensgebung unklar bleibt. Heute wird Lanai oft die 'Ananasinsel' genannt, nach dem Hauptanbauprodukt, das große Teile der Insel bedeckt.

Klima und Vegetation

Das Klima von Lanai ist ausgeglichen mit einer durchschnittlichen Temperatur von 24 °C und einer mittleren Niederschlagsmenge von 750 mm, insgesamt trockener als die Nachbarinseln.
Die ursprüngliche Vegetation ist nur noch in Teilbereichen der Insel erhalten, besonders in den tiefen Tälern auf der feuchteren Ostseite der Insel. Die Norfolk-Pinien, typisch für Lanai, sind künstlich ausgesät worden.

Bevölkerung

Heute leben auf Lanai nur etwa 2200 Menschen, fast alle in Lanai City, dem als Siedlung für die Plantagenarbeiter angelegten Ort in der Mitte der Insel. Die Bevölkerung von Lanai spiegelt die für ganz Hawaii charakteristische Mischung der Völker wider: Filipinos, Japaner, Chinesen und Weiße – nur mit dem Unterschied, daß hier die Filipinos die Mehrheit bilden, nämlich etwas über 50 %; sie wanderten als Arbeiter für die Ananasplantagen ein. In weitem Abstand folgen die Japaner mit 18 %, dann die Weißen mit 11 % und die Hawaiianer mit 9 Prozent.

Landwirtschaft

Das Schicksal der Landwirtschaft auf Lanai war durch den Aufkauf der Insel durch die Dole Company im Jahre 1922 besiegelt. Im 19. Jh. hat man ohne großen Erfolg versucht, Zuckerrohr anzubauen, und die darauf folgenden Viehzuchtbetriebe konnten ebenfalls nicht lange überdauern. Das neue Anbauprodukt hieß nun Ananas.

Landwirtschaft (Fortsetzung)

Die Dole Company hatte schon erste Erfahrung mit Ananasanbau auf Oahu gesammelt und suchte nach neuen Anbauflächen. Sie erwarb ganz Lanai von den Nachkommen des Missionars Dwight Baldwin zu einem Spottpreis von 1,1 Mio. US-Dollar. Bald kamen 90% der amerikanischen Ananas von dieser Insel, insgesamt rund 50 Mio. Ananas pro Jahr, die über den eigens dafür gebauten Hafen Kaumalapau im Südwesten der Insel auf die Weltmärkte geschickt wurden. Gleichzeitig mußten Arbeiter angeworben werden, die in Lanai City angesiedelt wurden.
Im Jahre 1966 wurde die Dole Company von Castle & Cooke, Inc., aufgekauft. Heute ist Lanai die größte Ananasplantage der Welt. Trotz allem ist man gezwungen, als Folge des weltweiten Überangebots die Anbauflächen zu verringern.

Tourismus

Tourismus war bisher auf der Insel kaum vertreten. Es gab bis 1990 nur ein einziges Hotel mit zehn Zimmern, das Lanai Hotel in Lanai City. Castle & Cooke bzw. Dole, die ursprünglich auf 66 km^2 des Landes Ananas anbauten, hat in den letzten Jahren den Einstieg in das Tourismusgeschäft gewagt. Zwei Luxushotels wurden kürzlich fertiggestellt: das Manele Beach Resort (250 Zimmer) an der gleichnamigen Bucht im Süden der Insel und die Lodge at Koele in Lanai City (102 Zimmer), beide bereits eröffnet. Zusammen mit den Hotels entstanden auch Freizeitanlagen, darunter ein neuer 18-Loch Golfplatz.

Geschichte

Um Lanai rankt sich die Legende, daß hier die bösen Geister hausten. Aus diesem Grunde wurde Lanai erst im 14. Jh. besiedelt, und zwar erstmals nicht ganz freiwillig durch Kaululaau, den Neffen des Königs von Maui, der hierher verbannt wurde und angeblich alle Geister erschlug.
Die erste Besiedlung fand entlang der Maui gegenüberliegenden Ostseite der Insel statt, wo hauptsächlich Taro gepflanzt und Fischfang betrieben wurde. Später wurde im Landesinneren Getreide angebaut.
Die erste Beschreibung der Insel erfolgte durch einen Nachfolger von James Cook, der als erster Europäer die Insel betrat. Die folgenden Seefahrer segelten an Lanai vorbei, und erst viele Jahre später tauchten erneut Weiße auf der Insel auf. Die Bevölkerung auf der Insel nahm rapide ab, doch ist die Ursache dafür nicht bekannt. Es wird vermutet, daß ein Großteil der Bewohner auf andere Inseln abwanderte.
Im Jahre 1854 kamen die Mormonen auf die Hawaii-Inseln und beabsichtigten, auf Lanai eine Gemeinde zu gründen. Nachdem sie schon Land angekauft hatten, zogen sie sich 1872 wegen interner Streitigkeiten in der Muttergemeinde von den Hawaii-Inseln zurück. Als sie zwei Jahre später wieder nach Lanai zurückkehrten, hatte einer ihrer Anhänger, Walter Murray Gibson (→ Berühmte Persönlichkeiten) die Ländereien in seinen Besitz gebracht. Gibson und später seine Nachkommen betrieben auf Lanai Anbau von Zuckerrohr und Viehzucht, bis sie schließlich das gesamte Gelände im Jahre 1922 an die Dole Company verkauften. Die Mormonen gründeten eine neue Gemeinde in Laie auf der Insel Oahu.

Garden of the Gods H 4

Der Garden of the Gods liegt im Nordwesten der Insel und ist relativ schwierig zu erreichen. Ein geländegängiges Auto ist am besten geeignet, da nur ein kleiner Teil des Weges geteert ist. Die ca. elf Kilometer lange Wegstrecke entlang des Awalua Highway ist nicht immer leicht zu finden. Von Lanai City gelangt man über die Fraser Avenue zu einer Gabelung mit vier Wegen. Man fährt geradeaus weiter, bis man eine größere Kreuzung erreicht. Dort geht es nach rechts weiter; der Weg verengt sich; an der nächsten Kreuzung fährt man geradeaus weiter und erreicht nach einigen Kilometern den Garten der Götter.
Dieser wundersame Felsgarten ist eine geologische Besonderheit. Eigenartige Lavaformationen und Gesteinsblöcke sind hier durch jahrtausende-

Sandstrand in der Hulopoe Bay

Garden of the Gods (Fortsetzung)

lange Erosion entstanden. Insbesondere bei Sonnenuntergang erstrahlt die rote Erde manchmal in tiefrotem, manchmal in goldgelben Licht und verzaubert die Landschaft.
Von diesem wohl seltsamsten Garten in Hawaii aus führen mehrere Pfade zur Küste. Ein Weg geht durch wüstenähnliche Landschaft zum Kaena Point, wo steile Felsen ins Meer abfallen (vorübergehend wurden ehebrecherische Hawaiianerinnen dorthin verbannt); ein anderer endet am Polihua Beach, einem schönen weißen Sandstrand.

Hulopoe Bay und Manele Bay H 4

Diese beiden im Süden von Lanai dicht nebeneinander liegende Buchten erreicht man von Lanai City aus auf der Straße Nr. 441.
In der Hulopoe-Bucht befindet sich der schönste Strand von Lanai. Ein natürliches Lavaschwimmbecken macht gefahrloses Baden möglich.
Die Manele-Bucht hat einen Hafen für kleine Boote, in dem Yachten aus Lahaina (Maui) zu Tagesausflügen festmachen. Von hier hat man einen schönen Blick auf die Insel Kahoolawe. Bei besonders klarem Wetter kann man die oft schneebedeckten Gipfel der Insel Hawaii sehen. Das kristallklare Wasser der Hulopoe-Bucht ist besonders sanft und im allgemeinen ein paar Grad wärmer als die meisten anderen Gewässer der Hawaii-Inseln.

Kaunolu H 4

Am westlichen Ende der Südküste liegt das ehemalige hawaiische Fischerdorf Kaunolu. Der Ort gelangte zu besonderer Bekanntheit, weil König Kamehameha I. ihn zu seinem Sommersitz auserkoren hatte. Er ging

Kaunolu (Fortsetzung)

hier dem Fischfang nach. Heute sind von Kaunolu nur noch Ruinen zu sehen. Der Ort ist seit etwa 1900 unbewohnt, doch lassen die verbliebenen Überreste von 80 Häusern vermuten, daß es sich hier um ein ehemals bedeutendes Dorf handelte. Die große Tempelanlage Halulu Heiau und die dortigen Felszeichnungen unterstreichen die ehemalige Bedeutung dieser historischen Stätte; vom Tempel sind nur noch Überreste vorhanden, die sich an der Südspitze der Insel am westlichen Teil der Bucht befinden.
Als letzter Bewohner gilt Ohua, der von Kamehameha V., unbeschadet der Tatsache, daß die hawaiische Religion schon geraume Zeit abgeschafft war, beauftragt wurde, den steinernen Fischgott Kunihi zu verstecken, der sich auf einem Tempelaltar in der Nähe des Halulu Heiau befand. Ohua soll den Tod gefunden haben, weil er das Stein-Idol, das in einer nur etwa 100 m vom Tempel entfernten Schlucht vergraben sein soll, beschädigte.

Keomuku H 4

Unbewohnter Ort

Auch Keomuku ist ein schon lange unbewohntes Dorf an der Ostküste von Lanai. Diese Plantagensiedlung verlor ihre einzige Einnahmequelle durch die Schließung der Zuckerfabrik der Maunalei Sugar Company Anfang 1900 als Folge des in dieser Region unrentablen Anbaus von Zuckerrohr. Heute sind nur noch eine halbverfallene Kirche und ein in der Nähe befindlicher kleiner Heiau erhalten; die Häuser von Keomuku wurden in den siebziger Jahren sämtlich abgerissen. Die Steine des Kahea Heiau waren von der Mauanalei Sugar Company zum Bau einer nur kurzlebigen Eisenbahn benutzt worden, was für die Hawaiianer die Ursache des Mißerfolges des Zuckerunternehmens war. Ihrer Meinung nach wurde der Tempel entweiht und ein Tabu gebrochen. Von der Sugar Company sind noch die Ruinen zu sehen.

Naha

Nach weiteren zehn Kilometern erreicht man Naha, ein weiteres verlassenes althawaiisches Dorf; hier endet der nur schlecht befahrbare Weg.

Lanai City H 4

In der in den zwanziger Jahren von der Dole Pineapple Co. neu angelegten Siedlung für Plantagenarbeiter leben heute 98% der Bewohner Lanais. Der Ort liegt etwa 480 m hoch im Schatten des höchsten Berges von Lanai, des Lanaihale. Die von dem Neuseeländer George Munro angepflanzten Norfolk-Pinien – er betrieb im 19. Jh. kurze Zeit eine Ranch auf Hawaii – verleihen jetzt Lanai City ein fast parkähnliches Aussehen. Die in der Mehrzahl einheitlich gebauten Häuser mit Wellblechdächern leuchten in allen Farben und sind von Blumen- und Gemüsegärten umgeben. Die Hauptstraße ist die Lanai Avenue, die Querstraßen tragen die Nummern 3 bis 13 (1 und 2 gibt es nicht). Im Norden, auf dem ehemaligen Gelände der Munro-Ranch, befindet sich der schöne Cavendish Golfplatz.

Munro Trail

Von Lanai City aus kann man auf dem Munro Trail den 1027 m hohen Lanaihale, den höchsten Berg von Lanai, erreichen. Der Weg wird entweder im geländegängigen Wagen zurückgelegt (sehr holprig und nicht zu empfehlen, wenn man an Rückenbeschwerden leidet) oder zu Fuß. Die Fahrt beginnt auf der Straße Nr. 440 in Richtung ⟶ Shipwreck Beach, von der nach knapp 3 km in den ersten größeren Kiesweg rechter Hand eingebogen werden muß. Nach etwa 1,5 km fährt man an der nächsten Kreuzung nach links ab, bis zur nächsten Kreuzung, dort geht es rechts weiter den Hauptweg entlang, vorbei an mehreren Schluchten bis der Weg am

Gipfel endet. Hier belohnt den Besucher ein schöner Ausblick. Klares Wetter vorausgesetzt, was meistens nur an Vormittagen der Fall ist, kann man alle großen hawaiischen Inseln mit Ausnahme von Kauai, vor allem auch den Haleakala-Krater auf Maui sehen.

Lanai City, Munro Trail (Fortsetzung)

Luahiwa Petroglyphs

H 4

Es ist nicht ganz einfach, zu den schwarzen Luahiwa-Felsen zu gelangen. Von Lanai City aus benutzt man die Straße Nr. 440, die Manele Road, in südlicher Richtung bis zur Hoike Road, einer Schotterstraße. Man fährt an zwei Wassergräben vorbei; nach dem zweiten Graben muß man nach links abbiegen, nun den Graben zur rechten Hand entlangfahren bis zum Erreichen einer Wasserleitung; diese Rohrleitung entlangfahren bis zum dritten Elektrizitätsmast mit einem Warnzeichen "No Trespassing", dann geht es links hinauf. Von hier aus kann man jetzt die schwarzen Felsen sehen. Auch diese Strecke ist wieder ziemlich holprig.
Von den zahlreichen Felszeichnungen, die man auf Lanai sehen kann, sind die von Luahiwa zwar nicht die umfangreichsten, aber doch jene, die nahezu alle gefundenen Formen und Symbole aufweisen: Kreise oder andere Symbole bis hin zu menschlichen Figuren. Man erkennt Kanus, bellende Hunde, mitunter sogar Männer hoch zu Roß, was darauf hindeutet, daß die Hawaiianer diese Zeichnungen noch anfertigten, nachdem die Weißen Hawaii entdeckt hatten und Pferde auf den Inseln einführten. Die Felszeichnungen befinden sich nahezu ausnahmslos auf der Südseite der Felsen.

Shipwreck Beach

H 4

Dieser an der windigen Nordküste von Lanai gelegene Strand verdankt seinen Namen den dort zerschellten Schiffen und Booten, von denen der Rumpf eines Liberty-Frachters aus dem Zweiten Weltkrieg das größte dortige Schiffswrack ist. Die starken Passatwinde haben hier Schiffe und Boote auf die Riffe getrieben, von wo es kein Entrinnen mehr gab.
Über die Straße Nr. 440 von Lanai City aus ist dieses Gebiet leicht zu erreichen; bis etwa 1,5 km vor der Küste ist die Straße geteert, entlang der Küste führt ein Sandweg, der nicht zum Befahren geeignet ist.
Von hier kann man 13 km entlang der Küste wandern und kommt über den → Garden of the Gods bis zum Polihua-Strand. Das Meer ist flach und gefährlich, also kaum zum Schwimmen geeignet, dafür kann man bei einem Spaziergang Muscheln und interessantes Strandgut finden.

Insel Maui

Fläche: 1887 km^2
County: Maui
Bewohnerzahl: 88 100
Hauptort: Wailuku

Lage und Entstehung

Die Insel Maui liegt westlich der Insel Hawaii, von dieser durch den Alenuihaha Channel getrennt. Die Entfernung von Oahu beträgt ca. 110 km Luftlinie. Als zweitgrößte Insel des hawaiischen Archipels hat Maui mit einer Fläche von 1887 km^2 eine Küstenlänge von 193 km.
Die Gestalt der Insel ähnelt Tahiti. Maui ist aus zwei Vulkanen entstanden, zuerst West-Maui mit dem 1764 m hohen Puu Kukui und später Ost-Maui mit dem 3055 m hohen, jetzt erloschenen Vulkan Haleakala, dessen Krater, ehe er vor Jahrhunderten erlosch, soviel Lava über seine Abhänge auswarf, daß dadurch eine Landenge zwischen den beiden Teilen der Insel gebildet wurde.

Naturraum

Der westliche, ältere Teil der Insel besteht aus einer zerklüfteten Berglandschaft, die von tiefen Tälern durchzogen ist. Dieses Gebiet ist schwer zugänglich und nur durch die Küstenstraße erschlossen. Getrennt durch den Isthmus mit den umliegenden Ebenen, schließt sich der östliche Inselteil an. Dieses flächenmäßig doppelt so großes Gebiet wird von dem mächtigen Vulkan Haleakala dominiert.

Inselname

Der Ursprung des Beinamens 'Valley Island' ('Tal-Insel') ist nicht eindeutig geklärt. Eine Erklärung bezieht sich auf den Isthmus, als dem Tal zwischen Ost- und West-Maui, eine weitere verbindet den Namen mit den Tälern des westlichen Mauis und speziell mit dem Iao-Tal.

Klima und Vegetation

Durch das gebirgige Relief der Insel variiert das Wetter auf Maui relativ stark, doch entspricht es insgesamt dem Klima der übrigen Hawaii-Inseln. Die Höchsttemperatur liegt bei etwa 30°C, die niedrigste bei 15°C – abgesehen natürlich vom Haleakala, auf dem mit minus 11°C im Jahre 1961 ein Kälterekord für Hawaii gemessen wurde. Regentage sind auf Maui selten, aber die Niederschlagsmenge ist sehr unterschiedlich verteilt: während es in Ost-Maui im allgemeinen mehr regnet als im Westen, ist dort als Folge von orographischen Regenfällen der Puu Kukui mit einer durchschnittlichen Jahresmenge von 1120 cm Niederschlag der regenreichste Punkt der Insel. In dem an der Küste gelegenen, nur 10 km Luftlinie entfernten Lahaina fällt pro Jahr nur etwa 50 cm Regen; von Mai bis September ist diese alten Hafenstadt niederschlagsfrei.
In den unzugänglichen Gebieten im Westen der Insel konnten einige endemische Pflanzen ihren Standort bewahren. Die fruchtbaren, verwitterten Lavaböden in der Ebene der Landenge sind günstige Voraussetzungen für den Zuckerrohr- und Ananasanbau.

Bevölkerung

Maui hat – mit Ausnahme der nur von Hawaiianern bewohnten Insel Niihau – mit fast 15% den größten Anteil aller Inseln an 'kamaainas' (Eingeborenen). Die größte Bevölkerungsgruppe stellt die weiße Bevölkerung mit 36%; es folgen die Japaner mit 23% und die Filipinos mit 17%. Die restlichen 9% verteilen sich auf mehrere Nationalitäten.

Landwirtschaft

Die Bedeutung der Landwirtschaft auf Maui nahm im Zuge des Niedergangs der Walfang-Industrie zu und wurde erst in den sechziger Jahren durch den einsetzenden Tourismus verdrängt.
Heute spielt die Landwirtschaft auf Maui eine untergeordnete Rolle. Neben Zuckerrohr werden Ananas, Blumen und 'pakololo' (das hawaiische Wort für Marihuana) angebaut. Viehzucht wird an den Süd- und Westhängen des Haleakala betrieben, wo sich zwei große Güter von 130 bzw. 70 km^2

◀ *Maui: Kraterlandschaft im Haleakala-Vulkan*

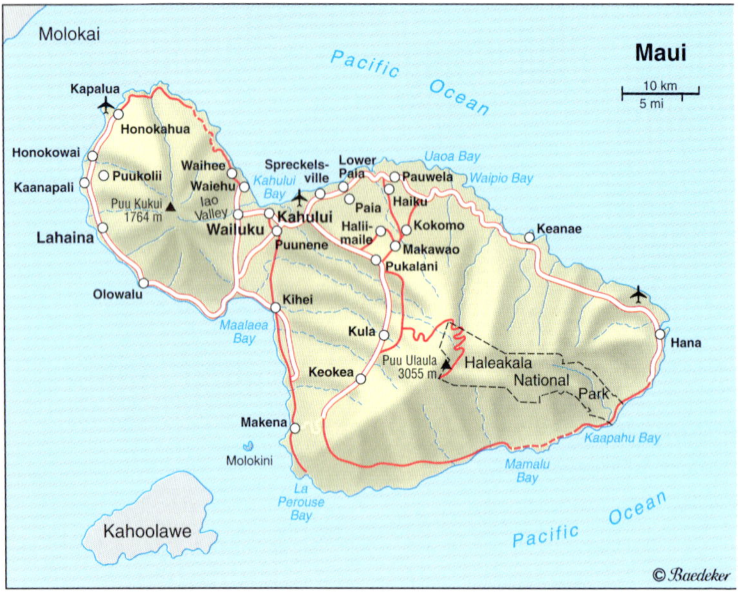

Landwirtschaft (Fortsetzung)

befinden. 'Pakololo' wird in entlegenen Gegenden des westlichen Gebirges und an der Hana-Küste angepflanzt, natürlich illegal.

Tourismus

In den sechziger Jahren mit Beginn des Düsenflugverkehrs und des Massentourismus setzte die touristische Entwicklung auf Maui ein. Heute gibt es sogar direkte Flugverbindungen vom amerikanischen Festland nach Kahului.

Nach Oahu ist Maui mit etwa 2 Mio. Touristen pro Jahr und mit mehr Fünf-Sterne-Hotels als irgendeine andere Insel die meistbesuchte Insel der Hawaii-Inseln. Dennoch ist auf Maui keine bauliche Verdichtung, vergleichbar mit Honolulu oder Waikiki, entstanden. Ein Grund liegt in den weitaus strengeren Bauvorschriften des County Maui; zum anderen hat infolge der vielen Strände auf Maui keine so starke räumliche Konzentration stattgefunden, so daß in den meisten Fällen die Hotelanlagen, mit Ausnahme von Kihei, ziemlich weit voneinander entfernt sind. Viele Kenner von Hawaii bevorzugen Maui gegenüber den übrigen Inseln. Maui selbst ist nicht unbescheiden; das Motto der Insel lautet: "Maui no ka oi" (Maui ist die beste).

Auswirkungen des Tourismus

Die negativen Auswirkungen der touristischen Erschließung der Insel sind allerdings nicht ausgeblieben. Auf den ersten Blick sind die Probleme, denen sich Maui gegenübersieht, für den Touristen nicht erkennbar, weil sie in erster Linie die Infrastruktur betreffen, vor allem Müllbeseitigung, Kanalisation und Wasserversorgung. Darüber hinaus hat die ständige Anwesenheit von 5000 Bauarbeitern und die Vermehrung des Hotelpersonals zu einer ausgesprochenen Wohnungsnot und steigenden Mieten geführt. Das gilt hauptsächlich für den Ortsteil Kihei.

Am raschesten entwickelt sich derzeit das südlich von Kihei gelegene Wailea, wo zwei große Hotels (Grand Hyatt mit 815 Zimmern und Four Seasons-Wailea mit 380 Zimmern und dazugehörigen Golf- und Tennisplätzen) neu eröffnet wurden. Wailea verfügt noch über vier weitere Hotels mit

Auswirkungen des Tourismus (Fortsetzung)

insgesamt 1800 Zimmern, so daß in diesem Teil der Insel die größte touristische Konzentration Mauis entstanden ist.
Der Bau eines weiteren Hotels (Ritz-Carlton) in Honokahua, im äußersten Nordwesten der Insel, wurde dank des Einspruchs hawaiischer Organisationen um mehrere Jahre verzögert, als sich herausstellte, daß sich unter dem Bauplatz am Strand ein Massengrab aus der Frühzeit der polynesischen Einwanderung (1000 bis 1200 Jahre alt) befindet.
Der Einspruch bewirkte die Verlagerung des Bauplatzes etwas weiter ins Landesinnere. Der Staat Hawaii erwarb das Nutzungsrecht an dem Begräbnisgelände, welches wieder in seinen ursprünglichen Zustand zurückversetzt wird. Ausschachtungsarbeiten haben bereits begonnen und die ersten Skelette zutage gefördert.

Mythologie

Der Legende zufolge ist Maui von dem gleichnamigen, auf fast allen polynesischen Inseln verehrten Halbgott geschaffen worden, der die hawaiischen Inseln mit einem großen Fischhaken aus dem Meer angelte. Ihm werden noch andere Streiche zugeschrieben; so soll er die Sonne eingefangen und sie im Krater des Haleakala so lange festgehalten haben, bis sie versprochen hatte, langsamer über die Berge zu ziehen und den Inselbewohnern länger Tageslicht zu geben.

Geschichte

Als letzte der großen Inseln wurde Maui erst im Jahre 1786 von Europäern entdeckt. James Cook hatte zwar die Insel, noch ehe er auf Kauai landete, bereits am 26. November 1778 erblickt, segelte aber weiter, da er keinen geeigneten Ankerplatz fand. Erst eine französische Expedition unter Jean La Pérouse landete am 28. Mai 1786 in der später nach ihm benannten Bucht in der Nähe von Lahaina. Um diese Zeit herrschte auf Maui ein Häuptling namens Kahekili, dessen Streitkräfte die Truppen von Kamehameha, der Maui erobern wollte, 1790 nahe der lao Needle empfindlich schlugen. Im Jahre 1802 hielt sich Kamehameha mit einer großen Streitmacht in Lahaina auf und blieb dort ein volles Jahr, ehe er zu einem entscheidenden Schlag gegen Mauis Herrscher Kalanikupule, den Sohn Kahekilis, ausholte, nachdem er kurz zuvor Molokai erobert hatte.

Kamehameha machte Lahaina zu seinem Regierungssitz und später zur Hauptstadt der hawaiischen Inseln. Im Jahre 1843 wurde Lahaina von Honolulu als neuem Regierungssitz abgelöst.

Protea

Eine Pflanze hat besonders günstige Lebensbedingungen an den Hängen des Haleakala gefunden: die Protea.
In Maui findet man etwa 75 verschiedene Arten dieser Blumen vor, die in einer Höhe von 650 bis 1300 m wachsen, da sie warme Tages- und kühle Nachttemperaturen brauchen. Vielleicht die schönsten und beliebtesten der Proteas sind die 'King' und 'Queen' genannten, die auch in mehreren Farben anzutreffen sind. Man kann sie am besten in der Hawaii Protea Cooperative (Straße Nr. 377, kurz vor Erreichen der Straße Nr. 378 zum Haleakala Crater), im Kula Botanical Garden (ebenfalls an der Straße Nr. 377, etwa 1,6 km von der Kreuzung mit Straße Nr. 37 entfernt) und der Upcountry Protea Farm (Upper Kimo Drive, eine Abzweigung von der Straße Nr. 377) besichtigen.

Diese Blumen, die ursprünglich nur in Australien und Südafrika vorkamen, wurden wegen ihrer Vielgestaltigkeit von dem schwedischen Naturforscher Carl Linné nach dem griechischen Gott Proteus benannt, welcher der Sage zufolge seine Gestalt nach Belieben ändern konnte. Erst vor einem Vierteljahrhundert wurde Protea-Samen in größeren Mengen nach Hawaii gebracht, wo die Blumen ausschließlich auf dem vulkanischen Boden der Haleakala-Abhänge wachsen. Insgesamt gibt es 1400 Sorten dieser Blumen, die sich vor allem dadurch auszeichnen, daß sie außergewöhnlich kräftig, sehr haltbar (sie können, ohne Schaden zu nehmen, vier Tage ohne Wasser sein) und als Trockenblume beliebt sind, wobei sich die Farbe und Form der Blütenblätter durch das Trocknen ändert.

Alexander & Baldwin Sugar Museum

→ Kahului

**Haleakala National Park J 4

Legende

Hina, die Mutter des Halbgottes Maui, beklagte sich bei ihrem Sohn, daß sie ihre Rindenkleidung nicht trocknen könne. Die Tage seien zu kurz. Daraufhin stieg Maui auf den Vulkan, fing die Sonne mit einem Seil ein und hielt sie gefangen. Mit dem Versprechen, doch etwas langsamer über die Berge zu ziehen, ließ er sie wieder frei. Von diesem Tage an hatten die Bewohner Mauis mehr Sonnenlicht zur Verrichtung ihrer Arbeiten. Der Vulkan heißt seitdem 'Haus der Sonne' – Haleakala.

Allgemeines

Der Haleakala-Krater ist eine der großen Sehenswürdigkeiten des Hawaii-Archipels und zweifellos die Hauptattraktion, die Maui zu bieten hat. Die sich fortgesetzt verändernden Farben des Kraters haben Mark Twain, der sich 1866 mehrere Monate in Hawaii aufhielt, veranlaßt, von dem "erha-

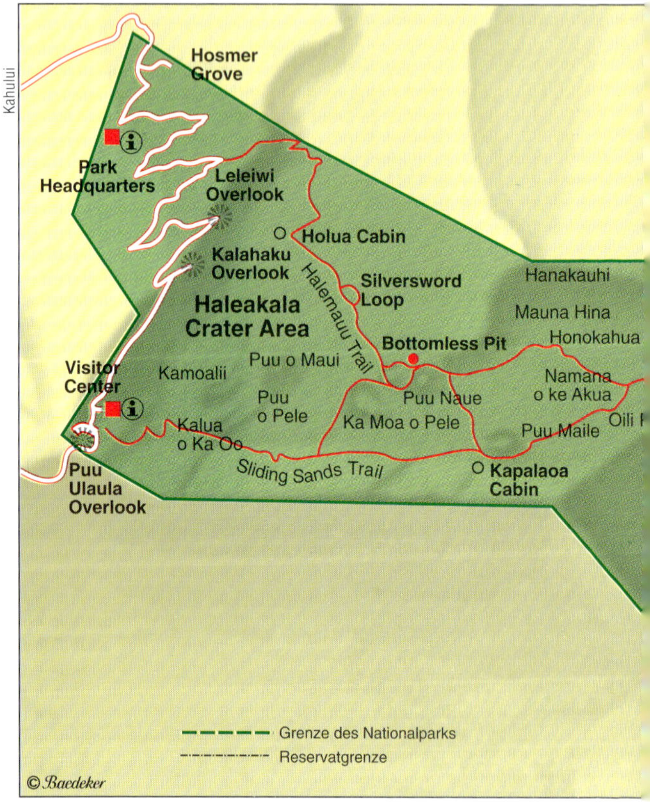

Allgemeines (Fortsetzung)

bensten Naturschauspiel" zu sprechen, das er je erlebt hat. Der heutige Tourist dürfte es nicht anders empfinden, insbesondere, wenn er dort den Sonnenaufgang miterleben kann.
Die Anfahrt ist über die Autostraßen Nr. 37, 377 und 378 von Kahului aus leicht möglich, und die Höhe von mehr als 3000 m ist mit dem Auto ohne Schwierigkeiten überwindbar. Hin- und Rückfahrt allein nehmen etwa drei Stunden in Anspruch. Das Gebiet des Nationalparks zerfällt in zwei Teile, die zwar zusammenhängen, aber nur über verschiedene Anfahrtswege erreichbar sind, so daß der Besuch beider an einem Tag nicht möglich ist. Der eine Teil umfaßt das riesige Kratergebiet mit seinen vielen Wanderwegen; der andere Teil besteht aus dem unteren Teil des Kipahulu-Tales, das sich bis hin zur

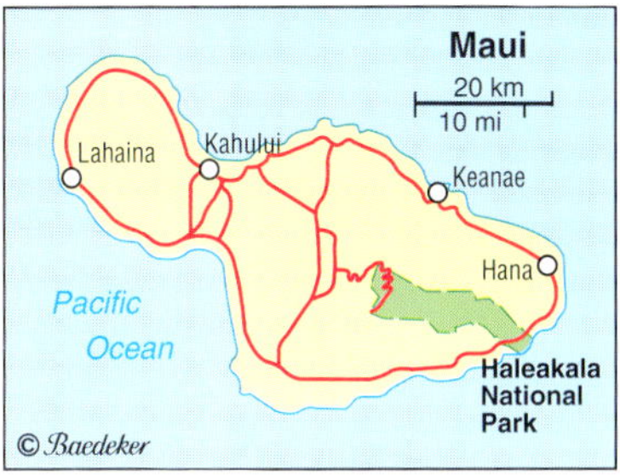

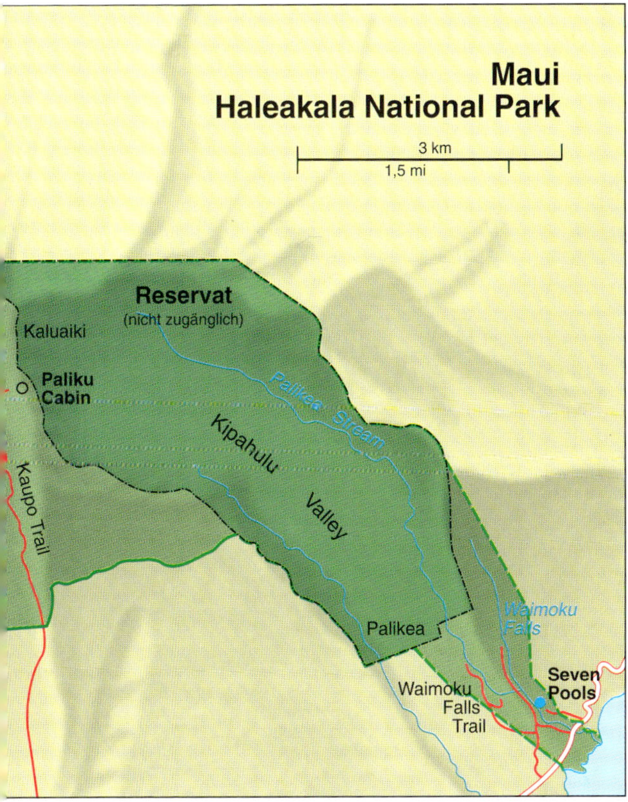

Allgemeines (Fortsetzung)

Südostküste erstreckt. Hier liegen die 'Sieben Teiche' und der Waimoku-Wasserfall, beide über die Straße Nr. 31 von → Hana aus zu erreichen.

Entstehung des Haleakala

Der Haleakala ist heute ein längst erkalteter Schlackenkegel – der letzte Ausbruch des Vulkans ereignete sich im Jahre 1790 – und weist in seinem Innern rote, gelbe, graue und schwarze Streifen auf, anhand derer man die Wege erkennen kann, die Lava, Asche und Schlacken während ihres Abflusses genommen haben.
Maui, eine der jüngeren Hawaii-Inseln, dürfte aus zwei Vulkanen auf dem Meeresboden entstanden sein, die im Laufe von Jahrmillionen häufig ausbrachen, immer weiter wuchsen und schließlich aus dem Meer emportauchten. Lava, Asche, aber auch Schwemmland verbanden die separaten Vulkanberge miteinander und bildeten die Insel Maui. Der größere östliche Vulkan, der Haleakala, wuchs bis zu 3600 m, maß also, von seiner Basis auf dem Meeresboden gemessen, 9100 m, durch Erosion hat er bis heute fast 600 m verloren. Diese Erosion ist im wesentlichen die Folge schwerer Regenfälle: die Wasserströme wuschen in der Nähe des Gipfels zwei große Senken aus, die sich zu dem jetzigen großen Krater vereinigten.
Die heutige Inaktivität des Kraters wird von Geologen mit der stetigen Nordwärtsbewegung der Pazifischen Platte erklärt (→ Zahlen und Fakten, Entstehung der Hawaii-Inseln). Bis zur Mitte des 18. Jh.s hatte sich Maui mehrere Kilometer vom 'hot spot' entfernt, so daß der Vulkan Haleakala erlosch. Da geologisch zwei Jahrhunderte eine kurze Zeit sind, wäre ein neuerlicher Ausbruch dennoch denkbar. Seit 1790 hat es jedoch nur in niedriger Höhe im Südwesten des Haleakala den Ausbruch zweier kleiner Lavaströme gegeben, die das Meer bei Makena im Südwesten Mauis erreichten. Gelegentliche schwache Erdbeben auf Maui lassen erkennen, daß die Erde noch immer nicht zur Ruhe gekommen ist, aber für irgendwelche vulkanische Tätigkeit auf der Insel gibt es keine Beweise. Somit dürfte das Wachstum Mauis beendet sein, während weiter südlich die Insel Hawaii, dank fortgesetzter Ausbrüche ihrer Vulkane, ihre Bodenfläche immer noch vergrößert.

Information

Telefonische Wetterauskunft (Tel. 572-9177)

Das Hauptquartier des Nationalparks, in dem man Informationen allgemeiner Art, Bücher, Ansichtskarten u. ä. erhält, liegt etwa 1½ km vom Eingang des Nationalparks entfernt. Das Besucherzentrum, 16 km weiter bergaufwärts in etwa 3000 m Höhe, bietet Wissenswertes über die Entstehung des Kraters, was anhand von Modellen und Illustrationen veranschaulicht wird. Von hier hat man auch den besten Blick in den Krater. Auf dem Gipfel befindet sich das Puu Ulaula-Observatorium ('puu ulaula' = roter Hügel) mit einem lohnenden Ausblick auf das westliche Maui, auf Big Island, Lanai, Molokai und bei sehr klarem Wetter bis nach Oahu.

Wandermöglichkeiten

Das Haleakala-Gebiet bietet zahlreiche Wandermöglichkeiten. Der sogenannte Haleakala Trail, auch Slidding Halemau Trail genannt, ist eine Zweitagestour, die in den Krater, zur Holua-Hütte und zurück führt (die Tour beginnt in einer Kurve des Haleakala Highways, rund 3,2 km nach dem Besucherzentrum und der Zahlstelle; nur für erfahrene Wanderer geeignet). Der Polipoli Loop Trail ist auch ungeübten Wanderern zu empfehlen. Für die rund 10 km lange Wanderung benötigt man rund 3,5 Stunden.

Wetterwechsel

Besondere Vorsicht erfordern die auf dem Haleakala plötzlich einsetzenden Wetterwechsel. In der Gipfelnähe ist die Temperatur um etwa 20°C niedriger als im Tal, so daß wärmere Kleidung notwendig ist. Im Sommer ist es im allgemeinen sonnig und warm, im Krater selbst sogar heiß, aber ein Umschwung zu kaltem, nassem und regnerischem Wetter, insbesondere am Nachmittag, liegt immer im Bereich des Möglichen, so daß man stets einen Regenschutz mit sich haben sollte. Im Winter ist es auf dem Haleakala fast immer kalt, neblig, regnerisch und windig (Nordostwinde!). Im Frühjahr und Herbst findet man oft an einem Tag sämtliche Wetterarten vor. Auf dem Haleakala wurde mit minus 11°C die niedrigste Temperatur der hawaiischen Inseln überhaupt gemessen.

Silversword und ...

... King Protea

Flora und Fauna

Auf dem Haleakala und seinen Abhängen konnte eine Anzahl von endemischen Pflanzen fortbestehen, die man sonst nirgends mehr auf den Inseln finden kann. Besonders bekannt und auffällig ist die Silversword-Pflanze – ihr hawaiischer Name ist 'ahinahina' –, die auf dem Haleakala in Höhenlagen über 2000 m zu finden ist, vorzugsweise im Krater selbst. Diese silberblättrige Pflanze, die eine Höhe bis zu $2^1/_2$ m erreicht, hat eine Lebensdauer von fünf bis zu 20 Jahren. Im letzten Jahr ihres Lebens, meistens im Mai oder Juni, sprießen aus dieser Pflanze 100 bis 500 gelb-rötliche Blüten, die ihre größte Entfaltung im Juli oder August erreichen. Jede Blüte erzeugt Hunderte von Samenkörnern, und während diese reifen, stirbt die Pflanze ab, so daß im Herbst nur noch ein verfaulendes Skelett übrigbleibt. Wegen der seltenen Blüte ist es für den Touristen ein besonderer Glücksfall, diese unter Naturschutz stehende Pflanze auch zu sehen. Entlang der Straße wurden einige Silverswords in einer Einfriedung am Kahaluka Aussichtspunkt angepflanzt.
Eine andere Blume, die außer an den Abhängen des Haleakala auf den hawaiischen Inseln nicht wächst, ist die aus Australien und Südafrika stammende Protea, die in zahlreiche Arten und farblichen Variationen auftritt.
Auch einige der allmählich auf Hawaii verschwindenden Vögel können nur noch an den Hängen des Haleakala beobachtet werden, so der Staatsvogel Nene (hawaiische Gans) und der Akohehohe, ein besonders schöner Waldläufer. Die fast ausgestorbene Nene, etwas kleiner als die mit ihr verwandte kanadische Gans, ist heute wieder in einigen hundert Exemplaren vertreten. Die Nene ist kein Wasservogel mehr, da sie einen großen Teil der ursprünglich vorhandenen Schwimmhäute eingebüßt hat.

Haleakala – Heiliger Ort

Der Haleakala war für die Hawaiianer mehr als ein Jahrtausend lang ein heiliger Ort. Heute kann man im Krater noch die Überreste eines alten Steinwegs sehen, der schon zu frühen Zeiten angelegt wurde. Der National Park Service hat vor einiger Zeit die Knochen von wahrscheinlich Häupt-

Haleakala National Park, Heiliger Ort (Fortsetzung)

lingsfamilien angehörigen Hawaiianern gefunden, die in einem schwer zugänglichen Lavabett versteckt waren, wie es Brauch und Sitte gebot. Ein weiteres hawaiisches Brauchtum war, die Nabelschnüre von Neugeborenen in den Krater zu werfen. Dies sollte dazu beitragen, aus den Kindern starke und ehrenhafte Menschen zu machen.
Im Krater sind weiterhin noch die Überreste alter Tempel (heiau) mit Altären zu erkennen, auf denen die Hawaiianer den Göttern Opfergaben darbrachten.

**Hana und Hana Highway — J/K 4

Ursprüngliches Hawaii

Hana, eine Ortschaft mit etwa 800 Einwohnern in einem der dünnbesiedelsten Distrikte von ganz Hawaii, hat infolge seiner isolierten Lage sein Aussehen so bewahrt, wie das ländliche Hawaii vor der großen Touristeninvasion gewesen sein mag – idyllisch, mit üppigen Feldern und Gärten, dank des vielen Regens, der für die Ostküsten aller hawaiischen Inseln charakteristisch ist.

Historische Bedeutung

Wegen seiner Nähe zur Insel Hawaii hatte Hana in den Kämpfen um die Einigung der Hawaii-Inseln Ende des 18. Jh.s große strategische Bedeutung. Kamehameha I. nutzte den Ort als Stützpunkt für seinen entscheidenden Angriff auf die große Nachbarinsel.
In Hana kam auch die Königin Kaahumanu, Lieblingsfrau von Kamehameha I., im Jahre 1768 zur Welt. Nach dem Tode von Kamehameha blieb sie bis 1832 Regentin von Hawaii.

Ausblick

Einen besonders guten Blick auf Hana und die Hana-Bucht erhält man vom Lyon's Hill, einem Hügel oberhalb der Ortschaft mit einem Gedenkstein zu Ehren des Gründers der Hana Ranch.

Wananalua Church

Die im Jahre 1838 aus Lavaquadern erbaute Kirche dient heute noch immer Gottesdiensten in hawaiischer Sprache.

Hana Cultural Center

Das Hana Cultural Center, ein mitten im Dorf gelegenes Museum, vermittelt allerlei Interessantes über Vergangenheit und Gegenwart von Hana, wobei die vielen alten Fotos und die fantastischen Muscheln besonderes Augenmerk verdienen.

Hasegawa General Store

Der Hasegawa General Store ist wohl eines der interessantesten Geschäfte, das man sich vorstellen kann. Es bietet auf engstem Raum alles nur Erdenkliche: Lebensmittel, Gebrauchsgegenstände, Souvenirs und, und, und.
Hasegawa hat auch die einzige Tankstelle des Ortes, wo man sich für die Rückfahrt noch einmal eindecken sollte, denn zwischen Hana und Paia gibt es keine Tankstelle.

Hana Ranch

Nach einer Periode des nicht sehr erfolgreichen Zuckerrohranbaus wurde in Hana wieder verstärkt Viehwirtschaft betrieben. Die Hana Ranch mit einem beachtlichen Bestand an Rindern wirtschaftet seit ihrer Gründung durch Paul Fagan erfolgreich und ist Arbeitgeber für den Großteil der Bewohner von Hana.

Sehenswertes entlang des Hana Highways

Straßenverhältnisse

Der Weg nach Hana ist zwar nicht lang, aber äußerst schwierig mit nicht weniger als 617 Kurven und mehr als 50 schmalen Brücken auf einer

Seven Pools von der Oheo-Brücke aus gesehen ▶

Straßenverhältnisse (Fortsetzung)

Strecke von 83 km. Der 'Hana Highway' ist identisch mit der Straße Nr. 36 bzw. Nr. 360, auf die man in der Nähe des Flugplatzes von → Kahului stößt. Ab Huelo wird die Strecke enger und sehr kurvenreich. An Wochentagen ist außerdem mit Schwerverkehr zu rechnen. Insgesamt sollte für die Strecke von Kahului bis Hana mit rund 3 bis 4 Stunden Fahrtzeit gerechnet werden.
Die Rückfahrt sollte man nicht zu spät antreten, um die Strecke nicht bei Dunkelheit zurücklegen zu müssen. Emfehlenswert ist es, eine Übernachtung in Hana einzuplanen. Leider ist die Hotelauswahl nicht sehr groß: Zimmer bietet das Hotel Hana-Maui, das allerdings zu den teuersten in ganz Hawaii zählt; alternativ besteht die um vieles preisgünstigere Möglichkeit, ein kleines Ferienhaus zu mieten (über Hana Bay Vacation Rentals, P.O. Box 318, Hana, HI 96713).
Wer die Insel ganz umfahren will muß ab den Seven Pools (siehe unten) bis zur Ulupalakua Ranch rund 2 bis 3 Stunden Fahrtzeit einrechnen; die Straße ist unbefestigt und nur mit einem Allradfahrzeug befahrbar (für Leihwagen nicht erlaubt).
Wem die Fahrt zu anstrengend ist, für den besteht auch noch die Möglichkeit, vom Flugplatz Kahului zu dem kleinen Flugplatz von Hana zu fliegen, der sich in unmittelbarer Nähe des Waianapanapa State Park befindet. Kleinflugzeuge der Aloha Island Air und Air Hana bieten Flugverbindungen an. (Erstere hat keinen festen Flugplan; Information von Oahu aus erhält man unter Tel. 800/833-3219, von den anderen Inseln aus unter Tel. 800/652-6541. Air Hana ist ein Charterdienst des Hotels Hana-Maui, der Ende 1989 eingerichtet wurde und eine Twin Cessna 421-Maschine für vier Passagiere betreibt. Information: 800/321-4262). Das Hotel unterhält einen kostenlosen Zubringerdienst vom Flugplatz. Der Flug von Kahului nach Hana dauert etwa 15 Minuten.

Blütenpracht

Die Straße, die im wesentlichen der zerklüfteten Küstenlinie folgt, führt durch ein ungewöhnlich dicht bewachsenes, fast urwaldartig anmutendes Gebiet mit zahlreichen Stellen, an denen es sich unbedingt lohnt, haltzumachen. Entlang der schwierigen Strecke unmittelbar nach dem Verlassen der Ortschaft Haiku wird die Vegetation immer üppiger: man findet hier Guaven, zahlreiche Ingwer-Sträucher, Kukui-Nußbäume, schlanke Bambusstauden und Blumen und Blüten in fast allen Farben des Regenbogens. Man taucht in eine exotische Pflanzen- und Blumenwelt ein, die einen für die Mühen der Wegstrecke reichlich entlohnt.

Twin Falls

Der Doppelwasserfall (etwa auf halber Strecke zwischen Kahului und Hana, von der Hana Road in 5 Minuten zu erreichen) stürzt hier inmitten dichter Vegetation in einen kreisrunden Pool.

Honomanu Bay

An der Honomanu-Bucht berührt die Straße zum ersten Mal die Küste.

Keanae Arboretum

Wer sich für tropische Vegetation interessiert, sollte sich kurz im Keanae Arboretum aufhalten (freier Eintritt), das sich auf der Landseite der Straße, nicht weit hinter der Honomanu Bay, befindet. Es muß allerdings noch ein ansteigender Fußweg zurückgelegt werden, bis man zu den beiden Hauptabteilungen 'Tropische Pflanzen' und 'Einheimische hawaiische Pflanzen' gelangt.

Wailua Lookout

Vom Wailua-Aussichtspunkt hat man eine schöne Sicht auf die aus Lava des Haleakala gebildete Keanae-Halbinsel. Von hier sieht man auch den mächtigen Waikani-Wasserfall, einen der vielen, zum Teil namenlosen Wasserfälle, die entlang der Straße auftauchen.
Die beiden Dörfer Keanae und Wailua, an denen man vorbeifährt, haben zusammen nicht mehr als 250 Einwohner.

Puua Kaa State Park

Als nächster Haltepunkt empfiehlt sich der Puua Kaa State Park (links der Straße hinter einer Brücke) mit einigen Picknicktischen, wo man, umgeben von Bananen- und Eukalyptusbäumen rasten kann.

Wasserfälle und ...

... Lavaküste

Waianapanapa State Park

Mehr Picknickgelegenheiten findet man kurz vor der Ankunft in Hana im Waianapanapa State Park. Hier kann man auch zelten und Übernachtungshütten mieten (Bedingungen, Preise und unbedingt notwendige Vorbestellungen bei der Maui Division of State Parks, 54 High Street, Wailuku, Tel. 244-4354). An der Paiola-Bucht des State Park ist die schwarze Lavaküste sehenswert; vom Schwimmen muß man allerdings bei starkem Wellengang Abstand nehmen.

Ferner befindet sich hier eine schwarze Doppelhöhle im Lavagestein, in der, der Legende zufolge, der Häuptling Kaakea seine Frau Popoalaea tötete, weil er sie verdächtigte, ein Liebesverhältnis mit ihrem jüngeren Bruder zu haben. Im alten Hawaii war der Inzest nicht tabu; im Gegenteil, man glaubte, daß aus einer Verbindung von Geschwistern besonders kräftige Menschen hervorgehen. Da sich die Tat im April abspielte, soll sich alljährlich im April das Meer um die Höhle rot färben. Es gibt allerdings auch eine sehr nüchterne Erklärung: um diese Jahreszeit befinden sich hier viele junge rote Garnelen im Wasser.

Von hier sind es noch etwa 5 km bis Hana; kurz vor Erreichen des Ortes teilt sich die Straße Nr. 360, aber beide führen nach Hana und durch Hana hindurch auf die Straße Nr. 31.

Seven Pools

Von Hana führt die frisch geteerte Straße Nr. 31 weiter nach Kipahulu und zu den rund 16 km entfernt gelegenen Oheo Gulch, den Seven Pools. Die 'Sieben Teiche der Oheo-Schlucht' werden oft auch die 'Sieben Heiligen Teiche' genannt, obwohl sie diesen Beinamen nur einem geschäftstüchtigen Hotelier verdanken, der die Gegend für den Tourismus interessanter machen wollte.
Vom Parkplatz aus führt ein 1 km langer Weg über Weideland an Resten ehemaliger Häuser vorbei an die Küste. Das von den Bergen kommende Wasser fließt durch das tief eingeschnittene Lavagestein kaskadenförmig

von einem Teich in den nächsten und schließlich ins Meer. In den unteren Teichen ist das Baden gestattet. Der Ozean ist hier zum Schwimmen ungeeignet.
Am Parkplatz beginnt ein Wanderweg, der entlang der Oheo-Schlucht nach knapp 1 km zum Makahiku-Wasserfall führt. Von hier kann man den Waimoku Falls Trail weiterwandern und erreicht nach $2^1/_2$ km die beeindruckenden Waimoku-Wasserfälle. Der erste Teil der Wanderung ist nicht allzu schwierig; nach etwa 1,6 km überquert man einen Fluß, und auf der anderen Seite führt der Pfad weiter bergauf.

Hana und Hana Highway, Seven Pools (Fortsetzung)

Jenseits von Kipahulu kommt man zur 1857 erbauten Palapala Hoomau-Kirche, auf deren Friedhof der berühmte Atlantikflieger Charles Lindbergh begraben ist. Er überquerte 1927 als erster allein in der "Spirit of St. Louis" den Atlantik. Die letzten Jahre seines Lebens bis 1974 verbrachte Lindbergh auf Maui, wo er in der unzugänglichen Einsamkeit dieses Landfriedhofs beigesetzt werden wollte. Dennoch wächst die Zahl der Touristen, die Jahr um Jahr die Grabstätte besuchen.
Von hier aus ist die Weiterfahrt nur noch mit Geländewagen möglich (siehe S. 144 oben).

Palapala Hoomau Church, Charles Lindbergh

Iao Valley State Park H/J 4

Das westlich von Wailuku an der Straße Nr. 32, der Verlängerung der Main Street, gelegene Iao-Tal ('iao' wird manchmal mit 'oberster Wolke', manchmal mit 'oberstem Licht' übersetzt) war ein den alten Hawaiianern heiliger Talgrund, zu dem sie pilgerten, um ihre Götter zu ehren.
Heute führen vom Parkplatz aus in dieses beliebte Ausflugsgebiet eine Reihe von bequem begehbaren, zum Teil gepflasterten Wanderwegen ins Tal, die einige schöne Aussichten bieten.

Beliebtes Ausflugsgebiet

In der Mitte des Tals liegt die Iao-Nadel, ein spitz zulaufender Basaltstein, der sich 675 m über den Meeresboden erhebt und als Monolith in dem sonst ausgewaschenen Tal übrigblieb.
Dieser grün bewachsene, eigenartige Felsen wurde offenbar in der Vorzeit als Altar benutzt.
Um die Entstehung der Iao Needle rankt sich folgende hawaiische Legende: Als der Halbgott Maui einen ungebetenen Freier seiner bildschönen Tochter Iao, den Wassermann Puukamoua (etwa mit Triton, dem Sohn Poseidons der griechischen Mythologie vergleichbar), gefangengenommen hatte und ihn töten wollte, befahl ihm die Feuergöttin Pele, ihn in einen Stein zu verwandeln – das ist die heutige Nadel!
Dem Tal wird ebenso zugeschrieben, voller 'manas', d.h. Geister der hawaiischen Götter, zu sein.

*Iao Needle

Im Kepaniwai Park and Heritage Gardens, den man auf der Hinfahrt passiert, wurde den ethnischen Minderheiten Hawaiis ein Denkmal architektonischer Art gesetzt. Eine portugiesische Villa, eine hawaiische Grashütte, ein Neu-England-Haus, eine chinesische Pagode sowie ein japanisches Teehaus stehen symbolisch für die einzelnen Nationalitäten Hawaiis.
Kepaniwai bedeutet soviel wie 'Eindämmen des Wassers'. Die Bedeutung geht auf die hawaiische Frühgeschichte zurück, als Kamehameha in einer entscheidenden Schlacht die Streitkräfte des Königs von Maui besiegte und der Fluß Wailuku mit den Leichen der Krieger angefüllt war.

Kepaniwai Park Heritage Gardens

Auf dem Wege zur Iao Needle kommt man linker Hand am Pali Ele'ele (tiefschwarze Klippe) vorbei, wo man in den sechziger Jahren, nach der Ermordung von Präsident John F. Kennedy, dessen Profil in den Felsen zu erkennen glaubte.

Pali Ele'ele

◀ *Iao Needle: Monolith im Iao Valley*

*Kaanapali H 4

Touristisches Zentrum

Kaanapali liegt im westlichen Teil Mauis und gehört zu ⟶ Lahaina. Der Ort ist über die Straße Nr. 30 zu erreichen. Seit den sechziger Jahren ist hier, wo früher Zuckerrohr- und Ananasplantagen waren, ein touristisches Zentrum der feinsten Sorte entstanden. Entlang des über 6 km langen Strandes, einem der schönsten auf Maui, liegen sechs Luxushotels, von denen das Hyatt Regency und das Sheraton Maui herausragen, aber auch die übrigen – Maui Marriott, Westin Maui, Kaanapali Beach und Royal Lahaina – gehören zu den besten und teuersten Hotels der hawaiischen Inseln. In jedem der genannten Hotels stehen mehrere Restaurants zur Auswahl. Überall gibt es Golf- und Tennisplätze, ferner eines der schönsten Einkaufszentren Hawaiis, The Whalers, mit dem Whalers Village Museum und seiner schönen Sammlung von Erinnerungsstücken aus der Walfängerzeit von Maui, wie Schiffsmodellen, Ausrüstungsgegenständen der Walfänger, Schnitzereien aus Walzähnen und anderes (freier Eintritt).
Ein neu angelegter kleiner Flugplatz garantiert schnelle Verbindung nach Kahului und zu den anderen Hawaii-Inseln.
In Kaanapali endet die Eisenbahnlinie des 'Sugar Cane Train', eine Verbindungsstrecke von Lahaina nach Kaanapali, die gerne als Ausflugsfahrt durch die heute noch vorhandenen Zuckerrohrfelder benutzt wird.

Kapalua

Dieser nördlich von Kaanapali gelegene Badeort ist wegen seiner schönen Strände berühmt. Der touristische Ausbau ist noch nicht so fortgeschritten wie im benachbarten Kaanapali, doch runden ein Luxushotel und ein Golfplatz das exklusive touristische Angebot ab.
Insgesamt läßt sich feststellen, daß der Küstenabschnitt zwischen Lahaina und Kapalua von einem regen touristischen Ausbau geprägt ist.

Fahrt im Sugar Cane Train durch Zuckerrohrfelder

Kahului J 4

Allgemeines

Stadtplan S.158/159

Kahului, mit ⟶ Wailuku fast zusammengewachsen, ist mit etwa 13000 Einwohnern der größte Ort auf Maui. Wirtschaftliche Bedeutung haben der Flughafen und der gut ausgebaute Hafen. Die Stadt empfiehlt sich wegen ihrer zentralen Lage, hat aber nur wenig Strandleben und ist im allgemeinen kühler und windiger als andere Teile der Insel. In touristischer Hinsicht hat Kahului somit wenig zu bieten. Erwähnenswert ist das Kaahumanu-Einkaufszentrum an der gleichnamigen Straße, in dem es eines der wenigen Restaurants in Hawaii gibt, die traditionelle hawaiische Kost servieren (Ma Chan, Tel. 877–6475).

Historische Bedeutung

Die Geschichte von Kahului beginnt gegen Ende des 18. Jh.s, als Kamehameha I. mit seiner Streitmacht von Big Island hier landete. Der Name der Stadt bedeutet soviel wie 'der Gewinnende' und könnte sich sehr wohl auf den Sieg beziehen, den Kamehameha im nahe gelegenen ⟶ Iao-Tal über die Truppen des Königs von Maui erzielte.
Im 19. Jh. war Kahului vorwiegend Hafenstadt; verschifft wurde hauptsächlich Zucker von den in der Umgebung sich befindenden Zuckerplantagen. Die Entwicklung Kahuluis erfuhr im Jahre 1900 eine Unterbrechung, als ein großer Teil der Stadt abgebrannt wurde, um einer Pestepidemie Herr zu werden. Beim Wiederaufbau wurde der Hafen weiter vergrößert. Der moderne Flugplatz, in dem 10,5 km breiten Tal gelegen, das die beiden riesigen Lavamassen des ⟶ Haleakala und die Berge von West-Maui miteinander verbindet, wurde erst in den letzten Jahren voll ausgebaut, so daß es jetzt möglich ist, direkt vom Festland nach Maui zu fliegen.

Alexander & Baldwin Sugar Museum

Lage
3857 Hansen Road, Puuene, Straße 39 (Tel. 871-8058)

Wer mehr über die Herstellung von Zucker erfahren will, bekommt hier einen guten Einblick in Anbau und Verarbeitung des Zuckerrohrs. Das Museum zeigt die Geschichte der Zuckerindustrie mittels Fotos und authentischen Ausstellungsgegenständen, darunter auch einem Modell einer Zuckerraffinerie, alles ausgezeichnet aufgearbeitet.

Maui Enchanting Gardens

Lage
An der Straße 37, etwa 10 km vom Flugplatz Kahului (Tel. 878-2531)

Fährt man von Kahului Richtung ⟶ Makawao, gelangt man zu den Maui Enchanting Gardens, die in dem Teil der Insel gelegen sind, den man 'Upcountry' nennt. Dieser erst vor kurzer Zeit angelegte Garten zeigt eine beträchtliche Anzahl und Vielfalt tropischer Blumen und Pflanzen. Er untersteht derselben Leitung wie der ⟶ Nani Mau Garden in Hilo (Hawaii).
Man kann einen Besuch dieser Anlage auch mit der Fahrt auf den ⟶ Haleakala-Krater verbinden, da dies keinen nennenswerten Umweg erfordert.

Kapalua

⟶ Kaanapali

Kihei J 4

Vom Flugplatz über Straßen 38, 30, 31 erreichbar

Dieser Ort ist wohl die sich am raschesten entwickelnde touristische Ansiedlung auf Maui, mit einer Einwohnerzahl dicht hinter ⟶ Kahului und ⟶ Wailuku. In kritischen Augen handelt es sich hier um ein Musterbeispiel von fehlgeschlagener Tourismusentwicklung. Die Bautätigkeit erfolgte zu

Kihei (Fortsetzung)

beiden Seiten der sich durch den ganzen Ort ziehenden Kihei Road völlig unkontrolliert, da es keinerlei zentrale Planung gab. So gilt Kihei heute als stark überbaut; ein weiteres Problem ist die hohe Anzahl von Condominiums, Ferienwohnungen, die von ihren Eigentümern nur für einen Teil des Jahres bewohnt und zu anderen Zeiten vermietet werden (sog. Time-sharing-Projekte).
Davon abgesehen, hat Kihei einen fast ununterbrochenen, 10 km langen Strand, das beständigste Wetter auf der ganzen Insel und bietet schöne, unbehinderte Ausblicke auf die Inseln Lanai, Kahoolawe und Molokini. Die Hotels sind hier durchwegs preiswerter als in anderen Teilen Mauis, vor allem verglichen mit dem Preisniveau in Kaanapali und Kapalua, dafür aber auch weniger luxuriös.
Während des Zweiten Weltkriegs wurde Kihei durch Panzerfallen und Bunker vor einer möglichen japanischen Invasion geschützt, die aber nie stattgefunden hat. Heute sieht man noch zum Teil überwachsene Zementblöcke, die als Zeitzeugen übriggeblieben sind.

Wailea Makena

Südlich von Kihei werden jetzt die Orte Wailea und Makena durch den Bau einer Reihe von Luxushotels (Stouffer Wailea Beach Resort, Maui-Inter-Continental-Wailea und Maui Prince) für den Tourismus mehr und mehr erschlossen. Hier gibt es vor allem neuangelegte Golfplätze.

*Lahaina H 4

Lage und Allgemeines

Lahaina liegt im westlichen Teil der Insel und ist vom Flughafen in Kahului über die Straßen Nr. 38 und 30 zu erreichen. Obwohl Lahaina mit seinen 6000 Einwohnern nur der viertgrößte Ort auf Maui ist, bleibt er wohl der beliebteste Touristenort der Insel. Lahaina bietet Strandleben, ausschweifendes Stadtleben und eine interessante Geschichte, die in der Stadt sehr lebendig gehalten wird.

Historische Entwicklung

Die geschichtliche Entwicklung von Lahaina ist durch ständiges Auf und Ab gekennzeichnet. In den zwei Jahrhunderten seines Bestehens wandelte sich Lahaina von einem kleinen Dorf zum Regierungssitz von Hawaii und weiter zu einem der wichtigsten Walfanghäfen der Welt. Mit dem Niedergang des Walfangs sank auch Lahaina in völlige Bedeutungslosigkeit ab und konnte erst durch den Tourismus wieder eine neue Blüte erreichen. Heute steht der Ort unter Denkmalschutz; viele historisch interessante Gebäude werden restauriert und wieder aufgebaut.
Schon vor der Einigung der Hawaii-Inseln unter Kamehameha I. war Lahaina Sitz von König Kahekili von Maui. Später, nach dessen Niederlage gegen Kamehameha, wurde Lahaina Regierungssitz von Kamehameha I. und bis 1840 offizielle Hauptstadt von Hawaii. Von hier aus betrieben die beiden Königinnen Kaahumanu und Keopuolani, beide auf Maui geboren, die Christianisierung der hawaiischen Inseln und ließen den seit 1823 eintreffenden Missionaren freie Hand.

Walfängerstadt

Der Höhepunkt Lahainas als Walfängerstadt war im Jahre 1846 erreicht, als 429 Walfangschiffe im Hafen von Lahaina vor Anker lagen. Jahrzehnte behauptete Lahaina seine Stellung als bedeutendste Walfängerstation der Welt, was an der Stadt nicht spurlos vorübergegangen ist. Die große Zahl von Seeleuten, die sich in Lahaina aufhielten, nachdem sie Monate auf engen Schiffen verbracht hatten, veränderte das Leben der Bewohner beträchtlich. Einer im Jahre 1846 in Lahaina vorgenommenen Zählung zufolge gab es im Ort 3445 Hawaiianer, 112 Ausländer, 600 vorübergehend ansässige Seeleute, 155 Adobe-Häuser (Lehmhäuser), 833 Grashütten, 59 Stein- und Holzhäuser und 528 Hunde.
Um dem Sittenverfall vorzubeugen, erließ Gouverneur Hoapili von Maui ein Gesetz nach dem anderen: Bordelle wurden nicht länger gestattet, Grog durfte nicht mehr verkauft oder ausgeschenkt werden, Hawaiianerinnen,

Der Hafen von Lahaina

Walfängerstadt (Fortsetzung)

zumeist nackt, war es nicht länger erlaubt, den Schiffen entgegenzuschwimmen. Diese Maßnahmen führten eher zu Unruhen als zu einer Besserung der Zustände, so daß sich Hoapili gezwungen sah, ein Gefängnis für die rebellischen Seeleute zu errichten. Etwa um 1870 endete Lahainas stürmische Walfänger-Zeit, und fast 100 Jahre führte Lahaina ein kaum beachtetes Leben. Die Erzeugnisse in der Landwirtschaft (Zuckerrohr- und Ananasanbau) wurden zur Haupteinnahmequelle.
Erst in den sechziger Jahren dieses Jahrhunderts erwachte mit dem Einsetzen des Tourismus in Hawaii Lahaina zu neuem Leben, was dazu geführt hat, daß der Ort fast das ganze Jahr hindurch von Touristen überlaufen ist.

Lahaina heute

Das hauptsächliche Leben der Stadt spielt sich entlang der Hauptstraße von Lahaina, der Front Street und deren Nebenstraßen, ab. Vor allem an den Abenden, wenn die Hitze des Tages etwas nachgelassen hat (Lahaina macht seinem Namen, der soviel bedeutet wie 'mitleidslose Sonne', volle Ehre) und die vielen Geschäfte geöffnet haben, füllen sich die Straßen. Ein Bummel auf der Front Street – etwa auf einer Länge von 1,5 km – ist immer ein Erlebnis und zweifellos einen halbtägigen Aufenthalt wert. Wer sich allerdings auch für die Sehenswürdigkeiten der Stadt interessiert, die größtenteils an der Front Street oder in deren Nähe liegen, müßte einen längeren Aufenthalt einplanen.

Sehenswürdigkeiten in Lahaina (Stadtplan S. 152)

Baldwin House Museum

Das 1835 aus Lavagestein und gepreßter Koralle erbaute Haus diente von 1837 bis 1871 dem Missionar Dwight Baldwin und seiner neunköpfigen

Lage
Ecke Front und Dickinson Street (Tel. 661-3262)

Familie als Wohnung und Arztpraxis. Neben seiner Arbeit als Missionar war Baldwin der erste Arzt und Zahnarzt, der nach Hawaii kam. Das Mobiliar stammt zum Teil noch aus der Zeit, da die Baldwins das Haus bewohnten, so der Steinway-Flügel. Im Ordinationszimmer sind noch die Honorarsätze für die Leistungen des Arztes angeschlagen.

Banyan-Baum

Lage
Front Street zwischen Canal und Hotel Street

Dieser aus Indien stammende Baum war nur 2,5 m hoch, als er von dem damaligen Sheriff von Maui im Jahre 1873 zur Erinnerung an den 50. Jahrestag der Errichtung der ersten Mission in Maui gepflanzt wurde. Inzwischen hat sich der mächtige Baum zum größten Banyan-Baum der Insel entwickelt: er besteht jetzt aus einem Dutzend Stämmen, hat eine Höhe von 16 m und erstreckt sich über 60 m; ein Drittel des Court Square (Platz des Gerichtsgebäudes), auf dem er steht, liegt in seinem Schatten.

Brick Palace

Lage
Ende der Market Street

Hier sind nur noch die Ruinen des ersten aus Steinen errichteten Hauses in Hawaii zu sehen, das Kamehameha im Jahre 1802 bauen ließ, um dort die Kapitäne der in den Hafen einlaufenden Schiffe zu empfangen. Der Grundriß des einstöckigen Hauses mißt 12×6 m mit jeweils zwei Räumen in den beiden Stockwerken. Dieses Gebäude bestand 70 Jahre lang und wurde als Lagerhaus benutzt. Eine Zeichnung des Hauses ist leider nicht überliefert worden.

Im Schatten des Banyan-Baumes

Carthaginian

Die Carthaginian ist die Rekonstruktion eines Segelschiffs aus dem 19. Jh. und kann als typisch für die kleinen, schnellen Frachter gelten, die den Warenaustausch zwischen den Inseln bewerkstelligten. Das Originalschiff ging 1972 auf der Fahrt von Lahaina ins Trockendock in Honolulu verloren. Ein Ersatz wurde in Norwegen gefunden, von wo die Carthaginian II mit einer Besatzung aus Lahaina an seinen neuen Bestimmungsort fuhr. Im Schiff ist eine Ausstellung über Wale und Walfang untergebracht.

Lage
Am Hafen, Ecke Opelekane Street

Courthouse (Gerichtsgebäude)

Durch einen schweren Sturm wurden 1858 mehr als 20 Häuser in Lahaina zerstört, darunter auch das Hale Piula, das Gerichtsgebäude, das König Kamehameha III. erbauen ließ und ihm gleichzeitig als Palast diente. Im Jahre darauf wurde ein neues Gerichtsgebäude unter Verwendung der Steine des zerstörten errichtet, das jahrelang Verwaltungszentrum des Maui County war. Heute ist hier die Galerie der Lahaina Art Society und die Polizeistation untergebracht.

Lage
nahe dem Hafen Ecke Hotel Street

Hale Paahao (Gefängnis)

Dieses Gefängnis ließ der Gouverneur Hoapili für die aufsässigen Seeleute errichten, die dort an die Mauern gefesselt wurden. Alle Seeleute, die bei Sonnenuntergang nicht auf ihre Schiffe zurückgekehrt waren, mußten hier die Nacht verbringen. 1852 wurde unter Benutzung der Korallenblöcke des alten Gefängnisses dort ein größeres erbaut, das getrennte Zellen für Männer und Frauen hatte. Die meisten Häftlinge befanden sich dort, weil sie ihr Schiff verlassen hatten, betrunken waren oder Sonntagsarbeit ver-

Lage
Ecke Wainee und Prison Street

Hale Paahao (Fortsetzung)

richteten. Gefängnisstrafen von mehr als einem Jahr mußten in Oahu abgesessen werden. Heute wird das Gefängnis für Veranstaltungen aller Art vermietet.

Hale Pai (Druckerei)

Lage
Lahainaluna Road (Tel. 667-7040)

Auf dem Gelände des Lahainaluna-Seminars, oberhalb von Lahaina gelegen, wurde von den Missionaren die erste Druckerei westlich der Rocky Mountains geschaffen, die hawaiische Bibeltexte, Lexika und Schulbücher druckte. Von 1834 an wurde hier auch die erste Zeitung in hawaiischer Sprache, "Lama Hawaii", erstellt.
Die Druckerei wurde in den Jahren 1980–1982 von der Lahaina Restoration Foundation wieder instandgesetzt und ist jetzt ein Museum, das die Besucher über die Anfänge des Druckereiwesens in Hawaii unterrichtet.

Hauola-Stein

Lage
Vor den Ruinen des Brick Palace

Steine spielen eine wichtige Rolle in der Mythologie der Hawaiianer. Es ist nicht einfach, sich vorzustellen, daß von den aus dem Wasser herausragenden Steinen Kräfte ausgehen. Ein Stein, der Hauola-Stein, der einem Stuhl ähnlich ist, hatte heilende Kraft, wenn man sich darauf setzte und das Wasser über seinen Körper fließen ließ.
Neben den heiligen Steinen benutzten die 'kahunas' (Priester) auch Kräuter, Diät und Massage, um ihren Patienten die Gesundheit zurückzugeben. Der Hauola-Stein fand auch als Gebärstuhl Verwendung; die Nabelschnüre der Neugeborenen wurden oft unter den Steinen vergraben.

Hawaii Experience

Lage
824 Front Street (Tel. 661-8314)

Dieser Film, der die Entstehung, Geschichte und Gegenwart Hawaiis auf einer 18 m hohen gewölbten Leinwand zeigt, ist nur in Lahaina zu sehen. Für den Zuschauer werden tropische Gärten und Lava speiende Vulkane überflogen; man kann Wale erleben, sieht (und hört) rauschende Wasserfälle und erlebt die Mächtigkeit der Klippen entlang der Inselküsten aus der Vogelperspektive. Der Titel des Films ist "Hawaii, Inseln der Götter".

Jodo Mission

Lage
An der Küste, nahe Front & Kenui Street (Gebäude ist geschlossen)

Diese buddhistische Mission liegt auf dem Gelände eines ehemaligen kleinen Dorfs vor einem königlichen Kokosnuß-Hain. Sie ist eine der bekanntesten Anlagen Lahainas und wird wegen des in dem dazugehörigen kleinen Park sitzenden, riesigen Bronze-Buddhas – einem der größten außerhalb Japans – gerne besucht. Der Buddha wurde 1968 zum Gedenken an die ersten japanischen Zuckerplantagen-Arbeiter, die 1868 nach Hawaii kamen, aufgestellt. Die dazugehörige Pagode ist der größte buddhistische Tempel von Lahaina.

Hongwanji Temple

Ein weiterer Tempel aus dem Jahre 1927, der Hongwanji-Tempel, befindet sich in der Wainee Street, zwischen Prison und Shaw Street.

Lahaina-Kaanapali & Pacific Railroad

Lage
Straße 30, Paplaua Street (Tel. 661-0089)

Der 'Zuckerrohr-Zug', wie er allgemein heißt, ist die authentische Nachbildung der alten Eisenbahn, die um die Jahrhundertwende auf einer etwa 6 km langen Strecke zwischen Kaanapali und Lahaina Zuckerrohr beförderte. Heute werden statt dessen Touristen spazierengefahren; die Fahrt dauert mit der Dampflokomotive hin und zurück etwa 50 Minuten. Die Strecke führt nach wie vor durch Zuckerrohrfelder, und der Zugführer

unterhält die Fahrgäste mit alten Songs und Erzählungen über die Geschichte der Zuckerplantagen.
Von der Front Street (Pioneer Inn, Hafen, Einkaufszentrum) werden die Fahrgäste in regelmäßig verkehrenden Doppeldecker-Autobussen kostenlos zum Abfahrtsbahnhof gebracht.

Lahaina-Kaanapali & Pacific Railroad (Fortsetzung)

Lahaina Whaling Museum

In diesem Privatmuseum wird die Geschichte Lahainas als Walfänger-Hafen wachgerufen. Zahlreiche Artefakte aus jener Zeit sind hier ausgestellt, darunter auch einige einzigartige und ungewöhnliche Harpunen und Harpunenkanonen, die zum Erlegen der Wale benutzt wurden.

Lage
865 Front Street

Lahainaluna High School

Das einstige, von den Missionaren zur Ausbildung von Geistlichen gegründete Lahainaluna-Seminar ('lahainaluna' bedeutet 'oberhalb Lahainas') ist heute die einzige Oberschule im westlichen Teil von Maui. Seit ihrer Gründung im Jahre 1831 wurde 40 Jahre lang der Unterricht ausschließlich auf Hawaiisch erteilt; danach wurde Englisch die Unterrichtssprache, wenn auch immer noch großer Wert auf die Pflege der hawaiischen Traditionen gelegt wird. Ein Teil der Schule ist Internat, in das seit 1980 auch Mädchen aufgenommen werden. Der Campus, auf dem sich jetzt eine Reihe moderner Gebäude befinden, ist sehenswert.

Lage
Lahainaluna Road

Masters' Reading Room

Der jetzige Sitz der Lahaina Restoration Foundation wurde ursprünglich als Lesezimmer und Aufenthaltsraum für die Schiffskapitäne erbaut, deren Schiffe oft längere Zeit im Hafen von Lahaina lagen. Die meisten Kapitäne und Offiziere hatten auch ihre Familien an Bord, die sich in dem schattig gelegenen Haus zurückziehen und erholen konnten. Das Erdgeschoß diente den Zwecken der Mission und enthielt auch eine kleine Kapelle, im ersten Stock war das Lesezimmer.

Lage
Ecke Front und Dickinson Street (Tel. 661-3262)

Pioneer Inn

Dieses 1901 von einem Kanadier erbaute Hotel war lange Zeit einzige Unterkunftsmöglichkeit auf Maui und ist heute neben dem im gleichen Jahr erbauten Moana Hotel in Waikiki das älteste Hotel in Hawaii, das sich bis zum heutigen Tage behaupten konnte. Es ist auch heute noch im Besitz der Gründerfamilie George Freeland. Eine gründliche Renovierung und Erweiterung des Hotels erfolgte im Jahre 1964. Im Speisezimmer wird weiterhin durch dementsprechende Dekoration die Walfänger-Zeit lebendig gehalten: diverse Artefakte, alte Fotos und Walfang-Ausrüstung schmükken die Wände. Die Bar nahe des Hoteleingangs ist ein beliebter Treffpunkt und immer voller Leben. Die Zimmer im Pioneer Inn sind einfach und billig.

Lage
Ecke Hotel und Wharf Street (Tel. 661-3636)

Waiola Church und Waiola Cemetery (ursprünglich: Waine'e)

Diese Kirche, von James Michener in seinem Roman "Hawaii" mehrfach erwähnt, hatte ein sehr wechselvolles Schicksal. Der ursprüngliche Bau entstand in den Jahren 1828–1832 und war die erste Steinkirche der Insel. Sie bot Platz für 3000 Personen. Durch einen Sturm 1858 wurde sie schwer beschädigt: das Dach wurde abgedeckt und der Glockenturm stürzte ein. Sie wurde wieder aufgebaut, aber 1894 von einer Menschenmenge in Brand gesteckt, die auf diese Weise gegen die Abschaffung der hawai-

Lage
Wainee Street, nahe Shaw Street

Lahaina, Waiola Church und Waiola Cemetery (Fortsetzung)

ischen Monarchie protestieren wollte. Nachdem sie ein zweites Mal aufgebaut wurde, zerstörte diesmal ein weiterer Brand im Jahre 1947 das Kirchenschiff. Nach dem erneuten Wiederaufbau wurde sie durch einen Wirbelsturm stark beschädigt. Das jetzige, nicht besonders eindrucksvolle Kirchengebäude stammt aus dem Jahre 1953.
Der angrenzende Friedhof wurde 1823 angelegt und war die erste christliche Begräbnisstätte Hawaiis. Hier kann man die Gräber zahlreicher Berühmtheiten aus den Anfängen der hawaiischen Monarchie finden, darunter König Kauanualii von Kauai (1780–1824), Königin Keopuolani, eine der Frauen von Kamehameha I. (1778–1823), Gouverneur Hoapili von Maui, der hintereinander die beiden Witwen von Kamehameha, Keopuolani und Kaahumanu, heiratete (1776–1840), Miriam Auhea Kekauluohi, eine der fünf Frauen von Kamehameha I., später Gattin von Kamehameha II. und Mutter des späteren Königs Lunalilo (1794–1845); Prinzessin Nahienaena, Tochter von Kamehameha I. und Schwester der Könige Kamehameha II. und III. (1815–1836).

Wo Hing Temple

Lage
5 Front Street
(Tel. 661-5553)

Von der Lahaina Restoration Foundation erst 1984 wieder instandgesetzt, ist dieses Gebäude jetzt ein Museum, in dem der Besucher über die Chinesen in Maui und vor allem auch über ihren Einfluß in Lahaina unterrichtet wird. Von besonderem Interesse sind die dort laufend gezeigten Filme. Das Gebäude war von chinesischen Plantagenarbeitern als Wohnheim und Treffpunkt für minderbemittelte chinesische Arbeiter erbaut worden.

Makawao J 4

Die Ortschaft Makawao liegt südöstlich von Kahului und ist über die Straße Nr. 37 zu erreichen.
Makawao ('beginnender Wald') ist eine Gründung portugiesischer Einwanderer, die hauptsächlich Viehzucht betrieben. Im Laufe der Jahre ist der Ort in ganz Hawaii durch die alljährlich abgehaltenen Rodeo-Veranstaltungen bekannt geworden, von denen die beliebteste am 4. Juli, dem amerikanischen Unabhängigkeitstag, stattfindet. Makawao hat etwa 1100 Einwohner und ein ausgeprägtes Wildwest-Ortsbild, vergleichbar mit ⟶ Wailea/Kamuela im Nordosten von Big Island. Seit einiger Zeit ist man sehr bemüht, Makawaos Charakter als Wildweststadt zu erhalten. Hier kann man an den beiden Hauptstraßen, Baldwin und Makawao Avenue, sowohl mexikanische Restaurants als auch Steak-Restaurants finden. Eine Besonderheit ist ein Stand mit dem Namen Kitada, wo es den besten 'saimin' geben soll, eine deftige Nudelsuppe, die ihren Ursprung in Japan hat.
Die Umgebung von Makawao entspricht nicht dem typischen Hawaii-Bild und ist schon allein deswegen wiederum reizvoll: Auf den Wiesen und Abhängen rund um Makawao sieht man grasende Pferde und Rinder.

Molokini H/J 4

Dieses hufeisenförmige Inselchen liegt an der südlichen Westküste Mauis, der Ortschaft Makena vorgelagert. Molokini ragt bis zu einer Höhe von 45 m aus dem Wasser und besteht aus den Überresten eines Kraters, dessen größter Teil unter der Meeresoberfläche eingesunken ist.
Wegen seines Fischreichtums in der geschützten Bucht ist die zwischen Maui und Kahoolawe gelegene Insel zu einem Meeresschutzgebiet erklärt worden. Da das blaue Wasser fast immer ganz ruhig ist, eignet sich Molokini vor allem für Schnorchel-Anfänger, die voll auf ihre Kosten kommen. Von Maalea und Lahaina fahren jeden Morgen Boote nach Molokini.

Molokini: Reste eines versunkenen Kraters

Molokini (Fortsetzung)

Nach der hawaiianischen Legende nahm sich Lohiau, der Geliebte, von dem die Feuergöttin Pele geträumt hatte, eine adlige Hawaiianerin zur Frau. Vor lauter Wut zerteilte Pele, die Unglückliche, ihren Körper. Aus ihrem Rumpf entstand der Puu Olai ('Erdbeben-Hügel'), ein Hügel nahe Makena, und ihr Kopf bildete Molokini.

Olowalu H 4

Massaker von Olowalu

Dieser nur aus ein paar Häusern bestehende Weiler, an der Straße Nr. 30 südlich von Lahaina gelegen, spielte als historischer Schauplatz in der Geschichte Hawaiis eine Rolle. In Olowalu ('viele Hügel') fand 1790 das nach dem Ort benannte Massaker statt, das ein amerikanischer Schiffskapitän und Gegner von Kamehameha I. unter Hawaiianern anrichtete.

Petroglyphs

Heutiger Anziehungspunkt sind die 200 bis 300 Jahre alten Felszeichnungen, die sich hier in der Nähe befinden. Man kann sie nur zu Fuß erreichen, und sie sind auch nicht einfach zu finden. Es werden verschiedenen Betätigungen der frühen Hawaiianer dargestellt, etwa Fischen, Kanufahren und Weben. Man erkundige sich am besten in einem direkt an der Straße gelegenen Kolonialwarengeschäft mit Tankstelle nach dem Weg. Die Lahaina Restoration Foundation bemüht sich darum, das Gebiet der Felszeichnungen für Besucher leichter zugänglich zu machen.

Tedeschi Vineyards J 4

Weinkellerei (Tel. 878-6058)

Die Winzerei befindet sich auf dem fast 120 km² umfassenden Gelände der Ulupalakua Ranch und ist von Kahului über die Straße Nr. 37 etwa 14 km

Tedeschi Vineyards (Fortsetzung)

nach Kula zu erreichen. Hier befindet sich die einzige Weinkellerei auf Maui, Mitte der siebziger Jahre gegründet, wo zunächst nur ein Ananaswein produziert wurde, den es auch heute noch gibt. Später wurden Weinstöcke angepflanzt, die im Jahre 1983 erstmals Trauben trugen. Seither wird auch ein roter Tafelwein und Champagner erzeugt, der in vielen Restaurants auf Maui angeboten wird. Eine Weinprobe vor Ort ist möglich.

Wailuku H 4

Stadtstruktur

Wailuku, im windreichen Norden von Maui gelegen, ist der Regierungssitz des Maui County und mit etwa 10500 Einwohnern zweitgrößter Ort der Insel. Mit dem Nachbarort Kahului ist Wailuku mittlerweile zusammengewachsen und bildet das größte städtische Zentrum der Insel.
Wailuku ist die ältere der beiden Städte mit einem historischen Stadtkern, dem Wailuku Historic District, der durch das achtstöckige Kalana o Maui, das County-Gebäude in der High Street, von der übrigen Stadt abgegrenzt wird. Hier steht das Bailey House und die Kaahumana-Kirche, beide aus

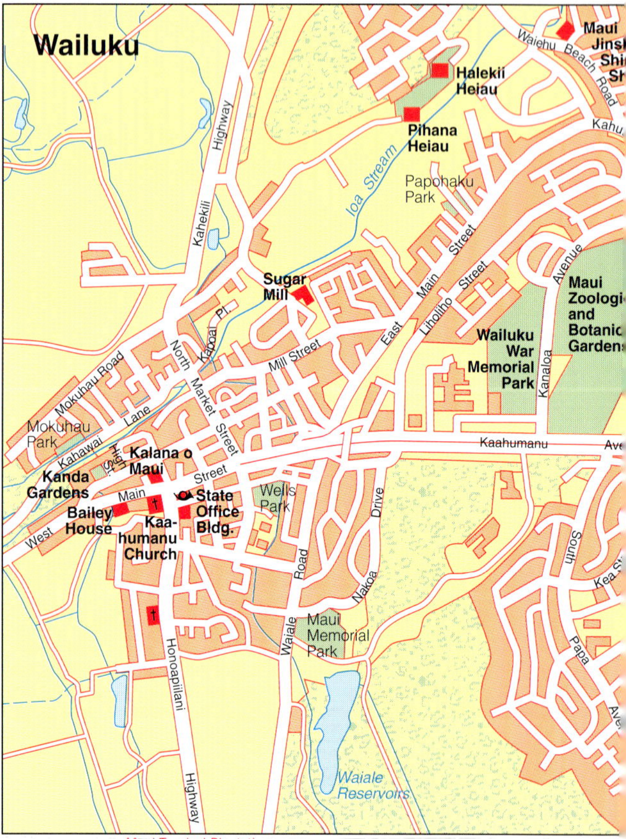

Maui Tropical Plantation

Stadtstruktur (Fortsetzung)

der ersten Hälfte des 19. Jh.s. In der Kirche werden beim frühen Sonntagmorgen-Gottesdienst die Hymnen auf Hawaiisch gesungen. In Wailuku wurde vor einigen Jahren von Deutschen eine Brauerei ins Leben gerufen, in der ein 'Maui Lager' gebraut wird. In den ersten Jahren wurden jeweils 15000 Hektoliter gebraut, jetzt ist die Jahresproduktion erheblich größer. Zwischen Wailuku und Kahului liegt der Maui Zoological and Botanical Garden, der eine interessante Sammlung endemischer Pflanzen hat.

Bailey House Museum · Hale Hoikeike

Lage
2375-A Main Street

Das Bailey Haus stammt aus dem Jahre 1834 und wurde 1837–1882 von dem Missionar Edward Bailey und seiner Familie bewohnt. Während dieser Zeit wurde es mehrfach erweitert. Nachdem es längere Zeit leer stand, wurde es der Maui Historical Society im Jahre 1956 zur Verfügung gestellt, die im darauffolgenden Jahr das Museum eröffnete.
Bailey, der aus Boston nach Hawaii kam, war nicht nur Geistlicher und Missionar, sondern auch Lehrer, Musiker, Schriftsteller, Botaniker und vor allem Maler, der mit seinen zahlreichen, im Museum untergebrachten

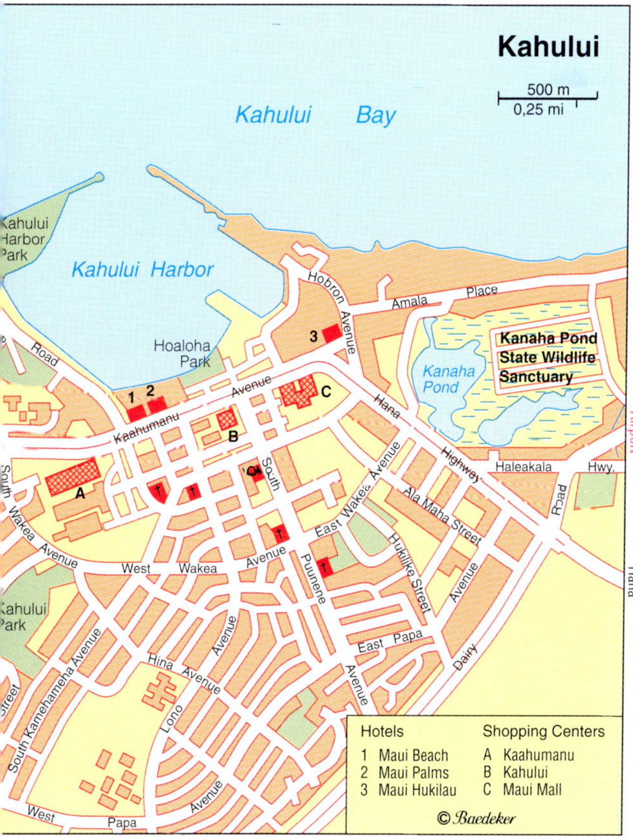

Maui Tropical Plantation: schön gelegene Gartenanlage

Bailey House Museum (Fortsetzung)

Ölgemälden ein gutes Bild des alten Maui erhalten hat. Die Galerie mit seinen Werken, zu denen auch Kupferstiche gehören, war das Speisezimmer des Wailuku Female Seminary, einem Internat für Mädchen, an dem Bailey und seine Frau als Lehrer tätig waren. Hier sind auch kunsthandwerkliche Gegenstände aus dem alten Hawaii zu sehen, die zum Teil aus Steinen und Muscheln hergestellt wurden, ferner schöne Beispiele für Tapa-Textilien, holzgeschnitzte Artikel für den Tagesgebrauch und das berühmte hawaiische Federwerk. In den oberen Räumen, den Schlafzimmern der Familie Bailey, ist das von den Missionaren mitgebrachte Mobiliar, darunter die aus einheimischem Koa-Holz hergestellten Betten, sowie Kleidungsstücke, Spielsachen und Porzellan aus der Missionarszeit ausgestellt.

In dem zum Hause gehörigen Garten wachsen zahlreiche seltene Pflanzen. Weiterhin sind hier die verschiedenen in Hawaii angebauten Zuckerrohrsorten angepflanzt, die z. T. von den frühen polynesischen Einwanderern mitgebracht wurden. Ein aus einem einzigen Baumstamm angefertigtes Kanu und verschiedene Stein-Artefakte sind zusätzliche Ausstellungsstücke im Garten. Wegen seines großen Angebots ist der Museumsladen, in dem viel Literatur zur Geschichte von Maui und der Hawaii-Inseln verkauft wird, einen Besuch wert.

Maui Tropical Plantation

Lage
An der Straße 30
Waikapu
(Tel. 244-7643)

Der schöne Garten ist mit einer Fülle hawaiischer Blumen und Pflanzen südlich von Wailuku im Waikapu-Tal gelegen.
Hier kann man viel über Kulturpflanzen auf den Hawaii-Inseln lernen. Mit einer Kleinbahn fährt man durch das ganze Gelände, auf dem Zuckerrohr, Ananas, Kaffeesträucher, Macadamia-Nußbäume, Guaven und andere exotische Früchte wachsen. In regelmäßigen Abständen wird vorgeführt, wie man Kokosnüsse knackt oder Ananas fachmännisch aufschneidet.

Insel Molokai

Fläche: 676 km^2
County: Maui
Bewohnerzahl: 6900
Hauptort: Kaunakakai

Lage und Entstehung

Molokai ist mit einer Fläche von 676 km^2 die fünftgrößte Hawaii-Insel. Innerhalb des Archipels hat Molokai die Inseln Oahu im Westen, Maui im Südosten und Lanai im Süden als Nachbarn. Die laggestreckte Insel (60 km lang) hat nur eine Breite von 17 km; die Küstenlänge beträgt 142 km, ist aber nur von wenigen Stränden unterbrochen.
Molokai wurde von drei Schildvulkanen aufgebaut, welche die Insel in drei geologische Einheiten unterteilen: der älteste Vulkan liegt im Westen der Insel (Puu Nana, 412 m); Ost-Molokai wurde vom Kamakou (1515 m) gebildet. Einem kleineren Vulkan hat zu einem späteren Zeitpunkt die Kalaupapa-Halbinsel ihre Entstehung zu verdanken. Die höchste Erhebung dieses Inselteils bertägt nur 123 m; der Krater selbst hat eine bis 122 m hinunterreichende Tiefe.

Naturraum

Trotz der geringen Größe weist Molokai unterschiedliche Landschaftsformen auf. Die Nordküste (Pali Coast) hat spektakuläre Klippen bis zu einer Höhe von über 1000 m. Im östlichen Teil durchschneiden drei Täler die Küstenlinie. Die Südküste dagegen ist flach und durch die vorgelagerten Korallenriffe geprägt. Die dort angelegten Fischteiche haben die Riffe als natürliche Barriere ausgenutzt. Auch im Inneren der Insel kann man unterschiedliche Landschaften unterteilen. Der hügelige Westen hat durch die schon weiter erodierte Vulkanlandschaft rundere Formen ohne große Täler, während der Osten der Insel eher der typischen hawaiischen Landschaft mit grünen Tälern und steil aufsteigenden Bergen entspricht.

Inselname

Molokai hat den Beinamen 'Freundliche Insel'. Heute soll im Zuge der touristischen Entwicklung das Image als 'Lepra-Insel' oder als 'Einsame Insel' abgebaut werden.

Klima und Vegetation

Das Klima auf Molokai unterscheidet sich nicht grundlegend von den übrigen hawaiischen Inseln. Es ist vielleicht etwas kühler, weil die Insel stärker dem Wind ausgesetzt ist. Die durchschnittliche Höchsttemperatur in den Sommermonaten liegt zwischen 26° und 28° C, die niedrigste zwischen 17° und 22° Celsius. Im hawaiischen 'Winter' sind Höchst- und Mindesttemperaturen um 1–2 Grad niedriger.
Die Niederschlagsverteilung ist ungleichmäßig. Ost-Molokai ist ein regenreiches Gebiet mit ausgedehnten, dichten, tropischen Regenwäldern. West-Molokai hat ein sehr trockenes Klima. Hier befinden sich hauptsächlich Ananasplantagen und Weideland.

Bevölkerung

Im Vergleich zu früheren Zeiten ist Molokai dünn besiedelt. Heute leben von den 6900 Inselbewohnern 1300 im Hauptort ⟶ Kaunakakai. Im Vergleich zu den anderen Inseln ist hier der Anteil der hawaiischen Bevölkerung (Hawaiians und Part-Hawaiians) mit knapp der Hälfte besonders hoch.

Landwirtschaft

Ananasanbau und Viehwirtschaft waren lange Zeit die Haupteinnahmequellen der Insulaner. Über ein Drittel der Inselfläche wird allein von zwei Viehbetrieben bewirtschaftet: der großen Molokai Ranch mit annähernd 200 km^2 Land vorwiegend im Westen der Insel, und der kleineren Puuo Hoku Ranch mit 58 km^2 Fläche im Osten.
Die Landwirtschaft von Molokai war nie sehr ergiebig; auf gepachtetem Land der Molokai Ranch begannen in den zwanziger Jahren Libby und Del Monte den Anbau von Ananans, der etwa fünf Jahrzehnte lang den Haupterwerbszweig der Bewohner bildete. Wegen Unrentabilität wurde der Ananasanbau um 1975 von Dole, die inzwischen Libby gekauft hatten, eingestellt und 1982 auch von Del Monte. Die Arbeitslosenrate auf der Insel ist dadurch stark angestiegen.

Tourismus

Bis jetzt entwickelte sich der Tourismus auf Molokai sehr langsam. Die erste größere Anlage entstand auf von der Molokai Ranch verkauftem Gelände, das unmittelbar an der Westküste lag. Sheraton Corporation baute ein Hotel mit Bungalows, doch wurde die Anlage inzwischen wieder an andere Interessenten weiterverkauft. Das heutige Kaluakoi Resort Hotel mit einem schönen Golfplatz und einem direkt am Ozean gelegenen Hotel ist die Hauptattraktion für Touristen; in der unmittelbaren Umgebung sind auch schon einige Villen als Ferienhäuser gebaut worden, doch ist das Ausmaß an touristscher Erschließung noch gering. Dadurch konnte Molokai bis jetzt seinen ursprünglichen Charakter bewahren.
Die durch den Rückgang der landwirtschaftlichen Produktion gestiegene Arbeitslosigkeit soll durch eine touristische Entwicklung gemildert werden. Bis jetzt steht allerdings noch nicht fest, welche Art des Tourismus gefördert werden soll; der Ausbau der Infrastruktur wird notwendigerweise folgen. Wer sich letzten Endes durchsetzt, die Befürworter einer raschen Entwicklung oder die Vertreter eines kontrollierten Wachstums, wird die Zukunft zeigen.

Mythologie

Die hawaiische Mythologie hat eine eigene Erklärung für die Entstehung Molokais, wie aus dem Lied “Molokai nui a Hina” (Molokai, Kind Hinas) hervorgeht. Die Insel ist nicht nur ein ‘Kind’ Hinas, sondern auch Wakeas, des Erzeugers aller anderen hawaiischen Inseln. Mit Papa, seiner ersten Frau, hat er Hawaii, Maui und Kahoolawe erzeugt (einer anderen Sage zufolge soll der Halbgott Maui die Inseln mit einem Fischhaken aus dem Meer gezogen haben!).
Papa ging dann nach Tahiti, Wakea tat sich mit Kaula zusammen, und aus dieser Verbindung ging Lanai hervor; Hina wurde seine dritte Frau und gebar ihm Molokai. Als Papa zurückkehrte, verband sie sich ob der Untreue Wakeas mit Lua, einem jungen Gott, und zusammen brachten sie Oahu hervor. Schließlich söhnten sich Wakea und Papa wieder aus und erzeugten nun Kauai, Niihau, Kaula und Nihoa – das ist die Schöpfungsgeschichte nach der hawaiischen Mythologie.

Geschichte

Der britische Kapitän James Cook sichtete Molokai auf seiner ersten Reise im November 1778, machte aber keinen Landungsversuch, da ihm die Insel öde und verlassen vorkam. Ein anderer britischer Seefahrer, George Dixon, unternahm acht Jahre später die erste Landung auf Molokai. Erst im Jahre 1832 hörte man wieder von Molokai, als die ersten Missionare dort an Land gingen. In der Zwischenzeit hatte Kamehameha I. von dort seine erste Frau Keopuolani geholt und fünf Jahre später die Insel mit seinen Truppen erobert; das Pakuhiwa-Schlachtfeld, auf dem die Krieger von Molokai bis auf den letzten Mann getötet wurden, liegt an der Südküste, etwa 6,5 km von Kaunakakai entfernt.

*Halawa Valley H 3

Anfahrt

Wer länger als einen Tag auf Molokai bleibt, sollte die Schwierigkeiten einer Fahrt ins Halawa-Tal in Kauf nehmen: man wird durch die Schönheiten dieser einzigartigen Landschaft mehr als entschädigt werden.
Das Tal befindet sich im östlichen Teil von Molokai, kilometermäßig keine zu große Entfernung vom Westen der Insel oder von Kaunakakei aus, aber infolge der schlechten und sehr kurvenreichen Beschaffenheit des letzten Streckenabschnittes der Straße Nr. 450 ist die Anfahrt zum Tal zeitraubender als vermutet (man muß mindestens zwei Stunden, d.h. hin und zurück vier Stunden dafür einplanen; wenn man sich einiges auf dem Wege ansehen will, entsprechend länger).

Halawa Bay, Halawa Valley

Von einem Aussichtpunkt entlang des Weges hat man einen guten Einblick in das Halawa-Tal und die gleichnamige Bucht. Im Halawa-Tal (das hawaiische Wort für Kurve) war vermutlich die erste ständige Siedlung von Molokai. Hier wurde vor allem auf angelegten Terassen Taro angebaut, bis im Jahre 1946 ein äußerst heftiger Tsunami (Springflut) das ganze Tal überschwemmte und so viele Salzablagerungen zurückließ, daß keine Pflanzen mehr dort wuchsen.
Zeugen der früheren Besiedelung findet man reichlich: An den Talhängen sind u.a. die Reste zweier Tempelanlagen zu sehen, Mana Heiau und Papa Heiau.

Der Strand von Halawa befindet sich in schlechtem Zustand. Beim Schwimmen sollte man Vorsicht walten lassen und auf hohe Wellen gefaßt sein.
Zelten ist hier möglich, doch muß vorher eine Genehmigung eingeholt werden. Das Wasser des Halawa-Flußes, der hier mündet, ist allerdings nicht trinkbar.

Halawa Bay am Ende des Halawa Valley

Moaula Falls

Von hier führt ein 4 km langer Pfad zu dem Moaula-Wasserfall, der sich aus 75 m Höhe ergießt. Im darunter liegenden Wasserbecken kann man ein kühlendes Bad nehmen. Der Weg ist unbequem und nach schweren Regenfällen, die in diesem Teil der Insel nicht selten sind, sogar unbegehbar. Am besten erkundige man sich vorher, ob er geöffnet oder geschlossen ist. Auch muß man darauf achten, an der richtigen Stelle den Halawa-Fluß zu überqueren, da man den Wasserfall nur vom rechten Ufer aus erreichen kann.
Hier hat man es mit einer der einsamsten Gegenden in ganz Hawaii zu tun, was in gewisser Beziehung ihren Reiz ausmacht.

Iliiliopae Heiau H 3

Dieser Tempel liegt im östlichen Abschnitt der Südküste, nahe dem Ort Mapuleho, nicht weit von der Straße Nr. 450 entfernt. Er steht auf einem Privatgelände und kann nur mit Genehmigung besichtigt werden.
Von den vielen Tempelanlagen, die man in Hawaii finden kann, ist der Iliiliopae Heiau einer der größten (100 m lang, 36 m breit) und wahrscheinlich der älteste von Molokai.
Der Legende zufolge wurden die Steine für den Bau des Tempels aus dem Wailu-Tal an der gegenüberliegenden Küste in einer Kette von Menehunes, den sagenhaften Zwergen, von Hand zu Hand herangeschleppt. 'Ili'ili' ist das Wort für Steine, wofür 'opae' steht, ist fraglich; es soll ein Nebenfluß des Wailu gewesen sein; es ist aber auch möglich, daß die Menehune darauf bestanden, für ihre Arbeit mit Garnelen ('opae') entlohnt zu werden. Hier soll auch der Sitz von Zauberern gewesen sein, die über die Menschenopfer zu entscheiden hatten, welche wohl in diesem Heiau die hauptsächlichen Opfergaben darstellten.
Wenn man diesen Heiau besuchen will, sollte man sich von seinem Hotel auf Molokai die Genehmigung verschaffen lassen, da dort die anzurufende Telefonnummer bekannt ist.

*Kalaupapa H 3

Kalaupapa Lookout

Einen guten Blick auf die Kalaupapa-Halbinsel erhält man vom Kalaupapa-Aussichtspunkt, der am nördlichen Ende der Straße Nr. 470 liegt. Von hier aus wird man sich der durch natürliche Gegebenheiten isolierten Lage dieses Teiles der Insel am ehesten bewußt. Auf Schautafeln wird knapp die Geschichte der Halbinsel als Leprakolonie beschrieben, die im Jahre 1969 offiziell aufgehoben wurde. Heute ist die Halbinsel ein Nationalpark, in dem noch einige Leprakranke freiwillig leben. Die Kolonie lebt von einem bescheidenen Tourismus.

Anreise

Um nach Kalaupapa zu gelangen, muß man einige Mühen und Kosten auf sich nehmen. Die Halbinsel ist durch 600 m hohe, steil abfallende Klippen vom restlichen Molokai getrennt. Ein einziger kurvenreicher Pfad, der Kalaupapa Trail, führt den steilen Hang hinunter. Eine Möglichkeit, die Halbinsel zu erreichen, ist eine ein- bis zweistündige Wanderung auf diesem Weg (er beginnt bei den mittlerweile nicht mehr genutzten Eselställen; einst wurden nämlich auch strapaziöse Eselritte angeboten, diese aber aus versicherungstechnischen Gründen in der Zwischenzeit eingestellt).
Bequemer ist die Anreise mit einem Kleinflugzeug. Sowohl Air Molokai als auch Aloha Island Air fliegen morgens und abends nach Kalaupapa (Informationen: Air Molokai, Tel. 553-3636; Aloha Island Air, Tel. 567-6113).
Es gibt außerdem relativ teure Flüge von Honolulu aus (Reeves Air, Tel. 553-3803). Auch Hawaiian Air (Tel. 553-5321, von Oahu aus Tel. 537-5100) führt gelegentlich solche Flüge durch. Polynesian Air fliegt regelmäßig von Molokai Airport (Tel. 567-6697) nach Kalaupapa.

Kalaupapa-Halbinsel

Besichtigung

Um den Alltag der Bewohner der Kalaupapa-Halbinsel nicht zu sehr zu stören, darf der Ort nur nach vorheriger Anmeldung und mit einem Führer aufgesucht werden (Tel. 567-6613 und 567-6320). Besucher müssen mindestens 16 Jahre alt sein.
Führungen werden von Father Damien Tours angeboten (Tel. 567-6171; P.O. Box 1, Kalaupapa, IH 96757).
Wenn man mit dem Flugzeug nach Kalaupapa kommt, sorgen die entsprechenden Gesellschaften für die Teilnahme an der Tour.
Besichtigt werden zwei aus dem 19. Jh. stammende Kirchen, ein historisch bedeutendes Museum, Ehrendenkmäler, Parkanlagen, die Häuser, in denen die Kranken lebten, die Friedhöfe, für die Teile der Wälder abgeholzt wurden, und die schwarze Lavaküste.

Leprosarium

Das Leprosarium ist ein Denkmal der Kulturgeschichte und des Aberglaubens. Hier wurden auf Anweisung von König Kamehameha V. seit 1865 Leprakranke und solche, von denen unkundige Mediziner glaubten, daß sie von der Krankheit befallen waren, vom übrigen Hawaii isoliert. Auf diese Art und Weise erhoffte man sich, die Ausbreitung der tödlichen Krankheit zu verhindern. Auf welche Weise die Lepra auf die Hawaii-Inseln kam, ist nicht ganz geklärt, vermutlich wurde sie von chinesischen Plantagenarbeitern eingeschleppt. Sie trat erstmals in den dreißiger Jahren des vorigen Jahrhunderts auf und breitete sich dann rasch aus, da die Hawaiianer mit geringer Immunität gegen alle Infektionskrankheiten besonders anfällig waren.
Erst seit 1946, als es dank der Sulfone möglich wurde, den Krankheitsverlauf zu hemmen und kurz danach der Krankheit den Schrecken der Ansteckung zu nehmen, gingen die Neuaufnahmen drastisch zurück.
Heute leben noch etwa hundert Leprakranke in Kalaupapa. Sie haben das Recht, dort ihr Leben zu beschließen. Im Gegensatz zu früher können sie sich frei bewegen und die kleine Kolonie jederzeit verlassen. Kinder gibt es hier jedoch keine, da nach einem Gesetz Neugeborene die Halbinsel

Kalaupapa, Lepradorf (Fortsetzung)

wegen der Ansteckungsgefahr verlassen müssen und erst im 17. Lebensjahr wieder zurückkommen durften.
Um das Ausmaß der Lepra auf Hawaii zu begreifen, muß man den Friedhof besuchen; rund 8000 Opfer der Lepra liegen hier begraben.

Zeitzeugen

Einer der ersten Touristen, die Kalaupapa besuchten, war der schottische Dichter Robert Louis Stevenson, der 1889 schrieb: "In der menschlichen Chronik gibt es vielleicht keinen melancholischeren Platz. ... (Seine Bewohner) sind Fremde, eingesammelt wegen derselben Krankheit, entstellt, todkrank, verbannt."

Lepra

Nach einem Gesetz von 1865 wurde den von Lepra Infizierten Menschen auferlegt, isoliert vom Rest der Welt auf Kalaupapa ein äußerst erbärmliches Leben zu führen. Das Urteil war schlimmer als eine Hinrichtung. Die Kranken wurden mit Gewalt aus ihren Familien herausgerissen und nur mit dem Allernotwendigsten ausgestattet, auf Kalaupapa ausgesetzt. Es gab Häscher, die Kopfgeld für jeden von ihnen ergriffenen Leprakranken erhielten, so fielen auch Menschen mit harmlosen Ausschlägen ihnen zum Opfer. Auf Kalaupapa vegetierten dann die Kranken in schmutzigen Laubhütten, jede soziale Ordnung war zerstört, mit Gewalt nahm sich jeder, was er wollte, bis ihn die Kräfte verließen und er seinem Ende entgegendämmerte.

Pater Damien

Im selben Jahr, in dem Stevenson Kalaupapa besuchte, starb Joseph Damien de Veuster (→ Berühmte Persönlichkeiten), ein katholischer Geistlicher aus Belgien, der in Honolulu ordiniert wurde und sich 1873 nach Kalaupapa versetzen ließ, um der größte 'kokua' (Helfer) der dort von der Außenwelt abgeschnittenen Unglücklichen zu werden. Jahrelang war er der einzige, der ihnen beistand. Er baute Häuser, Kirchen und eine Krankenstation und behandelte ihre Wunden. Wenn es an Nahrung mangelte, ging er selbst den erst 1886 geschaffenen Mauleselpfad hinauf, um etwas zu holen. Bis zu diesem Zeitpunkt hatte man nur per Schiff Kalaupapa erreichen können. Für Damien waren auch die Leprakranken Kinder Gottes, und er gehörte nicht zu denen, die die Krankheit als Strafe für irgendwelche, nicht näher definierten Sünden ansah.
Er ahnte sicherlich nicht, daß Hansens Krankheit (wie man jetzt das Leiden nach dem norwegischen Arzt nennt, der den Erreger der Krankheit entdeckte) auch ihn befallen würde. Er starb nach 16jähriger Arbeit in Kalaupapa im Jahre 1889. Im State Capitol in Honolulu wurde ihm zu Ehren eine Bronzestatue aufgestellt.
Sein Grab befindet sich neben der St.-Philomena-Kirche bei Kalawao, der ersten Leprasiedlung. In der Zwischenzeit wurden seine sterblichen Überreste nach Belgien überführt.

Kaluakoi Resort G 3

In diesem westlichen Teil Molokais ist der Tourist bestens versorgt mit Strand- und luxuriösem Hotelleben. Das Badeleben spielt sich an den beiden Stränden Kepuhi und Papohaku ab, aber selbst hier ist der Wellengang infolge der immer vorherrschenden Westwinde so hoch und die Strömung so stark, daß vor allem an den Nachmittagen äußerste Vorsicht geboten ist, zumal es keine Strandwächter gibt.
Das etwa 27 km² große Gebiet gehörte ursprünglich zur großen Molokai Ranch; hier wurde ein Sheraton Hotel gebaut, das aber inzwischen wieder verkauft wurde und jetzt Kaluakoi Hotel & Golf Club heißt. Ein 18-Loch-Golfplatz, der einzige auf der Insel, gehört mit zur Anlage.
Für den, der Einsamkeit und eine eindrucksvolle, weite Natur liebt, gleichzeitig aber auch nicht ganz auf Luxus und das leibliches Wohl verzichten möchte, ist diese Oase besonders geeignet.
Hier haben auch die Touren zum → Molokai Ranch Wildlife Park ihren Ausgangspunkt.

Strand am Kaluakoi Resort

Kaunakakai G 3

Mit 1200 Einwohnern ist Kaunakakai der größte Ort von Molokai, und trotz des bekannten Schlagers "The Cock-eyed Mayor of Kaunakakai" (der schielende Bürgermeister von Kaunakakai) hat der Ort bis heute keinen eigenen Bürgermeister.
Der Ort ähnelt einem Straßendorf, dessen Zentrum eine breitere Straße, die Ala Malama Street mit nur ebenerdigen Häusern rechts und links, darstellt. Hier befindet sich auch die renommierte Bäckerei Kanemitsu, deren Käse- und Zwiebelbrot als besondere Spezialität auf der Insel Molokai gelten.

Hafen

Besondere Bedeutung hatte der Hafen von Kaunakakai als Umschlagplatz der geernteten Ananas. Mit dem Niedergang des Ananasanbaus ist seine Bedeutung zurückgegangen, und so wird er nur noch als kleiner Fischerhafen genutzt.
In unmittelbarer Nähe befinden sich die Reste des Sommerhauses von König Kamehameha V., der von Molokai stammt und hier vor seiner Krönung als Prinz Lot lebte.

Airport

Unweit von Kaunakakai, in Hoolehua, einer Ansiedlung von Einfamilienhäusern, befindet sich der Flugplatz von Molokai (Molokai Airport).

Waikolu Lookout
Sandelwood Pitch

Von der Straße Nr. 460 führt hinter Umipaa rechter Hand ein Weg, der am besten mit einem Geländewagen zu befahren ist (nur bei trockenem Wetter), zum Waikolu-Aussichtspunkt. Der Ausblick, der sich von hier aus in das unzugängliche, sich tief einschneidende Waikolu-Tal eröffnet, ist einmalig.
Auf dem Weg zum Aussichtspunkt kommt man kurz vor dem Ziel an einer großen Grube vorbei. Dieses 'Sandelholz-Loch' wurde dazu verwendet,

Kaunakakai,
Waikolu Lookout
Sandelwood Pitch
(Fortsetzung)

die richtigen Holzmengen für die Schiffsladungen abzumessen. War das Loch mit Sandelholz gefüllt, konnte der Inhalt zu den Schiffen abtransportiert werden. Das wohlriechende Sandelholz war Anfang des 19. Jh.s wertvolles Exportprodukt nach China. Das schonungslose Abholzen der Sandelholzbestände führte aber schnell zum Niedergang dieses Handels. Heute sind Sandelholzbäume nur noch vereinzelt auf den Hawaii-Inseln zu finden.

Kapuaiwa Grove (Kokosnußhain)

Dieser Kokosnußhain befindet sich an der westlich von → Kaunakakai gelegenen Lagune. Er ist einer der größten Palmenhaine in Hawaii und bestand ursprünglich aus 1000 Bäumen, die König Kamehameha V. dort anpflanzen ließ.
Am Rande des Hains stehen Warnschilder, die auf die Gefahr von herabfallenden Kokosnüssen aufmerksam machen. Kapuaiwa bedeutet soviel wie geheimnisvolles Tabu.

Auf der gegenüberliegenden Straßenseite befinden sich sechs Kirchen und eine Bibelschule, größtenteils aus Holz gebaut, in denen an Sonntagen Gottesdienste abgehalten werden.

Königliche Fischteiche G/H 3

Entlang der Südküste von Molokai kann man verschiedentlich die Reste der Fischteiche sehen, die hier besonders zahlreich angelegt wurden; allein 58 Teiche soll es hier gegeben haben. Heute sind nur noch wenige an der Straße Nr. 450 in der Nähe von Pukoo übriggeblieben. Viele Teiche sind durch angeschwemmte Erde aufgefüllt worden oder von Flutwellen zerstört worden.
Die Mauern dieser Fischteiche bestanden aus Lavasteinen und waren so konstruiert, daß die kleinen Fische durch eine Art Schleusentor ('makaha' genannt) hinein konnten. Hatten sie aber ihre volle Größe erreicht, paßten sie nicht mehr durch die Öffnungen in der Mauer und konnten mit Leichtigkeit gefangen werden.
Ihre Entstehung geht mit Sicherheit auf das 15. Jh. zurück und läßt erkennen, wie gut damals schon die Aquakultur entwickelt war. Der Fischfang wurde von den 'gewöhnlichen Sterblichen' ausschließlich für die Oberschicht, den 'ali'i', betrieben. Fischen war eine der Oberschicht vorbehaltene beliebte Sportart im alten Hawaii.
Keawanui und Ualapue sind zwei der größten Fischteiche, die unter Denkmalschutz gestellt worden sind.

Maunaloa G 3

Dieser kleine Ort liegt auf einer Hochebene, etwa 1,5 km entfernt vom westlichen Ende der Straße Nr. 460. Das Schickal dieser ehemaligen Plantagensiedlung steht vielleicht symbolisch für den wechselvollen Werdegang von Molokai. Von der Dole Company für ihre Arbeitskräfte in den Ananasplantagen in den zwanziger Jahren gegründet, starb Maunaloa 50 Jahre später aus, als der Ananasanbau wegen unzureichender Bewässerungsmöglichkeiten der Felder als unrentabel aufgegeben wurde. Fast ein Jahrzehnt lang blieb der Ort eine Geisterstadt.
Erst dann siedelten sich hier wieder einige Künstler an, die den Ort als Zentrum für Kunsthandwerk neu beleben konnten. Einige Häuser erinnern heute noch an die Vergangenheit von Maunaloa als typische Plantagensiedlung, doch sind inzwischen schon wieder Neubauten errichtet worden.

Meyer Sugar Mill G 3

Die unter Denkmalschutz stehende Zuckermühle befindet sich in Kala'e, im Zentrum von Molokai.
Rudolph W. Meyer, der ehemalige Verwalter der großen Molokai Ranch, errichtete im Jahre 1878 eine Zuckerraffinerie, die wieder restauriert und in ihren ursprünglichen Zustand versetzt worden ist. Sie gibt einen guten Einblick in die Herstellung des wichtigsten Exportguts von Hawaii, des Zuckers. Hier sieht man die Zuckerrohrpressen, die kupfernen Klärkessel, die Verdampfungspfannen und eine Dampfmaschine, alles auch heute noch funktionstüchtig.
Wer darüber hinaus einiges über den prominentesten deutschen Einwanderer von Molokai, Rudolf W. Meyer, und seine hawaiische Frau Kalama Waha erfahren will, wird darüber bestens informiert.

Lage
An der Straße 470
(Tel. 567-6436)

Molokai Ranch Wildlife Park G 3

In der Nähe des ⟶ Kaluakoi Resort liegt ein etwa 4 km² großes Freigehege, in dem vorwiegend afrikanische Tiere aus Tansania und Kenia leben, die man im Rahmen einer eineinhalbstündigen Tour aus nächster Nähe beobachten kann. Die Fahrt über das unwegsame Gelände ist ziemlich holprig, aber äußerst interessant.
Der Park wurde im Jahre 1978 mit Giraffen, Zebras, Berberschafen, Elenantilopen, Oryx-Antilopen, Kranichen und verschiedenen Arten Rotwild bestückt, die dem Besucher ein Stück Afrika nach Hawaii gebracht haben.

Die geführten Touren nehmen vom Kaluakoi Hotel & Golf Club ihren Ausgang. Hier sollte man eventuell eine Platzreservierung vornehmen lassen.

Wildgehege
(Tel. 552-2555)

Antilopen im Molokai Ranch Wildlife Park

Molokai Ranch

Die Molokai Ranch, zu der auch der Wildlife Park gehört, ist die größte Privatranch auf Molokai. Große Teile des westlichen Molokais sind Weideland der hauptsächlich Viehzucht betreibenden Farm.
Durch die 'Große Mahele', welche die Verteilung des Landes im Jahre 1848 regelte, entstand die Molokai Ranch, die damals in den Besitz von König Kamehameha V. überging. Betrieben wurde sie von einem deutschen Einwanderer, Rudolph Meyer, der eine der einflußreichsten Frauen der Insel, Kalma Waha, heiratete und mit ihr elf Kinder hatte. Später ging die Ranch in den Bishop-Trust über: Der Bankier Charles Bishop (⟶ Berühmte Persönlichkeiten) hatte die Hälfte der Ranch durch Kauf an sich gebracht, die andere Hälfte erbte seine Frau Bernice P. Bishop, eine Schwester von Kamehameha V. Die Ranch wechselte in der Folgezeit mehrfach den Eigentümer und gehört heute der Familie Cooke.

Phallic Rock · Kaule o Nanahoa G 3

Diese ungewöhnliche Felsformation liegt unweit des Aussichtspunktes (⟶ Kalaupapa) am Ende der Straße Nr. 470. Ein Wegweiser befindet sich am Anfang des Pfades, der in wenigen Minuten zum Phallic Rock führt.
Die Entstehungsgeschichte dieses Phallus-Felsens ist nach einer hawaiischen Legende wie folgt: Nanahoa, der Gott der männlichen Fruchtbarkeit, der in der Nähe des Felsens lebte, starrte eines Tages auf ein schönes junges Mädchen, das sein Spiegelbild in einem Teich bewunderte. Nanahoas Frau Kawahuna kam hinzu und wurde so eifersüchtig, daß sie das Mädchen an den Haaren zu zerren begann. Nanahoa seinerseits ärgerte sich so sehr darüber, daß er seine Frau zu schlagen begann. Sie rollte über einen Abhang hinab und wurde zu einem Stein.

Phallic Rock

St. Joseph's Church

Dasselbe Geschick ereilte auch Nanahoa; er erstarrte in Form eines versteinerten Phallus, wie man ihn heute sehen kann.

Phallic Rock (Fortsetzung)

Im Laufe der Jahre wurde der Felsen zu einem Fruchtbarkeitssymbol: kinderlose Frauen suchten ihn auf und beteten eine Nacht lang, um von ihrer Unfruchtbarkeit geheilt zu werden. Manchmal setzten sie sich auch in ein vor dem Felsen befindliches Becken zum Auffangen des Regenwassers, in der Hoffnung, daß 'mana', der Geist der Fruchtbarkeit, zu ihnen finden würde.

Palaau State Park

Die Straße Nr. 460 endet an einem Parkplatz mit Camping- und Picknickmöglichkeiten am Rande des Palaau State Parks. Hier findet man besonders schöne tropische Hölzer, u.a. Eisenholzbäume, Zypressen und Pinien. Entlang der beiden Pfade zum Kalakaua-Aussichtsspunkt und zum Phallic Rock erhält man einen Eindruck von dieser einmaligen Vegetation.

St. Joseph's Church

H 3

Kamalo

Die Kirche liegt in der Ortschaft Kamalo an der Straße Nr. 450, 17 km östlich von Kaunakakai. Sie gehört zu den Kirchen, die Pfarrer Damien (⟶ Kalaupapa) während seiner 16jährigen Tätigkeit auf Molokai errichten ließ. Die St. Joseph's Church stammt aus dem Jahre 1876 und wurde 1971 restauriert; es werden keine Gottesdienste mehr darin abgehalten.

Our Lady of Sorrows Church

Eine ganz in der Nähe befindliche, um zwei Jahre ältere Kirche, die Our Lady of Sorrows Church, ist die älteste katholische Kirche auf Molokai; eine Damien-Statue in Lebensgröße, von John Kadowaki, einem Bewohner Molokais, geschaffen, steht vor der Kirche.

Smith und Emory Bronte

Hier in der Nähe landeten die beiden Flieger Smith und Emory Bronte unfreiwilliger Weise. Sie wagten im Jahre 1927 den ersten zivilen Transpazifikflug von Kalifornien aus und erlitten hier eine Bruchlandung.

Wailau Trail

H 3

Der Weg beginnt in der Nähe des ⟶ Iliiliopae Heiau und ist die einzige Verbindung zwischen Süd- und Nord-Molokai. Er führt in das Wailau-Tal, eines der drei Täler, die im östlichen Teil der Pali-Küste münden. Das Tal war früher besiedelt, doch ist es nun schon seit 200 Jahren verlassen. Die Tour ist anstrengend, setzt gute Ausrüstung und Schuhwerk voraus und erfordert einen ganzen Tag.

Die Wanderung geht zuerst durch dicht bewachsenes Gelände und führt dann hinab in das Wailau-Tal, dessen gleichnamigem Fluß man nun bis zur Küste folgt. Die Gegend wirkt sehr verlassen; nur hin und wieder trifft man ein paar Fischer entlang des Flusses.

Zur Begehung des Wailau Trails, der in der Obhut des Sierra Clubs in San Francisco steht, bedarf es einer Sondererlaubnis, die man telefonisch (Tel. 558-81130) einholen kann.

Da es auf der Nordseite Molokais keine Übernachtungsmöglichkeiten gibt, müßte man sich von dort per Boot abholen lassen; hierfür ist der im Halawa-Tal ansässige Glenn Davis (Tel. 558-8195) zuständig, den man am besten am Tage vor der geplanten Wanderung entlang des Wailau-Tales anrufen sollte, um eine Abholzeit zu vereinbaren. Es soll aber nochmals darauf hingewiesen werden: Diese Wanderung ist sehr anstrengend und nicht für Ungeübte geeignet.

Insel Niihau

Fläche: 181 km^2
County: Kauai
Bewohnerzahl: 210
Hauptort: Puuwai

Sonderstellung der Insel

Die Insel Niihau befindet sich seit über 100 Jahren im Privatbesitz der Familie Robinson. Seitdem wurde die Insel von der restlichen Welt isoliert und gilt als Sperrgebiet. Es steht den Bewohnern von Niihau frei, die Insel zu verlassen, doch dürfen nach wie vor nur bestimmte Personen Niihau betreten (Vertreter der Gesundheits-, Steuer-, und Schulbehörde, gelegentlich ein Arzt und persönlich Eingeladene). Heute sehen die Bewohner der Insel in der freiwilligen Isolation auch die einzige Möglichkeit, ein ursprüngliches hawaiisches Leben zu führen.

Lage und Entstehung

Niihau ist die westlichste Insel der acht hawaiischen Hauptinseln. Die 181 km^2 große, 28 km lange und knapp 10 km breite Insel ist von Kauai nur durch den schmalen, etwa 28 km breiten Kalakahi Channel getrennt.
Niihau gilt als die älteste der bewohnten Inseln Hawaiis. Der große Schildvulkan, der ursprünglich die Insel gebildet hat, war wohl schätzungsweise 4500 m bis 6000 m hoch. Im Laufe von Jahrmillionen wurde er durch die fortschreitende Erosion auf die jetzige Größe reduziert.

Naturraum

Der gebirgige Teil der Insel nimmt ungefähr ein Drittel der Inseloberfläche ein. Die höchste Erhebung ist der Paniau mit einer Höhe von 390 m. Die restliche Fläche ist eben und relativ kahl. Eine Besonderheit auf Niihau sind die beiden Süßwassersee. Trotz der niedrigen Niederschläge ist der Halulu-See der größte See der Hawaii-Inseln. Der noch viel größere Halalii-See hat allerdings nicht das ganze Jahr über Wasser.

Inselname

Die Bedeutung des Wortes Niihau ist nicht bekannt. Der Beiname 'Verbotene Insel' ist eindeutig: Besucher sind unerwünscht.

Klima und Vegetation

Obwohl Niihau nur 70 km Luftlinie vom regenreichsten Fleck der Erde, dem Waialeale entfernt ist, gehört Niihau zu den trockensten Inseln im gesamten Pazifik mit einer jährlichen Regenmenge von nur 110 bis 280 mm. Ursache für den fehlenden Regen ist die Lage der Insel; sie liegt genau im Regenschatten der viel größeren und höheren Insel Kauai.
Weite Teile der Insel sind mit trockenem Grasland bedeckt; nur die resistenten Kiawe-Bäume gedeihen hier noch.

Bevölkerung

Gerade noch 210 Personen leben auf Niihau. Sie sind reinblütige Hawaiianer und führen nach wie vor ein Leben nach den Sitten und Gebräuchen der Althawaiianer. Viele junge Bewohner verlassen allerdings die Insel, wodurch die Bevölkerungszahl ständig zurückgeht. Es wird berichtet, daß neben den Hawaiianern etwa 10 Japaner und ein mit einer Hawaiianerin verheirateter deutscher Schreiner auf Niihau leben.

Alltagsleben auf Niihau

Viele zivilisatorische Errungenschaften sucht man vergeblich auf Niihau. Es gibt kein Restaurant; weder Tabakwaren noch Alkohol kann man sich kaufen; Polizei und ein Gefängnis sind nicht nötig.
In Puuwai ist eine Volksschule; diese und das Haupthaus sind die beiden einzigen Gebäude, die an ein Stromnetz angeschlossen sind. Es gibt kein Telefon, keine Rundfunk- und Fernsehgeräte und nur wenige Autos. Bis vor einigen Jahren waren Brieftauben das Kommunikationsmittel mit der Außenwelt. Die Kinder, die in Englisch und Hawaiisch unterrichtet werden, müssen ihre Ausbildung in Kauai fortsetzen, wo sich die nächstgelegene Oberschule befindet. Sie verbringen dann nur noch die Ferien zu Hause auf Niihau.

Berührung mit der Außenwelt

Ein Ereignis, von dem man heute noch erzählt, brachte Niihau unfreiwillig in Berührung mit der Außenwelt. Im Zweiten Weltkrieg war Niihau das einzige Stück Land der Vereinigten Staaten, in dem es zu einer Kampfhandlung kam. Am Sonntag, dem 7. Dezember 1941, dem Tag des Angriffs auf Pearl Harbor, machte ein japanischer Flieger in seinem Bomber eine Notlandung auf Niihau. Die rundfunklosen Bewohner wußten natürlich nichts über die Ereignisse in Honolulu. Als er aus seiner Bewußtlosigkeit zu sich kam, begann er die herbeigeeilten Bewohner mit seinem Maschinengewehr zu bedrohen. Zwei auf der Insel lebende Japaner machten mit ihm gemeinsame Sache. Einige Einwohner waren auf einem Boot nach Kauai geflohen, aber als die Truppen von dort kamen, war die Lage geklärt: Einer der Bewohner, Ben Kanahele, den der japanische Flieger verletzt hatte, geriet in solche Wut, daß er ihn gegen einen Felsen schleuderte und tötete. Einer der beiden anderen Japaner beging mit dem Maschinengewehr des Fliegers Selbstmord. Seither ist die Ruhe auf der Insel Niihaus nicht wieder gestört worden.

Landwirtschaft

Die Familie Robinson ist mit ihrer Rinderzucht der Hauptarbeitgeber der Insel. Nebenher betreiben die Bewohner noch etwas Imkerei, Fischfang und Truthahnzucht. Früher wurden besonders feine Matten geflochten, aber die auf die Insel gebrachten Schafe haben das dazu notwendige Riedgras abgefressen.

Muschelketten

Von besonderem Wert sind die auf Niihau hergestellten Muschelketten (⟶ Zahlen und Fakten, Blumenkränze). Aus den nur am Strand von Niihau vorkommenden vielfarbigen Muscheln, kaum größer als Perlen, werden 'leis' hergestellt, die aus mehreren Strängen bestehen. Je nach der Länge der Kette und Art der Muscheln werden für diese 'leis' bis zu 10000 US-Dollar bezahlt – soviel, wie ganz Niihau vor 125 Jahren kostete!
Sobald die Flut zurückgeht, gehen die Frauen am Strand auf Muschelsuche. Die 'kahelelani' (Weg zum Himmel), wie die kleinen Muscheln genannt werden, kommen in vielen Farben vor; die roten und rosaroten sind die seltensten. Die Herstellung eines Leis erfordert, je nach Länge, 20 bis 200 Stunden Arbeit. Sie sind in zahlreichen Geschäften in Hawaii zu kaufen, wenn auch meistens immer nur wenige Exemplare vorhanden sind.

Geschichte

Erst im Jahre 1912 wurden fünf Heiaus auf Niihau ausgegraben, aber über die Frühgeschichte der Insel ist wenig bekannt. Da sie im Jahr 1915 von der Außenwelt abgeschlossen wurde, sind seither keine weiteren Forschungen betrieben worden.
Im Jahr 1778 legten die Schiffe von Captain Cook in Niihau an; die Seefahrer wurden begeistert empfangen. Einer Zählung aus dem Jahr 1831 zufolge lebten auf Niihau über 1700 Menschen, aber die Bevölkerungszahl ging rasch zurück, da viele Bewohner nach einigen Jahren der Dürre nach dem benachbarten Kauai auswanderten.
Im Jahre 1884 verkaufte König Kamehameha IV. die Insel für 10000 Dollar an Elizabeth Sinclair, die reiche Witwe eines neuseeländischen Viehzüchters; die Nachkommen einer ihrer Töchter, die Familie Robinson, die auch große Ländereien auf Kauai besitzt, betreiben weiterhin hier auf der Insel Rinder- und Schafzucht.

Geschichte (Fortsetzung)

Im Jahre 1959 distanzierten sich die Bewohner Niihaus vom restlichen Hawaii. Sie waren die einzigen, die sich mehrheitlich gegen die Anerkennung Hawaiis als US-Bundesstaat aussprachen.

Ausflugsmöglichkeiten

Seit 1987 ist von Kauai aus zumindest das Überfliegen der Insel im Hubschrauber gestattet. Zusätzlich kann man seit 1989 die Insel kurz betreten, jedoch ist es nicht erlaubt, Kontakt zu den Bewohnern aufzunehmen, die ohnehin zum größten Teil auf der dem Landeplatz gegenüberliegenden Seite in Puuwai sowie in Kiekie und Nonopapa leben.
Überfliegen der Insel und Flüge mit kurzem Verweilen bietet Niihau Helicopters (Tel. 338-1234 oder 335-3500) an.

Insel Oahu

Fläche: 1574 km²
County: Oahu
Bewohnerzahl: 841 600
Hauptort: Honolulu

Lage und Entstehung

Oahu ist die drittgrößte Insel des hawaiischen Archipels und seit fast 150 Jahren politischer, wirtschaftlicher und kultureller Mittelpunkt der Hawaii-Inseln. Sie bedeckt eine Fläche von 1574 km² und hat eine 220 km lange Küstenlinie.
Oahu entstand aus zwei Schildvulkanen, die heute in den Gebirgsketten, der Koolau Range und der Waianae Range, wiederzufinden sind. Der ältere Gebirgszug, das Waianae-Gebirge, entstand vor ca. 3,4 bis 2,7 Mio. Jahren. Die Schildvulkane sind durch starke Erosion überformt worden, so daß heute ihre Calderas (Vulkankrater) nicht mehr eindeutig erkannt werden können. Eine Besonderheit sind auf Oahu die Tuffkegel, die in der letzten Phase des vulkanischen Aufbaus der Insel entstanden sind (Diamond Head, Punchbowl, Chinaman's Head, Rabbit Island).

Naturraum

Die Insel läßt sich in vier Landschaftszonen gliedern: Koolau Range, Waianae Range, Schofield Plateau und die Küstenebene. Das Schofield Plateau ist aus Lavamassen des Koolau-Vulkans aufgebaut, ebenso die Küstenebene. Die Gebirgszüge sind mit ihren Tälern in der heutigen Form Beispiele einer erodierten Landschaft. Besonders eindrucksvoll ist der Nuuanu Pali nördlich von Honolulu.

Inselname

Der Ursprung des Wortes 'Oahu' ist unklar; von Sprachkennern ist es mit 'Versammlungsort' übersetzt worden, was auf die Treffen der hawaiischen

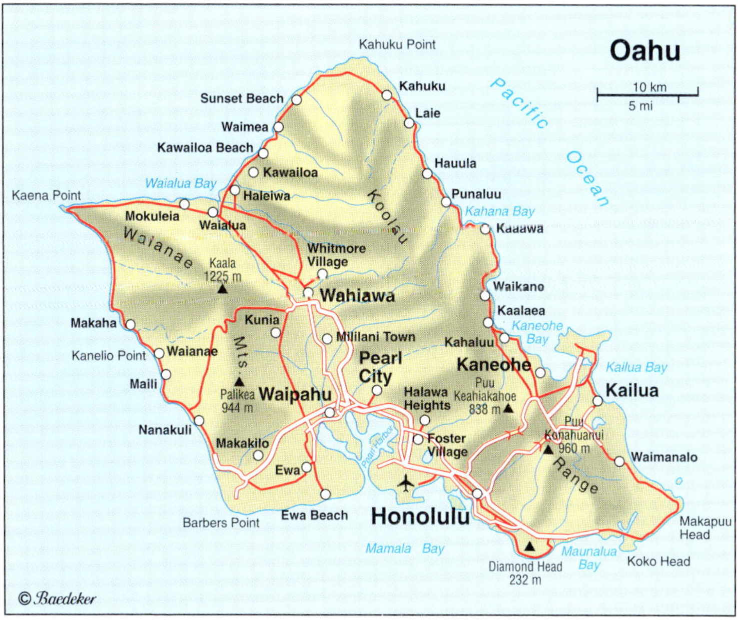

Könige auf Oahu zurückgehen soll. Der etwas nüchtern klingende Beiname 'Hauptinsel' zielt auf die übergeordnete Stellung der Insel innerhalb der Hawaii-Inseln ab.

Inselname (Fortsetzung)

Das Klima von Oahu entspricht den Klimatypen der übrigen Inseln. Durch die eher moderaten Höhen der Gebirge hat Oahu kein so ausgeprägtes Trockenklima auf der im Regenschatten der Gebirge befindlichen Inselseite (Westküste), wie beispielsweise die Insel Hawaii. Insgesamt teilt sich die Insel in eine windausgesetzte feuchte Zone (Ostküste) mit tropischer Vegetation und eine trockenere Leeseite (Westküste).

Klima und Vegetation

Mehr als 800000 Bewohner, vier Fünftel aller auf den hawaiischen Inseln lebenden Menschen, wohnen auf Oahu. Innerhalb dieser von den hawaiischen Inseln mit Abstand am dichtesten besiedelten Insel herrscht ein extremes Bevölkerungsgefälle. Der Großteil der Bevölkerung lebt in Honolulu und den angrenzenden Städten, während der Rest der Insel vergleichbar dünn besiedelt ist.

Bevölkerung

Hauptstadt des Staates Hawaii und des County Oahu ist Honolulu. Da seit der staatlichen Verwaltungsreform von 1969 der Bürgermeister (Mayor) des Countysitzes zugleich Bürgermeister des gesamten County ist, gibt es keine örtliche Selbstverwaltung für Honolulu. Der Mayor des County Oahu ist zusätzlich für Honolulu zuständig, wobei der Bedeutung der Hauptstadt, in der mehr als die Hälfte der County-Bewohner leben, verwaltungsmäßig nicht Rechnung getragen wird.

Hauptstadt Honolulu

Neben Tourismus hat die Landwirtschaft nach wie vor regionale Bedeutung für Oahu. Hauptanbauprodukte sind Zuckerrohr und Ananas, die besonders im Inselinneren auf den fruchtbaren Böden des Schofield Plateaus angebaut werden. Der Ewa District im Süden der Insel ist ebenfalls traditionelles Anbaugebiet für Zuckerrohr.

Landwirtschaft

Wegen seiner zentralen Lage hat Oahu eine besondere Bedeutung als strategischer Stützpunkt. Große Flächen auf der Insel (ca. 1/4 der Landfläche) sind militärisches Sperrgebiet und dürfen nicht betreten werden. Das Militär ist auch ein bedeutender Wirtschaftsfaktor der Insel.

Militär

Der Flughafen von Honolulu ist nach wie vor Ankunftsort der meisten Touristen. Um die 80% der Besucher von Hawaii bleiben auf Oahu und verbringen ihren Urlaub fast ausschließlich am weltberühmten Strand von Waikiki. Durch die ungleiche Verteilung der Touristen innerhalb der Insel hat sich folgende Struktur entwickelt: Waikiki, Stadtstrand und Touristenviertel von Honolulu, hat sich ganz der Monostruktur Tourismus verschrieben und muß mit den Problemen und Abhängigkeiten massierten Touristenaufkommens fertig werden. Weiterer touristischer Ausbau im Südwesten der Insel stößt dagegen auf den Widerstand der örtlichen Bevölkerung.
Die touristischen Sehenswürdigkeiten liegen ebenso konzentriert zum überwiegenden Teil im Großraum Honolulu.

Tourismus

Auf der Windseite Oahus liegen die Orte Kailua und Kaneohe, die als Schlafstädte Honolulus gelten, weiter nördlich das Valley of the Temples mit dem Byodo-In-Tempel; Waiahole, vorwiegend der Landwirtschaft gewidmet, Punaluu, ein großes Fischerdorf, und vor allem Laie, Sitz des Polynesian Cultural Center und des großen Mormonentempels.
Die Nordspitze ist vor allem als Paradies der Wellenreiter berühmt geworden; am westlichen Ende der einzigen, nur für Geländefahrzeuge benutzbaren Straße liegt Kaena Point, wo gewaltige Wellen sich an der Küste brechen. Der Nordwesten der Insel ist der am wenigsten entwickelte und für den Tourismus noch kaum erschlossene Teil der Insel. Hier gibt es fast

Struktur der Insel

◂ Oahu: Abschlußfeier mit Blumenketten

Allgemeines, Struktur der Insel (Fortsetzung)

keine Hotels und wenige Restaurants, und Orte wie Makaha, Waianae und Maili sind Domänen der Einheimischen und der Surfer, die hier das ganze Jahr hindurch beste Bedingungen vorfinden.

Hinweis

Da die Insel Oahu und speziell Honolulu über ein gutes öffentliches Verkehrsnetz (Bus) verfügen, werden im folgenden in der Marginalienspalte Hinweise zur Erreichbarkeit der jeweiligen Sehenswürdigkeiten gegeben. Als Ausgangsort wird dabei Waikiki angenommen.

Byodo-In Buddhist Temple F 3

Lage
Valley of the Temples
47-200 Kahekili Highway
(Tel. 239-88 11)

Bus
8/55 (Kaneohe)

Von den weit über 100 großen und kleinen buddhistischen Tempeln in Hawaii ist zweifellos der Byodo-In Tempel (Tempel der Gleichheit) der sehenswerteste. Er ist eine Nachbildung des berühmten gleichnamigen Tempels in der japanischen Stadt Uji und wurde am 7. Juni 1968, dem 100. Jahrestag der Ankunft der ersten japanischen Arbeiter in Hawaii, eingeweiht. Selbst die 3 t schwere Messingglocke vor dem Eingang ist originalgetreu nachgebildet. Ihr tiefer Ton breitet eine Atmosphäre der Ruhe und Nachdenklichkeit aus.

Wie üblich muß man vor Betreten des Tempels die Schuhe ausziehen. Die im Innern aufgestellte, fast 3 m hohe holzgeschnitzte, mit Gold und Lack überzogene Buddha-Statue stammt von dem zeitgenössischen japanischen Bildhauer Naszo Inui und ist die größte Buddha-Holzfigur, die seit 900 Jahren geschaffen wurde.
Lohnenswert ist auch ein Spaziergang durch den japanischen Garten um den Tempel herum, mit einem Tee- und Meditationshaus, vielen Pflanzen, Vögeln und einem Karpfenteich mit Tausenden von Fischen (für die Japaner ist der Karpfen ein Symbol für Ordnung und Ausdauer).

Byodo-In Buddhist Temple

Chinaman's Hat

F 2

Dieser kegelförmige Felsen aus vulkanischem Tuffgestein auf der Insel Mokolii beeindruckt durch seine eigenartige Form, die einem chinesischen Hut sehr nahe kommt. Vom Kualoa County Regional Park nördlich von Kaneohe hat man eine schöne Sicht auf diese aus dem Wasser herausragende Felsspitze. Nur bei Ebbe ist es möglich, die etwa 450 m bis zu der Insel zu Fuß zurückzulegen, doch braucht man wegen der spitzen Korallen geeignete Schuhe.
Mokolii bedeutet soviel wie 'kleiner Drachen'; der hawaiischen Legende zufolge bildet der Felsen den Schwanz des Tiers, dessen Körper unter dem Wasser liegt.

Lage
Gegenüber dem Kualoa County Regional Park, Route 83

Bus
8/55

Haiku Gardens

F 3

Diese Gartenanlage befindet sich am Stadtrand von Kanehoe und ist erst seit kurzem der Öffentlichkeit zugänglich gemacht worden. Der Eingang führt an einem Restaurant vorbei.
Das Gelände wurde Mitte des 19. Jh.s als königlicher Besitz an einen Engländer namens Baskerville verkauft. Er legte mehrere Wasserlilienteiche an, pflanzte Blumen und verschiedene Bäume und ließ einige Häuser bauen. Die Haiku Gardens bieten eine so malerische Kulisse, daß sie häufig als beliebter Ort für Hochzeitsfeiern ausgesucht werden.
Da das Haiku-Tal in der Nähe des Valley of the Tempels liegt, läßt sich ein Besuch der Haiku Gardens mit dem des ⟶ Byodo-In-Tempels verbinden.

Lage
46-316 Haiku Road
Kaneohe

Hanauma Bay Beach Park

⟶ Praktische Informationen, Strände

Honolulu

F 3

Hinweis

Zur besseren Orientierung wird Honolulu nach der folgenden allgemeinen Einführung in die drei sich aneinanderreihenden Stadtteile Pearl Harbor, Downtown und Waikiki unterteilt. Innerhalb dieser Bereiche sind die Sehenswürdigkeiten alphabetisch geordnet.

Stadtgeschichte

Der Name Honolulu bedeutet 'geschützte Bucht', und folglich ist der Hafen von Honolulu, der durch ein vorgelagertes Riff als sicherster Hafen von Hawaii galt, Ausgangspunkt der Stadtentwicklung.
Im Jahre 1792 landete hier erstmals der britische Seefahrer William Brown und nannte den Hafen 'Fair Haven', fast ein Synonym für 'Honolulu'. Doch gerade in diesem 'sicheren Hafen' kam Brown bei einem Überfall durch den König von Oahu, Kalanikupule, zu Tode.
Nach der Eroberung von Oahu durch Kamehameha I. begann der Aufstieg Honolulus zur bedeutendsten Stadt der Hawaii-Inseln. Kamehameha I. nutzte ebenfalls den Hafen als Umschlagsort und wichtige Zwischenstation für die Pazifikdampfer. Kamehameha III. erklärte schließlich im Jahre 1850 Honolulu zur Hauptstadt des Königreiches Hawaii.
Der heute so bedeutende Hafen Pearl Harbor wurde erst 1911 erschlossen. Durch seinen Ausbau setzte eine neue Phase ein, die Entwicklung Oahus zum militärstrategischen Standort.
Die touristische Erschließung von Waikiki wurde erst Ende des 19. Jh.s durch den Bau des Ala Wai-Kanals, der dieses ehemals sumpfige Gebiet entwässerte, ermöglicht. Von diesem Zeitpunkt an begann das stetige

Übersichtsplan

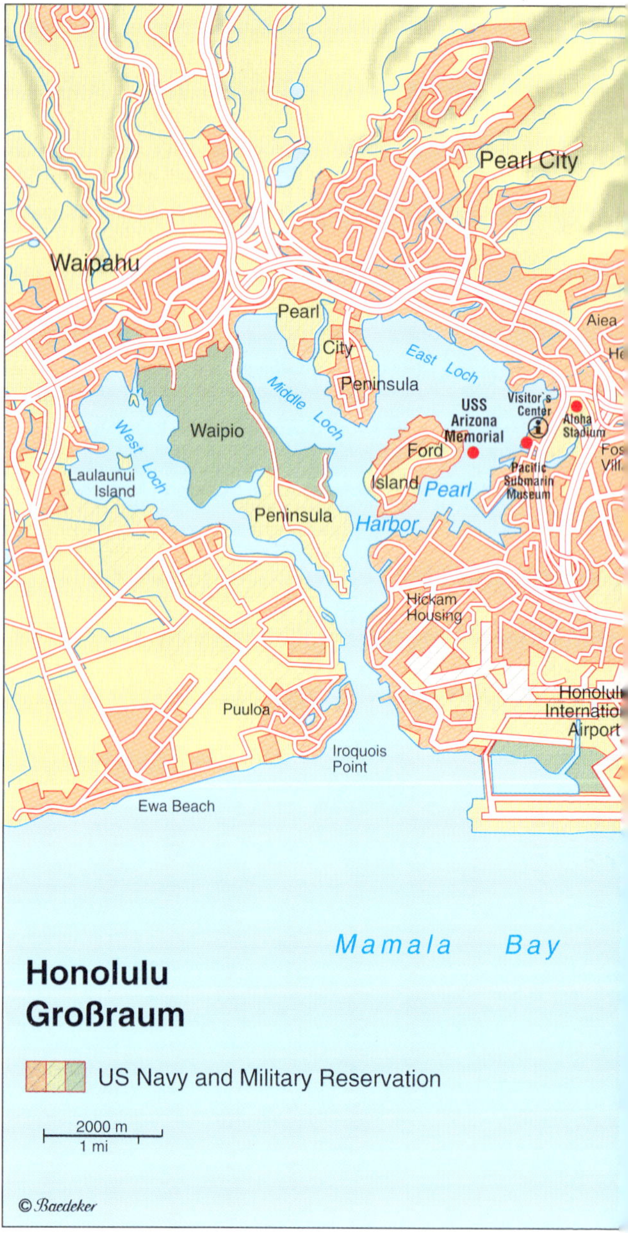

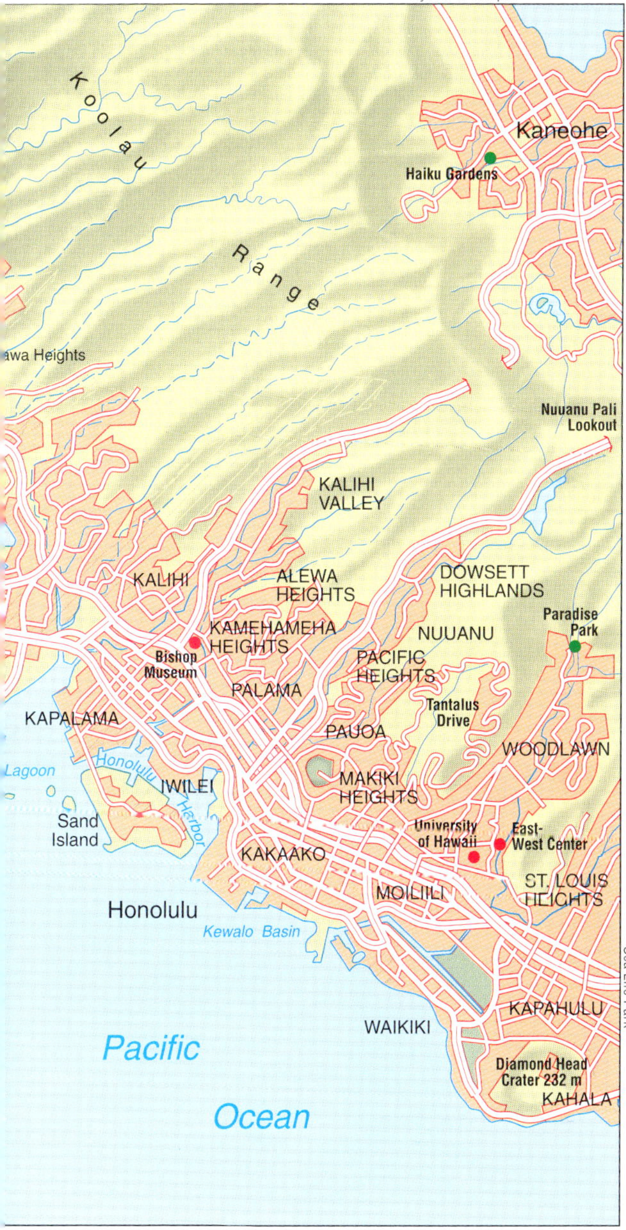

Übersichtsplan

Stadtgeschichte (Fortsetzung)

Wachsen Waikikis zur Touristenhochburg, das in den siebziger Jahren seinen Höhepunkt erreichte.
Die moderne Entwicklung Honolulus zur Touristenmetropole fand ihren Aufschwung durch den Bau des Flughafens, der auf einer künstlich aufgeschütteten Plattform in der Lagune zwischen Pearl Harbor und dem eigentlichen Honolulu gelegen ist.

Topographie

Honolulu in seiner heutigen Erscheinung ist eine weit ausgedehnte, aber verhältnismäßig schmale Stadt, deren Topographie durch Meer und Berge bestimmt ist. Die von Südost nach Nordwest verlaufende, etwa 50 km lange Koolau-Bergkette ist zwar nicht sehr hoch, doch recht unwegsam, was ein weiteres Ausbreiten der Stadt in die Bergregionen verhindert hat. Durch die beengenden landschaftlichen Gegebenheiten haben sich im Großraum Honolulu Satellitenstädte gebildet, die den Bevölkerungsdruck ausgleichen mußten (Perl City und jenseits der Koolau-Berge Kanehoe).

Highways

Durch die dichte Besiedelung wurde ein dementsprechend ausgebautes Verkehrsnetz notwendig. Die wichtigsten Ausfallstraßen nach Nordosten sind der Pali- und der Likelike Highway, nach Westen die Autostraßen H 1 und H 2. Eine dritte Autostraße (H 3) zwischen Honolulu und Kaneohe an der Ostküste ist zwar grundsätzlich genehmigt worden, aber mit dem Bau ist bisher noch nicht begonnen worden.

Großraum Honolulu

Die Stadt Honolulu zerfällt, grob gesprochen, in drei Teile: Waikiki, Downtown und Pearl Harbor.
Waikiki, der Hauptanziehungspunkt, ist eine 1,1 km^2 große Halbinsel, die vom Pazifischen Ozean im Süden und dem künstlich angelegten Ala Wai-Kanal in den drei anderen Himmelsrichtungen begrenzt wird. In diesem kleinen Gebiet, einem der am dichtesten bevölkerten in den ganzen Vereinigten Staaten von Amerika, befinden sich mehr Hotels, Restaurants und Geschäfte als im ganzen übrigen Hawaii zusammengenommen.

Blick auf Honolulu von der Kamehameha-Schule

Downtown, Stadtzentrum und historischer Teil von Honolulu, ist nicht ganz so einfach zu definieren: seine Südgrenze verläuft entlang dem Meer, seine Ostgrenze entlang der Ward Avenue, die Nordgrenze am Vineyard Boulevard und die Westgrenze an der College Walk Mall. Hier liegen die meisten Sehenswürdigkeiten, auf die nachfolgend eingegangen wird.
Pearl Harbor ist flächenmäßig der weitaus größte Teil der Stadt, der sich kilometerweit nach Westen erstreckt; hierzu gehören neben den Flottenanlagen noch weitere Militäranlagen sowie der Flugplatz von Honolulu.
Nördlich und nordwestlich von Downtown schließen sich zwei Täler an: das Manoa-Tal mit der University of Hawaii und dem East-West Center und das Nuuanu-Tal. Der Punchbowl Crater mit dem National Cemetery of the Pacific liegt zwischen diesen Tälern.

Großraum Honolulu (Fortsetzung)

Sehenswürdigkeiten in Downtown Honolulu (Stadtplan S. 184)

Aliiolani Hale (Justizpalast)

Aliiolani Hale trägt einen der Vornamen von Kamehameha V., der mit 'Haus des Herrschers von himmlischem Ruf' übersetzt werden kann.
Dieses stattliche Gebäude, imposanter als der gegenüberliegende → Iolani-Palast, war von König Kamehameha V. als Palast in Auftrag gegeben worden, wurde aber erst nach dessen Tode im Jahre 1874 fertiggestellt und diente nie dem beabsichtigten Zweck. Statt dessen zog das hawaiische Parlament ein und hielt dort seine Sitzungen ab. Von hier aus wurde die hawaiische Republik ausgerufen und damit das Ende der Monarchie besiegelt. Später wurde das Gebäude Sitz des Obersten Gerichts von Hawaii.

Lage
Ecke King Street
Miliani Street

Bus
2

Das Bauwerk befindet sich im Zentrum des historischen Honolulu und kann als Ausgangspunkt für eine Rundgang durch Downtown Honolulu gewählt werden, wobei man den Besuch des → Mission Houses Museums, der → Kawalahao Kirche, des → Iolani Palace, der → Iolani Barracks, des Hauses → Washington Place, des Königin Liliuokalani-Denkmals und des → Hawaii State Capitols damit verbinden kann.

Stadtrundgang

Vor dem Justizpalast steht das Standbild von Kamehameha I., des Gründers des hawaiischen Königreiches, das eher einer Symbolfigur von Macht und Stärke entspricht als einer Nachbildung des Königs. Es ist außerdem nicht die Originalfigur, sondern ein Zweitabguß – Ergebnis einer denkwürdigen Geschichte:
Das Parlament hatte auf Ersuchen von König David Kalakaua 10000 US-Dollar für die Statue zur Verfügung gestellt, die der Bostoner Bildhauer Thomas R. Gould schaffen sollte. Als Modell diente ihm ein schöner Hawaiianer namens Robert Hoapili Baker, dem man ein Cape umhängte, einen Helm aufsetzte und in der Pose eines römischen Feldherrn verewigte. Die Bronzefigur wurde in Paris gegossen und sollte an Bord des Dreimasters 'G. F. Händel' von Bremen aus nach Honolulu gebracht werden. Doch vor den Falkland-Inseln geriet das Schiff in einen Sturm, zerschellte und ging mit Besatzung und Kamehameha-Standbild unter. Die Versicherungsgesellschaft zahlte dem Königreich anstandslos die Versicherungssumme in Höhe von 12000 US-Dollar aus, von der eine neue Statue bestellt wurde. Inzwischen war Bildhauer Gould verstorben; sein Sohn benutzte den alten Guß, schmückte ihn aber ganz anders aus, so daß dieses neue Standbild wenig Ähnlichkeit mit dem ursprünglichen hatte. Diese Statue wurde nun 1883 vor dem Justizpalast aufgestellt und gehört jetzt zu den meistfotografierten Sehenswürdigkeiten von Honolulu. Am Kamehameha-Tag (11. Juni) wird sie mit einer über 5 m langen Blumenkette um Hals und ausgestreckte Arme geschmückt.
Inzwischen war aber das Original gehoben worden, wurde nach Stanley, der Hauptstadt der Falkland Islands, gebracht und stand dort unbeachtet

Standbild von Kamahameha I.

Standbild von Kamehameha I. (Fortsetzung)

vor einem Haus. Der amerikanischer Kapitän Jervis, entdeckte zufällig diese Statue, erkannte Kamehameha, kaufte sie dem Eigentümer für ganze 500 US-Dollar ab und brachte sie nach Honolulu. Da der Platz vor dem Justizgebäude schon mit der Nachbildung besetzt war, beschloß man, das Original in der Nähe von Kamehamehas Geburtsort ⟶ Kapaau an der Nordküste der Insel Hawaii aufzustellen. Dort steht sie nun, relativ unbeachtet, vor einem unscheinbaren Amtsgebäude des Inselbezirks Kohala.

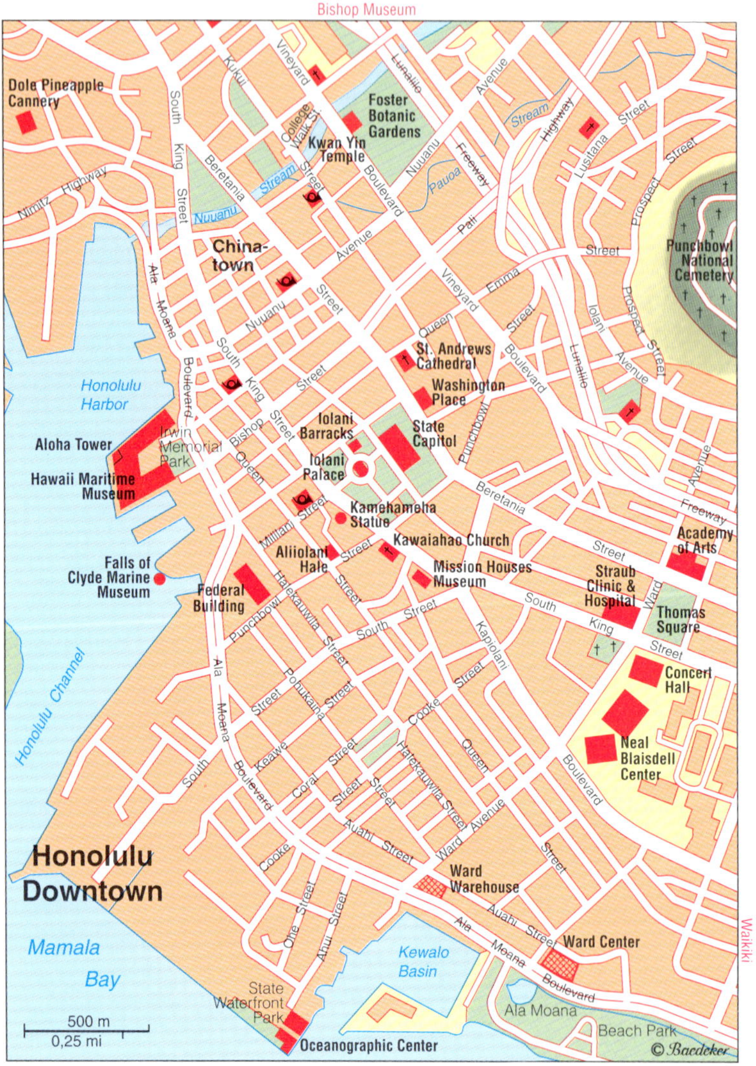

Downtown Honolulu

Kamehameha-Statue

Aloha Tower

Lage
Pier 9

Dieser neunstöckige Turm war, als er 1921 errichtet wurde, das höchste Gebäude von Honolulu und galt jahrzehntelang als Wahrzeichen der Stadt. Auch heute noch hat man vom obersten Stockwerk des Turms einen lohnenden Ausblick in alle Himmelsrichtungen.
Hier legten vor den Zeiten des Düsenflugverkehrs die großen Dampfschiffe mit der damals noch übersichtlichen Zahl von Besuchern an. Die Gäste wurden von Freunden wie Einheimischen mit Blumenketten begrüßt.
Mittlerweile ist es um den unter Denkmalschutz stehenden Turm stiller geworden; nur noch die Bewegungen der Frachter werden von hier aus dirigiert. Die einzigen Passagierdampfer sind die 'Constitution' und 'Independence', die an den Piers 9 und 10 ihre verhältnismäßig teuren, einwöchigen Rundfahrten zu den anderen Inseln beginnen und beenden.
Heute ist im Turm das Aloha Tower Shopping Center eingerichtet, und rings herum befinden sich viele Geschäfte und Restaurants. Spezielle Shuttle-Dienste ab und bis Waikiki werden auch hierher angeboten.

**Bishop Museum

Lage
1525 Bernice St.
(Tel. 847-3511)

Bus
2 (bis Kapalama Street)

Das Bishop Museum (mit vollem Namen Bernice Pauahi Bishop Museum) ist nicht nur das größte Museum von Hawaii, sondern zählt auch zu den vier bedeutenden Völkerkundemuseen der Vereinigten Staaten von Amerika (die anderen drei sind die Smithsonian Institution in Washington, das Museum of Natural History in New York und das Field Museum of Natural History in Chicago). Gegründet wurde das Museum von Charles Reed Bishop, Hawaiis erstem Bankier, zum Gedenken an seine Frau Bernice Pauahi Bishop, Urenkelin von Kamehameha I. und reichste Frau Hawaiis (⟶ Berühmte Persönlichkeiten). Von ihrem Vermögen wurde u. a. auch die oberhalb des Museums gelegene Kamehameha School gegründet.

Museumsplan

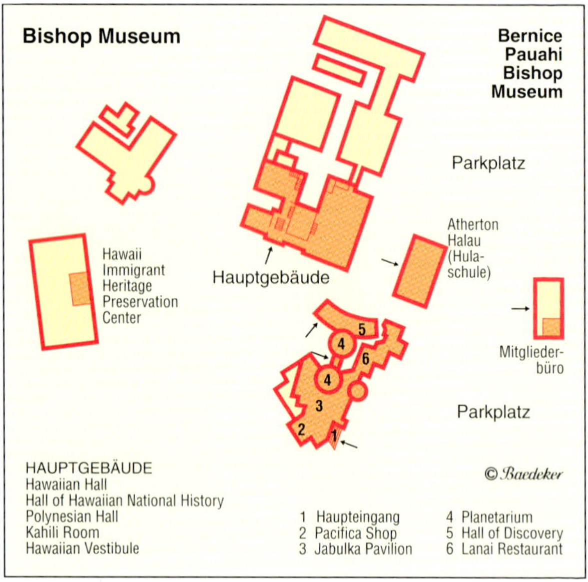

Bishop Museum (Fortsetzung)

Das Bishop Museum hielt seine Jahrhundertfeier im Dezember 1989 ab, doch dieses Datum bezeichnet nur den Baubeginn; für die Öffentlichkeit wurde das Museum erst 1892 zugänglich; ein Erweiterungsbau kam zwei Jahre später hinzu, und vor noch nicht allzulanger Zeit das Planetarium, das einzige in Hawaii.

Bestände

Die Anfangsbestände stammten aus der Sammlung der Familie Bishop, die viele einzigartige Artefakte an sich gebracht hatte. Seither wurden die Sammlungen fortgesetzt erweitert und bestehen heute aus 100 000 hawaiischen und südpazifischen Ausstellungsstücken, weiterhin einer Sammlung von 12 Mio. Insekten, 6 Mio. Meeres- und Landmuscheln, 250 000 bestimmten Pflanzen, 200 000 wirbellosen Meerestieren, 100 000 Fischen, 20 000 Vögeln und 15 000 Säugetieren.
Von all dem kann nur jeweils ein kleiner Teil ausgestellt werden.

Haupteingang

Das etwas unscheinbare Außengebäude, durch das man das Museum betritt, ist ein späterer Anbau, der rechter Hand zum Planetarium und linker Hand zu einem reich bestückten Museumsladen führt, in dem Bücher, Schallplatten mit hawaiischer Musik und hawaiisches Kunsthandwerk zum Kauf angeboten werden.

Hauptgebäude

Vor Betreten des Hauptgebäudes kommt man an dem auf dem Rasen stehenden eindrucksvollen Steinporträt vorbei, das von den Osterinseln stammt.
Das Hauptgebäude ist ein Werk des bekannten amerikanischen Architekten Henry H. Richardson.

Hawaiian Hall

Das Glanzstück ist zweifellos die aus dem Jahre 1899 stammende Hawaiian Hall, in die so wenig Licht fällt, daß Fotografieren ohne Blitzlicht – und das ist verboten, wenn man keine ausdrückliche Genehmigung erhält – so gut wie unmöglich ist.

Bishop Museum, Hawaiian Hall (Fortsetzung)

In der Hawaiian Hall ist umfassendes Material zur Geschichte Hawaiis ausgestellt. Von der Decke dieses hohen, von Galerien umrahmten Raumes hängt das erste Ausstellungsstück herab, ein 15 Meter langer Pottwal, der ein Lebendgewicht von 20 Tonnen hatte.
Zu ebener Erde befinden sich die hawaiischen Kronjuwelen, die Throne und anderes Mobiliar aus dem ⟶ Iolani-Palast, ein frühes hawaiisches Hale (Haus), holzgeschnitzte Idole aus der Zeit vor 1819, besonders schöne Beispiele für die im pazifischen Raum ausschließlich von Hawaiianern hergestellten Stoffe aus Baumrinde (Tapas) und die aus Federn hergestellten Umhänge, ferner Fotos, die das Leben der Hawaiianer illustrieren. Ebenfalls im Erdgeschoß ist eine umfangreiche Sammlung von Gefäßen, die aus dem sehr harten Holz des Koa-Baumes gefertigt sind. Im ersten Stock sind hawaiische Artefakte aus dem 19. Jh. und im zweiten Stock Gegenstände aus den Kulturen der nach Hawaii gekommenen Einwanderer (Japaner, Chinesen, Filipinos, Samoaner, Portugiesen).

Weitere Ausstellungshallen

Eine andere wichtige Ausstellungshalle ist die Hall of Hawaiian Natural History (Halle der hawaiischen Naturgeschichte), in der man Näheres über die Entstehung der Vulkane Hawaiis, über die Entwicklung der Pflanzenwelt der Inseln und über die Veränderung des Naturraumes durch die Besiedelung erfährt.
In der Polynesian Hall (Polynesische Halle) wird dem Besucher das Leben der Völker des Südpazifik-Raumes, ihre Gesellschaftsordnung, ihre Religion und ihr Alltagsleben nähergebracht. Masken, Festkleidung, Wappen, Musikinstrumente und bildliche Darstellungen von den polynesischen Inseln, aus Mikronesien und Melanesien ergänzen das Bild von vergangenen Zeiten in der Inselwelt des Südpazifik.
Kahili Room und Hawaiian Vestibule sind Galerien, in denen Sonderausstellungen stattfinden, fast immer aus eigenen Beständen.
Im Atherton Halau (Hula-Schule) kann man täglich um 13.00 Uhr Hula-Tänzen beiwohnen, zumeist von Kindern aufgeführt, die sich in einer der zahlreichen Hula-Schulen in Ausbildung befinden.
In der Bibliothek stehen 90000 Bände zur Geschichte Hawaiis und der Völker des Pazifik-Raumes zur Verfügung. Die Foto-Abteilung zeigt die Geschichte Hawaiis und der Pazifik-Völker in z. T. alten Fotos und Filmen.
Im Planetarium findet eine Nachmittags- und eine Abendvorführung statt. Bei klarem Wetter ist während der Abendveranstaltung ein Blick durch das Teleskop in den hawaiischen Sternenhimmel möglich.

Chinatown

Lage
Downtown Honolulu zwischen Nuuanu, N. Beretania und S. King Street

Bus
19

Das exotische Stadtviertel Chinatown in Honolulu, kleiner als die entsprechenden Viertel in San Francisco oder New York, dessen Anfänge auf die in den sechziger Jahren des vergangenen Jahrhunderts in Hawaii ankommenden chinesischen Kontraktarbeiter zurückgehen, hat bis heute seinen fernöstlichen Reiz bewahren können.
Damals begannen viele chinesische Landarbeiter schon bald ihre Arbeit auf den Zuckerplantagen aufzugeben, um Geschäfte und Restaurants in Honolulu für ihre Landsleute zu eröffnen. Zwei Feuersbrünste in den Jahren 1886 und 1900 machten einen Neuaufbau nötig. Der letzte Brand war die Folge eines absichtlich gelegten Feuers, das außer Kontrolle geriet und große Teile von Chinatown in Schutt und Asche verwandelte. Man erhoffte sich, durch Abbrennen bestimmter Teile von Chinatown die sich immer mehr ausbreitende Pestepidemie auszurotten.
Chinatown hatte seine größte Ausdehnung und Bedeutung in den dreißiger Jahren. Heute sollte es eher 'Asiatown' genannt werden, denn es leben dort neben Chinesen auch Vietnamesen, Filipinos, Thais und Koreaner.
Heute gehört Chinatown zu den sanierungsbedürftigen Stadtvierteln, die zukünftig einer städtebaulichen Aufwertung unterzogen werden sollen.
Am interessantesten für den Touristen sind die zahlreichen Geschäfte mit orientalischen Lebensmitteln aller Art in der Hotel und Smith Street sowie

Chinatown: chinesisches Restaurant Wo Fat

Chinatown (Fortsetzung)

die am Rande von Chinatown liegenden 'lei'-Geschäfte in der Mauna Kea Street, wo man die herrlichsten Blütengirlanden erheblich billiger bekommen kann als in anderen Teilen der Stadt, vor allem verglichen mit Waikiki.

Führung

Es bereitet keine Probleme, tagsüber allein nach Chinatown zu gehen, wenn auch Teile der Hotel Street als Prostituiertenviertel gelten. Die Chinese Chamber of Commerce, 42 North King Street, führt jeden Dienstag um 9.15 Uhr eine zwei- bis dreistündige Begehung unter sachkundiger Führung durch (Anmeldungen: Tel. 533-3181).

Wo Fat (Tel. 533-6393)

Harmonie und Wohlergehen ist die Übersetzung des Namens des chinesischen Restaurants Wo Fat, das für sich in Anspruch nehmen kann, die älteste noch bestehende Gaststätte Hawaiis zu sein. Das ursprüngliche Restaurant wurde schon ein Jahr nach seiner Gründung 1886 in dem großen Chinatown-Brand Opfer der Flammen. Die Wiedereröffnung fand in zwei anderen Häusern statt, bis das Restaurant 1906 den heutigen Standort Ecke Mauna Kea und Hotel Street einnahm. Im Jahre 1938 erhielt das Gebäude seine jetzige Form im chinesischen Stil, mit einer rosaroten Pagode geschmückt. Nach der Aufhebung der Prohibition 1933 war Wo Fat das erste Restaurant, das sich um eine Ausschanklizenz im damaligen Territorium Hawaii bewarb und prompt die Lizenz Nr. 1 erhielt.

Dole Pineapple Cannery

Lage
650 Iwilei Road
(Tel. 531-8855)

Bus
19 oder Pineapple Transit Bus (12)

Die größte Ananaskonservenfabrik der Welt, die Dole Pineapple Cannery, liegt an der Iwilei Road. Früher erkannte man sie schon von weitem an der große Dole-Ananas, einem Wassertank in Form einer Ananas. Leider sind keine Fabrikbesichtigungen mehr möglich. Statt dessen informiert ein Film über das Werk James Doles und über die Ananasproduktion. Man sieht, wie die Ananasfrüchte geschält und ausgehöhlt werden, wobei die modernen Maschinen fast 100 Früchte pro Minute verarbeiten. Zum Programm gehört auch eine Kostprobe verschiedener Ananasprodukte.

Dole Pineapple Cannery (Forts)

Außerhalb Honolulus unterrichtet der Dole Pineapple Pavilion in Wahiawa über den Ananasanbau. Neben der Besichtigung von Ananasfeldern kann man hier auch günstig frische Ananas einkaufen. Der Pavillion liegt 4 km außerhalb des Stadtzentrums in Richtung Haleiwa am Highway Nr. 99; man erreicht ihn auch mit dem Bus Nr. 52.

Dole Pineapple Pavilion

Etwas unterhalb, an der Kreuzung der Straßen Nr. 80 und Nr. 99, hat sich die 'Konkurrenz' etabliert mit dem Del Monte Variety Garden, in dem die verschiedenen Ananassorten der Welt angepflanzt sind und Erläuterungen zur Geschichte dieser Früchte und zu ihrer Bedeutung gegeben werden.

Del Monte Variety Garden

*Foster Botanic Gardens

Die Anfänge des jetzt inmitten Honolulus gelegenen Botanischen Gartens gehen bis auf das Jahr 1855 zurück, als Königin Kalama dem deutschen Arzt William Hillebrand (→ Deutsche in Hawaii), der sich zugleich als Botaniker einen Namen gemacht hatte, ein 2 Hektar großes Gebiet verkaufte, auf dem er eine Reihe jetzt noch stehender Bäume anpflanzte. Als Hillebrand im Jahre 1867 nach Deutschland zurückkehrte, verkaufte er den Garten an Thomas Foster und seine Frau, die ihn im Jahre 1930 der Stadt schenkten.

Lage
180 N. Vineyard Boulevard
(Tel. 533-3406)

Bus
4

Führungen

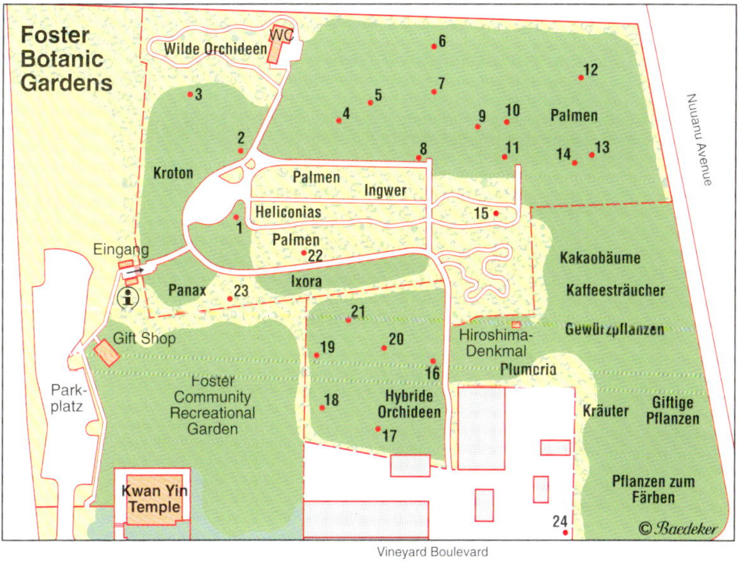

1 Bo-Baum
2 Pagodenbaum
3 Guana-Baum
4 Pflaumennußbaum
5 Pseudo-Feigenbaum
6 Kauri-Baum
7 Schotenbaum
8 Baum der Reisenden
9 Kapok-Baum
10 Tropischer Mandelbaum
11 Ring-Fichte
12 Doppel-Kokosnußpalme
13 Loulu-Palme
14 Wachspalme
15 Kanonenkugel-Baum
16 Baobao-Baum
17 Chauimoogra-Baum
18 Jochholz-Baum
19 Hongkong-Orchideenbaum
20 Regenbogenschauer-Baum
21 Doum-Palme
22 Quipo-Baum
23 Pandanus-Baum
24 Gupang-Baum

Foster Botanic Gardens (Fortsetzung)

Im Laufe der Zeit ist der Garten auf das Vierfache seiner ursprünglichen Größe angewachsen.
Sehenswert sind vor allem die von Hillebrand angepflanzten Bäume: ein riesiger Kauri-Baum aus Australien, der Kapok-Baum aus Indonesien und ein Baobab-Baum aus Zentralafrika. Ferner ist hier ein schönes Exemplar des in Hawaii häufig vertretenen Banyan-Baumes zu sehen; der hier angepflanzte ist chinesischen Ursprungs, andere Banyan-Bäume stammen aus Indien und Malaysia.
Der Botanische Garten hat auch eine außerordentliche Orchideensammlung, von den kleinen Pleurothallis bis zu den riesigen Grammatophyllum-Orchideen, die hier alle wild wachsen – auf Erde, Felsen und Bäumen.
An Nutzpflanzen kann man Kaffee-, Kakao- und Zimtsträucher bewundern, ferner Vanille-, Pfeffer- und Gewürznelkenstöcke.

Buddha-Statue

Anläßlich des 100. Jahrestages der Ersteinwanderung der Japaner im Jahre 1868 wurde dem Botanischen Garten der Bronzeabguß eines aus dem 13. Jh. stammenden Großen Buddha aus der Stadt Kamakura geschenkt.

Hawaii Maritime Museum

Lage
Pier 7
Ala Moana Boulevard
(Tel. 523-6151)

Bus
19

Das Hawaii Maritime Museum wurde erst im Sommer 1989 eröffnet und ging aus dem ehemaligen Hawaii Maritime Center hervor.
Beim Betreten des einstöckigen Gebäudes fällt das im Bau befindliche große Auslegerboot (outrigger) auf; ein Nachbau der Boote, welche die polynesischen Völker benutzten, als sie vor Jahrhunderten Hawaii besiedelten.
Hier im Museum wird die Welt des Meeres lebendig. Zahlreiche Ausstellungsgegenstände illustrieren das Wellenreiten, das Meereswetter, Schiffsuntergänge, die Technik des traditionellen Fischens in Hawaii und die Küstenveränderungen der Hawaii-Inseln. Für die Kinder steht auf dem Dach des Hauses ein Boot, in dem sie spielen können.
Die eigentliche Attraktion sind die an dem zum Museum gehörigen Pier festgemachten, über 100 Jahre alten Schiffe, der Viermaster 'Falls of Clyde' und der seetüchtige Outrigger 'Hokule'a'.

Falls of Clyde

Das 1878 in Glasgow erbaute Segelschiff, das einzige dieser Art, das noch erhalten ist, diente von 1898 bis 1920 der Matson Steamship Company, erst als Passagierschiff, später als Frachter. Nach ihrer Stillegung wurde die 'Falls of Clyde' im Schlepptau nach Alaska gebracht und war dort fahrendes Treibstoff-Depot für die Fischerboote. Als die Hawaiianer davon hörten, daß das Schiff abgewrackt werden sollte, wurde sofort eine Geldsammlung durchgeführt, um zu ermöglichen, daß der Viermaster nach Honolulu zurückgebracht wird. Das Schiff wurde wieder restauriert und kann seit 1986 besichtigt werden.

Hokule'a

Die 'Hokule'a' (Stern der Freude) ist die getreue Nachbildung der Kanus, wie sie von den Polynesiern für ihre Fahrten von Insel zu Insel benutzt wurden. Bekannt wurde das Boot durch die in den Jahren 1976 und 1980 durchgeführten spektakulären Pazifikfahrten. Bei diesen Fahrten wurde die fast 10000 km lange Hin- und Rückfahrt von Honolulu nach Tahiti unter der Führung von Mau Piailug, einem Bewohner der Karolinen-Inseln, zurücklegt, wobei die Besatzung sich derselben Hilfsmittel bediente wie die Inselbewohner vor Jahrhunderten: Beobachtung der Sterne und der Wellenformen.
Obwohl moderne Baumaterialien wie Sperrholz und Glasfiber verwandt wurden, hat man die Form des knapp 20 Meter langen Bootes alten Zeichnungen und Felszeichnungen nachgebildet. Bei den Fahrten erwies es sich als sehr problematisch, daß mehr als ein Dutzend Männer auf einem Boot leben mußten, das an seiner breitesten Stelle weniger als 3 Meter breit war.

Hawaii State Capitol

Das Capitol des jüngsten US-Staates ist eine architektonische Besonderheit: modern, voller Symbolik und offen. Das Gebäude geht auf einen Entwurf der kalifornischen Architektenfirma Carl Warnecke & Associates zurück und kostete 25 Mio. US-Dollar. Die Einweihung fand nach zehnjähriger Zugehörigkeit Hawaiis zu den Vereinigten Staaten von Amerika als eigener Bundesstaat statt.

Lage
Beretania Street
Richards Street
(Tel. 548-7851)

Führungen

Bus
2

Die Architektur des Bauwerks soll das Element Wasser (Ozean) und die vulkanische Entstehung Hawaiis ausdrücken. Die das Gebäude umstehenden, fast 20 m hohen kannelierten Säulen erinnern an die überall auf den Inseln anzutreffenden Königspalmen. Der Innenhof dieses Atriumgebäudes ist mit einem blauen Mosaikboden in den Farbtönen des Meeres ausgelegt. Zusammen mit den im Außenbereich sich befindenden Wasserteichen symbolisieren sie den die Inseln umgebenden Ozean. Das verwendete vulkanische Gestein und das über dem Innenhof offene 'kraterförmige' Dach stellen einen Zusammenhang zur vulkanischen Entstehung der Hawaii-Inseln dar.
Die Sitzungssäle der beiden Kammern sind vom Innenhof durch die Fenster einsehbar. Das Unterhaus, das Repräsentantenhaus ist in blau und grün gehalten; das Oberhaus, der Senat, weist die Erdfarben rot und braun auf.
Mit dem Fahrstuhl kann man in den 5. Stock fahren, von wo aus eine schöne Aussicht auf Honolulu besteht.
Im Rahmen einer einstündigen Führung, die man am besten vorher telefonisch vereinbart, kann man auch das Arbeitszimmer des Gouverneurs besichtigen.
Über den Eingängen hängen auf den beiden gegenüberliegenden Gebäudeseiten, der 'mauka'-Seite des Capitols (dem Meer zugewandt) und der 'makei'-Seite (den Bergen zugewandt), je zwei etwa 5 t schwere, riesige Abgüsse des hawaiischen Wappens.

Hawaii State Capitol

Hawaii State Capitol (Fortsetzung)
Standbild Joseph Damien

Auf der 'mauka'-Seite steht ein Standbild des Geistlichen Joseph Damien (→ Berühmte Persönlichkeiten), das von der venezolanischen Künstlerin Marisol geschaffen wurde.
Eine Kopie befindet sich neben dem Standbild von König Kamehameha I. in der Statuary Hall im US-Capitol in Washington, in der jeder der 50 Bundesstaaten mit zwei Persönlichkeiten vertreten ist.

Standbild Königin Liliuokalani

Auf der 'makai'-Seite steht eine Statue der letzten hawaiischen Herrscherin, Königin Liliuokalani, die unweit von hier, im → Washington Place, heute die Residenz der Gouverneure, die Jahre nach der Abdankung verbrachte.

*Honolulu Academy of Arts

Lage
900 S. Beretania Street, gegenüber Thomas Square (Tel. 538-1006)

Führungen

Bus
2

Die Honolulu Academy of Arts verdankt ihre Entstehung (wie auch das Bishop Museum) einer Privatperson, Mrs. Charles M. Cooke, Familienmitglied einer der 'Big Five', der 'Zuckerbarone' von Hawaii. Sie finanzierte nicht nur den Bau, sondern übergab dem Museum auch die Privatsammlung ihrer Familie als Anfangsbestand.
Das von außen eher nüchtern wirkende Gebäude ist im hawaiisch abgewandelten spanischen Stil mit langgezogenem Dach gebaut. Die vier kleinen Innenhöfe sind um einen großen zentralen Hof gruppiert. Das Museum wurde im Jahre 1928 eingeweiht und ist wegen seiner vielseitigen Sammlungen, vor allem auch wegen seiner Bestände hawaiischer Kunst sehenswert.

Bestände

In den zu ebener Erde gelegenen 28 Galerien wird der feste Bestand gezeigt, während in dem kleineren 1. Stockwerk Sonderausstellungen

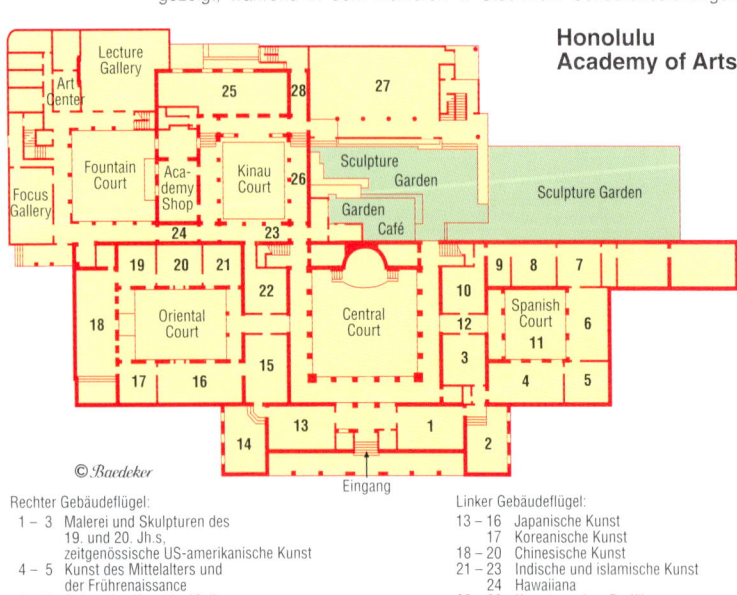

Honolulu Academy of Arts

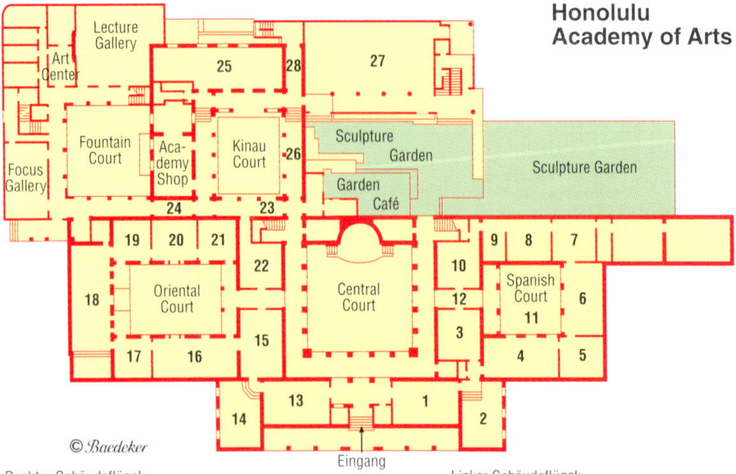

Rechter Gebäudeflügel:
1 – 3 Malerei und Skulpturen des 19. und 20. Jh.s, zeitgenössische US-amerikanische Kunst
4 – 5 Kunst des Mittelalters und der Frührenaissance
6 – 10 Dekorative Kunst im 18. Jh., Beispiele französischer, englischer und amerikanischer Kunst
11 – 12 Kunst in der Antike

Linker Gebäudeflügel:
13 – 16 Japanische Kunst
17 Koreanische Kunst
18 – 20 Chinesische Kunst
21 – 23 Indische und islamische Kunst
24 Hawaiiana
25 – 26 Kunst aus dem Pazifikraum, Lateinamerika und Afrika
27 Zeitgenössische Kunst der Hawaiianer
28 Kunst der amerikanischen Indianer

Honolulu Academy of Arts (Fortsetzung)

stattfinden. Interessanterweise ist die sehr reichhaltige Sammlung östlicher Kunstwerke im westlichen Teil des Museums untergebracht und die Kunst des Westens im östlichen Teil.
Die rechter Hand vom Eingang befindliche europäisch-amerikanische Kunst reicht von Stein- und Bronzeskulpturen sowie Keramik der Antike bis zu Werken des 20. Jahrhunderts.
Hervorzuheben sind die Galerien 1–3, in denen sich Gemälde und Skulpturen aus dem 19. und 20. Jh., darunter Werke von Delacroix, Whistler, Homer, Gauguin, van Gogh, Pissaro, Picasso und Rivera, um nur die wichtigsten zu nennen, sowie von amerikanischen Künstlern bis hin zu den Hauptvertretern der Pop Art befinden.
Links vom Eingang befindet sich die Kunst des Ostens, die vor allem einen guten Überblick über die Entwicklung der japanischen und chinesischen Kunstrichtungen gewährleistet.
Besonders interessant ist die Halle 24, in der Exponate aus der althawaiischen Kultur ausgestellt sind – übrigens eine gute Ergänzung zu den Beständen des → Bishop Museums. Hier kann man besonders gut erhaltene Beispiele für die aus Baumrinde hergestellten Tapa-Textilien sehen (deren Muster noch heute nachgeahmt werden, obwohl das Geheimnis der Stoffherstellung verlorengegangen ist), ferner Gemälde und Zeichnungen aus der Frühzeit, Federumhänge und vieles andere mehr.
Ein Skulpturengarten, ein mit Reproduktionen, Originalkunstwerken, Kunsthandwerk und Literatur reichlich ausgestatteter Geschenkeladen sowie ein Restaurant runden das Angebot dieses Museums ab.

*Iolani Palace

Lage
King Street
Richards Street
(Tel. 523-1471)

Bus
2

Wenn man sich vom Eingang an der King Street dem einzigen Königspalast der Vereinigten Staaten von Amerika nähert, fällt eine gewisse Ähnlichkeit mit dem einst berühmten Haus auf, das sich der Archäologe Heinrich Schliemann in Athen bauen ließ. Ob es wirklich Pate gestanden hat, ist nicht eindeutig geklärt, zumal wenig über die Entstehungsgeschichte des Palastes bekannt ist. König David Kalakaua gab das Bauwerk 1879 in Auftrag. Nach dreijähriger Bautätigkeit war es mitsamt der Gartenanlagen fertiggestellt (angeblich wurde der dort befindliche Banyan-Baum von seiner Frau, Königin Kapiolani, gepflanzt). Die Kosten beliefen sich auf 350 000 US-Dollar, was die Hawaiianer mit der Verschwendungssucht ihres Herrschers entschuldigten.
Es war das erste Gebäude mit elektrischem Strom in Honolulu, und sowohl die Zimmer des Königs wie der Königin hatten direkte Telefonverbindung mit dem königlichen Bootshaus.
Der Palast, der nur knapp elf Jahre bis zum Sturz der Monarchie seinem eigentlichen Zweck diente, ist in den letzten Jahren gründlich renoviert worden und zeigt sich, zumindest von außen, wieder in der Pracht des vorigen Jahrhunderts.
Beachtung verdienen die korinthischen Säulen, sowie die aus San Francisco importierten Fenster, die Zäune und die Eingangstore, an denen das Königswappen prangt. Von der ursprünglichen Innenausstattung ist nicht mehr viel übriggeblieben; ein Teil der Einrichtung befindet sich im → Bishop Museum, anderes ist verlorengegangen. Doch die innenarchitektonischen Einzelheiten wie die Holzarbeiten an Decken und Wänden sowie die Beleuchtungskörper wurden ursprungsgetreu restauriert.
Rechts vom Eingang befindet sich der Thronsaal, links der Empfangssaal und der große Speisesaal für Staatsbankette. Die Schlafzimmer der Königsfamilie befinden sich ebenso wie die Gästezimmer im oberen Stockwerk.

Sitz des Parlaments

Von 1895 bis zur Fertigstellung des → Hawaii State Capitol im Jahre 1969 war hier der Sitz des hawaiischen Parlaments. Von den beiden Kammern tagte das Repräsentantenhaus im ehemaligen Thronsaal, der Senat im großen Speisesaal – damit war sicherlich keine Symbolik verbunden,

Iolani Palace (Fortsetzung)

sowenig wie mit der Tatsache, daß der Gourverneur sein Amt im ehemaligen königlichen Schlafzimmer ausübte.

Coronation Stand (Krönungspavillion)

Vor dem Palast ließ König Kalakaua den Krönungspavillon errichten, der in die Gartenanlagen links vom Haupteingang versetzt wurde, in dem der König – dem Beispiel von Napoleon I. folgend – sich und seiner Königin eigens für diesen Anlaß hergestellte Kronen aufs Haupt setzen ließ.
Heute gibt hier jeden Freitag um 12 Uhr die Royal Hawaiian Band – die noch immer diesen Namen trägt – ein Freikonzert, das stets großen Zuspruch findet.

Iolani Barracks

Ebenfalls auf dem Gelände des Palastes stehen die Royal Barracks, die Unterkünfte für die Leibwache des Königs, ursprünglich schon 1871 ganz in der Nähe des heutigen Hawaii State Capitol erbaut und erst mit dessen Bau auf seinen jetzigen Standort versetzt. Das Gebäude ist eine Art mittelalterlicher Zinnenbau mit Schießscharten, der in dieser Umgebung etwas befremdlich wirkt.

Hawaii State Archives

Auf der rechten Seite des Iolani Palace befindet sich das 1953 erbaute hawaiische Staatsarchiv mit einer umfangreichen Sammlung von Staatsdokumenten, Protokollen und vielen alten Fotos – eine wahre Fundgrube für all jene, die sich mit der Geschichte Hawaiis befassen.

Library of Hawaii

Unmittelbar daneben ist die Zentrale der hawaiischen Staatsbibliothek mit einem schönen, schattigen Hof, der vielen der in der Nähe tätigen Regierungsbeamten als beliebter Aufenthaltsort für die Mittagspause dient.

Honolulu Hale City Hall

Gegenüber des Staatsarchivs, auf der anderen Seite der Punchbowl Street, befindet sich das Rathaus, das Honululu Hale, ein Bauwerk aus dem Jahre 1929 im Stil der Frührenaissance, das heute für kulturelle Veranstaltungen und Ausstellungen genutzt wird.

Kawaiahao Church

Lage
957 Punchbowl St.
(Tel. 538-6267)

Bus
2

Keine andere Kirche hat eine so entscheidende Rolle in der Geschichte Hawaiis gespielt wie die Kawaiahao-Kirche, die zwischen der ⟶ Aliiolani Hale und dem ⟶ Mission Houses Museum gelegen ist. Sie ist zwar nicht die älteste Kirche Hawaiis, aber zweifellos die geschichtsträchtigste. In siebenjähriger Bauzeit wurde sie von 1836 bis 1842 erstellt; Baumaterial waren 14000 Korallenblöcke, die aus den der Küste vorgelagerten Korallenriffen gehauen wurden. Die Baupläne für die Kirche stammen von dem Geistlichen Hiram Bingham (⟶ Berühmte Persönlichkeiten).

Quelle

Links vom Kircheneingang ist die Quelle, die der Kirche ihren Namen gegeben hat und heute noch genauso sprudelt wie zu Zeiten der Häuptlingsfrau Hao.
Das Wasser diese Quelle durfte nur von den 'ali'i', den Oberen des Landes, genutzt werden. Darunter war auch die Häuptlingsfrau Ha'o; ihr verdankt die Kirche ihren Namen (Kawaiahao – Wasser der Hao).

Historische Stätte

Ursprünglich standen hier mehrere strohbedeckte Hütten, die für die ersten von den Missionaren zum Christentum bekehrten Christen als Kirche dienten; erst 1836 begann man mit dem Bau der heutigen Kirche.
Am 31. Juli 1842 konnte die 'Große Steinkirche' eingeweiht werden; 3000 bis 4000 Gläubige fanden sich auf dem Gelände ein, viel mehr als in der Kirche Platz fanden, darunter auch König Kamehameha III., der bei dieser Gelegenheit das spätere Staatsmotto Hawaiis verkündete: "Ua mau ke ea o ka aina i ka pono", was soviel bedeutet wie: "Das Leben des Staates wird für immer durch Rechtschaffenheit geprägt sein".
In der Kirche fand auch die Trauung von König Kamehameha IV. und Königin Emma statt. Der erste gewählte König von Hawaii, Lunalilo, legte hier

Iolani Palace

Kawaiahao Church

Kawaiahao Church, historische Stätte (Fortsetzung)

in der Kirche seinen Amtseid ab und ist auch auf dem angrenzenden Friedhof begraben. Als erster Herrscher, der nicht zur Kamehameha-Sippe gehörte, wollte er nicht im ⟶ Royal Mausoleum im Nuuanu-Tal beigesetzt werden.
Im Innern der Kirche sind noch die Kirchenstühle zu sehen, auf denen die Angehörigen des Königshauses Platz nahmen. Vier 'kahili'-Federstäbe, die den Rang der Könige symbolisierten, stehen in der Nähe. An den Wänden der Empore hängen Porträts der hawaiischen 'ali'i' – insgesamt 21 Bilder, angefangen mit einem Porträt von Kamehameha I.

Gottesdienste

Abwechselnd um 8.00 oder 10.30 Uhr werden die Sonntags-Gottesdienste in hawaiischer Sprache mit hawaiischen Kirchenliedern abgehalten. Die Kawaiahao-Kirche ist die einzige Kirche auf Oahu und eine der wenigen der Hawaii-Inseln, die diesen Brauch beibehalten hat.

Friedhof

Hinter der Kirche liegt der Missionarsfriedhof, auf dem die meisten Missionare von Oahu und ihre Angehörigen beigesetzt sind.
Hier befinden sich außerdem die Gräber prominenter hawaiischer Familien, wie auch das Grab von Heinrich Berger, dem langjährigen Dirigenten der Royal Hawaiian Band (⟶ Deutsche in Hawaii).

Adobe-Schulhaus

An den Missionarsfriedhof schließt sich das Adobe-Schulhaus an, das sieben Jahre vor der Kirche im Jahre 1835 aus Adobe (gehärtetem Lehm) erbaut wurde. Hier war zuerst die Oahu Charity School untergebracht, dann ein Kindergarten, die hawaiische Bibelgesellschaft und die Kawaiahao-Sonntagsschule. Heute dient das 155 Jahre alte Gebäude als Kindertagesstätte.

Kewalo Basin

Lage
Ala Moana Boulevard
Ward Avenue
Neben Fisherman's Wharf

Bus
19

Das Kewalo Basin, auch Fisherman's Wharf genannt, ist ein kleiner, malerischer Fischerhafen, in dem mittlerweile auch viele Ausflugsboote, Segel- und Motorboote vor Anker liegen.
Von hier aus kann man im gemieteten Boot zum Fischfang ins offene Meer fahren. Dabei sollte man nicht unbedingt daran denken, was sich hier in der Frühgeschichte Hawaiis abgespielt hat, denn an dieser Stelle wurden Ausgestoßene und Verbannte ertränkt.
Man kann diese Boote, einschließlich Kapitän und einem Matrosen, für eine vollen Tag (7.00 bis 15.30 Uhr) oder einen halben Tag mieten. (Die Kosten liegen bei etwa 375 US-Dollar und 250 US-Dollar für sechs Personen. Von manchen Vermietern werden die Kosten pro Person berechnet und belaufen sich auf etwa 75 US-Dollar für eine ganztägige Fahrt.) Selbstverständlich werden Köder, Angel und sonstige Ausrüstungsgegenstände mitgeliefert.
Was fischt man in den Gewässern von Honolulu? Der blaue oder der gestreifte Marlin, ersterer einer der größten Fische überhaupt. In Honolulu erzählt man immer von dem schwersten dieser Schnabelfische, der je an Bord eines Bootes gebracht wurde: er wog über 800 kg. Im allgemeinen wiegen sie nicht mehr als 140 bis 180 kg (die beste Zeit für den Marlin ist Ende Juni bis Ende September). Dann gibt es den Ahi und Aku – beides Thunfische, letzterer durch gelbe Flossen gekennzeichnet, Schwert- und Segelfische (dieser an seiner Rückenflosse erkennbar), vor allem aber den Mahimahi, der auch immer auf den Speisekarten zu finden ist.
Es wird übrigens erwartet, daß die Beute der Sonntagsfischer dem Kapitän überlassen wird, ebenso wie ein Trinkgeld. (Einige der Bootsvermieter, bei denen man einen Tag vor dem Ausflug reservieren sollte, sind: Coreene-C's Charter, Tel. 536-7472, Happy Time Charters, Tel. 329-9630, Island Charters, Tel. 536-1555, Sportfishing Hawaii, Tel. 536-6577).

Vom Kewalo Basin aus kann man auch Bootsfahrten nach ⟶ Pearl Harbor unternehmen.

*Mission Houses Museum

Heute sind die drei Häuser, die aus den Anfängen der Missionierung stammen, als 'National Historic Landmark' unter Denkmalschutz gestellt und als Museum der Öffentlichkeit zugänglich gemacht worden. Sie sind die ältesten im westlichen Stil errichteten Bauwerke: das Missionshaus (1821), das Chamberlain House (1831), das der 1823 nach Honolulu gekommene Levi Chamberlain aus Vermont für sich und seine achtköpfige Familie erbaute, und die Druckerei (1841), in der erstmals Bücher in der von den Missionaren als Schriftsprache erfaßten hawaiischen Sprache gedruckt wurden.

Lage
S. King Street
Nahe Kawaiahao Church
(Tel. 531-0481)

Bus
2

Missionare auf Oahu

Die Missionare, die einerseits durch die Schaffung eines Alphabets wesentlich zur Erhaltung des bis dahin nur gesprochenen Hawaiisch beitrugen, haben andererseits durch die Verbreitung des Christentums die Reste der lebendigen hawaiischen Kultur ausgerottet. Kamehameha II., der 1819 maßgeblich an der Zerstörung des traditionellen Kapu-Systems beteiligt war, betrachtete die Missionare mit Mißtrauen, begrenzte ihren Aufenthalt zunächst auf ein Jahr und wies ihnen als Aufenthaltsort eine dürre Ebene zwischen Waikiki und dem jetzigen Downtown Honolulu an. Sie konnten dort nicht mehr als ein paar Grashütten bauen, die ihnen wenig Schutz boten. Der trockene Boden machte außerdem Landwirtschaft in größerem Rahmen unmöglich.

Entstehung der Mission Houses

Kurz vor Weihnachten 1820 kamen an Bord eines Frachters aus Boston Teile eines Holzhauses an, das die Missionare jedoch nicht aufbauten, da sie vom König die Erlaubnis haben mußten, über das erste Jahr hinaus an Ort und Stelle bleiben zu können. Dieser kam kurz vor Ablauf des Jahres zu einer Inspektion, besuchte eine Schulklasse in einer der Grashütten, nahm eine üppige Mahlzeit ein und ließ sich von den Ideen der Missionare, wie sie Trunksucht, Spielwut, Blutschande und anderes 'sündhaftes' Verhal-

Mission Houses Museum

Mission Houses Museum, Entstehung (Fortsetzung)

ten bekämpfen wollten, überzeugen und verlängerte ihre Aufenthaltserlaubnis.
Daraufhin wurde mit dem Bau des ersten Hauses begonnen, das jetzt noch zu besichtigen ist. Natürlich ist von dem ursprünglichen Mobiliar nicht viel erhalten geblieben; immerhin sind zwei große, von Boston nach Honolulu geschickte Schreibtische aus den dreißiger Jahren und der Schaukelstuhl, den der Missionsleiter, Pfarrer Hiram Bingham (→ Berühmte Persönlichkeiten) für die Königin und Mitregentin Kaahumanu entwarf, noch vorhanden. Auch zwei fast 250 Jahre alte Hurrikanlampen aus New England sind zu sehen.
Die Druckpresse, die sich jetzt in dem Druckereihaus befindet, ist zwar nicht das Original, es wird aber versichert, daß sie eine getreue Nachbildung der ursprünglichen Presse ist, auf der erstmals Druckschriften auf Hawaiisch hergestellt wurden.
Eine zweite Druckerei aus jener Zeit befindet sich in Lahaina (Maui), auf dem Campus des Lahainaluna Seminary.

Besuchsprogramm

Führungen durch die Häuser finden täglich während der Öffnungszeiten statt.
An Samstagen wird auf dem Rasen ein Programm 'Honolulu 1831' veranstaltet, in dessen Rahmen die Besucher Gelegenheit haben, mit Hawaiianern Kontakt zu knüpfen.
Alljährlich finden auch, allerdings zu unterschiedlichen Jahreszeiten, eine Mission Houses Fancy Fair statt, auf der vor allem Kunsthandwerk heimischer Künstler angeboten wird.

Neal Blaisdell Center

Lage
Kapiolani Avenue
Ward Street

Bus
2

Dieses relativ moderne, aber weder von außen noch von innen besonders attraktive Gebäude hieß ursprünglich Honolulu International Center und trägt jetzt den Namen eines langjährigen (1955–1969) Bürgermeisters von Honolulu. Das Gebäude entspricht einer Mehrzweckhalle mit unterschiedlichem Programmangebot: Hier tritt der Zirkus auf oder es finden Boxkämpfe und Rock-Konzerte statt.
In der zu dem Komplex gehörenden Konzerthalle finden hauptsächlich Konzerte des Honolulu Symphony Orchestra und Opernvorstellungen des Hawaii Opera Theatre statt.

*Nuuanu Pali Lookout

Lage
Koolau-Berge
Oberhalb von Honolulu am Pali Highway (Nr. 61)

Keine Busverbindung

Der schönste Aussichtspunkt auf der Insel Oahu ist zweifellos der Nuuanu Pali Lookout (nuuanu = kühle Anhöhe, pali = Klippe). Es handelt sich hier allerdings auch um einen der wenigen sehenswerten Punkte, die nicht mit dem öffentlichen Bus erreichbar sind; im Auto ist der Weg in etwa einer Viertelstunde von Waikiki aus zurückzulegen, indem man dem Pali Highway bis zur Ausfahrt Pali Lookout folgt.
Dieser schon im 19. Jh. von Reisenden gerne besuchte Aussichtspunkt ist über eine Straße zu erreichen, die zunächst für Kutschen angelegt wurde. Sie wurde 1898 mit Hilfe von 200 wohl sehr schlecht bezahlten Arbeitern gebaut und soll lediglich 37 500 US-Dollar gekostet haben.
Am Nuuanu Pali Lookout angekommen, steht man auf einer etwa 300 m hohen Klippe, von der man eine ungehinderte Aussicht über die Ebene von Kaneohe und die Bergwelt hat. Aber selbst wenn man bei schönem Wetter in Honolulu aufbricht, kann es passieren, daß über dem Pali Lookout tiefe Wolken hängen oder es sogar regnet. Meistens dauern diese Schlechtwetterperioden nicht sehr lange, so daß man sie im geparkten Auto aussitzen kann. Wegen der dort immer vorherrschenden starken Winde ist der Temperaturunterschied zu Honolulu beträchtlich. Es ist auf jeden Fall anzuraten, für diese Fahrt eine Jacke mitzunehmen. Der Ausblick jedenfalls entschädigt für alle Unbilden des Wetters.

Kriegsschauplatz

Der Nuuanu Pali spielte eine wichtige Rolle in der Geschichte Hawaiis, obwohl die Überlieferung zumindest umstritten ist. Kamehameha I. hatte 1795 bei seinen Kämpfen zur Vereinigung des Inselreichs die Truppen des Königs von Oahu bis an den Rand der Klippen getrieben, von wo es keinen Ausweg gab. Einer Darstellung zufolge wurden die Verteidiger von Oahu niedergemetzelt, nach einer anderen stürzten sich die meisten, um den Truppen von Kamehameha nicht in die Hände zu fallen, von den Klippen – wie es in einer ähnlichen Situation 1700 Jahre vorher die Juden in Massada über dem Westufer des Toten Meeres taten, um der Gefangenschaft durch die Römer zu entgehen. Auch die Zahl der Gefallenen ist umstritten; sie reichen von 400 bis zu einigen Tausenden. Jedenfalls wurden in späteren Jahren Gebeine der Umgekommenen in der Ebene unterhalb der Klippen gefunden.

Nuuanu Valley

Mittels eines kleinen Umweges durch das stark bewaldete Nuuanu-Tal besteht die Möglichkeit, noch eine Reihe anderer Sehenwürdigkeiten zu besichtigen: → Queen Emma's Summer Palace, den → Punchbowl National Cemetery und das → Royal Mausoleum.
Das Nuuanu-Tal war wegen seiner landschaftlichen Schönheit und seinem angenehm kühlen Klima schon immer bevorzugtes Wohngebiet. Hier stehen die schönsten Villen Honolulus.

Punchbowl National Cemetery

Lage
2177 Puowaina Drive
Vorgebirge der Koolau-Berge

Der Punchbowl-Krater ist einer der Tuffkegel, die in den letzten Eruptionsphasen auf Oahu entstanden sind. Das 46 ha große, oberhalb von Honolulu gelegene Gelände wird von den Hawaiianern 'Puowaina' (Opferhügel) genannt, weil hier den hawaiischen Gottheiten Menschenopfer dargebracht wurden. Zu Zeiten der hawaiischen Monarchie war Punchbowl eine Festung und während des Zweiten Weltkriegs ein Beobachtungsposten

Freitreppe zum National Memorial Cemetery of the Pacific

Punchbowl National Cemetery (Fortsetzung)

Bus
2 (bis Beretania u. Alapai St., dann Richtung Pacific Heights bis Puowaina u. Hookui St., dann 15 Minuten Fußweg

für den Hafen von Honolulu. Nach Kriegsende bot die Territorialregierung von Hawaii das Gelände den Vereinigten Staaten zur Anlegung eines Militärfriedhofs an, der 1949 eingeweiht wurde.
Im Jahre 1966 wurde das über eine lange Freitreppe erreichbare Gedenkgebäude der Öffentlichkeit übergeben: hier befinden sich eine Kapelle, der 'Hof der Vermißten' und eine Reihe von Wandmosaiken, die den Verlauf der entscheidenden Pazifik-Schlachten während des Zweiten Weltkriegs sowie des Korea-Kriegs darstellen. Zu beiden Seiten der Freitreppe dehnt sich das Gelände der Grabstätten aus, viele davon blumengeschmückt.

Soldatenfriedhof

In dem National Cemetery of the Pacific sind die sterblichen Überreste von nahezu 30000 US-amerikanischen Soldaten beigesetzt, darunter 22, die mit der höchsten Kriegsauszeichnung des Landes, der Kongreßmedaille, ausgezeichnet sind. Viel besucht wird das Grab des Kriegsberichterstatters Ernie Pyle, dessen Berichte über die Kriegsschauplätze ihm noch postumen Ruhm eingebracht haben.
Ferner sind im Court of the Missing (Hof der Vermißten) die Namen von 22000 Kriegsvermißten auf einer Marmorwand eingraviert.

Ausblick

Der Ausblick vom Friedhof auf Waikiki und Diamond Head auf der einen und Pearl Harbor auf der anderen Seite ist lohnend.
Mit dem Auto erreicht man den Militärfriedhof über den Freeway H 1, den Pali Highway (Nr. 61) bis zum Ausgang 21 B, von wo der Weg durch eine Wohngegend bis zum Puowaina Drive gut beschildert ist.

Queen Emma's Summer Palace

Lage
913 Pali Highway (Tel. 595-3167)

Bus
4

Wenn man vor diesem in schlichtem Weiß gehaltenen, im typischen Neu-England-Stil des 19. Jh.s erbauten Haus steht, wird man es kaum für einen Palast halten. Königin Emma benannte das Gebäude nach einer hawaiischen Halbgöttin 'hanai-a-ka-malama', was soviel bedeutet wie Adoptivkind des Lichtes, vielleicht aber auch des Mondes.
Das Haus ließ nicht Königin Emma (→ Berühmte Persönlichkeiten), die selbst Adoptivtochter eines britischen Arztes in Honolulu war, errichten. Es wurde im Jahr 1847 von dem Kaufmann und späteren Zuckerplantagenbesitzer Henry Augustus Peirce gebaut und ein paar Jahre später an John Young II., den Sohn eines britischen Vertrauten von König Kamehameha I. und Onkel der späteren Königin, verkauft. Nach dessen Tode erbte Emma das Haus 1857, ein Jahr nach ihrer Trauung mit König Kamehameha IV.
Sie richtete es dann als einen Sommersitz ein, wo das Königspaar die Kühle des Nuuanu-Tals genoß und einen Treffpunkt der hawaiischen Hofgesellschaft pflegte.
Das ebenerdige Haus hat nur zwei Schlafzimmer (den einzigen Gästeraum ließ Emma an der rückwärtigen Seite des Hauses anbauen, um dort Prinz Alfred, einen Sohn der Königin Viktoria, aufzunehmen, der aber letzten Endes nicht nach Hawaii kam). Emma und ihr Mann, die die europäischen Königshöfe besuchten und sich längere Zeit in England aufhielten, wurden stark vom englischem Lebensstil beeinflußt, führten beispielsweise auch die anglikanische Hochkirche in Hawaii ein und ließen die → St. Andrews-Kathedrale errichten.
Nach dem Tode Emmas drohte das Haus zu verfallen und wurde schließlich von den Daughters of Hawaii, einer Frauenorganisation, gerettet, die es seit 1915 als Museum betreibt.

Einrichtungsgegenstände

Der englische Einfluß wird auch an dem Mobiliar des Palastes deutlich, bei dem der viktorianische Stil vorherrschend ist.
Im Eingang des Hauses stehen die 'kahilis', Federstandarten, die den hohen Rang der Bewohner symbolisieren sollen, und Lauhala-Matten, die in einer heute in Hawaii verlorengegangenen Webart gefertigt sind. An den Wänden hängen Bilder der hawaiischen Könige und Königinnen. Weiterhin sind auch zahlreiche hawaiische Artefakte zu sehen.

Queen Emma's Summer Palace

Queen Emma's Summer Palace, Einrichtungsgegenstände (Fortsetzung)

Historisches Interesse beansprucht die aus Koa-Holz gefertigte Wiege für den einzigen Sohn des Paares, Prinz Albert, übrigens Patenkind der Königin Viktoria, der aber schon im Alter von nur vier Jahren starb. Die Wiege in Form eines Kanus ist das Werk eines deutschen Tischlers namens Wilhelm Fischer, dem die benötigten Hölzer aus Hawaii geschickt wurden. Im gleichen Raum sind Hemd, Hose und Schuhe sowie eine Haarlocke des frühverstorbenen Königskindes zu sehen. Die in einem anderen Raum stehende Vitrine mit Porzellan ist aus Deutschland importiert worden.
Der Garten mit vielen hawaiischen Blumen und Pflanzen ist einen kurzen Spaziergang wert.
Führungen werden im allgemeinen um 14 Uhr veranstaltet.

Royal Mausoleum

Lage
2261 Nuuanu Ave.
Nuuanu-Tal
(Tel. 536-7602)

Bus
4

Würde dieser neugotische Bau nicht von Palmen, Ingwer, Plumeria und anderen hawaiischen Pflanzen und Blumen umstanden sein, könnte man fast annehmen, in England zu sein.
Das während der Herrschaft von Kamehameha V. im Jahre 1865 errichtete Mausoleum hat die sterblichen Überreste von sechs der acht Könige aufgenommen, die Hawaii im 19. Jh. regiert haben, ebenso eine Reihe von Angehörigen der Königsfamilien. Nicht bestattet ist hier Kamehameha I., dessen Leichnam – wie es der hawaiische Brauch gebot – an einem unbekannten Ort auf der Insel Hawaii begraben ist. Lunalilo, der erste gewählte König, ließ sich, als Herausforderung an die Kamehameha-Sippe, der er nicht angehörte, eine eigene Grabstätte auf dem Gelände der ⟶ Kawaiahao-Kirche errichten.

Chinese Buddhist Temple

Gewissermaßen um die Ecke vom Mausoleum ist ein chinesischer Buddhistentempel zu sehen (42 Kawanana Koa Place), der besonders reich mit Goldlack verziert ist.

St. Andrew's Cathedral

Lage
Queen Emma
Beretania Street

Bus
2

Die Idee zur Errichtung dieser ursprünglich anglikanischen Kathedrale geht auf den Besuch von König Kamehameha IV. und seiner Gemahlin Emma in London zurück. Ein anglikanischer Geistlicher traf bald nach ihrer Rückkehr in Hawaii ein und nahm die Königin in die bis dahin auf den Inseln nicht vertretene Glaubensgemeinschaft auf, während der König das offizielle anglikanische Gebetbuch (Book of Common Prayer) einführte.
Aber erst sein Bruder Kamehameha V. ließ den Grundstein für die Kirche im Jahre 1867 legen. Der Bau zog sich über Jahrzehnte, und erst 1902 konnte das Gebäude eingeweiht werden.
Ein paar Jahre später, als die Vereinigten Staaten von Amerika in Hawaii ihren Einfluß geltend machten, wurde St. Andrew's von einer anglikanischen Kirche in eine episkopalische umgewandelt, die amerikanische Variante der anglikanischen Hochkirche, die heute in Hawaii nur ganz wenige Anhänger hat.
Für das im neugotischen Stil errichtete Kirchengebäude kam ein Teil der Baumaterialien aus England. Allerdings soll die Kirche eher den gotischen Kathedralen in Nordfrankreich ähneln als denen auf der anderen Seite des Ärmelkanals. Vor etwa 30 Jahren erhielt die Kirche ein stilwidriges neues Portal, dessen Modernität nicht zur Gotik paßt.

Cathedral of Our Lady of Peace

Nicht weit entfernt am Ende der Fort Street Mall steht eine der wenigen katholischen Kirchen von Hawaii. Die Cathedral of Our Lady of Peace wurde im Jahre 1843 aus Korallenkalkblöcken errichtet.

Tantalus Drive

Lage
Im Norden von Honolulu

Dies ist eine der lohnenswertesten Autofahrten innerhalb der Stadt Honolulu, die man durch zahlreiche Wanderungen unterbrechen kann. Unmittelbar hinter dem → Punchbowl National Cemetery beginnt der Tantalus Drive, der zunächst durch den eleganten Vorort Makiki Heights führt, um dann den stark gewundenen Aufstieg zum etwa 650 m hohen Tantalus-Berg zu machen. Der Gipfel ist, dank starker Regenfälle, ein mit Ingwer-, Eukalyptus- und Bambusbäumen dicht bewachsener Regenwald.
Selbstverständlich kann man den ganzen Weg auch zu Fuß zurücklegen und beim Abstieg vom Round Top Drive – wie die Straße von da an heißt – die markierten Pfade benutzen, wobei man an Bananen- und Guavenbäumen vorbeikommt.
An einigen Punkten bietet sich eine schöne Aussicht auf Honolulu und die zahlreichen umliegenden Täler, vor allem von dem 350 m hohen Puu Ualakaa-Hügel (Hügel der herabrollenden Süßkartoffeln, die Kamehameha I. hier anpflanzen ließ). Den Gipfel erreicht man vom gleichnamigen Park aus.

Ward Center & Warehouse

Lage
1050 Ala Moana Boulevard
(Tel. 531-6411)

Bus
19

Dieses unweit des Ala Moana Shopping Center gelegene, in zwei miteinander verbundene Gebäudekomplexe aufgeteilte Einkaufszentrum hat rund 75 Geschäfte und Restaurants unter seinen Dächern.
Das Warehouse ist das ältere der beiden Gebäude, das durch Verwendung von Holzbalken und -trägern anstelle von Stahl an vergangene Zeiten erinnert.
Die Geschäfte erfreuen sich zunehmender Beliebtheit, da vor allem Waren von hochwertiger Qualität angeboten werden. Wer Souvenirs sucht, findet hier eine reichliche Auswahl vor. Nicht weniger als zehn Läden verkaufen Kunst und Kunsthandwerk. In beiden Gebäuden befindet sich eine Buchhandlung; im Center gibt es mehrere Geschäfte für Damen- und Herrenmoden.
In diesem Einkaufszentrum geht es weit ruhiger zu als im Ala Moana Shopping Center, auch sind die Geschäfte hier eher kleiner und spezialisiert.

Washington Place

Lage
Beretania Street

Bus
2

Washington Place, im Regierungsviertel an der Beretania Street gelegen, ist kein Platz und auch nicht, wie so häufig in Amerika, eine Straße, sondern ein Gebäude. Es war das Wohnhaus des Schiffskapitäns John Dominis und dessen Sohn John Owen Dominis (⟶ Berühmte Persönlichkeiten). Dominis war viele Jahre Gouverneur von Oahu und heiratete 1862 die Schwester des späteren Königs, Lydia Kamakaeha, die David Kalakaua zu seiner Nachfolgerin bestimmte. Kurz nach ihrer Thronbesteigung im Jahre 1891 starb ihr Mann. Königin Liliuokalani, wie sie sich nannte, wurde schon 1893 gestürzt, womit die Monarchie zu Ende ging. Nach ihrer Abdankung und bis zu ihrem Tode im Jahre 1919 blieb sie in Washington Place wohnen. Heute ist das Gebäude offizielle Residenz der Gouverneure von Hawaii.

War Memorial

In unmittelbarer Nähe befindet sich ein Denkmal, das den hawaiischen Opfern des Zweiten Weltkrieges gewidmet ist. Es ist eine Skulptur aus Blech und Kupfer mit einer ewigen Flamme.

**Waikiki

Traumziel

Waikiki – bekanntester Stadtstrand der Welt, Traumziel, exotischer Südseezauber, Welt der Gegensätze, Miami mit japanischer Note, Vergnügen pur – Assoziationen ohne Ende. Es ist schwierig, diesen flächenmäßig kleinen Stadtteil von Honolulu, in dem über 80% der Hawaii-Touristen ihren Urlaub verbringen, zu charakterisieren. Am besten, man nähert sich erst einmal räumlich:

Lage

Waikiki (übersetzt: 'sprudelndes Wasser') ist das 3,2 km lange und etwa 800 m breite Herz von Honolulu, wenn nicht gar der gesamten hawaiischen Inseln. Seine Westgrenze ist der Ala Moana Park, die Nordgrenze der Ala Wai-Kanal und die Ostgrenze der Diamond Head.
Hier findet man auf kleinster Fläche die größte Ansammlung von Hotels, direkt am Strand oder an der Kalakaua Avenue, die sich parallel zum Strand entlangzieht, mit Blick aufs Meer, oder nur einen Steinwurf davon entfernt in der parallel verlaufenden Kuhio Avenue sowie in den Nebenstraßen. Die Bebauung besteht größtenteils aus Hochhäusern, die in den letzten 30 Jahren in rasantem Tempo hochgezogen wurden.

Ehemaliges Sumpfland

Was heute als Waikiki bezeichnet wird, war ursprünglich Sumpfland, das erst zu Beginn der zwanziger Jahre durch die Fertigstellung des Ala Wai-Kanals restlos beseitigt wurde.
Der Strand jedoch war sicherlich schon vor der Deklarierung Hawaiis zum Königreich zu Beginn des 19. Jh.s ein beliebter Badeplatz der Hawaiianer, wenn es auch der Verlegung der Hauptstadt nach Honolulu bedurfte, um den Strand zu erschließen. Die auf Kamehameha I. folgenden Könige ließen am Strand von Waikiki ihre Badehäuser errichten und empfingen hier ihre Gäste aus anderen Ländern.

Touristische Erschließung

Erst nachdem Hawaii im Jahre 1898 als Territorium in den Besitz der Vereinigten Staaten von Amerika kam, wurde am Strand mit dem Bau des ersten Hotels begonnen. Das älteste Hotel, das 1901 eröffnete Moana Hotel, ganz in weiß, steht heute noch, gehört aber jetzt zum Sheraton-Konzern und ist zu beiden Seiten von einem Hotel-Wolkenkratzer umstellt. Erst Ende der zwanziger Jahre folgte ein zweites Hotel, das rosarote Royal Hawaiian, das neu renoviert, immer noch in seinem Rosa erstrahlt, allerdings ebenfalls im Schatten eines Hotelhochhauses und des ⟶ Royal Hawaiian Shopping Centers.
Diese beiden relativ kleinen Hotels reichten für die per Ozeandampfer anreisenden Besucher aus, zu denen die Superreichen der Ostküste wie

Strandleben von Waikiki

Waikiki, touristische Erschließung (Fortsetzung)

auch die Stars aus Hollywood gehörten. Die große Wende kam in den sechziger Jahren, als Hawaii mit dem anbrechenden Zeitalter des Düsenflugverkehrs in wenigen Stunden vom Festland aus erreichbar geworden war.

Einsetzen des Massentourismus

Nun entstanden in rascher Aufeinanderfolge zahlreiche Hotels, eines größer als das andere: die 'Manhattanisierung' von Waikiki machte rasche Fortschritte. Mit dem Massentourismus änderte Waikiki sein Gesicht, verlor aber damit auch mehr und mehr von seinem Glanz und seiner Attraktivität, die Waikiki so berühmt gemacht haben.

Neue Aktivitäten

Erst in den letzten Jahren besannen sich die Hoteliers – etwa ein Viertel der Hotels befindet sich jetzt in den Händen von Japanern – auf die Traditionen Waikikis und investierten Millionen von US-Dollar in Renovierung und Ausbau der bestehenden Hotels, was derzeit noch im Gange ist, wie übrigens auch der Bau neuer Hotels. Elegante Geschäfte öffneten ihre Pforten in der Kalakaua Avenue und sahen sich häufig von billigen Kitschläden umgeben, die 'hawaiische Souvenirs' verkauften – eine Mischung, die auch heute noch typisch für Waikiki ist. Aber Waikiki ist eben nicht nur ein Strand, sondern auch eine Großstadt, noch dazu mit der großen Zahl von Touristen vielleicht eine der dichtestbesiedelten der Welt, und Großstädte leben nun einmal von den Gegensätzen, die auch ihren besonderen Reiz ausmachen.

Strandleben

Waikiki hat nicht etwa nur einen einzigen Strand, sondern besteht aus aneinander aufgereihten Stränden, die fast alle ideal zum Schwimmen und für jegliche Wassersportarten sind. Beginnend im Westen mit dem Kahanamoku Beach (benannt nach dem berühmten Olympiaschwimmer, ⟶ Berühmte Persönlichkeiten), unmittelbar vor dem Hilton Hawaiian Village, bis zum Sans Souci Beach am Diamond Head im Osten, zieht sich eine Kette von Stränden entlang der Küste. Da sie nahtlos ineinander über-

Waikiki, Strandleben (Fortsetzung)

gehen, sind sie für den Touristen nicht voneinander unterscheidbar. Der Kahanamoku Beach wird abgelöst vom Gray's Beach (ursprünglich Kawehewehe Beach, d.i. Öffnung, weil sich hier ein schmaler Kanal befindet, jetzt Gray's Channel); es folgt der Royal Hawaiian Beach (vor dem gleichnamigen Hotel bis zum Moana Hotel), zweifellos der berühmteste Teil von Waikiki, wo der Andrang am stärksten ist. Daran schließt sich der Kuhio Beach Park an (der westliche Teil, dem ein Steinwall – Kapahulu Wall – vorgebaut ist, der einzige Teil des Strandes, der zum Schwimmen ungeeignet ist), dann folgt der Kapiolani Beach Park und schließlich der Sans Souci Beach.
Weitere Strände, nun schon außerhalb des eigentlichen Waikiki, sind der kleine Kaluahole Beach, der Diamond Head Beach Park, der Kuilei Cliffs Beach Park (nicht ganz ungefährlich wegen des hohen Wellengangs), Kaalawai, der Kahala Beach (an der sich das Kahala Hilton Hotel befindet) und der Wailupe Beach Park an der Westseite der gleichnamigen künstlichen Halbinsel. Weitere Informationen über Strände auf Oahu befinden sich im Teil ⟶ Praktische Informationen, Strände.

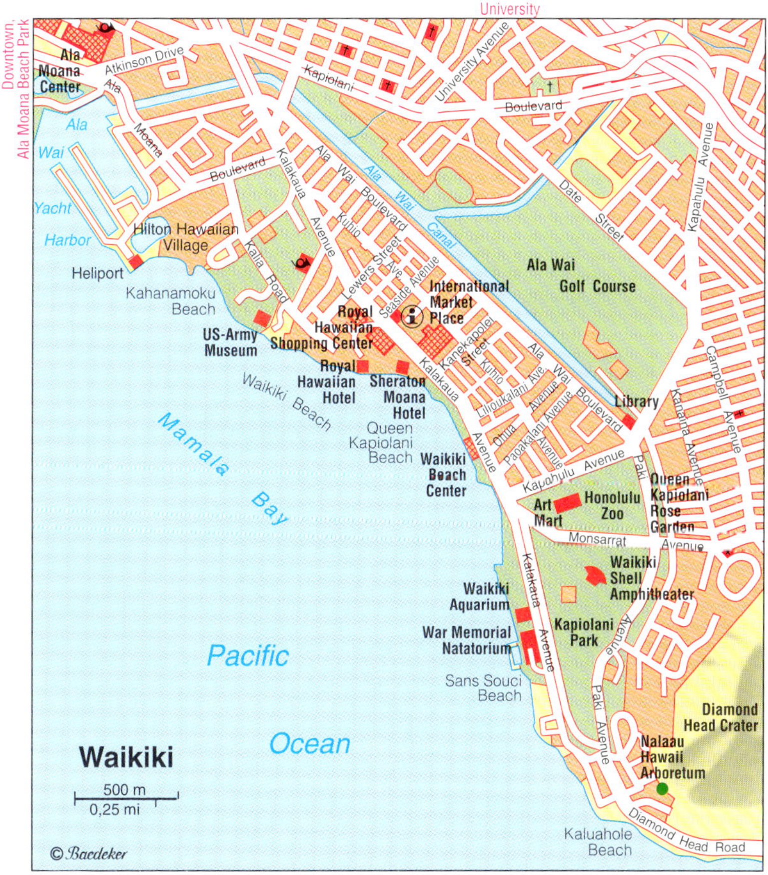

Sehenswürdigkeiten in Waikiki (Lageplan s. S. 205)

Ala Moana Shopping Center

Lage
Ala Moana Boulevard

Bus
8

Das älteste und größte Einkaufszentrum von Hawaii liegt zwischen Ala Moana Boulevard, Piikoi Street, Kapiolani Boulevard und Atkinson Boulevard, ist nur etwa fünf Bus-Minuten von Waikiki entfernt und kann von dort auch gut zu Fuß erreicht werden.
Auf zwei Etagen befinden sich mehr als 100 Geschäfte, mehrere Kaufhäuser, zahlreiche Restaurants, zwei Banken, ein Postamt (das einzige in Honolulu, das Samstag bis 16.30 geöffnet hat) unter einem Dach – es gibt kaum etwas, was man hier nicht bekommen könnte, weshalb es sich auf jeden Fall lohnen dürfte, hier einen Einkaufsbummel zu machen. Nur tut man gut daran, ab und zu auf die Uhr zu schauen, denn die Zeit vergeht wie im Nu.
Nicht weniger als vier Kaufhäuser sind hier vereinigt: Sears, Liberty House, Penney's und Shirokaya (letzteres ein japanisches, das nur japanische Waren führt), ferner ein riesiger Woolworth-Laden, der Honolulu Book Shop (der größte im Staat mit einer unübertrefflichen Abteilung mit Literatur über Hawaii) und Long's Drugs, fast auch schon wieder ein kleines Kaufhaus für sich (und die günstigste Bezugsquelle für Fotozubehör, vor allem Filme, die in Hawaii um einiges teurer sind als auf dem Festland). Im Makai Market Food Court zu ebener Erde findet man neben Lebensmittelgeschäften etwa ein Dutzend Imbißstuben.
Durch teure Ausstattung der Läden – Marmorfußböden u. ä. – hat sich das Einkaufszentrum in den letzten Jahren zum 'Einkaufstempel' gemausert. Überall begegnet einem die zahlungskräftige Kundschaft, oft japanische Touristen mit gefüllten Einkaufstaschen.
Wer mit dem Auto kommt, wird nie ein Problem haben, auf dem riesigen Gelände einen Parkplatz zu finden. Es empfiehlt sich, einen Plan des Ala Moana Center bei sich zu haben, um allzu vieles Hin- und Herlaufen zu vermeiden.

Ala Moana Beach Park

Der sich in unmittelbarer Nähe befindliche Ala Moana Beach Park (Ala Moana = Straße am Wasser) ist weniger frequentiert als die Strandabschnitte von Waikiki. Hier kann man auch als Tourist das Badeleben der Einheimischen miterleben.

*Diamond Head

Lage
Im Osten von Waikiki

Bus
Beach Bus, dann 1,1 km zu Fuß

Der etwa 225 m hohe, nicht mehr aktive Vulkan am östlichen Ende von Waikiki ist das Wahrzeichen von Honolulu und gleichzeitig einer der schönsten Aussichtspunkte, um Strand und Stadt aus nicht zu großer Ferne zu betrachten.
Mark Twain, der vor über 100 Jahre Hawaii besuchte, sagte in seiner von Übertreibungen nicht immer freien Ausdrucksweise, Diamond Head gehöre zu den erregendsten Naturschönheiten, die er jemals gesehen habe.
Die Hawaiianer hatten den erloschenen Vulkankegel 'leahi' genannt, was 'Feuerplatz' bedeuten könnte. Seinen jetzigen Namen erhielt er, als Seeleute einer Expedition des Briten George Vancouver hier landeten und glaubten, sie hätten auf den Abhängen Diamanten gefunden. Aber leider wurden sie enttäuscht; die vermeintlichen Diamanten waren wertloser Kalkspat. Als Andenkenstücke 'Peles Tränen' genannt (Pele war die Göttin des Feuers), sind sie inzwischen von Besuchern mitgenommen worden.

Hawaiischer Tempel

An den Westabhängen, etwa da, wo sich jetzt die Hawaiian School for Girls befindet, befand sich zu Zeiten von Kamehameha I. ein 'heiau', ein hawaiischer Tempel, in dem der König Menschenopfer darbringen ließ, um den unersättlichen Kriegsgott Ku zu besänftigen.

Diamond Head: Wahrzeichen von Waikiki

Besteigung des Kraters

Eine Besteigung des Diamond Head ist interessant, weil man sowohl den Krater des erloschenen Vulkans ganz aus der Nähe sehen kann, als auch vom Kraterrand aus eine schöne Aussicht hat.
Der Weg zum Gipfel bietet keine allzu großen Schwierigkeiten. Da man aber zwei Tunnels durchqueren muß, empfiehlt sich die Mitnahme einer Taschenlampe. Am Beginn des Weges wird man auf die Länge (1,1 km) und die Schwierigkeiten aufmerksam gemacht: abgesehen von den Tunneln muß man auch eine 99 Stufen lange Treppe überwinden. Und kurz vor dem Ziel hat man auch noch eine kurze Leiter hinaufzuklettern. Aber dann bietet sich eine wirklich schöne Aussicht.
Entlang des Weges kommt man an Geschützständen aus dem Zweiten Weltkrieg vorbei. Diese Überreste gehen auf Zeiten zurück, in denen der Diamond Head ein stark befestigter Militärposten der USA war.

* East-West Center

Lage
1777 East-West Road
Campus der University of Hawaii
(Tel. 944-7111)

Bus
4

Das East-West Center, das sich auf dem Campus der → University of Hawaii befindet, wurde 1960 vom amerikanischen Kongreß ins Leben gerufen mit dem Ziel, "bessere Beziehungen und Verständigung der asiatischen Völker, des Pazifik und der Vereinigten Staaten von Amerika durch gemeinsame Ausbildung und Forschung zu fördern".
Zunächst beschäftigte sich diese Institution mit dem kulturellen Austausch, hat sich aber im Laufe der Jahre eher praktischen Fragen wie Technologie, Wirtschaft und Bevölkerungsproblemen zugewandt. Seit 1961 haben mehr als 30000 Männer und Frauen – zwei Drittel aus asiatischen Ländern und dem pazifischen Raum – an den Programmen des East-West Center teilgenommen. Alljährlich werden mehr als 200 Forschungsstipendien vergeben, zusätzlich erhalten 400 Studenten, die an der University of Hawaii an ihrem Magister oder an ihrer Dissertation arbeiten, die Möglichkeit, sich an Projekten und Veranstaltungen des East-West

Wandmalerei von Affandi

Waikiki, East-West-Center (Fortsetzung)

Center zu beteiligen. Die Arbeit des Centers wird finanziell von den Vereinigten Staaten von Amerika, asiatischen Ländern, Stiftungen und Spenden getragen.

Imin Conference Center

Zum East-West Center gehört das Imin Conference Center mit Räumen für 10 bis zu 300 Personen (entworfen von dem berühmten Architekten I. M. Pei). Bekannt sind in den Treppenhäusern die Wandgemälde zweier Künstler, die sie während ihrer Tätigkeit im East-West Center geschaffen haben: des Hawaiianers Jean Charot und des Indonesiers Affandi. In dem Werk des ersteren umschließen Hände Flammen: ein Symbol für menschliche Bemühungen und Kreativität. Affandis Fresko schildert die Weisheit des Orients: Die Hand Gottes hält die drei Weisen Asiens: Gandhi, einen buddhistischer Mönch und die indonesische Legendenfigur Semar.

John A. Burns Hall

In der John A. Burns Hall (benannt nach dem zweiten Gouverneur des Staates Hawaii) ist die Kunstsammlung des Centers, größtenteils Geschenke asiatischer und hawaiischer Künstler, die im Center gearbeitet haben, ausgestellt.

Japanischer Garten

Ein japanischer Garten mit einem Teehaus, einem thailändischen Pavillon aus Teakholz (ein Geschenk des Königs Bhumipol Adulyadej) und ein Hain von Plumerias lädt zum spazieren ein.

Honolulu Zoo

Lage
151 Kapahula Ave.
Kapiolani-Park
(Tel. 923-7723)

Wenngleich der Honolulu Zoo nicht gerade einer der bedeutenden amerikanischen zoologischen Gärten ist, ist er trotzdem sehenswert. Für den an der hawaiischen Fauna interessierten Besucher sind vor allem Exemplare der selten gewordenen und vom Aussterben bedrohten hawaiischen Vogelwelt reizvoll.

Waikiki, Honolulu Zoo (Fortsetzung)

Hier besteht übrigens auch die Gelegenheit, die Nene (hawaiische Gans), den Staats-Vogel, kennenzulernen, die man im Freien kaum mehr zu Gesicht bekommt.
Eine Besonderheit ist auch die behaarte Fledermaus, eine der zwei Säugetierarten, die es in Hawaii gab, als die ersten Siedler dort vor fast 1500 Jahren ankamen. Auch die Mönchsrobbe ist als Vertreterin der endemischen Säugetiere im Zoo zu besichtigen.
Für die Hawaiianer erwecken drei Schlangen Aufmerksamkeit; sie sind schließlich die einzigen Schlangen auf den Hawaii-Inseln.
Daneben gibt es auch all die üblichen Zoo-Bewohner: Elefanten, Giraffen, Affen, Löwen, Tiger, ein Nilpferd und einen Braunbären.

Art Mart Kunstmarkt

Jeweils am Dienstag, Samstag und Sonntag von 9.00 bis 13.00 Uhr findet außerhalb des Zoos ein Kunstmarkt statt, bei dem größtenteils hawaiische Künstler ihre Werke anbieten.

Kahala

Lage
Vorort Honolulus
Nordöstlich des Diamond Head

Bus
7, Beach Bus

Kahala ist ein klimatisch begünstigter Ort und zeichnet sich durch ein besonders trockenes Klima aus, im Gegensatz zu den Bergabhängen oberhalb von Honolulu, wo sich ebenfalls zahlreiche Villensiedlungen befinden. Kahala ist die gute Adresse von Honolulu. Es handelt sich um den exquisiten Stadtteil von Honolulu mit den teuersten Häusern der Stadt, mit dem Kahala Hilton, dem wahrscheinlich ruhigsten und wohl elegantesten Hotel auf Oahu, und der Kahala Shopping Mall, keinem sehr großen, aber dafür noblen Einkaufszentrum.
Ferner gibt es den Waialae Country Club mit dem schönsten Golfplatz von Hawaii, der allerdings nur von Clubmitgliedern bespielt werden darf. Entlang des Zaunes an der Kealaolu Avenue, der den Golfplatz von der Außenwelt abschirmen soll, steht die sehr wahrscheinlich längste Hibiskushecke von Hawaii.

Japanische Investitionen

Zahlreiche Häuser in Kahala sind in den letzten Jahren von Japanern aufgekauft worden (auch der Waialae Country Club), was zu einem immensen Anstieg der Immobilienpreise und Spekulation überall in Hawaii, vor allem aber in Kahala, geführt hat.
Zeitungsberichten zufolge ging eines der größten Häuser Kahalas für 21 Mio. US-Dollar an einen Japaner; ein anderer kaufte dort zehn Häuser für fast 10 Mio. US-Dollar und verkaufte sie ein paar Tage später in Tokio mit hohem Gewinn weiter, ohne daß die Käufer die Objekte vorher in Augenschein genommen hätten. Ein Häusermakler in Honolulu berichtete, daß sich die Preise für Häuser in Kahala innerhalb eines Jahres verdoppelt haben, für 1988 nannte er einen Durchschnittspreis von 1,2 Mio. US-Dollar pro Haus.

Kahala Hilton

Das 20 Jahre alte Kahala Hilton wird von mehr Prominenz aufgesucht als irgendein anderes Hotel in Honolulu: hier haben Königin Elisabeth II., König Juan Carlos und Königin Sofia von Spanien, Ronald Reagan und Frau während seiner Präsidentenzeit, Frank Sinatra, Michael Jackson, Prinz Charles und Lady Di übernachtet. Dies ist nur eine kleine Auswahl aus dem Gästebuch.

Kalakaua Avenue

Lage
Parallel zum Strand von Waikiki

Die Hauptstraße von Waikiki, benannt nach König David Kalakaua, erstreckt sich über 1,6 km von Downtown Honolulu, Beretania Street (Beretania ist das hawaiische Wort für Britain) bis zum Ende des ⟶ Kapiolani Parks.
Entlang dieser in Strandnähe verlaufenden Kalakaua Avenue – dem Herzen Waikikis – sind unzählige Hotels, Restaurants und Geschäfte aufge-

Verkauf von Schnitzereien in der Kalakaua Avenue

Waikiki, Kalakaua Avenue (Fortsetzung)

reiht, ebenso in den Nebenstraßen. Sucht man Abwechslung vom Strandleben, wird einem in dieser immer belebten Straße nicht langweilig, sich im Gewimmel treiben zu lassen und das Straßengeschehen zu beobachten.
In unmittelbarer Nähe liegen das Waikiki Shopping Center (Ecke Seaside Avenue), der International Market Place (zwischen Seaside Street und Kanekapolei Street) und das ⟶ Royal Hawaiian Shopping Center (von der Lewers Street bis über die Seaside Avenue hinaus). Zahlreiche Geschäfte findet man auch in den Hotels, vor allem die Läden in den oberen Etagen des Hyatt Regency (2424 Kalakaua Avenue) sind der Beachtung wert.
In den letzten Jahren wurde im Rahmen umfassender Sanierungsarbeiten die Kalakaua Avenue verbreitert und mit über hundert Bäumen bepflanzt.

International Market Place

Dieser alte Marktplatz ist auch heute noch Treffpunkt, Einkaufsmeile und Straßenspektakel. An dem geschäftigen Platz Waikikis kann man in das bunte Treiben dieser Stadt eintauchen.

Wizard Stones of Waikiki (Zaubersteine)

Ganz unscheinbar stehen diese vier Steine am Waikiki Beach Center, in der Nähe des Sheraton Moana Hotels aufgereiht, und lassen ihre magischen Kräfte kaum erahnen.
Vier mächtige Priester ('kahunas'), die im 16. Jh. von Tahiti nach Oahu gekommen waren, sollen diesen Steinen ihr 'mana', ihre geistigen Kräfte übertragen haben, bevor sie die Insel wieder verließen. Hier befindet sich der Besucher an einer Schnittstelle der Welten: die magische Welt der frühen Polynesier und die moderne Welt des Badelebens und der Luxushotels.

Kapiolani Park

Lage
Im Osten von Waikiki

Dieses 28 ha große Gelände, das König Kalakaua der Stadt schenkte und das nun den Namen seiner Frau trägt, trennt Waikiki von dem kleinen Wohngebiet auf der Südwestseite des ⟶ Diamond Head.

Waikiki, Kapiolani Park (Fortsetzung)

Der Kapiolani Park ist der erste öffentliche Park von Honolulu und auch wohl der beliebteste. Hier befinden sich eine Reihe von Attraktionen: der → Honolulu Zoo, das → Waikiki Aquarium, die kostenlos zugängliche → Kodak Hula Show im Waikiki Shell-Amphitheater, in dem auch die Sommerkonzerte des Honolulu Symphony Orchestras stattfinden.
In einem Musikpavillon werden jeweils sonntags Konzerte der Royal Hawaiian Band veranstaltet.
Der Kapiolani Park ist insgesamt ein angenehmes Erholungsgebiet mit einem großen Angebot an Freizeitaktivitäten, auch Tennisanlagen und Picknickplätze sind vorhanden.

Honolulu Marathon

Joggen ist wohl eine der beliebtesten Tätigkeiten im Kapiolani Park. Zu allen Tageszeiten und in allen Winkeln des Parks begegnen dem Besucher die keuchenden und schwitzenden Läufer. Alljährlich im Dezember wird diese Laufwut wieder angeheizt, wenn am Kapiolani Bandstand, dem Ziel des Honolulu Marathon von 42,2 km Länge, die einheimischen und internationalen Läufer eintreffen.

Queen Kapiolani Rose Garden

Ecke Paki Street und Monsarrat Avenue befindet sich der Queen Kapiolani Rose Garden, eine schöne Gartenanlage, seit 1972 eröffnet, mit einer Vielzahl verschiedener Rosenarten. Auf eine besondere Rosenart soll hier hingewiesen werden: die 'lokelani', eine seltene hawaiische Rose.

Kodak Hula Show

Lage
Kapiolani Park
Monsarrat Ave.
(Tel. 833-1661)

Zu Fuß erreichbar

Eine rasche, instruktive und noch dazu kostenlose Einführung in den Nationaltanz der Hawaiianer, den Hula (→ Zahlen und Fakten, Musik und Tanz), erlebt man in der Kodak Hula Show – sogar mit Gelegenheit zum Mitmachen. Die Kodak Hula Show ist, wenn sicherlich auch im Laufe der Jahre Veränderungen unvermeidlich waren, die langlebigste Show, nicht

Kodak Hula Show

Waikiki, Kodak Hula Show (Fortsetzung)

nur von Hawaii, sondern von den gesamten Vereinigten Staaten von Amerika. Sie begann im Jahre 1937 und wurde seither, von einigen kriegsbedingten Pausen abgesehen, allwöchentlich drei- bis viermal vorgeführt.
Mit hawaiischer Musikbegleitung bieten die Tänzerinnen einige der traditionellen Hula-Tänze im hawaiischen Ti-Blatt-Rock. Überdies werden auch Tänze aus Tahiti vorgeführt, und in einer Pause, zwischen den etwa einstündigen Darbietungen, werden den Zuschauern die elementaren Schritte und Bewegungen des Hula-Tanzes beigebracht (um es zu professioneller Reife zu bringen, ist allerdings ein mehrjähriges Training erforderlich, wie es an zahlreichen Hula-Schulen, den sog. 'halaus', angeboten wird).
Es ist ratsam, möglichst schon eine halbe Stunde vor Beginn der Vorführungen am Schauplatz des Geschehens unweit des großen Musikpavillons einzutreffen, um einen guten Platz zu bekommen. Dabei darf man auch nicht vergessen, für Sonnenschutz, vor allem für Kopfbedeckung, zu sorgen.

Paradise Park

Lage
3737 Manoa Road
Manoa Valley
(Tel. 988-2141)

Bus
5 (ab Ala Moana Center)
kostenloser Busservice des Parks von Waikiki

Den Paradise Park erreicht man durch eine Fahrt entlang des Manoa-Tals oberhalb von Waikiki. Dieses landschaftlich reizvolle Tal ist bevorzugtes Wohngebiet für die, die dem Rummel von Waikiki entgehen wollen.
Die hier häufigen Niederschläge lassen einen dichten tropischen Regenwald wachsen, mit mehr als 100 tropischen Pflanzen und fast ebensovielen exotischen Vogelarten. Im Rahmen einer Dschungel-Safari kann man diese üppige Vegetation in Augenschein nehmen und vor allem nach Herzenslust fotografieren, denn hier lassen sich die Wunder der hawaiischen Natur vielleicht besser einfangen als sonstwo auf den Inseln.
Dreimal täglich wird die Show "Tanzende Gewässer" geboten, und kaum weniger berühmt ist die Show der "Quakenden Enten".

Lyon Arboretum

Ein Besuch des nur wenige Minuten zu Fuß entfernt liegenden Lyon Arboretum, einem Baumgarten, der von der Universität von Honolulu unterhalten wird, bietet sich an.

Manoa Falls

Wer noch einen kleinen Spaziergang anschließen will, kann hinter dem Park auf dem 2,5 km langen Manoa Falls Trail zum Wasserfall wandern; Baden ist möglich.

Royal Hawaiian Shopping Center

Lage
2201 Kalakaua Avenue
(Tel. 922-0588)

Zu Fuß erreichbar

Dieses inmitten Waikikis gelegene Einkaufszentrum ist das neueste und modernste, das Honolulu zu bieten hat. Es befindet sich an der Süd-(Meeres-) Seite der Kalakaua Avenue mit dem Haupteingang in der Lewers Street.
Hier sind rund 25 Bekleidungsgeschäfte untergebracht, ferner ein Dutzend Boutiquen, mehr als 20 Souvenirläden, etwa 15 Juweliere und zehn Restaurants (darunter auch ein bayerischer Bierkeller, dessen Musik man beim Vorbeigehen auf der Kalakaua Avenue hören kann). Weiterhin gibt es auch eine Geldwechselstube, einen Laden, in dem Pakete gepackt werden (G.B.C. Packaging), und ein Postamt (im 2. Stock), eine ausgezeichnete Buchhandlung (Waldenbooks) und einen Informationsstand des ⟶ Polynesian Cultural Center.

University of Hawaii

Lage
Manoa Valley
(Tel. 948-8855)

Der etwa 115 Hektar große Campus der University of Hawaii befindet sich im Manoa-Tal nördlich von Waikiki und ist per Bus oder Auto gut und schnell erreichbar.

Waikiki, University of Hawaii (Fortsetzung)

Bus
4

Das erste Ziel für diejenigen, die sich für das amerikanische Universitätsleben interessieren, sollte das Student Center sein, das mit einem Wandgemälde vom Leben in Hawaii vor der Ankunft der 'haole', der Weißen, geschmückt ist. Hier ist eine Informationsstelle, die über alle Bereiche des Universitäts- und Studentenlebens Auskunft erteilt.
Im zweiten Stock des Student Center befindet sich eine kostenlos zugängliche Galerie mit wechselnden Ausstellungen, in der häufig die Werke hawaiischer Künstler und Kunstschaffender aus dem Pazifik-Raum zu sehen sind.
Von Interesse ist auch die Universitäts-Buchhandlung (Öffnungszeiten Mo.–Fr. 8.15–16.15, Sa. 8.15–11.45), die vor allem eine vollständige Auswahl der Veröffentlichungen der University of Hawaii Press hat, insbesondere Hawaiiana und wissenschaftliche Südsee-Literatur.
Auf dem Campus befindet sich auch das besuchenswerte ⟶ East West Center.

Die relativ junge Universität hat sich rasch entwickelt. Heute sind hier 25000 Studenten eingeschrieben, die zum Teil auf dem Campus wohnen. Die heutige Universität ist aus dem 1907 gegründeten College of Agriculture and Mechanic Arts hervorgegangen, das sich am Thomas Square in Honolulu befand und 1911 ins Manoa-Tal verlegt wurde; zugleich erfolgte seine Umbenennung in College of Hawaii. Ihren jetzigen Namen trägt die Universität erst seit 1920. Die University of Hawaii hat einen weiteren Campus in Hilo auf der Insel Hawaii, ebenso sind ihr sieben Community Colleges angeschlossen, die zweijährige Lehrgänge anbieten.

Infolge der hohen Lebenshaltungskosten in Hawaii und der Wohnungsnot in Honolulu hat die Universitätsleitung in den letzten Jahren Schwierigkeiten gehabt, Lehrkräfte vom Festland zu bekommen, und nicht wenige Professoren sind sogar nach dem Festland abgewandert. Um wieder attraktiver zu werden, will die Universität auf dem Campus Wohnhäuser für Fakultätsangehörige errichten.

US Army Museum

Lage
Fort DeRussy
(Tel. 438-2821)

Zu Fuß erreichbar

In diesem kleinen Militärmuseum sind Kriegswerkzeuge u.ä. aus der Zeit der hawaiischen Kriegsführung des 18. Jh.s bis zum Zweiten Weltkrieg und dem Vietnam-Krieg zu sehen. Ausgestellt sind auch Uniformen amerikanischer Soldaten der letzten zwei Jahrhunderte ebenso wie Uniformen feindlicher Truppen.
Zweifellos das größte Interesse beanspruchen die mit Haifischzähnen bestückten althawaiischen Waffen, mit denen sich die hawaiischen Stämme bekämpften.
Das Museum befindet sich in einem 1909 errichteten Gebäude, das ursprünglich der Verteidigung von Honolulu und Pearl Harbor dienen sollte.

Waikiki Aquarium

Lage
2777 Kalakaua Avenue
(Tel. 923-9741)

Bus
2

Das im Jahre 1954 eröffnete Aquarium beherbergt rund 300 Arten hawaiischer und anderer polynesischer Fische und Meerestiere in vier voneinander getrennten Galerien mit unterschiedlichen Themen: "Hawaiians by the Sea" zeigt in Bildern und Diagrammen, wie die frühen Hawaiianer Fischteiche bauten, Salz gewannen, Netze knüpften und einen Teil ihrer Nahrung aus dem Meer bezogen; in "South Sea Marine Life" sind Fische, Schildkröten, Aale, Starfische, Muscheln und Korallen zu sehen (zu beachten wegen seines unaussprechbaren Namens der Butterfisch 'lauwiliwilinukunukoioi'); "Micronesia Reef Builders" gibt einen Einblick in die Welt der lebenden Korallen, in deren Umkreis die trainierten Seehunde ihre Kunststücke vorführen.

Pearl Harbor

Name

Seinen Namen verdankt Pearl Harbor den Perlaustern, die hier angeblich vorkamen. Möglicherweise sind sie aber genauso legendär wie die Diamanten auf dem → Diamond Head.

Militärstrategischer Stützpunkt der USA

Pearl Harbor, der durch den Blitzangriff der japanischen Luftflotte am 7. Dezember 1941 traurige Berühmtheit erlangte, war nicht der erste Militärstützpunkt der Vereinigten Staaten von Amerika in Hawaii. Die strategische Bedeutung von Hawaii beruht auf der Tatsache, daß die Hawaii-Inseln durch ihre Lage inmitten des Pazifik ein idealer Standort sind, von dem aus der gesamte pazifische Raum kontrolliert werden kann.
Tatsächlich ist Hawaii auch heute noch der höchstmilitarisierte Bundesstaat der USA; riesige Gebiete, vor allem im Westen der Insel Oahu, unterstehen der Jurisdiktion der US-Streitkräfte und sind für Zivilisten gesperrt.
Nur unter Druck trat König Kalakaua im Jahre 1887 Pearl Harbor als Stützpunkt an die USA ab.
Pearl Harbor, der sich durch einen engen Eingang in eine ungewöhnlich tiefe Meeresbucht auszeichnet, wurde schon 1872 von den Amerikanern auf seine militärische Verwendbarkeit hin geprüft. Der Hafen, mit dessen Ausbaggerung 1908 begonnen wurde, konnte schließlich am 11. Dezember 1911 – fast auf den Tag 30 Jahre vor dem japanischen Angriff – eingeweiht werden.
Auch heute ist noch das gesamte Areal in und um den Hafen für militärische Zwecke genutztes Gebiet.

Angriff auf Pearl Harbor

Trotz seiner großen strategischen Bedeutung war Pearl Harbor als Militärhafen in der Weltöffentlichkeit kaum bekannt. Das änderte sich schlagartig an jenem 7. Dezember 1941, als um 7.59 Uhr die erste der vielen Bomben auf den Kriegshafen niederging. Innerhalb von zwei Stunden wurden von den Japanern acht Schlachtschiffe und Kreuzer versenkt oder schwer beschädigt, darunter die zwei großen Schiffe USS Arizona und USS Utah, weiterhin wurden 188 Flugzeuge zerstört. Die menschlichen Verluste waren hoch: 2325 Matrosen und Angehörige des Marinekorps sowie 57 Zivilisten hatten den Tod gefunden. In der untergegangenen 'Arizona' allein kamen 1177 Offiziere und Matrosen um.

Kriegserklärung

Am Tage darauf erklärte Präsident Roosevelt Japan den Krieg. Drei Tage später, am 11. Dezember 1941, folgte die Kriegserklärung Deutschlands und Italiens an die USA; der Zweite Weltkrieg war ausgelöst.

**USS Arizona Memorial

Lage
Nähe Ford Island
(Tel. 422-0561)

Bus
20 (von Waikiki)
50, 51, 55 (Ala Moana Center)
Expreßbus
(Tel. 926-4747)

Das USS Arizona Memorial ist die Touristenattraktion Nr. 1 von Hawaii. Mehr als 1,5 Mio. Besucher werden jährlich gezählt.
Zum Gedenken an die Toten, die mit der 'USS Arizona' ins kühle Grab sanken, wurde 1962 eine Gedenkstätte eingeweiht, die durch ein 1980 fertiggestelltes Visitor Center imstande war, täglich bis zu 3000 Besucher aufzunehmen.
Die Gedenkstätte wurde über dem versenkten Schlachtschiff errichtet, von dem einige verrostete Teile noch heute aus dem Wasser herausragen. Das strahlend weiße, schwimmende Gebäude von etwa 60 m Länge hat einen großen, halboffenen Raum, in dem sich die Besucher versammeln. Am Ende der Gedenkstätte befindet sich ein Schrein, in dem auf einer Wand aus Vermont-Marmor die Namen der 1177 Opfer, einschließlich des Kommandanten und seines Vertreters, eingraviert sind.

Visitor Center

Man betritt die Gedenkstätte durch das Visitor Center, wo man die kostenlos erhältlichen Eintrittskarten ausgehändigt bekommt. Hier wird in einem eigens für diesen Zweck erbauten Kino ein 20minütiger Film über

USS Arizona Memorial

Pearl Harbor und den japanischen Angriff auf den Kriegshafen vorgeführt. (Das erste Filmprogramm beginnt um 8.00 Uhr, das letzte um 15.00 Uhr.) Ein Flottenkutter bringt dann die Besucher zu der eigentlichen Gedenkstätte; er verkehrt in regelmäßigen Abständen.

USS Arizona Memorial (Fortsetzung)

Vom → Kewalo Basin aus kann man eine Schiffsfahrt nach Pearl Harbor und zurück machen, zugegebenermaßen eine teure Alternative, bei der man die Gedenkstätte 'USS Arizona' zwar nur vom Schiff aus betrachten kann, denn man fährt nur daran vorbei. Vorteil einer solchen Schiffahrt ist, daß man vieles andere von den Hafenanlagen zu sehen bekommt, was nur vom Wasser aus möglich ist. (Schiffsfahrten werden von mehreren Unternehmen angeboten, so Paradise Cruise, Tel. 536-3641, Pearl Harbor Cruise, Tel. 924-4969, und anderen.)

Schiffsfahrt durch den Hafen

Pacific Submarine Museum

Mit einem Besuch des → USS Arizona Memorial kann man auch eine Besichtigung des Pacific Submarine Museum und des nahebei festgemachten amerikanischen Unterseeboots 'Bowfin' verbinden.
Im Pacific Submarin Museum befinden sich vor allem Teile von Unterseebooten amerikanischer wie auch deutscher und japanischer Herkunft, die während des Zweiten Weltkriegs in die Hände der Amerikaner fielen. Sie sind so ausgestellt, daß sie von den Besuchern nicht nur berührt, sondern auch in Bewegung gesetzt werden können.

Lage
Pearl Harbor, nahe Visitor Center USS Arizona
(Tel. 423-1341)

Bus
10

Die im Bowfin Park liegende 'USS Bowfin', ein während des Zweiten Weltkriegs gebautes Unterseeboot, wurde von einer Privatorganisation, der Pacific Fleet Submarine Memorial Association, die auch den Park als Gedenkstätte für die während des Kriegs untergegangenen 52 US-Unterseeboote und die dabei umgekommenen 3505 Matrosen und Offiziere

USS Bowfin

Pearl Habor, Pacific Submarine Museum (Fortsetzung)

unterhält, restauriert. Die 'Bowfin' hat insgesamt 44 japanische Schiffe versenkt.
Man kann nach Belieben in dem Schiff umherwandern, in den Kommandoturm klettern und mittels eines Periskops einen Rundblick auf Pearl Harbor erlangen. Zahlreiche Fotos und andere Erinnerungsstücke illustrieren das Leben auf einem Unterseeboot auf friedlichen Patrouillen und im Falle eines Krieges.

Kahala

→ Honolulu, Waikiki

*Mormon Temple F 2

Lage
Laie,
Küstenstraße 83
Tel. 293-5055

Tempel nur von außen zu besichtigen

Buslinie
55

Die Mormonen, die heute mit mehr als 30000 Gläubigen die größte nichtkatholische christliche Glaubensgemeinschaft in Hawaii bilden, kamen zuerst im Jahre 1850 nach Hawaii und gründeten schon im darauffolgenden Jahr die erste Gemeinde. Ihre Missionare wurden jedoch als Folge interner Zwistigkeiten wieder abberufen. Erst im nächsten Jahrzehnt, als die Missionare wieder zurückkehrten und etwa 2400 ha Grund und Boden in Laie erwerben konnten, begann der allmähliche Aufstieg der 'Kirche Jesu Christi der Heiligen der letzten Tage', die offizielle Bezeichnung dieser Glaubensrichtung. Sie bebauten das Land und pflanzten auch viele Blumen an. Als im Jahre 1874 König David Kalakaua (→ Berühmte Persönlichkeiten) die inzwischen gut entwickelte Dorfgemeinde besuchte, soll er gesagt haben, daß überall, wo Mormonen sind, er "Gesundheit und sparsame loyale Untertanen" gefunden habe.

Mormon Temple in Laie

Mormon Temple (Fortsetzung)

Mit dem Bau des Tempels wurde 1916 begonnen, und drei Jahre später konnte er eingeweiht werden; die Baukosten beliefen sich auf 250 000 US-Dollar. Das ganz in Weiß gehaltene Gebäude, das sich gegen die 'pali' (Bergklippen) abhebt, darf zwar nur von Mormonen betreten werden, aber allein seine Lage macht ihn zu einer Sehenswürdigkeit. Rechter Hand vom Eingang des Tempelgeländes befindet sich ein Visitors Center, wo man im Einklang mit der unablässig aktiven Missionstätigkeit der Mormonen Druckschriften über die Glaubensgemeinschaft erhält und einen Film zur Geschichte der Mormonen sehen kann.

Brigham Young University

In Laie befindet sich auch ein Campus der Brigham Young University von Salt Lake City, deren Studenten in Hawaii von den vielen Inseln im Südpazifik stammen und ihre Studiengelder durch ihre Arbeit in dem von den Mormonen betriebenen → Polynesian Cultural Center verdienen. Rund 400 Studenten sind Sänger oder Tänzer und nehmen an den Vorführungen im Polynesian Cultural Center teil. Die jugendlichen Studenten werden von den dort tätigen Missionaren zum Studium in Laie ausgewählt.

Nuuanu Pali Lookout

→ Honolulu, Downtown

Paradise Park

→ Honolulu, Waikiki

**Polynesian Cultural Center F 2

Lage
55-370 Kamehameha Highway
Laie
(Tel. 293-3333)
(In Waikiki
Tel. 923-1861)

Bus
55 (ab Ala Moana)

Das seit 1963 bestehende Polynesian Cultural Center ist nach Pearl Harbor die zweitgrößte Touristenattraktion von Hawaii. Trotz der hohen Eintrittsgelder und der beträchtlichen Entfernung zu Honolulu (53 km) werden die verschiedenen Veranstaltungen des Polynesian Cultural Center von mehr als einer Million Menschen pro Jahr besucht.
Auf einem etwa 14 ha großen Gelände hat die Mormonengemeinde Laie das Polynesian Cultural Center vor fast drei Jahrzehnten gegründet. Ziel ist, Kultur und Alltagsleben der polynesischen Inseln Hawaii, Tahiti, Marquesas, Tonga, Samoa und Fidschi sowie der Maori in Neuseeland durch Musik und Tanz möglichst authentisch darzustellen. Die Anlage wurde im Stile eines Dorfes angeordnet; jede Inselgruppe ist mit mehreren Häusern vertreten, in denen die jeweiligen Inselbewohner traditionellem Handwerk und sonstigen Alltagsbeschäftigungen nachgehen. Zwei Vorführungen, das "Festspiel der langen Kanus" am Tage und die Abendshow "This is Polynesia", sind Tanzvorführungen im Stile eines exotischen Musicals mit modernsten Licht- und Klangeffekten.

Darsteller

Da sowohl die Mitwirkenden in den beiden Vorführungen wie auch die in den Häusern tätigen Menschen von den Inseln stammen, die sie repräsentieren, ist ein gewisses Maß an Authentizität gewährleistet. Die Darsteller sind fast alle von den Mormonen zum Studium auserwählte Studenten der ebenfalls in Laie befindlichen Niederlassung der Brigham Young University von Salt Lake City, die sich ihre Stipendien durch Teilnahme an den verschiedenen Darbietungen verdienen.

Polynesien

So sieht man etwa im Tonga-Dorf – Tonga ist übrigens noch das einzige selbständige Königreich in der Südsee – Frauen bei der Herstellung von Stoff aus Baumrinde (die Hawaiianer nennen es 'tapa', in Tonga wird es

Polynesian Cultural Center (Fortsetzung)

'ngatau' genannt), Fotos der früheren Könige und des jetzigen Herrschers, schöne Fußbodenbeläge und vieles andere mehr. Im angrenzenden Dorf von Tahiti kann man Frauen beim Winden von 'leis' aus Muscheln und der Herstellung von Grasröcken beobachten, die eigentlich von den Gilbert-Inseln stammen. Hier wird auch eifrig musiziert und gesungen. Die Marquesas-Inseln, auf denen heute nur noch knapp 6000 Menschen leben, sind mit einem Haus für den Häuptling und einem zweiten für die Frauen und Kinder vertreten. Im hawaiischen Dorf befindet sich in einem Häuptlingshaus ein Bett mit einer Federdecke, umgeben von 'kahilis', den federgeschmückten Stäben, Symbolen der 'ali'i'. Ferner kann man hier sehen, wie 'poi', das hawaiische Nationalgericht, aus den Wurzeln der riesigen Taro-Pflanze gewonnen wird. Auch das aus vier Räumen bestehende Häuptlingshaus im Fidschi-Dorf ist sehenswert; alle Zimmer sind mit Maulbeerbaum-Tapa verkleidet. Die Samoaner zeichnen sich durch praktische Darbietungen aus; hier kann der Besucher lernen, wie man eine Kokosnuß fachmännisch öffnet. Im Maori-Haus ist ein über 12 m langes Kanu zu sehen, in dem 40 Personen Platz haben, ferner kann man Maoris – die übrigens ihren Teil des Landes nicht mehr Neuseeland, sondern Aotearoa nennen – bei ihrem 'tititorea' genannten Steckenspiel, oft in voller Kriegsbemalung, beobachten.

Eintrittspreise

Die Eintrittspreise sind gestaffelt – je nachdem, für welche der Angebote man sich entscheidet. Der niedrigste Preis beträgt 25 US-Dollar, wofür man das mehrfach am Tage vorgeführte "Festspiel der langen Kanus" besuchen und sich in den Eingeborenendörfern aufhalten kann, solange man dazu Lust hat. Nimmt man noch am Essen und der Abendshow teil, hat man 39 US-Dollar zu zahlen. Für 62 US-Dollar erhält man darüber hinaus noch eine private Führung durch das Gelände. Das sind zweifellos die höchsten Eintrittspreise für eine Attraktion in Hawaii, doch bietet sie die einzige Möglichkeit, dem Besucher Einblick in die Kultur und das Leben einiger Südsee-Völker zu verschaffen.

Polynesian Cultural Center

Eine Reihe von Busgesellschaften bieten Fahrten zum Polynesian Cultural Center an, z. B. E Noa Tours (Tel. 599-2561) und Transhawaiian (Tel. 735-6467). Auskünfte in Waikiki erteilt ein Büro des Polynesian Cultural Center im ⟶ Royal Hawaiian Shopping Center, wo man auch Eintrittskarten kaufen kann.

Polynesian Cultural Center (Fortsetzung)
Organisierte Tour

Puu O Mahuka Heiau

E 2

Lage
Oberhalb des Waimea Beach Parks
Nordwestküste von Oahu

Bus
55 (ab Ala Moana)

Zu Fuß wie mit dem Auto erreicht man den Tempel vom Waimea Beach Park aus (⟶ Praktische Informationen, Strände), indem man in Waimea in die Pupukea Road einbiegt. Nach etwa 1,1 km kommt man auf eine mit rotem Sand belegte, ungepflasterte Straße (bitte Straßenschild beachten) und folgt dieser nochmals 1,1 km.
Von dem Tempel aus hat man eine schöne Aussicht auf den Waimea Beach Park und das Meer.

Der Puu o Mahuka-Tempel ist der größte der wenigen auf Oahu erhalten gebliebenen 'heiaus'. Typisch für diese Tempelanlagen ist ihre durchweg rechteckige Form, die bis zur Größe eines Fußballfeldes reichen kann. Der Tempel war von einer Steinmauer umgeben; im Innern wurden kleinere Steine aufgehäuft, auf die man vermutlich Baumstämme legte, um eine Plattform zu bilden. Die darauf gestellten Gebäude sind nicht mehr vorhan-

A Show "This is Polynesia"
B Ausgang zu den Bussen
C Eisverkauf
D Restaurant
E Haupteingang
F Souvenirladen
G Handwerkliches aus aller Welt
H Imbiß
I "Festspiel der langen Kanus"
J Museum
K Foto- und Videoecke
L Start der Bootsfahrt
M Marktplatz
N Besucherzug
O Laden
P Abfahrt der Laie Tour Trolleys
Q Erste Hilfe
R Konzerte der Blaskapelle

Reste des Puu O Mahuka Heiaus

Puu O Mahuka Heiau (Fortsetzung)

den, da dazu nichthaltbare Materialien wie Holz, Blätter und Gras verwandt wurden.

Der Puu o Mahuka Heiau gehörte offenbar zu den Tempeln, in denen Menschenopfer dargebracht wurden. Hier sollen der Überlieferung zufolge u. a. drei Seeleute der Besatzung eines der Schiffe, mit denen der britische Kapitän George Vancouver nach Hawaii gekommen war, den Göttern geopfert worden sein, weil sie die Bevölkerung gegen sich aufgebracht hatten. Menschenopfer waren in Hawaii zunächst unbekannt; die im 13. Jh. aus Tahiti gekommenen Polynesier führten erstmals diesen religiösen Brauch ein, der dann offenbar mehr als 500 Jahre, bis zur Zerschlagung des 'kapu'-Systems durch König Kamehameha II., der Regentin Kaahumanu und seiner Mutter Kapiolani (⟶ Berühmte Persönlichkeiten) praktiziert wurde. Überraschend für den Besucher des Puu o Mahuka Heiau ist die Tatsache, daß dort noch immer Opfer dargebracht werden. Auf der Steinmauer sieht man Steine, Knochen oder Obst in Ti-Blättern oder anderes Laub gewickelt und durch Gras zusammengehalten: ein Zeichen dafür, daß selbst 170 Jahre Christentum nicht vermochten, die alten religiösen Bräuche ganz zum Verschwinden zu bringen.

Sacred Falls · Kaliuwaa Falls

F 2

Lage
Westküste Oahus
Zwischen Punaluu und Hauula
Kamehameha Highway

Bus
55 (ab Ala Moana)

Am Sacred Falls Bazaar (Wanderkarte dort erhältlich) beginnt der Wanderweg entlang des Kaluanui-Flusses zu dem Wasserfall. Der 3 km lange Weg ist nicht ganz unbeschwerlich; man sollte mit guten Schuhen und Regenschutz ausgerüstet sein und die Tour nicht nach vorausgegangenen Regenschauern beginnen, da der Weg dann zu aufgeweicht ist.

Zahlreiche Naturschönheiten, schon auf dem Weg zum eigentlichen Ziel, entschädigen für die Strapazen der Wanderung. Man kommt durch eine enge Schlucht, in die nur wenig Tageslicht eindringt. Der Weg ist nicht nur

Sacred Falls (Fortsetzung)

schmal, man muß auch über viele Felsen klettern und gegen Ende einen ziemlichen Anstieg bewältigen.
Die Landschaft trägt den Namen Kaliuwaa-Tal (Kanu-Raum, aber auch Kanu-Leck). Hier befand sich das Revier des Schweine-Halbgottes Kamapua'a (Schweinsjunge). Der Überlieferung zufolge konnte er sich links vom Wasserfall gegen die Klippen lehnen und es so seinen Familienangehörigen ermöglichen, vor einem Feind zu fliehen.
Der Teich unterhalb des knapp 30 m hohen Wasserfalls lädt, obwohl viel kälter als das Pazifik-Wasser, zu einem erfrischenden Bad ein. Man sollte hier nicht zu lange verweilen und an den Rückweg denken, damit man vor Einbruch der Dunkelheit wieder am Kamehameha Highway ist.

*Sea Life Park F 3

Lage
Nahe Makapuu Beach Park Südostspitze von Oahu (Tel. 259-7933, 923-1531)

Bus
Shuttlebusse von Waikiki Tel. 923-FISH

An der Ostspitze von Oahu, am Fuße der beeindruckenden Makapuu-Felsen, liegt ein beliebtes Ausflugsziel, der Sea Life Park. In einem riesigen Wasserbecken, das mit einer Glaswand abgetrennt ist, tummeln sich mehr als 2000 Fischarten.
Sehr beliebt sind die Vorführungen trainierter Wale, Delphine und Seelöwen, deren Fütterung immer eine besondere Attraktion darstellt. Besonders eindrucksvoll sind die Kunststücke der Wale und Delphine, deren Reaktionsvermögen sehr stark ausgebildet ist. In der Abteilung für Haie wird man über die in hawaiischen Gewässern vorkommenden Haie unterrichtet, vor allem auch, ob man beim Schwimmen mit Begegnungen dieser Raubfische zu rechnen hat.
Im Pacific Whaling Museum ist das Skelett eines Riesenwals zu sehen. Weiterhin ist eine umfangreiche Sammlung von Gegenständen, die aus Walzähnen geschnitzt wurden, sog. Scrimshaws, ausgestellt. In der Lagune liegt die Nachbildung eines Walfangschiffs früherer Zeiten vor Anker.

Vorführung im Sea Life Park

Sea Life Park (Fortsetzung)
Rabbit Island

Vom Sea Life Park hat man einen schönen Ausblick auf die vorgelagerte Insel, Rabbit Island (Haseninsel) oder Manana Island genannt. Auf diesem kleinen Vulkankegel hoppeln auch heute noch vereinzelt Hasen, die ein hawaiischer Farmer hier gezüchtet hat. Heute ist die Insel als Vogelschutzgebiet unter Naturschutz gestellt.

Makapuu-Felsen

Diese über 300 m hohen Felsklippen sind eine ideale Startrampe für die vielen Drachenflieger, die hier den Sprung in die Tiefe wagen. Einigen Verwegenen soll die Übersetzung zur Rabbit Island gelungen sein.

Halona Blow Hole

Unweit der Straße Nr. 72, zwischen der Hanauma Bay und dem Sea Life Park, in der Nähe des Koko Head-Kraters, kann man das Halona Blow Hole besichtigen. Durch Löcher im Lavagestein wird das Meereswasser mit hohen Druck gepreßt und entweicht geräuschvoll in einer hohen Fontäne, ähnlich einem Geysir. Dieses Schauspiel folgt dem Rhythmus des Wellenganges.

Senator Fong's Plantation and Gardens — F 3

Lage
Kaneohe
47-285 Pulama Road
(Tel. 239-6775)

Bus
55 (bis Pulama Road)

Dieser in Kanehoe liegender Garten des ehemaligen hawaiischen Senators Fong ist in seiner jetzigen Gestalt erst seit kurzer Zeit der Öffentlichkeit zugänglich.
Bei der ersten Kongreßwahl in Hawaii 1959 wurde Hiram Yau Leong Fong als erster Politiker asiatischer Abstammung zum US-Senator gewählt. Fong stammt aus einer kinderreichen chinesischen Landarbeiterfamilie und schaffte den erstaunlichen Aufstieg zum Senator in der republikanischen Partei. Als er sich 1976 nach 17jähriger Amtszeit aus dem politischen Leben zurückzog, beschloß er, aus einem etwa 150 ha großen Gelände einen für jedermann zugänglichen Tropenwald mitsamt einer Plantage und Gärten zu schaffen, die seit einigen Jahren besichtigt werden können. Hier wachsen u. a. 90 Arten eßbarer Nüsse und Früchte.

Wahiawa Botanic Garden — E 2

Lage
13396 California Avenue
Wahiawa
Östlich der Straße 99

Inmitten von Oahu, in dem Ort Wahiawa, dem Landwirtschaftszentrum der Insel, befindet sich ein sehenswerter Botanischer Garten, an dem man auf dem Weg zu den nördlich des Ortes gelegenen Ananasfeldern oder auf dem Rückweg nach Honolulu, einen Halt einlegen kann.
Hier sind es die vor etwa 40 Jahren angepflanzten Bäume aus tropischen Gegenden Afrikas, Australiens und der Südsee-Inseln, die das Augenmerk auf sich lenken. Nur einige Beispiele seien genannt: die stark duftenden Kampferbäume aus China und Japan, Zimtbäume aus Sri Lanka und ein besonders schöner Gummibaum aus Neuguinea.

Waimea Falls Park — E 2

Lage
9864 Kamehameha Highway
Haleiwa
(Tel. 638-8511)

Bus
8/55

Dieser einmalige Naturpark liegt an der Nordküste von Oahu im Waimea-Tal. Von der Straße Nr. 83 biegt man 7 km hinter Haleiwa in eine Stichstraße ein, die direkt zum Waimea Falls Park führt.
Mit einem Ausmaß von 700 ha und mehr als 5000 verschiedenen tropischen und subtropischen Pflanzen ist dieser Park der größte botanische Garten der hawaiischen Inseln. In einer elektrischen Kleinbahn kann man die verschiedenen Gärten und den 15 m hohen Wasserfall – eine zusätzliche Attraktion – besichtigen. Wer lieber zu Fuß geht, kann auf den Pfaden des Parks stundenlang spazieren. Zusätzlich finden hier auch kulturelle Veranstaltungen statt. Wer eine Führung mitmacht, bekommt nicht nur die

Seerosen im Waimea Falls Park

Waimea Falls Park (Fortsetzung)

Pflanzen erklärt, sondern auch einen Einblick in die Geschichte des Waimea-Tals.
Neben den vielen Pflanzen und Bäumen, die jeweils beschildert sind, kann man in einem Vogelhort zahlreiche seltene Vögel beobachten, darunter – wenn man Glück hat – die Nene, die hawaiische Gans, und die Koloa-Ente.
Der Souvenirladen verfügt über eine große Auswahl von Büchern über Hawaii und lohnt einen Besuch. Ein Restaurant (Proud Peacock) und eine Imbiß-Stube (Country Kitchen) sorgen für das leibliche Wohl der Besucher.
An Vollmondnächten ist der Park auch abends zu Wanderungen im Mondschein geöffnet (Eintritt wird dann nicht erhoben).

Waimea Valley

Das Waimea-Tal, das sich in die Koolau-Berge erstreckt, war zu althawaiischen Zeiten dicht besiedelt. Heute versucht man, sowohl die Naturschönheiten dieses Tales als auch das kulturelle Leben der Hawaiianer wieder aufleben zu lassen. Die Tanztruppe Halau o Waimea führt hier Hula-Tänze vor, die keinen kommerziellen Anstrich haben, sondern auf die Zeit zurückgehen, da der Tanz eine rituelle Funktion hatte und die Begleitgesänge der Männer und Frauen für sie ein Weg war, gemeinsam zu ihren Göttern zu sprechen. Zu verschiedenen Zeiten werden auch einige der alten hawaiischen Spiele in der Nähe des Wasserfalls vorgeführt.

A49
26A
1A
CLASSIC

Praktische Informationen von A bis Z

Anreise

Mit dem Flugzeug

Die Anreise zu den Hawaii-Inseln kann nur im Flugzeug erfolgen, da es von der Westküste der Vereinigten Staaten aus keine Schiffsverbindungen mehr nach Hawaii gibt. Nur im Rahmen einer Kreuzfahrt ist es möglich, mit dem Schiff im Hafen von Honolulu anzukommen.
Die Flugverbindungen dagegen sind besonders zahlreich. Durch ihre Lage in der Mitte des Pazifiks, sind die Hawaii-Inseln von mehreren Kontinenten aus direkt erreichbar. Man kann Honolulu von Asien (Tokio, Bangkok, Singapur, Manila), Australien (Sydney, Melbourne), Neuseeland (Auckland) und von den südpazifischen Inseln aus anfliegen.

Anreise von Deutschland

Reist man von Europa bzw. Deutschland nach Hawaii, wählt man üblicherweise einen Transatlantikflug in die USA nach Chicago, San Francisco oder Los Angeles und fliegt von dort weiter nach Hawaii.
Die reine Flugzeit Frankfurt – Honolulu beträgt ca. 19 – 20 Stunden (Entfernung Luftlinie: 12500 km). Der Flug Chicago – Honolulu dauert etwa so lange wie der Flug Frankfurt – Chicago. Von San Francisco und Los Angeles ist mit einer Flugzeit von 5½ bis 6 Stunden zu rechnen. Addiert man noch die durch Umsteigen bedingten Aufenthalte auf den Flugplätzen hinzu, ist die Anreise doch sehr zeitintensiv, so daß es angenehmer ist, den Flug unterwegs zu unterbrechen.
Von den amerikanischen Fluggesellschaften fliegen folgende Honolulu an: America West, American, Continental, Delta, Northwest Orient, TWA und United, von Los Angeles aus auch Hawaiian Airlines.

Direktflüge zu anderen Hawaii-Inseln

Von der Westküste der USA aus gibt es auch direkte Flugverbindungen nach Kahului (Maui), Kailua-Kona (Hawaii) und Lihue (Kauai); nach Kahului kann man sogar einen non-stop-Flug von Chicago aus nehmen.
Flüge innerhalb der Hawaii-Inseln: ⟶ Flugverkehr

Sondertarife

Einige amerikanische Fluggesellschaften (z. B. Delta Air und United Airlines) bieten besonders günstige kombinierte Flugtickets (Skypass, Rundreisetickets) an, die den Gesamtflugpreis erheblich verbilligen. Allgemein sind die Tarife für inneramerikanische Flüge relativ günstig, so daß sich die Kombination eines Transatlantikfluges mit einem Inlandflug durchaus lohnt. Eine ausführliche Beratung vor Reiseantritt ist zu empfehlen.

Apotheken

Drugstore
Pharmacy

Amerikanische Drugstores und Pharmacies ähneln eher unseren Drogerien oder kleinen Kaufhäusern, denn ihr Angebot ist weit umfassender als das üblicher Apotheken. Die Abgabe rezeptpflichtiger Medikamente macht nur einen kleinen Teil ihres Geschäftes aus. In den in jedem Hotelzimmer befindlichen 'Yellow Pages' (Branchen-Telefonbuch) sind Adressen und Telefonnummern der Drugstores verzeichnet.

Die größte und leistungsfähigste Drugstore-Kette, die auch auf den anderen Inseln vertreten ist, ist Long's, in Honolulu im Ala Moana Shopping Center (Tel. 941-4433), Öffnungszeiten Mo. – Fr. 9.30 – 21.00 Uhr, Sa. 10.00 – 17.30 und So. 10.00 – 17.00 Uhr.

◀ *Surfbretter am Strand von Waikiki*

Apotheken (Fortsetzung)

In Waikiki sind noch zwei Drugstores zu erwähnen: Outrigger Pharmacy, 2335 Kalakaua Avenue (Tel. 923-2529), und Kuhio Pharmacy, 2330 Kuhio Avenue (Tel. 923-4466).
In Maui befindet sich Long's im Lahaina Cannery Shopping Center (Tel. 667-4384) und in Kauai im Kukui Grove Shopping Center (Tel. 245-7771), auf der Insel Hawaii im Lanihau Center in Kona (Tel. 329-1380), im Prince Kuhio Plaza in Hilo (Tel. 959-5881) und 555 Kilauea Avenue, ebenfalls in Hilo (Tel. 935-3358).
Auf Molokai gibt es Molokai Drugs in Kaunakakai (Tel. 553-9913).

Notdienst

Außerhalb der normalen Öffnungszeiten gibt es keinen speziellen Nachtdienst. Bei Eintreten eines Notfalls muß man sich an das nächstgelegene Krankenhaus wenden oder man wählt den Notruf 911, der für Oahu, Maui, Kauai, Lanai und Molokai gilt (Tel. für Big Island: 961-6022).

Ärztliche Hilfe

Allgemeines

Da die bundesdeutschen Krankenkassen die (oft sehr hohen) Kosten einer medizinischen Versorgung außerhalb Europas nicht mehr begleichen, empfielt sich der Abschluß einer (meist sehr günstigen) Reisekrankenversicherung bei einer privaten Krankenkasse. Will man auf Hawai einen Arzt konsultieren, wendet man sich an die Einrichtung 'Doctors on Call', die 24 Stunden erreichbar ist und auch Hausbesuche vermittelt (Hotel Outrigger Waikiki, Kalakaua Avenue, Waikiki, HI, Tel. 971-6000). Eine Konsultation kostet mindestens $ 100. Auf den anderen Inseln findet man die jeweilige Telefonnummer in dem in jedem Hotelzimmer vorhandenen Telefonbuch oder an der Rezeption, wo man alle weiteren Auskünfte erhält.

Krankenhäuser (Hospitals)

Alle Inseln sind ausreichend mit Krankenhäusern ausgestattet. Nachfolgend die wichtigsten:

Oahu
Honolulu

Queen's Medical Center, 1301 Punchbowl Street, Tel. 538-9011
Straub Clinic & Hospital, Royal Waikiki Shopping Center, 3. Etage, Tel. 522-4000
Kuhiu Walk-in Medical Clinic, 2310 Kuhiu Avenue, (Montag bis Samstag 9.00 bis 18.00 Uhr)

Hawaii

Hilo Hospital, 1190 Waianuenue Avenue, Tel. 969-4111
Kona Hospital, Keealekekua, Kona, Tel. 322-9311

Kauai

Wilcox Hospital, 3420 Kuhiu Highway, Tel. 245-1100

Molokai

Molokai General Hospital, Kaunakakai, Tel. 553-5331

Lanai

Lanai Community Hospital, 7th Street, Lanai City, Tel. 565-6411

Auskunft

Auskunft außerhalb der Hawaii-Inseln

Deutschland

Hawaii Visitors Bureau (HVB), Herzog HC GmbH,
Borsigallee 177, D-60388 Frankfurt am Main,
Tel. (069) 42089089, Fax (069) 412525

United States Travel & Tourism Administration,
(USTTA),
Bethmannstraße 56, D-60311 Frankfurt a. M.,
Tel. (069) 9567900

HVB,Empire State Building, Suite 808, 350 Fifth Ave., New York NY 110118, Tel. (212) 947-0717, Fax (212) 947-0725

Auskunft außerhalb der Hawaii-Inseln (Fortsetzung) USA

HVB, 3975 University Dr., Ste. 335, Fairfax, VA 22030, Tel. (703) 691-1800, Fax (703) 691-4820

Hawaii Visitors Bureau, 180 N. Michigan Ave., Chicago IL 60601, Tel. (312) 236-0632, Fax (213) 385-2513

HVB, Central Plaza, Suite 610, 3440 Wilshire Boulevard, Los Angeles CA 90010, Tel. (213) 385-5301, Fax (213) 385-2513

HVB, 50 California Street, San Francisco CA 94111, Tel. (415) 392-8173

Öffnungszeiten sind allgemein Mo.–Fr. 9.00–17.00 Uhr.

Auskunft auf den Hawaii-Inseln

Hawaii Visitors Bureau (HVB)

Für Informationen sind neben den zahlreichen privaten Reisebüros die Zweigstellen des amtlichen Hawaii Visitors Bureau zuständig:

Oahu

Waikiki/Oahu Visitors Association, 1001 Bishop Street, Suite 477, Pauahi Tower, Honolulu HI 96813, Tel.(808) 524-0722, Fax (808) 538-0314

Maui

Maui Visitors Bureau, 1727 Wili Pa Loop, Wailuku, HI 96793, Tel. (808) 244-3530, Fax (808) 244-1337

Hawaii

HVB, 250 Keawe Street, Hilo, HI 96720, Tel. (808) 961-5797, Fax (808) 961-2126.

HVB, 75-5719 W. Alii Drive, Kailua-Kona, HI 96740, Tel. (808) 329-7787, Fax (808) 326-7563

Kauai

HVB, Lihue Plaza Building, Lihue HI 96766, Tel.(808) 245-3971, Fax (808) 246-9235

Ausweispapiere

→ Reisedokumente

Autohilfe

Automobilclub

American Automobile Association (AAA) Hawaii
590 Queen Street, Honolulu HI 96813,
Tel. 808-5282600

Pannenhilfe

Bei → Mietwagen empfiehlt es sich, zunächst die Autovermietung zu verständigen. Pannenhilfe gibt im allgemeinen die American Automobile Association (AAA).
Weiterhin findet man in den 'Yellow Pages' (Branchen-Telefonbuch) unter 'Automobile Repairing and Services' Adressen und Telefonnummern von Reparaturwerkstätten.

Weitere Hinweise

→ Mietwagen
→ Sicherheit
→ Sprache

Banken

→ Geld

Buchhandlungen

Buchhandlungen bieten oft eine gute Auswahl an Hawaii-Literatur; hier folgende Auswahl:

Oahu
Honolulu

Upstart Crow and Co., 1050 Ala Moana Boulevard (Ward Warehouse), Tel. 533-17614
und 1200 Ala Moana Boulevard (Ward Center), Tel. 536-4875
Honolulu Book Shop, Ala Moana Shopping Center, Tel. 941-2274
Honolulu Book Shop, Downtown Honolulu, 1001 Bishop Street, Tel. 537-6224
Waldenbooks, 2201 Kalakaua Avenue (Royal Hawaiian Shopping Center) Tel. 926-3200
Bishop-Museum, 1525 Bernice Street, Tel. 847-3511

Hawaii

Basically Books, 169 Keawe Street, Hilo, Tel. 961-0144
Book Gallery, Kaikoo Mall, Hilo, Tel. 935-2447

Kauai

Stones Books, Kukui Grove Shopping Center, Lihue, Tel. 245-3703
Waldenbooks, Kikui Grove Shopping Center, Lihue, Tel. 245-7162

Maui

Upstart Crow and Co., The Wharf, Lahaina, Tel. 667-9544
Waldenbooks, Maui Mall, Kahului, Tel. 877-0181

Bibliotheken

In den größeren Orten Hawaiis stehen öffentliche Bibliotheken (public libraries) zur Verfügung, deren Adressen dem örtlichen Telefonbuch zu entnehmen sind.

Camping

Allgemeines

Auf den Hawaii-Inseln gibt es insgesamt über 50 Parks, die Hütten zum Übernachten anbieten oder Flächen zum Campen zur Verfügung stellen. Wohnmobile sind dort allerdings nicht zugelassen. Es gibt nur wenige private Campingplätze, im allgemeinen zeltet man in den Nationalparks, State Parks und City & County Parks. Letztere bieten im Vergleich den geringsten Komfort. Die Diebstahlgefahr ist besonders in der Nähe größerer Orte und an der Westküste Oahus sehr groß. Die Bestimmungen zum Campen sind sehr unterschiedlich; teilweise muß nur eine gebührenfreie Erlaubnis eingeholt werden (permit), teilweise muß im voraus (mindestens eine Woche) reserviert werden. Zudem sollte man sich auf jedem Campingplatz über die mögliche Aufenthaltsdauer (meist nur 3 - 5 Tage, auf der Insel Hawaii 7 - 14 Tage) informieren. Zum Teil haben die Campingplätze auch ein bis zwei Tage geschlossen (häufig mittwochs und donnerstags). Im Gegensatz zu diesen recht camperunfreundlichen Regelungen sind die Übernachtungsgebühren oftmals sehr niedrig, man zahlt unter Umständen nur 1 US-Dollar pro Nacht. Es ist in jedem Fall günstig, rechtzeitig die zuständigen Behörden für Informationen, Anmeldungen und Genehmigungen anzuschreiben bwz. anzurufen:

Hawaii

Department of Parks and Recreation
25 Aupuni Street, Hilo, HI 96720, Tel. 961-8311
Division of State Parks
75 Aupuni Street, Hilo, HI 96720, Tel. 961-7200

Camping, Insel Hawaii (Fortsetzung)

Hawaii Volcanoes National Park, HI 96718, Tel. 967-7311
Campingempfehlungen: Keokeo County Beach Park (im Norden Hawis), Samuel Spencer County Beach Park (westlich von Kawaihae),Punaluu County Camping (bei Punaluu), Namakani Camping (im Volcanos National Park)

Kauai

Parks and Recreation
4193 Hardy Street, Lihue, HI 96766, Tel. 245-8821
Division of State Parks
3060 Eiwa St., Lihue, HI 96766, Tel. 241-3444
Campingempfehlungen: Haena Beach Park Camping (Nähe Haena), Niumalu Beach Park Camping (Nähe Lihue, beim Hafen Nawiliwili), Anini Beach Park Camping (westlich von Kilauea, Nähe Princeville), Polihale State Park Camping (westlich von Kekaha).

Lanai

Koele Company, P.O. Box L, Lanai City, HI 96763, Tel. 565-6661
Lanai Company, P.O. Box L, Lanai City, HI 96763, Tel. 565-8232
Campingempfehlung: Hulopoe Beach Camping (im Süden der Insel)

Maui

Department of Parks and Recreation, War Memorial Gym, 1580 Koahumanu Ave., Wailuku, HI 96793, Tel. 243-7389
Division of Parks
54 High St., Wailuku, HI 96793, Tel. 243-5354
Haleakala National Park
P.O. Box 369, Makawao, HI 96768, Tel. 572-7749
Campingempfehlungen: Seven Pools (an der Küste im Haleakala National Park, südlich von Hana), Waianapanapa State Park Camping (Nähe Hana), Pecusa Camping (südlich von Lahaina)

Molokai

Department of Parks and Recreation
Kaunakakai, HI 96748, Tel. 553-5141
Division of Parks
P.O. Box 153, Kaunakakai, HI 96748, Tel. 567-6083
City and County Parks of Molokai
P.O. Box 526, Kaunakakai, HI 96748, Tel. 533-3221
Campingempfehlungen: One Ali Camping II (östlich von Kaunakakai, Nähe Kewala), Papohaku State Park Camping (Westküste Molokais)

Oahu

Department of Parks and Recreation
650 S. King Street, Honolulu, HI 96813, Tel. 523-4525
Division of Parks
1151 Punchbowl Street, Honolulu, HI 96813, Tel. 587-0300
Campingempfehlungen: Kaiaka State Park Camping (nördlich von Haleiwa), Waimanalo State Park Camping (Nähe Kailua, südlich von Waimanalo), Sand Island State Park Camping (auf Sand Island zwischen Honolulu Flughafen und Honolulu Downtown). Alle State Park- und County-Campingplätze auf Oahu schließen mittwochs und donnerstags.

Diplomatische und konsularische Vertretungen

Diplomatische Vertretung der USA

Botschaft der Vereinigten Staaten von Amerika
D-53179 Bonn, Deichmanns Aue 29,
Tel. 0228-339-1
(Konsular- und Visa-Abteilung: Tel. 0228-339-2053)

Deutschland

Honorarkonsulat
2003 Kalia Road, Honolulu, HI 96815,
Tel. 946-3819

Konsularische Vertretung von Österreich

Honorarkonsulat
5388 Poola Street, Honolulu, HI 96821
Tel. 923-8585/373-1234

Schweiz

Honorarkonsulat
4231 Papu Circle, Honolulu, HI 96816
Tel. 737-5297

Einkäufe

→ Shopping

Elektrizität

Das Stromnetz in Hawaii wird, wie auf dem amerikanischen Festland, mit 110 Volt Wechselstrom gespeist. Weiterhin ist zu beachten, daß die Stromfrequenz im Gegensatz zu Deutschland (50 Hz) bei 60 Hertz liegt. Wer elektrische Geräte nach europäischer Norm (220 Volt Wechselstrom) mitbringt, braucht für Hawaii einen Zwischenstecker (adapter), den man am besten schon zu Hause kauft. Vor Ort erkundige man sich am Hotelempfang nach dem nächstgelegenen 'hardware store' oder Kaufhaus, die unter 'appliances' Zwischenstecker führen.

Essen und Trinken

Imbiß

Wie auf dem amerikanischen Festland gibt es neben der großen Zahl an → Restaurants zahlreiche Imbißstuben, in denen man Hamburger, die berühmten Hot dogs, Pizzas und Sandwiches bekommen kann.

Internationale Küche

Die verschiedenen auf den Hawaii-Inseln lebenden Bevölkerungsgruppen haben auch jeweils ihre nationalen Spezialitäten in Hawaii eingeführt. Neben chinesischer Küche ist vor allem die vorzügliche japanische Küche beliebt.

Hawaiische Küche

Es ist nicht ganz einfach, hawaiische Kost zu bekommen. Am ehesten ist dies noch im Rahmen eines → Luaus möglich, wo es Spezialitäten wie 'poi' gibt, ein aus der im Pazifik weitverbreiteten Taro-Wurzel bereiteter Brei, der je nach der Konsistenz als Ein-, Zwei- oder Drei-Finger- Poi bezeichnet wird, je dicker, um so weniger Finger werden benötigt. Weiterhin sind 'uala' (hawaiische Süßkartoffeln), 'haupia' (Kokosnußpudding) und natürlich der übliche Schweinebraten typisch hawaiische Gerichte.
In die Umgangssprache ist das Wort 'pupus' für Vorspeisen eingegangen, aber diese sind nur selten hawaiischen Ursprungs.

Früchte

'Hawaiisches' ist am ehesten noch beim Obst zu bekommen, das bei jeder Gelegenheit in reichlicher Auswahl angeboten wird:
Die Papaya ist nahezu das ganze Jahr über erhältlich (besonders schmackhaft ist die sog. Erdbeer-Papaya mit rosarotem Fruchtfleisch). Ferner sollte man Mangos probieren, die etwa von April bis Oktober reifen. Kokosnüsse gibt es ebenfalls das ganze Jahr hindurch; deren gekühlte Milch ist ein ganz besonderer Genuß. Bananen sind in Hawaii klein, aber süß und schmackhaft. Der Ananasfreund kommt natürlich auch auf seine Kosten; ferner sind Brotfrucht, Guaven und Avocados zu kaufen.

Getränke

Neben dem Genuß der köstlichen Fruchtsäfte und der frischen Kokosnußmilch soll hier auf die reichliche Auswahl an verschiedenen Cocktails hin-

Imu-Zeremonie: der Erdofen wird mit Ti-Blättern ausgelegt

Getränke (Fortsetzung)

gewiesen werden, die allerdings nicht hawaiischen Ursprungs sind. Namen wie Mai Tai, Blue Hawaii, Chi Chi, Ono und Halekulani Sunset stellen dabei nur eine kleine Kostprobe auf der Liste der Mixgetränke dar, die meist aus Fruchtsäfen, weißem Rum und verschiedenen Likören kreiert werden. Ein echt hawaiisches Getränk ist der 'okolehao', ein Palmschnaps, der aus der Wurzel der Ti-Palme gewonnen wird.
Wein und Bier (auch deutsches Bier) werden in den Bars und Restaurants, besonders in Waikiki, in reichlicher Auswahl angeboten.

Luau

Festessen

Der Besuch eines Luaus (das hawaiische Wort für 'Fest') ist eine Möglichkeit, an einem traditionellen hawaiischen Festmahl teilzunehmen. Für Touristen werden 'luaus' von zahlreichen Hotels und Restaurants häufig im Freien veranstaltet. Ein Luau besteht aus einem Abendessen, das mit einer Tanzshow kombiniert wird (meist hawaiische Tänze und Tänze von anderen polynesischen Inseln). Es ist in drei Abschnitte gegliedert:
18.00 – 19.00 Uhr: Die Gäste finden sich ein und bedienen sich mit den im Preis enthaltenen Getränken.
19.00 – 20.00 Uhr: Das im allgemeinen an langen Tische eingenommene Essen findet statt (Selbstbedienung).
20.00 – 21.00 Uhr: Die Tanzshow sorgt für Unterhaltung.

Schwein im Backofen
Imu-Zeremonie

Mittelpunkt des Essens ist der Schweinebraten, der in traditioneller Weise im Imu, einem unterirdischen Ofen, zubereitet wird. Diese fast rituelle Zubereitung, die meist um die Mittagszeit beginnt, sollte man erlebt haben (die genaue Zeit der Zeremonie muß man jeweils erfragen).
Über Steinen, häufig Lavasteinen, wird ein Feuer entfacht; sobald dieses erloschen ist und die Steine erhitzt sind, wird die Asche entfernt. Jetzt kann der Imu gefüllt werden. Zwei Männer legen das präparierte Schwein

Essen und Trinken, Imo-Zeremonie (Fortsetzung)

in die Mitte des Erdlochs, bedecken es zunächst mit Ti- und dann mit den größeren Bananenblättern. Die Bauchhöhle wird mit erhitzten Lavasteinen angefüllt und weitere Blätter über das Schwein gelegt. Das so präparierte Schwein wird mit einem Sacktuch umwickelt und mit Erde zugedeckt. Es dauert vier bis sechs Stunden, bis das Schwein gar ist. Zu Beginn des 'luaus' wird es wieder ausgegraben, in kleine Stücke zerlegt und den Gästen angeboten. Dank dieser Zubereitungsart – die Hawaiianer nennen sie 'kalua' – ist das Fleisch zart und saftig.

Weitere Speisen

Daneben gibt es während eines Luaus noch vieles mehr zu essen: Obst, Salate, Fisch (meistens den 'mahi-mahi' und 'huhu'), 'poi', Süßkartoffeln und 'haupia' (oft die einzige Süßspeise). Es ist kaum möglich, von dem Gebotenen alles zu probieren.

Veranstalter

Die Preise für ein Luau schwanken zwischen 30 US-$ und 60 US-$ (Steuer und Trinkgeld inbegriffen). Vorbestellungen sind in jedem Falle nötig. Im folgenden ein kurzes Verzeichnis von Hotels und speziellen Lokalen, die 'luaus' veranstalten.

Hawaii

King Kamahameha's Hotel, 75-5660 Palani Rd., Kailua-Kona, Tel. 326-4969
Hilton Waikoloa Village, 425 Waikoloa Beach Dr, Kamuela, Tel. 885-1234
Kona Village Resort, Kailua-Kona, Tel. 325-5555

Kauai

Kauai Coconut Beach Resort, Coconut Plantation, Kapaa, Tel. 822-3455/800-22-ALOHA

Maui

Royal Lahaina Resort, 2780 Kekaa Dr, Lahaina, Tel. 661-3611
Grand Wailea Resort, 3850 Wailea Alanui Dr., Wailea, Tel. 875-1234
Maui Marriott, 100 Nohea Kai Dr, Kaanapali, Tel. 661-5828
Maui Lu Resort, 575 So. Kihei Rd., Kihei, Tel. 879-5881

Oahu

Paradise Cove Luau, 92-1089 Alii Dr., Kapolei, Tel. 973-5828
Polynesian Cultural Center Luau, 55-370 Kamehameha Hwy., Laie, Tel. 293-3333/367-7060
Hilton Hawaiian Village, 2005 Kalia Rd., Honolulu, Tel. 949-4321

Feiertage

Allgemeines

Auf den Hawaii-Inseln gelten die offiziellen amerikanischen Feiertage. Banken sind an allen diesen Tagen geschlossen, ebenso wie viele Regierungsämter und Bürobetriebe, doch die meisten Geschäfte bleiben geöffnet. Sie schließen im allgemeinen nur am Neujahrstag, am Ostersonntag, am Thanksgiving Day und am ersten Weihnachtstag. Doch auch an diesen Tagen wird man immer einige Geschäfte finden, die geöffnet haben.

Feiertage der USA

Neujahr (1. Januar), Martin Luther King Day (3. Montag im Januar), Washington's Birthday (3. Montag im Februar), Ostersonntag, Labor Day (1. Mai), Memorial Day (4. Montag im Mai), Unabhängigkeitstag (4. Juli), Wahltag (1. Dienstag im November, aber nur jedes zweite Jahr), Veterans Day (11. November), Thanksgiving Day (4. Donnerstag im November) und erster Weihnachtstag (25. Dezember).

Hawaiische Feiertage

In Hawaii gibt es noch einige zusätzliche Feiertage:
Prince Kuhio Day (26. März, zum Gedenken an Hawaiis ersten Delegierten im US-Kongreß von 1898 bis 1922); Kamehameha Day (11. Juni, zum Gedenken an König Kamehameha I., Gründer des Königreichs Hawaii) und Admission Day (3. Freitag im August, zum Gedenken an den Tag, an dem Hawaii 1959 zum 50. Staat der USA erklärt wurde).

Fernsehen

→ Rundfunk und Fernsehen

Flugverkehr

Das Flugzeug ist auf den Hawaii-Inseln das bewährte Verkehrsmittel, um sich relativ günstig und schnell von Insel zu Insel fortzubewegen.
Der Flugverkehr innerhalb der hawaiischen Inseln wird von Honolulu aus in erster Linie von Hawaiian Airlines und Aloha Airlines, die Hawaii, Maui, Kauai, Molokai (nur Hawaiian Airlines) und Lanai anfliegen, sowie Discovery Airlines bestritten.
Daneben gibt es noch eine Reihe kleinerer Fluglinien, die mit Propellerflugzeugen die kleineren Flugplätze der Inseln anfliegen, so u.a. Aloha Island Air, Princeville Airways, Panorama Air und Reeves Air.

Buchungen werden entgegengenommen unter:
Aloha Airlines Tel. 800-652-1211
Hawaiian Airlines Tel. 800-367-5320, Tel. (Maui) 244-9111

Fluggesellschaften

Neben sechs amerikanischen Fluglinien (American, Continental, Delta, Northwest Orient, TWA und United) sowie den drei größeren hawaiischen Linien (Aloha, Discovery Airlines und Hawaiian Airlines) wird Honolulu noch von zahlreichen weiteren Fluglinien angeflogen:
Air Micronesia, Air Nauru, Air New Zealand, Air Niugini, Air Tungaru, British Airways, Canadian Pacific, China Airlines, Japan Airlines, Korean Airlines, Philippine Airlines, Quantas (Australien), Samoa Airlines, Singapore Airlines und South Pacific Island Airways. Hinzu kommen noch eine Reihe von Chartergesellschaften, die insbesondere während der touristischen Hochsaison regelmäßig Flüge nach Honolulu durchführen.
Da alle Fluglinien der südpazifischen Inseln Honolulu anfliegen, ist der Flughafen eine Art Drehscheibe für den Verkehr zwischen den Vereinigten Staaten und dem Südpazifik geworden.

Flugzeug von Hawaiian Airlines

Flughäfen

Da das Hauptverkehrsmittel innerhalb der Hawaii-Inseln und zwischen Hawaii und dem Festland das Flugzeug ist, bleibt die Ausstattung der Inseln mit Flughäfen von großer Bedeutung. Hawaii hat insgesamt 12 öffentliche Flugplätze, 15 Militär- und Privatflugplätze und acht Hubschrauberlandeplätze.

Flughäfen

Die wichtigsten Flughäfen sind:
Honolulu International Airport (Oahu)
Hilo Airport (Hawaii)
Kona Airport (Hawaii)
Lihue Airport (Kauai)
Princeville Airport (Kauai)
Kahului Airport (Maui)
Kapalua Airport (Maui)
Hana Airport (Maui)
Molokai Airport (Molokai)
Lanai Airport (Lanai)

Internationaler Flugverkehr

Honolulu Airport war lange Zeit der einzige internationale Flughafen der Hawaii-Inseln. Im Zuge der touristischen Erschließung werden inzwischen auch Kona (Insel Hawaii), Kahului (Insel Maui) und Lihue (Insel Kauai) direkt angeflogen.

Service

Die Abfertigung auf allen Flugplätzen geht im allgemeinen rasch vonstatten, nur in Honolulu können sich gelegentlich Verzögerungen einstellen, wenn zu viele Flugzeuge gleichzeitig ankommen. Auf allen Flugplätzen befinden sich unweit der Gepäckausgabe die Schalter der großen Mietwagenfirmen.

Honolulu Airport

Honolulu Airport ist der mit Abstand am besten ausgestattete hawaiische Flughafen. Nur hier gibt es eine Bank zum Geldwechseln (Perera-Deak). Ebenso ist dies der einzige Flughafen mit diversen Geschäften, wo man vor dem Rückflug noch Spezialitäten Hawaiis (z.B. Ananas, Papayas, Kona-Kaffee, Macadamia-Nüsse u. ä.) einkaufen kann.
Hawaiian Airlines, die größte Fluglinie innerhalb Hawaiis, hat auf dem Flugplatzgelände einen eigenen Terminal.
Das Flughafengebäude selbst ist ebenfalls interessant; viele Kunstwerke, Wand- und Deckengemälde, Skulpturen, Gemälde und Webarbeiten, die fast alle hawaiische Themen zum Gegenstand haben, schmücken das Gebäude.

Informationen

Honolulu International Airport, Tel. 836-6411
Hilo Air Terminal, Hawaii, Tel. 969-1545 oder 969-1547
Kona Airport, Hawaii, Tel. 329-4868

Gaststätten

→ Restaurants

Geld

Währung

Die Währungseinheit der USA ist der US-Dollar (US-$). Außer Geldscheinen im Nennwert von 1, 2, 5, 10, 20, 50, 100 US-Dollar (im internen Bankverkehr gibt es auch größere Noten) sind Münzen im Wert von 1 (Penny), 5 (Nickel), 10 (Dime), 25 (Quarter) Cents, seltener von 50 Cents (half-dollar) und 1 Dollar im Umlauf.

Wechselkurse (schwankend)

1 US-$ = 1,50 DM	1 DM = 0,66 US-$
1 US-$ = 10,52 öS	1 öS = 0,09 US-$
1 US-$ = 1,24 sfr	1 sfr = 0,80 US-$

Der Kurs des US-Dollars schwankt gegenüber den meisten Auslandswährungen. Es empfiehlt sich, schon vor dem Abflug Geld zu tauschen und sich vor allem auch mit ausreichend Kleingeld (Münzen und kleine Scheine) einzudecken, denn der Wechselkurs ist in Europa günstiger als in den USA.

Devisenbestimmungen

Die Ein- und Ausfuhr ausländischer und amerikanischer Zahlungsmittel unterliegt allgemein keinen Beschränkungen. Bei der Einfuhr von mehr als 5000 US-Dollar muß der Betrag in der im Flugzeug auszufüllenden Zollerklärung angegeben werden.

Im Honolulu Airport gibt es eine Bank (Perera-Deak), in der man Devisen gegen US-Dollar eintauschen kann. Im übrigen muß man mit erheblichen Schwierigkeiten rechnen, wenn man in Hawaii bei Banken Geld tauschen möchte. Wenn man dort für europäische Währungen US-Dollar erhält, kann man von Glück sprechen. Die Hotels wechseln DM in der Regel überhaupt nicht.

Reiseschecks

Aus Sicherheitsgründen empfiehlt es sich, vor dem Abflug Reiseschecks (Traveller Checks) von American Express oder Barclay's zu kaufen (die Gebühr beträgt 1 % des Nennwerts), die anstandslos von Banken, Hotels und Restaurants gegen Vorlage des Reisepasses eingewechselt werden. Bei Diebstahl oder Verlust der Schecks kann man bei den Filialen der ausstellenden Firmen unter Vorlage des Kontrollblatts sofort Ersatz für die verlorengegangenen Schecks erhalten.

Kreditkarten (Credit cards)

Am günstigsten und reibungslosesten ist es sicherlich, Hotel- und Restaurantrechnungen sowie größere Einkäufe mit einer Kreditkarte (credit card) zu bezahlen. Am weitesten verbreitet sind American Express, Mastercard, Visa, Diner's Club und Carte Blanche. Auch zur Bezahlung von Flügen innerhalb der hawaiischen Inseln kann man die Kreditkarten benutzen; beim Mieten von Autos sind sie sogar unerläßlich (Bargeld ist unerwünscht).

Banken

Das Bankwesen in Hawaii ist vor allem infolge der vielen Zweigstellen der regionalen Banken wie der Bank of Hawaii und der First Hawaiian Bank recht gut organisiert. Fast in jedem großen Einkaufszentrum in Honolulu und auch auf den anderen Inseln findet man zumindest eine Bankfiliale.
Obwohl Hawaii in allererster Linie auf Tourismus eingestellt ist, hat man auf den hawaiischen Banken im allgemeinen große Probleme, etwa DM in Dollar umgewechselt zu bekommen.

Die Banken sind im allgemeinen von 8.30 bis 15.00 Uhr oder 15.30 Uhr, freitags bis 18.00 Uhr geöffnet. Samstags sind die meisten Banken, sonn- und feiertags alle geschlossen.

Banken in Honolulu (Auswahl)

Bank of Hawaii, 2220 Kalakaua Avenue, Tel. 923-2011
Central Pacific Bank, 2400 Kalakaua Avenue, Tel. 923-3176
Deak-Perera Hawaii Inc., 2335 Kalakaua Avenue, Tel. 537-4928
First Hawaiian Bank, 2181 Kalakaua Avenue, Tel. 923-0745
Hawaii National Bank, 2280 Kalakaua Avenue, Tel. 923-3802
Deak-Perera, Filiale am Flugplatz, Tel. 836-3603.

Geschäftszeiten

→ Öffnungszeiten

Golf

Insel Hawaii

Auf 'Big Island' gibt es eine Reihe ausgezeichneter Golfplätze, von denen aus man während des Spiels zugleich schöne Ausblicke auf den Pazifischen Ozean und die hohen Berge genießen kann. Die zu den Luxushotels gehörenden Golfplätze sind teilweise nur für Hotelgäste; in jedem Fall sind die Benutzungsgebühren ziemlich hoch. Man sollte sich vorher telefonisch erkundigen. (Hotels mit Golfplatz sind außerdem unter → Hotel mit einem 'G' gekennzeichnet.)

Golfplätze (Auswahl)

Francis H. I'I Brown North Course and South Course, Mauna Lani Resort, P.O. Box 4959, Kohala Coast, Tel. 885-6655
Hapuna Golf Course, 62-100 Kauna'oa Dr, Kamuela, Tel. 880-3000
Kona Country Club, 78-7000 Alii Drive, Kailua-Kona, Tel. 322-2595
Mauna Kea Beach Hotel Golf Course, 62-100 Mauna Kea Beach Dr, Kamuela, Tel. 880-3480
Waikola Resort Golf - Beach Golf Course, 1020 Keana Pl., Kamuela, Tel. 885-6546
Waikola Resort Golf - King's Golf Course, 600 Waikola Beach Dr., Kamuela, Tel. 885-4647

Insel Kauai

Auch auf Kauai kann der Golfspieler auf seine Kosten kommen, wenn auch die Zahl der guten Golfplätze kleiner ist als auf den Nachbarinseln. Die meisten sind Club- oder Hotelgolfplätze, so daß es auf jeden Fall empfehlenswert ist, sich telefonisch nach den Kosten und der Möglichkeit zu erkundigen, als Nicht-Hotelgast dort spielen zu können. (Hotels mit Golfplatz ('G') auch unter → Hotels)

Golfplätze (Auswahl)

Kiele Golf Course and Lagoons Golf Course, Golf and Racquet Club, Kalapaki Beach, Lihue, Tel. 241-6000 und 800-634-6400
Princeville Golf Club - Prince Course, Princeville Corporation, 53900 Kuhio Hwy., Princeville, Tel. 826-5000 und 800-826-4400
Princeville Golf Club - Makai Course, Princeville Corporation, Lei O Papa Rd., Princeville, Tel. 826-3580 und 800-4400

Insel Maui

Maui hat einige ausgezeichnete Golfplätze, darunter mehrere Anlagen, die von Golfklubs oder Hotels betrieben werden. Sie stehen nur teilweise der Öffentlichkeit zur Verfügung. Einer der bekanntesten Golfplätze ist der Bay Course bei Lahaina (im Nordwesten Mauis), an dessen Gestaltung der bekannte Golfspieler Arnold Palmer mitgewirkt hat. Im November findet hier jährlich ein internationales Golfturnier statt. (Hotels mit Golfplatz ('G') siehe auch unter → Hotels.)

Golfplätze (Auswahl)

The Bay Course, 300 Kapalua Dr., Lahaina, Tel. 669-8044
Kaanapali Golf Course - North and South, Kaapalani Beach, Lahaina, Tel. 661-3691
The Plantation Course, 300 Kapalua Dr., Lahaina, Tel. 669- 8044
Silversword Golf Course, 1345 Piilani Hwy., Kihei, Tel. 874-0777
Wailea Blue Course, 120 Kaukahi St., Wailea, Tel. 875-5111
Wailea Emerald and Gold Course, 100 Wailea Golf Club Dr., Wailea, Tel. 875-5111

Kaluakoi Golf Course auf der Insel Molokai

Insel Molokai

Auf Molokai gibt es nur einen 18-Loch Golfplatz im touristisch gut erschlossenen Kaluakoi Resort.

Kaluakoi Golf Course, P.O. Box 26, Maunaloa, Tel. 552-2739 und 800-521-1625

Insel Oahu

Die Auswahl an Golfplätzen auf Oahu ist reichlich, wobei viele Plätze ebenfalls Hotels oder Golfclubs zugehörig sind. (Siehe auch 'G' unter → Hotels)

Golfplätze (Auswahl)

Del Mar Golf College At The Sheraton Resort And Country Club, 84-626 Makaha Valley Rd., Waianae, Tel. 695-5561
Ko Olina Golf Club, 92-1220 Aliinui Dr., Kapolei, Tel. 676-5300
The Links At Kuilima, 57-091 Kamehameha Hwy., Kahuku, Tel. 293-8574
Sheraton Makaha Resort & Country Club - West Golf Course, 84-626 Makaha Valley Rd., Waianae, Tel. 695-9544
Turtle Bay Country Club, 57-091 Kamehameha Hwy., Kahuku, Tel. 293-8574/800-HILTONS

Insel Lanai

Lanai besitzt zwei Angebote für Golfspieler neben den Golfplätzen der großen Hotels (siehe unter → Hotels).

Challenge At Manele, P.O. Box L, Lanai City, Tel. 565-2222
Experience at Koele, P.O. Box L, Lanai City, Tel. 565-4653

Hotels

Allgemeines

Das Angebot an Übernachtungsmöglichkeiten auf den Hawaii-Inseln ist allgemein sehr groß. Die Zahl der zur Verfügung stehenden Hotelzimmer beläuft sich auf ca. 70000 mit steigender Tendenz. Jährlich werden weitere neue Hotels eröffnet; es handelt sich dabei um große Anlagen, zumeist an der Küste gelegen, die ihren Gästen den höchstmöglichen Standard zu relativ hohen Preisen bieten. Natürlich gibt es überall auch billigere Unterkünfte. Diese reichen von sehr einfachen Touristenhotels bis zu solchen, die sich keiner so günstigen Lage erfreuen, meist in größerer Entfernung vom Strand liegen und keine besondere Aussicht bieten.

Bad and Breakfast

Eine weitere Möglichkeit zur Übernachtung besteht in den recht preisgünstigen Bed and Breakfast-Unterkünften (ab 50 US-Dollar), die von einheimischen Familien angeboten werden. (Informationen und Reservierungen unter: Hawai Bed and Breakfast Hawai, P.O. Box 449, Kapaa/Hawai, HI 96746).

Die Hotels sind in fünf Gruppen eingeteilt, in denen man mit folgenden Preisen für Doppelzimmer rechnen muß:

Preiskategorien

Gruppe I+	über 225 US-$
Gruppe I	125–225 US-$
Gruppe II	85–125 US-$
Gruppe III	60– 85 US-$
Gruppe IV	unter 60 US-$

In den meisten Fällen können in den Doppelzimmern bis zu vier Personen ohne Aufpreis wohnen. Es lohnt sich in der Regel auch, nach günstigeren Wochen- oder Monatstarifen zu fragen, wenn man einen längeren Aufenthalt plant. Neben der Anschrift und der Telefonnummer ist jeweils die Zimmerzahl (Z) angegeben. Bei dem Zusatz 'C' handelt es sich um ein Condominium. Die Hotels, die mit 'SP' gekennzeichnet sind, verfügen über einen Swimming Pool. Der Zusatz 'T' steht für Tennisplatz.

Zusätzliche Kosten

Zu diesen Preisen muß man die in ganz Hawaii geltende Sales Tax und Hotelsteuer rechnen, die zusammen fast 10% ausmachen. Für Kinder bis zu etwa 18 Jahren im selben Zimmer wird nichts extra berechnet; für zusätzliche Erwachsene beläuft sich der Zuschlag auf 5 bis 20 US-Dollar. Das Frühstück ist nur ganz selten im Preis inbegriffen. In vielen Hotels wird auch der Garagenplatz extra berechnet.
Motels wie auf dem amerikanischen Festland gibt es so gut wie keine.

Condominium

Außer den Hotels gibt es auf den Inseln auch zahlreiche Condominiums, d.h. zumeist kleinere, mehrzimmrige, möblierte Wohnungen, die besonders vorteilhaft sind, wenn man mit mehr als drei oder vier Personen reist. Diese haben voll eingerichtete Küchen, aber gegenüber Hotels den Nachteil, daß sie einen mehrtägigen Aufenthalt der Gäste erfordern (zumeist zwei bis fünf Tage).
In der folgenden Liste sind die Condominiums entweder getrennt aufgeführt oder mit einem 'C' vor der Zimmerzahl gekennzeichnet.

Zimmerreservierung

Es ist ratsam, Hotelübernachtungen im voraus zu buchen; die allermeisten Hotels haben sog. '800'-Nummern, über die man kostenlos anrufen kann, um eine Zimmerbestellung vorzunehmen. Reservierungen für Hotels auf Hawaii, Kauai, Maui und Molokai kann man nach der Ankunft in Honolulu machen, wo es eine Reihe von Agenturen gibt, bei denen man Hotels, Flüge und Mietwagen für einen Gesamtpreis buchen kann, was oft vorteilhafter ist, als wenn man dies selbst getrennt tut (→ Reisebüros).
Ein Unterkunftsverzeichnis (Accomodation Guide) kann vom Hawaiian Visitors Bureau angefordert werden → Auskunft.

In der nachfolgenden Aufstellung ist in alphabethischer Reihenfolge eine Auswahl an Hotels (und Condominiums) für die einzelnen Inseln aufgeführt. Soweit vorhanden, wird neben der Telefonnummer die '800'-Reservierungsnummer mit angegeben. Die Vorwahl für ganz Hawaii ist 808. Hinweis

Insel Hawaii

Captain Cook

Manago Hotel, IV, Capt. Cook, HI 96704, Tel. 323-2642, 64 Z

Volcanos Nationalpark

Volcano House, II, HI 96718, Tel. 967-7321/ (800) 736-7140,60 Z, SP, T, Golf

Hilo

Dolphin Bay Hotel, III, 333 Iliahi St., HI 96720, Tel. 935-1466, 18 Z
Hawaii Naniloa Hotel, I, 93 Banyan Drive, HI 96720, Tel. 969-3333/ 800-442-5845, 325 Z., SP, Golf
Hilo Bay Hotel, III, 87 Banyan Drive, HI 96720, Tel. 961-5818/ 800-442- 5841, 140 Z, SP
Hilo Hawaiian Hotel, II, 71 Banyan Drive, HI 96720, Tel. 935-9361/ 800-367-5004, 283 Z, SP

Kailua-Kona

Aston Royal Sea Cliff Resort (C), I, 75-6040 Alii Drive, HI 96740, Tel. 329-8021/800-321-2558, 154 Z, SP, T
Keauhou Beach Hotel, II, 78-6740 Alii Drive, HI 96740, Tel. 322-3441/ 800-448-8990, 310 Z, SP, T
Kona Bay Hotel-Uncle Billy's, III, 75-5739 Alii Drive, HI 96740, Tel. 329-1393/800-442-5841, 140 Z, SP
Kona Surf Resort & Country Club, I, 78-128 Ehukai Street, HI 96740, Tel. 322-3411/800-367-8011, 530 Z, SP, T, Golf
Sea Village (C), II, 75-6002 Alii Drive, HI 96740, Tel. 329-6488/ 800-367-5168, 131 Z, SP, T

Kamuela/ Waimea

Parker Ranch Lodge, III, Highway 19, P.O. Box 458, HI 96743, Tel. 885-4100, 21 Z
Puako Condominium, II, 3 Puako Beach Road, HI 96743, Tel. 965-9446, 40 Z, SP

Waikoloa

The Royal Waikoloan, A Royal Outrigger, I, 69-275 Waikaloa Beach Drive, HI 96743, Tel. 885-6789/800-688-7444, 547 Z, SP, T, Golf
Shores at Waikoloa, I, 5460 Beach Rental, HI 96743, Tel. 467-3311/ 800-223-7037, 120 Z, SP, T, Golf, Mindestbuchung: 3 Tage

Insel Kauai

Hanalei

Cliffs at Princeville (C), I, 3811 Edwards Road, HI 96714, Tel. 826-6219/ 800-367-7052, 40 Z, SP, T, Golf
Hanalei Bay Resort (C), I, 5380 Honoiki Road, HI 96722, Tel. 826-6585/ 800-222-5541, 280 Z, SP, T, Golf
Hanalei Colony Resort (C), I, P.O. Box 20, HI 96714, Tel. 826-6253/ 800-628-3004, 52 Z, SP

Kapaa

Aston Kauai Beachboy Hotel, I, 4-484 Kuhio Hwy,#100, HI 96766, Tel. 931-1400/800-321-2558, 243 Z, Sp, T
Hotel Coral Reef, IV-III, 1516 Kuhio Hwy, HI 96746, Tel. 822-4481, 24 Z
Lae Nani (C), I, 410 Papaloa Road, HI 96746, Tel. 822-4938/ 800-367-7052, 84 Z, SP, T
Plantation Hale (C), II, 484 Kuhio Hwy, HI 96746, Tel. 688-7444/ 800-688-7444, 151 Z, SP

Koloa (Poipu Beach)

Kiahuna Plantation (C), I, 2253 Poipu Road, HI 96756, Tel. 800-367-7052, 333 Z, Mindestbuchung: 2 Tage

Springbrunnen vor dem Westin Kauai Hotel

Insel Kauai, Koloa (Fortsetzung)

Nihi Kai Villas (C), II, 1870 Hoone Road, HI 96756, Tel. 742-7220/ 800-742-1412, 70 Z, SP, T, Mindestbuchung: 3 Tage
Poipu Kai Resort (C), I, 1941 Poipu Road, HI 96756, Tel. 800-688-2254, 350 Z, SP, T
Poipu Shores (C), I, 1775 Pe'e Road, Poipu, HI 96756, Tel. 742-7700/ 800-367-5004, 39 Z, SP
Prince Kuhio Resort (C), III, 5160 Lawai Rd., HI 96756, Tel. 245-4711, 13 Z, SP
Sheraton Kauai Garden Hotel, I, 2440 Hoonani Road, HI 96756, Tel. 800-325-3535, 226 Z, Sp, T
Sunset Kahili Condo Apt. (C), II, 1763 Pe'e Road, HI 96756, Tel. 742-7434/ 800-827-6478, 36 Z, SP, Mindestbuchung: 3 Tage

Lihue

Banyan Harbor Resort (C), II, 3411 Wilcox Road, HI 96766, Tel. 245-7333/ 800-422-6926, 148 Z, SP, T
Coco Palms Resort, I, 4-241 Kuhio Hwy., HI 96746, Tel. 822-4921, SP, T, mit Hochzeitskapelle!
Garden Island Inn, IV, 3445 Wilcox Rd., HI 96766, Tel. 245-7227, 21 Z
Kaha Lani (C), I, 4460 Nehe Road, HI 96766, Tel. 822-9331/ 800-321-2558, 65 Z, Sp, T

Princeville

Hanalei Bay Resort (C), II, 5380 Honoiki, HI 96722, Tel. 826-7444, 134Z, SP, T, Golf
Pali Ke Kua (C), II, 5300 Ha Haku Road, Tel. 800-688-2254, 98 Z, SP
Princeville Condominiums (C), II, HI 96722, Tel. 826-6585/800-222-5541, SP, T, Golf
Puu Poa (C), I, 5454 Ka Haku Road, HI 96722, Tel. 826-6585/ 800-222-5541, 56 Z, SP, T, Golf

Wailua

Kauai Resort Hotel, II, 3-5920 Kuhio Hwy, HI 96746, Tel. 591-2235/ 800-272-5275, 228 Z, SP, T

Insel Lanai

Lanai Bed & Breakfast, III, 312 Mahana Pl., HI 96763, Tel. 565-6378/ 800-476-0557, 3 Z
The Lodge at Koele, I+, P.O. Box L, HI 96763, Tel. 565-3800/ 800-321-4666, 102 Z, SP, T, Golf, Croquet & Rasenbowling, Bücherei, Pferdeställe, Mindestbuchung: 5 Tage
The Manele Bay Hotel, I+, P.O. Box, HI 96763, Tel. 565-7700/ 800-321-4666, 250 Z, SP, T, Golf

Insel Maui

Hana

Hana Kai-Maui Resort, II, P.O. Box 38, HI 96713, Tel. 248-8426, 18 Z, Mindestalter: 25

Kaanapali

Maui Eldorado Resort Kaanapali (C), I, 2661 Kekaa Dr., HI 96761, Tel. 6 61-0021, 120 Z, SP, Golf

Kahului

Maui Beach Hotel, III, 170 Kaahumanu Ave., HI 96732, Tel. 591-2235, 148 Z, SP

Kapalua

Kapalua Bay Hotel & Villas, I+, One Bay Dr., HI 96761, Tel. 669-5656, 294 Z, SP, T, Golf
Kapalua Golf Villas (C), I, 500 Kapalua Dr., HI 96761, Tel. 669-4144/ 800326-6775, 160 Z, SP, T, Golf, Mindestbuchung: 5 Tage

Kihei

Kamaole Sands (C), II-I, 2695 S.Kihei Rd., HI 96753, Tel. 874-8700, 250 Z, SP, T
Kihei Beach Resort (C), II, 36 S. Kihei Rd., HI 96753, Tel. 879-2744/ 800- 367-6034, 35 Z, SP, Mindestbuchung: 3 Tage
Kihei Surfside Resort (C), II, 2936 S.Kihei Rd., HI 96753, Tel. 879-1488, 30 Z, SP
Maui Lu Resort, III-II, 575 S.Kihei Rd, HI 96753, Tel. 879-5881/ 800-321-2558, 120 Z, SP, T
Maui Vista (C), II, 2191 S. Kihei Rd., HI 96753, Tel. 879-7966/ 800-321-2558, 279 Z, SP, T
Shores of Maui (C), III, 2075 S. Kihei Rd., HI 96753, Tel. 879-9140, 50 Z, SP, T

Lahaina

Embassy Suites Resort, I+, 104 Kaanapali Shores Pl., Tel. 661-2000/ 800-GO-2-MAUI, 413 Z, SP, Minigolf
Hyatt Regency Maui, I+, 200 Nohea Kai Dr., HI 96761, Tel. 661-1234/ 800-233-1234, 815 Z, SP, T, Golf
Kaanapali Beach Hotel, I, 2525 Ka'anapali Pkwy., HI 96761, Tel. 661-0011/800-233-1014, 430 Z, Sp, Golf
Kaanapali Shores Resort (C), II, 3445 L.Honoapiilani, HI 96761, Tel. 800-854-8843, 463 Z, SP, T, Mindestbuchung: 3 Tage
Kahana Village (C), I, 4531 L.Honoapiilani Rd., HI 96761, Tel. 669-5111, 42 Z, SP, Mindestbuchung: 5 Tage
Lahaina Shores Beach Resort (C), II-I, 475 Front St., HI 96761, Tel. 661-4835/800-642-6284, 199 Z, SP
Mahana (C), III-II, 110 Kaanapali Shore Pl., HI 96761, Tel. 800-854-8843, 15 Z, SP, T, Mindestbuchung: 3 Tage
Maui Kaanapali Villas (C), I, 45 Kai Ala Dr., HI 96761, Tel. 667-7791/ 800-321-2558, 250 Z, SP, Windsurfing
Napili Kai Beach Club, I, 5900 Honopiilani Rd, HI 96761, Tel. 669-6271/ 800-367-5030, 165 Z, Sp, Whirlpool
Napili Shores Resort (C), III, 5315 L. Honoapiilani, HI 96761, Tel. 854-8843/800-854-8843, 152 Z, SP, Mindestbuchung: 3 Tage
Pioneer Inn, II, 658 Wharf St., HI 96761, Tel. 661-3636/800-4457-5457, 48 Z

Insel Maui, Lahaina (Forts.)	Papakea Resort (C), III-II, 3543 L.Honoapiilani Hwy., HI 96761, Tel. 800-484-9884, 364 Z, SP, T, Mindestbuchung: 4 Tage Polynesian Shores (C), II, 3975 L.Honoapiilani Rd., HI 96761, Tel. 669-6065, 52 Z, SP, Mindestbuchung: 3 Tage
Wailea	Maui Inter-Continental Resort, I-I+, 3700 Wailea Alanui Dr., HI 96753, Tel. 879-1922, 516 Z, SP The Palms at Wailea, I, 3200 Wailea Alanui, HI 96753, Tel. 879-5800/800-688-7444, 70 Z, SP

Insel Molokai

Colony's Kaluakoi Hotel & Golf Club, II-I, P.O. Box 1977, Maunaloa, HI 96770, Tel. 552-2555/800-777-1700, 114 Z, SP, Golf
Kaluakoi Villas (C), IV, Kuluakoi Rd., Maunaloa, HI 96770, Tel. 800-225-7978, 135 Z, SP, T, Golf
Molokai Shores Suites (C), I, Kamehameha Hwy., Star Route, Kaunakakai, Tel. 800-219-9700, 100 Z, SP

Insel Oahu

Honolulu Flugplatznähe	Best Western Plaza Hotel, II, 3253 N. Nimitz Highway, Tel. 836-3636/800-800-4683, 274 Z, SP
Honolulu Waikiki	Aston Waikiki Beach Tower (C), I+, 2470 Kalakaua Ave., HI 96815, Tel. 926-6400/800-321-2558, 140 Z, SP Aston Waikiki Beachside Hotel, I, 2452 Kalakaua Ave., HI 96815, Tel. 931-2100/800-321-2558, 79 Z Colony's Hawaii Polo Inn, ab IV, 1696 Ala Moana Blvd., HI 96815, Tel. 949-0061, 72 Z, SP Diamond Head Beach Hotel, I, 2947 Kalakaua Ave., HI 96815, Tel. 922-1928/800-923-1928, 57 Z Edmund's Hotel Apartments, IV, 2411 Ala Wai Blvd., HI 96815, Tel. 923-8381/732-5169, 8 Z Halekulani, I+, 2199 Kalia Road, HI 96815-1988, Tel. 923-2311/800-367-2343, 456 Z, SP, T Hawaiian Monarch Hotel (C), II, 444 Niu St., HI 96815, Tel. 949-3911, 439 Z, SP Hawaiian Regent, I, 2552 Kalakaua Ave., HI 96815, Tel. 922-6611, 1346 Z, SP, T Hilton Hawaiian Village, I-I+, 2005 Kalia Road, HI 96815, Tel. 949-4321/800-HILTONS, 2542 Z, SP Honolulu Prince, III, 415 Nahua St., HI 96815, Tel. 931-1400/800-321-2558, 125 Z Hyatt Regency Waikiki, I-I+, 2424 Kalakaua Ave., Tel. 923-1234/800-233-1234, 1230 Z, SP The Ilikai Hotel Nikko Waikiki, I, 1777 Ala Moana Blvd., HI 96815, Tel. 949-3811/800-NIKKOUS, 800 Z, SP, Tennis Ilima Hotel, II, 445 Nohonani Street., HI 86815, Tel. 923-1877, 99 Z, SP Inn on the Park, III, 1920 Ala Moana Blvd., HI 96815, Tel. 946-8355 800-321-2558, 238 Z, SP, Babysitter Island Colony (C), III, 445 Seaside Ave., Tel. 854-8843, 740 Z, SP, Mindestbuchung: 5 Tage The New Otani Kaimana Beach Hotel, II-I, 2368 Kalakaua Ave., Tel. 923-1555/800-356-8264, 124 Z, Mindestbuchung: 5 Tage Alle Outrigger Hotels haben die gebührenfreie Nummer 800-688-7444 Outrigger Coral Sea Hotel, III, 250 Lewers Street, HI 96815, Tel. 923-3881, 109 Z, SP Outrigger East Hotel, II, 150 Kaiulani Ave., HI 96815, Tel. 922-5353, 445 Z, SP

Sheraton Moana Surfrider, das älteste Hotel in Waikiki

Insel Oahu, Honolulu Waikiki (Fortsetzung)

Outrigger Edgewater, III, 2168 Kalia Road, HI 96815, Tel. 922-6424, 184 Z, SP
Outrigger Hobron, II, 343 Hobron Lane, HI 96815, Tel. 942-7777, 612 Z, SP
Outrigger Maile Sky Court, 2058 Kuhio Ave., HI 96815, Tel. 947-2828, 596 Z, SP
The Outrigger Prince Kuhio, A Royal Outrigger, I, 2500 Kuhio Ave., HI 96815, Tel. 922-0811, 626 Z, SP
Outrigger Reef Towers, II, 227 Lewers St., HI 96815, Tel. 924-8844, 479 Z, SP
Outrigger Royal Islander, III-II, 2164 Kalia Road, HI 96815, Tel. 922-1961, 101 Z, SP
Outrigger Waikiki Surf, III, 2200 Kuhio Ave., HI 96815, Tel. 923-7671, 303Z, SP
Outrigger West Hotel, II, 2330 Kuhio Ave., HI 96815, Tel. 922-5022, 663 Z, SP
Park Shore Hotel, II-I, 2586 Kalakaua Ave., HI 96815, Tel. 923-0411/ 800-367-2377, 227Z, SP
Queen Kapiolani Hotel, II, 150 Kapahulu Ave., HI 96815, Tel. 922-1941, 315 Z, SP
Royal Grove Hotel, IV-III, 151 Uluniu Ave., HI 96815, Tel. 923-7691, 80 Z, SP
Royal Hawaiian Hotel, I+, 2259 Kalakaua Ave., HI 96815, Tel. 923-7311/ 800-782-9488, 526 Z, SP
Sheraton Waikiki Hotel, I+, 2255 Kalakaua Ave., HI 96815, Tel. 922-4422/ 800-325-3535, 1852 Z, SP
Tradewind Plaza (C), IV, 2572 Lemon Rd., HI 96815, Tel. 923-4835, 80 Z
Waikiki Beach Condominium Suites (C), IV-III, Waikiki, HI 96815, Tel. 800-446-6248, 100 Z, SP, Mindestbuchung: 2 Tage
Waikiki Beachcomber Hotel, I, 2300 Kalakaua Ave., HI 96815, Tel. 922-4646, 495 Z, SP

Swimmingpool und Gartenanlage des Turtle Bay Hilton Hotel

Insel Oahu, Honululu Waikiki (Fortsetzung)

Waikiki Gateway Hotel, III, 2070 Kalakaua Ave., HI 96744, Tel. 955-3741, 190 Z, SP
Waikiki Parc Hotel, I, 2233 Helumoa Road, HI 96815, Tel. 921-7171/ 800-422-0450, 298 Z, SP
Waikiki Parkside Hotel, II, 1850 Ala Moana Blvd, Tel. 955-1567, 250 Z, SP
Waikiki Prince Hotel, IV, 2431 Prince Edward, Tel. 922-1544, 30 Z
White Sands Waikiki Resort, III, 431 Nohonani St., HI 96815, Tel. 923-7336/800-634-6431, 78 Z, SP

Honolulu Waikiki (Condominiums)

Ilikai Marina Apartments-Condos, IV-III, 1765 Ala Moana Blvd., HI 96815, Tel. 946-0716, 256 Z, SP, T
444 Nahua Condominium Suites, IV-III, 444 Nahua Street, HI 96815, Tel. 923-9458, 192 Z, SP, Mindestbuchung: 2 Tage
Pacific Monarch Condo Rentals, III, 142 Uluniu Ave., HI 96815, Tel. 923-4402/800-655-6055, 216 Z, SP, Mindestbuchung: 3 Tage
Waikiki Banyan, III, 201 Ohua Ave., HI 96815, Tel. 854-8843, 860 Z, SP, T
Waikiki Lanais, I, 2452 Tusitala St., Tel. 923-0994, 160 Z, SP

Kahuku

Turtle Bay Hilton Golf & Tennis Resort, I, P.O.Box 187, HI 96763, Tel. 293-8811, 485 Z, SP, T, Golf, Reiten

Makaha

Makaha Surfside (C), IV, 85-175 Farrington Hwy., #B-310, HI 96792, Tel. 696-8282, 450 Z, SP, Mindestbuchung: 2 Tage
Sheraton Makaha Resort and Country Club, I, 84-626 Makaha Valley, Waianae, HI 96792, Tel. 695-9511, 185 Z, SP, T, Golf, Reiten

Impfungen

Da Hawaii kein Malariagebiet ist, sind Impfungen nicht nötig.

Inseltouren

Allgemeines

Will man auch ohne Auto mehr von den jeweiligen Inseln kennenlernen, besteht die Möglichkeit, an organisierten Rundfahrten in größeren oder kleineren Bussen oder im Jeep teilzunehmen. Es handelt sich meist um Ganz- oder Halbtagsfahrten.
Die Küsten der Inseln kann man auch während eines Hubschrauberfluges aus der Luft betrachten. Die teuren Flüge dauern normalerweise ca. eine bis drei Stunden. Mit Recht werden diese Aktivitäten jedoch von Naturschützern kritisiert, denn der Lärm und die Abgase der Flugzeuge belasten die Natur außerordentlich. Einige Pflanzenarten sind bereits verschwunden, andere vom Aussterben bedroht und die Tiere werden verstört. Daher sollte man sich überlegen, ob man nicht auf diese (ohnehin sehr teure) Attraktion verzichten kann. Aus diesem Grund werden hier auch keine Flugunternehmen vorgeschlagen; wer dennoch die Inseln von oben sehen möchte, findet mühelos zahlreiche Prospekte mit Angeboten in Hotels und an allen öffentlichen Plätzen.
Eine große Auswahl an Ausflugsmöglichkeiten mit dem Schiff oder in einem Boot entlang der Küste, zu den Nachbarinseln oder zum Hochseefischen runden das breite Spektrum von Angeboten ab (→ Sport). Broschüren über Ausflugsmöglichkeiten und -angebote liegen am Flughafen, in den Hotels und bei den Autovermietungen in Hülle und Fülle aus.

Insel Hawaii

Auskünfte über die Ausflugsfahrten erhält man im allgemeinen in den Hotels; normalerweise werden die Teilnehmer auch direkt von dort abgeholt.

Busfahrten

Bei den Inselrundfahrten im Bus, die als Ganz- und Halbtagesfahrten angeboten werden, besucht man in der Regel die wichtigsten Sehenswürdigkeiten. Mehr oder weniger ausführliche Erklärungen während der Fahrt und bei den Zielen sind eine gewisse Entschädigung dafür, daß man nicht immer lang genug bei den einzelnen Sehenswürdigkeiten verweilen kann.

Gray Line Hawaii, 74-5487 Kaiwi St., Kailua-Kona, Tel. 329-9337/ 800-367-2420
Waipi'o Valley Shuttle and Tours, Kukuihaele, Tel.775-7121

Schiffsfahrten

Die zahlreichen Möglichkeiten erstrecken sich von der gemütlichen Bootsfahrt entlang der Westküste (Kohala, Kailua-Kona und Puna) über Fischfangfahrten bis hin zu Beobachtungsfahrten zu den Walen, die zwischen November und März veranstaltet werden.

Captain Dan McSweeny's Year-Round Whale-Watching Adventures, P.O. Box 139, Holualoa, Tel. 322-0028
Red Sail Sports, 69-425 Waikoloa Beach Dr., Kamuela, Tel. 885-2876/ 800-255-6425

Unterwasserbootsfahrten

Will man die Unterwasserwelt trockenen Fußes besichtigen, bietet sich eine Unterwasserbootsfahrt an. Diese Schiffe tauchen bis zu 50 m und bieten so die Möglichkeit, das Meeresleben vor Ort zu beobachten.

Atlantis Submarines Kona, 74-5590 Alapa St., Kailua-Kona, Tel. 329-6626/800-548-6262

Weinprobe

Im Südosten Hawaiis befindet sich eine Weinkellerei, in der man eine kostenlose Weinprobe machen kann.

Volcano Winery, 35 Piimauna Drive, (am Ende der Volcano Golf Course Road) P.O.Box 843, Volcano, Tel. 967-7772

Insel Kauai

Busfahrten

Halb- und Ganztagestouren werden von mehreren Gesellschaften angeboten, über die man im allgemeinen Prospekte und Informationen an der Hotelrezeption bekommen kann. Dort werden auch Reservierungen entgegengenommen.

Gray Line Kauai, P.O. Box 1551, Lihue, Tel. 245-3344 oder 800/367-2420
Kauai Island Tours, Ahukini Road-Lihue Airport, Lihue, Tel. 245-4777/800-525-6706
Kauai Mountain Tours, Lihue, Tel. 245-7224/800-452-1113
Kauai Paradise Tours, 3971 Hunakai St., Lihue, Tel. 246-3999 (deutschsprachige Reisebegleitung)

Schiffsfahrten

Schiffs- und Bootsfahrten gibt es in erster Linie entlang der sonst nur schwierig zugänglichen Na Pali-Küste sowie entlang der Südostküste von Kauai.
Einige Veranstalter bieten auch Ausflüge in Katamaranen an, Doppelrumpfbooten, die besonders schnell, aber auch besonders kentersicher sein sollen. Zahlreiche Gesellschaften bieten zudem Fahrten in kleinen und großen Booten zu entlegenen Schwimm- und Schnorchelgebieten an, die vom Land her nicht zugänglich sind. (⟶ Sport). Von November bis Ende März besteht außerdem die Möglichkeit, Wale von einem der Whale-watching-Boote aus zu beobachten, die vom Nawiliwii-Hafen bei Lihue aus losfahen. (Vor den Küsten Mauis und Hawaiis sind die Erfolgsaussichten für Walbeobachtungen jedoch bedeutend besser.)

Captain Zodiac Raft Expeditions/Na Pali Zodiac, P.O. Box 456, Hanalei, Tel. 826-9371/800-422-7824
Catamaran Kahunu, 1 Kauhale Center, Hanalei, Tel. 826-4596

Nur als Wanderer oder vom Ausflugsboot aus erschließt sich die Schönheit der Na Pali-Küste

Wanderungen in dem erloschenen Haleakala-Krater auf Maui sind ein Erlebnis

Insel Kauai, Schiffsfahrten, (Fortsetzung)

The Exploration Company, 9633 Kaumuali'i Hwy., Waimea, Tel. 335-9909/800-852-4183
Hanalei Sea Tours, P.O. Box 1437, Hanalei, Tel. 826-7254/800-733-7997 (Katamarane)
Smith's Motor Boat Service, Inc., Wailua Marina, 174 Wailua Rd., Kapaa, Tel. 822-4111/822-3467/822-5213
Sundancer Cruises, Eleele Shopping Center, Eleele, Tel. 335-0110/ 800-359-3057 (Katamarane)

Insel Maui

Da es in Maui so gut wie keine öffentlichen Verkehrsmittel gibt, werden von den einzelnen Unternehmen zahlreiche Halb- und Ganztagestouren auf der Insel selbst angeboten. Beliebt sind die Schiffsfahrten zu den Nachbarinseln Molokai und Lanai ebenso wie zu der kleinen Insel Molokini.

Busfahrten

Die Überlandfahrten konzentrieren sich auf die beiden Hauptattraktionen Mauis, den Hana Highway und den gigantischen Haleakala-Krater.

Akina Aloha Tours/Akina Bus Service, 140 Alahele Place, Kihei, Tel. 879-2828/800-3989
Gray Line Maui, 273 Dairy Road, Kahului, Tel. 877-5507/800-367-2420

Schiffsfahrten

Ausflüge zu den Nachbarinseln Molokai, Lanai und Molokini werden in solcher Fülle angeboten, daß man sich leicht in Lahaina am Hafen über die einzelnen Angebote informieren kann. Motorjachten, Segelboote, Catamarane, glass-bottom-Boote (Schiffe mit einem Glasboden, durch den man die Welt unter Wasser betrachten kann) u.a. stehen zur Verfügung. Ebenso gibt es Angebote zum Hochseeangeln. Auch in Kihei, Maalea und Kanapali gibt es einige Angebote.

Insel Maui, Schiffsfahrten, (Fortsetzung)

Pacific Whale Foundation,
Kealia Beach Plaza, 101 North Kihei Rd., Kihei,
Tel. 879-8860/800-WHALE-11 (Walbeobachtungen)
Maui Classic Charters,
1215 S. Kihei Rd., Kihei,
Tel.879-8188/800-736-5740 (u.a. glass-bottom-boat)
Atlantis Submarines,
505 Front Street, Lahaina,
Tel. 667-2224/800-548-6262 (U-Boot)

Weinprobe

In Ulupalakua wird täglich eine kostenlose Führung mit Weinprobe angeboten:

Tedeschi Vineyards LTD,
Hwy. 37, Ulupalakua, Tel. 878-6058

Insel Oahu

Gerade auf der Insel Oahu ist das Angebot an Ausflugsfahrten besonders vielfältig. Zur folgenden Auswahl können zusätzliche Angebote den diversen Werbe- und Informationsbroschüren entnommen werden.

Busfahrten

E Noa Corporation, 1141 Waimanu St., Honolulu, Tel. 591-2561/ 800-824-8804
Gray Line Hawaii, 435 Kalewa St., Honolulu, Tel. 836-1883 und 800-367-2420

Schiffsfahrten

Ausflüge auf Schiffen und Booten, auch verschiedenen Segelbooten werden vorwiegend zum Tauchen, Schnorcheln, Hochseefischen (→ Sport), aber auch als Vergnügungsfahrten in vielen Variationen angeboten (Auswahl):

Aloha Ocean Charters,
4112-A Puumalu Pl., Honolulu, Tel. 734-4300
(exklusive Yachten, Hochzeiten)
Dream Cruises,
1085 Ala Moana Blvd., Kewalo Basin, Honolulu,
Tel.592-5200 (Walbeobachtungen, Tanzfahrten)
Leahi Catamaran,
2255 Kalakaua Ave., Honolulu,
Tel. 922-5665/800-462-7975
Navatek I,
Honolulu, Pier 6, Tel. 848-6360/800-852-4183
(Walbeobachtungen)
Royal Hawaiian Cruises,
P.O. Box 29816, Honolulu,
Tel. 848-6360/800-852-4183
The Tradewinds Estate,
53-012 Halai St., Hauula, Tel. 293-2175
(Charter-Segelboot, Hochzeiten)
Windjammer Cruises,
Aloha Tower Pier 7A, 181 Ala Moana Blvd.,
Honolulu, Tel. 537-1122/800-367-5000

Unterwasserbootsfahrten

Auch auf Oahu wird eine Unterwasserbootsfahrt angeboten. Man soll dabei neben der Unterwasserwelt auch ein versunkenes Schiff zu sehen bekommen.

Atlantis Submarines Hawaii,
LP, 1600 Kapiolani Blvd., Honolulu,
Tel. 973-9811/800-548-6262

Jugendherbergen

Allgemeines

Jugendherbergen sind auf den Hawaii-Inseln nur vereinzelt anzutreffen, doch bieten sie gerade jüngeren Reisenden eine preiswerte Unterkunft. Voraussetzung für die Benutzung der Jugendherbergen ist normalerweise ein internationaler Jugendherbergsausweis oder ein Ausweis der American Youth Hostels. Meistens wird man jedoch gegen einen kleinen Aufpreis auch ohne Ausweis aufgenommen. Internationale Ausweise erhält man in Europa unabhängig vom Alter in jedem Haus des Jugendherbergsverbandes, der in jeder größeren Stadt ein Büro hat.
Die fünf Jugendherbergen, die sich auf den Inseln Hawaii, Maui und Kauai befinden, sind meistens sogenannte AYHs, American Youth Hostels, oder YMCAs, Young Men's Christian Association. Schriftliche Anmeldungen sind möglich. Je nach Saison und Andrang muß man mit einer Begrenzung der Aufenthaltsdauer zwischen 7 und 14 Tagen rechnen.

Hawaii

Hilo Bay AYH-Hostel
311 Kalanianade Ave., Hilo, HI 96720
Tel. 935-1383
(außerhalb Hilos, Flughafennähe)

Oahu

YMCA Honolulu International AYH-Hostel
2323A Sea View Ave., Honolulu, HI 96822
Tel. 946-0591
(oberhalb von Waikiki)

Hale Aloha AYH-Hostel
2417 Prince Edward Street, Honolulu, HI 96815
Tel. 926-8313
(in Waikiki, 5 Minuten zum Strand)

Kauai

YMCA Kauai, Camp Naue,
P.O. Box 1786, Lihue, HI 96766,
Tel. 246-9090
(bei Haena, Strandnähe)

Maui

Banana Bungalow Hotel & International Travellers Hostels,
310 North Market Street, Wailuku, HI 96793,
Tel. 244-5090

Kleidung

Leichte Sommerkleidung ist allgemein ausreichend, doch kann es in den Wintermonaten November bis Januar auch etwas frischer werden. Freizeitkleidung ist üblich, so auch die Aloha-Hemden für Männer und Muumuus (weite hawaiische Kleider) für Frauen. Als geeignetes Schuhwerk sind Sandalen zu empfehlen. Nicht zu vergessen ist die Regenkleidung, da jede Insel regenreichere Gebiete hat.
Nur wenige Restaurants erwarten von ihren männlichen Gästen, daß sie Krawatten und Jacketts tragen; im allgemeinen wird dies die Ausnahme sein. Wenn man einen Tisch vorbestellt, was ohnehin nötig ist, ist es ratsam, sich nach der Kleiderordnung zu erkundigen.
Will man Bergtouren und Wanderungen machen, sind gute Bergschuhe Voraussetzung. Warme Kleidung muß unbedingt mitgenommen werden, da die Temperaturen in den höher gelegenen Berggebieten sehr viel kälter sind als in den Küstengebieten (→ Zahlen und Fakten, Klima). Ebenso sollte leichte Regenkleidung und ein Sonnenschutz (auf Kopfbedeckung achten) im Wanderrucksack sein.

Konsulate

→ Diplomatische und konsularische Vertretungen

Kreditkarten

→ Geld

Luau

→ Essen und Trinken

Meßeinheiten

Längenmaße	1 inch (in; Zoll) = 2,54cm	1 mm	= 0,0039 in
	1 foot (ft; = 12 in = 30,48 cm	1 cm	= 0,033 ft
	1 yard (yd; Elle) = 3 ft = 91,44 cm	1 m	= 1,09 yd
	1 mile (mi; Meile) = 1,61 km	1 km	= 0,62mi
Flächenmaße	1 square inch (in^2) = 6,45 cm^2 1 square foot (ft^2) = 9,288 dm	1 cm^2	= 0,155 in^2
		1 dm^2	= 0,108 ft^2
	1 square yard (yd^2) = 0,836 m^2	1 m^2	= 1,196 yd^2
	1 square mile (mi^2) = 2,589 qkm	1km^2	= 0,386 mi^2
	1 acre = 0,405 ha	1 ha	= 2,471 acres
Raummaße	1 cubic inch (in^3) = 16,386 m^3	1m^3	= 0,061 in^3
	1 cubic foot (ft^3) = 28,32 dm^3	1 dm^3	= 0,035 ft^3
	1 cubic yard (yd^3) = 0,765 cbm	1 m^3	= 1,308 yd^3
Flüssigkeitsmaße	1 gill = 0,118 l	1 l	= 8,474 gills
	1 pint (pt) = 4 gills = 0,473 l	1 l	= 2,114 pt
	1 quart (qt) = 2 pt = 0,946 l	1 l	= 1,057 qt
	1 gallon (gal) = 4 qt = 3,787 l	1 l	= 0,264 gal
Gewichte	1 ounce (oz; Unze) = 28,35 g	100 g	= 3,527 oz
	1 pound (lb; Pfund) = 453,59 g	1 kg	= 2,205 lb
	1 cental (cwt; Ztr.) = 45,359 kg	100 kg	= 2,205 cwt
	1 short ton (Tonne)		= 0,907 t
	1 t = 1,103 shorts tons		

Hinweis

In Zukunft soll auch in den USA das metrische Maß- und Gewichtssystem eingeführt werden.

Temperaturen

Temperaturen werden in den USA in Grad Fahrenheit gemessen.

Umrechnung von °Fahrenheit in °Celsius: $°C = \frac{5(°F - 32)}{9}$

Umrechnung von °Celsius in °Fahrenheit: $°F = 1{,}8°C + 32$

Mietwagen

Allgemeines

Ein Mietwagen (rental car) ist oft unumgänglich, will man die Inseln auf eigene Faust erkunden. Oahu ist die einzige Insel, die über ausgezeichnete öffentliche Verkehrsmittel verfügt, aber selbst dort ist es aus Zeitgründen empfehlenswert, für weite Ausflüge ein Auto zu benutzen. Auf den anderen Inseln ist dies geradezu unerläßlich, so besonders auf der Insel Hawaii, auf der wegen ihrer Größe doch relativ weite Strecken zurückzulegen sind.

Alle größeren und eine Reihe lokaler Agenturen sind in Honolulu und auf den übrigen Inseln auf den jeweiligen Flughäfen vertreten. Die Preise sind z. T. sehr unterschiedlich; Anfragen bei mehreren Autovermietern sind empfehlenswert. Besonders in der Hochsaison empfielt es sich, den Mietwagen schon vor Antritt der Reise zu buchen, da vor Ort die billigen Modelle mit großer Sicherheit bereits vermietet sind. Oft sind Mietwagen am preiswertesten im sogenannten Fly and Drive Ferienpaket.

Mietbedingungen

Zum Mieten eines Autos ist folgendes Voraussetzung: der Besitz eines Führerscheins, wobei ein zusätzlicher internationaler Führerschein nützlich sein kann, ein Mindestalter von 21, bei manchen Vermietern sogar von 25 Jahren (einige Verleiher haben ein Höchstalter von 70 Jahren) sowie eine Kreditkarte (American Express, Mastercard, Visa, Diners' Club). Andernfalls muß eine Kaution von mehreren hundert US-Dollar in bar hinterlegt werden.
Zu den relativ niedrigen Kosten für die Miete, besonders bei den Angeboten für eine Woche, sind noch die Prämien für Versicherungen (Unfall- und Haftpflichtversicherung) hinzuzurechnen, sofern man nicht durch den Gebrauch einer Kreditkarte automatisch versichert ist.

Im allgemeinen muß man sich verpflichten, das Mietauto nicht auf ungeteerten Straßen zu benutzen; sonst muß man einen Geländewagen mit Vierradantrieb mieten, der erheblich teurer ist. Generell gilt jedoch, daß die Hauptverkehrs- und die meisten Nebenstraßen sowie die Gebirgsstraßen auf allen Inseln gut ausgebaut sind.

Autovermietungen

Auf allen Inseln ist vertreten:
Dollar Rent-A-Car, Tel. 800-342-7398/944-1544

Auf allen Inseln, außer auf Lanai, ist vertreten:
Budget Rent-A-Car, Tel. 537-3600

Auf allen Inseln, außer auf Molokai und Lanai, sind vertreten:
Alamo Rent-A-Car, Tel. 800-327-9633
Avis Rent-A-Car, Tel. 800-831-8000
Hertz, Tel. 800-654-3011
National Interrent, Tel. 800-CAR-RENT oder 800-227-3876

Nur in Hilo, Hawaii:
Harper Car & Truck Rentals, Tel. 969-1478

Behindertengerechte Auto- und Kleinbusvermietung auf Maui, Oahu und Hawaii (Kona, Hilo):
Over The Rainbow, Tel. 800-303-5521

Notdienste

Notruf 911

Erste Hilfe, Polizei und Feuerwehr sind auf den Inseln Oahu, Maui, Kauai, Molokai und Lanai unter Tel. 911 zu erreichen.

Notdienste (Fortsetzung)

Notdienste für Hawaii:
Polizei, Feuerwehr und Krankenwagen sind auf Hawaii unter Tel. 961-6022 zu erreichen.

Krankenhäuser

→ Ärztliche Hilfe

Pannenhilfe

→ Autohilfe

Öffnungszeiten

Apotheken

→ dort

Banken

→ dort

Geschäfte

Wie überall in den Vereinigten Staaten gibt es auch in Hawaii keine gesetzliche Regelung der Geschäftszeiten. Manche Läden sind von 7.00 Uhr bis spät in die Nacht hinein und auch an Sonn- und Feiertagen geöffnet.

Einkaufszentren

Einkaufszentren haben unterschiedliche Öffnungszeiten. Die an der Kalakaua Avenue, der Hauptstraße Waikikis, gelegenen Geschäfte sind zumeist bis Mitternacht geöffnet; in dem dort gelegenen Royal Hawaiian Shopping Center ist um 22.00 Uhr Ladenschluß. Alle Geschäfte sind an sieben Tagen der Woche offen; am Wochenende zumeist nicht so lange wie an den Werktagen.

Museen

Die Öffnungszeiten der Museen variieren stark; aus diesem Grunde müssen sie über die Telefonnummer der jeweiligen Museen (→ Reiseziele von A bis Z) erfragt werden.

Post

→ dort

Restaurants

Die Öffnungszeiten der Restaurants sind unterschiedlich. Manche Lokale sind nur abends geöffnet, andere schon von 6.00 Uhr morgens an.
Fast zu jeder Tages- und Nachtzeit gibt es in den großen Hotels etwas Eßbares; normalerweise schließen die Restaurants um 22.00 oder 24.00 Uhr.

Post, Telegraf, Telefon

Allgemeines

Die amerikanischen Postämter sind ausschließlich für Postdienste zuständig, wozu auch Geldüberweisungen gehören. Telefon und Telegraf werden privat betrieben.

Posttarife

Das Porto für Briefe innerhalb der Vereinigten Staaten beträgt 25 Cents für die erste Unze (28 g), 21 Cents für jede weitere Unze.
Das Luftpostporto nach Europa beträgt 45 Cents pro halbe Unze (14 g), für Post- und Ansichtskarten 36 Cents.
Luftpostbriefformulare mit eingedruckter Marke kosten 35 Cents.

Briefmarken

Briefmarken sollte man in einem Postamt am Schalter oder in einem der dort aufgestellten Automaten kaufen, da man in den Automaten, die sich häufig in den Hotels befinden, einen höheren Preis entrichten muß.
Besonders rasche Beförderung von Briefen und Paketen ist mittels sog. 'Priority Mail' möglich. Über die Tarife erhält man am Schalter Auskunft ebenso wie für den Versand per 'Federal Express'.

Postämter

Hauptpostamt (Main Post Office) in Honolulu:
3600 Aolele Street (Tel. 423-3990)

Postämter (Fortsetzung)

In Waikiki befindet sich ein Postamt in der 330 Saratoga Road, unweit der Kalakaua Avenue (Tel. 941-1062). Ein weiteres Postamt befindet sich im Ala-Moana Center (Tel. 946-2020).Die Adressen der Postämter auf den übrigen Inseln erfragt man am besten im Hotel.

Postlagernde Sendungen

Postlagernde Sendungen müssen die Aufschrift 'General Delivery' tragen und können im Hauptpostamt abgeholt werden. Inhaber von American Express-Kreditkarten können für sie bestimmte Sendungen auch an American Express, 2222 Kalakaua Avenue, Honolulu, HI 96815 (im Hotel Hyatt Regency) adressieren lassen und dort abholen.

Postleitzahl

Die Postleitzahl (zip code) steht hinter dem Ortsnamen und der Abkürzung für Hawaii (HI): für Oahu sind dies die fünf Zahlen 90968, für die übrigen Inseln 90969.

Briefkästen

Die Briefkästen sind an ihrer blauen Farbe und der Aufschrift 'U.S. Mail' zu erkennen. Die Leerungszeiten sind angegeben.

Telegraf, Telefon

Vorwahl Hawaii

Die Vorwahl für alle Hawaii-Inseln ist 808.

Die 800er-Nummer

Viele Hotels, Restaurants und Anbieter von Freizeitaktivitäten haben neben der normalen Rufnummer eine Nummer, die mit 800 beginnt. Unter dieser Nummer kann man die betreffende Stelle kostenlos anrufen.

Ortsgespräche

Ortsgespräche kosten von den fast überall anzutreffenden Automaten 25 Cents, in den Hotels werden meist 50 bis 60 Cents berechnet. Gespräche von Insel zu Insel gelten als Ferngespräche und kosten entsprechend mehr; beispielsweise kostet ein Dreiminuten-Gespräch von Honolulu nach Kauai über 2 Dollar.

Ferngespräche

Von Hawaii aus kann man direkt nach Europa telefonieren. Die Vorwahl für Deutschland ist 011-49, für Österreich 011-43, für die Schweiz 011-41, dann folgt die jeweilige Nummer des gewünschten Anschlusses unter Weglassung der Null bei der Ortsnetzkennzahl.
Telefoniert man von einer Telefonzelle aus, sollte man vorher eine Handvoll Quarters (25 Cent-Münzen) sammeln, wenn man kein Kreditkartentelefon benutzt, was wiederum erheblich teurer ist. Für ein dreiminütiges Gespräch nach Deutschland muß man mit etwa 8 US-Dollar rechnen.

Da der Aufschlag bei vom Hotel aus geführten Gesprächen unter Umständen beträchtlich ist, empfiehlt es sich, eine Telefonkarte, am besten der American Telephone & Telegraph (AT & T) zu besorgen, mit deren Hilfe man Übersee- oder andere Gespräche bargeldlos führen kann.
Nur in Honolulu befindet sich ein Unternehmen (Phone Line Hawaii, Tel. 923-1214, geöffnet tägl. 8.30 – 23.00 Uhr),von dessen beiden Filialen man Gespräche nach Europa für $ 6,95 plus 4 % Hawaii Sales Tax für die ersten 3 Minuten führen kann. Jede weitere Minute wird dann entsprechend der Tageszeit berechnet:
International Market Place, Kalakaua Avenue, 1. Stock,
Discovery Bay Center, 1778 Ala Moana Boulevard (gegenüber Hotel Ilikai).

R-Gespräche

Von den USA kann ein sog. R-Gespräch geführt werden. Über die Zentrale in Frankfurt (Tel. 18002920049), die gebührenfrei angewählt werden kann, wird das Gespräch an den gewünschten Gesprächspartner weitervermittelt. Die anfallenden Telefonkosten gehen zu Lasten des Telefonanschlusses des Gesprächspartners.

Bei Überseegesprächen ist der Zeitunterschied zu beachten:
Ortszeit = MEZ minus 11 Stunden, während der europäischen Sommerzeit minus 12 Stunden.

Post, Telegraf, Telefon (Fortsetzung) Telegramm

Infolge der Zunahme des Telefonierens und der Benutzung von Telefax-Geräten ist das teure Telegrafieren fast ganz aus der Mode gekommen, zumal man Telegramme nur noch telefonisch aufgeben kann. Die Nummer erfährt man unter Tel. 1411.

Reisebüros

Allgemeines

Einige Agenturen auf den Inseln haben sich auf den Verkauf sog. 'Packages' (Pauschalangebote) für die Inseln Hawaii, Kauai, Maui, Oahu und Molokai spezialisiert. Ihre Angebote beinhalten mehrtägige Inselaufenthalte inclusive Flug, Hotel und Mietwagen zu einem Pauschalpreis. Diese Art der Reiseorganisation ist sowohl bequem als auch manchmal billiger. Fast alle Agenturen sind telefonisch täglich von 8.00 bis 20.00 Uhr erreichbar.

Adressen (Auswahl)

Ali's Tickets and Tours, 234 Beachwalk, Honolulu, Tel. 922-0772
American Express Travel, Hilton Hawaiian Village Hotel, Honolulu/Waikiki, Tel. 947-2607
American Express Travel, Kailua-Kona/Hawauu, King Kamehameha Hotel, Tel. 326-4631,
American Express Travel, Lihue/Kauai, Hotel Westin Kauai, Tel. 246-0627
American Express Travel, Lahaina/Maui, 658 Front Street, Tel. 667-4381 oder im Hyatt Regency Hotel, Tel. 667-7451
Friendly Isle Travel Inc., Kaunakakei/Molokai, Tel. 553-5357

Reisedokumente

Reisepaß

Für einen Besuch Hawaiis (wie allgemein der Vereinigten Staaten) benötigt man einen Paß, der mindestens noch sechs Monate über das geplante Abreisedatum aus den USA gültig sein muß.

Visum

Der bis Juli 1989 bestehende Visumszwang ist zwar aufgehoben, aber Touristen oder Geschäftsleute müssen jetzt vor der Ankunft in den USA das Formular I-791 ausfüllen, das sie vom Personal der Fluglinie erhalten. Reisende, die in ihrem Paß bereits ein unbegrenztes B-1- oder B-2-Visum haben, brauchen das Formular nicht auszufüllen.
Ein Visum ist nach wie vor für folgende Personengruppen erforderlich: Wer sich länger als 90 Tage in den USA aufhalten will, Studenten, Journalisten, Austauschbesucher, Regierungsbeamte auf Dienstreisen, Verlobte amerikanischer Bürger und Flugzeugbesatzungen.
Wer ein Visum braucht, kann es bei den zuständigen Generalkonsulaten der USA in Bremen, Düsseldorf, Frankfurt, Hamburg, München und Stuttgart, ferner bei der US-Mission in Berlin, der US-Botschaft in Bonn, bei den US-Botschaften in Wien und Bern sowie den Generalkonsulaten in Zürich und Salzburg beantragen.

Reisezeit

Da die Hawaii-Inseln keine eigentliche Regenzeit haben und die Jahreszeiten sich klimamäßig nicht allzusehr voneinander unterscheiden, sind Reisen das ganze Jahr hindurch möglich (→ Zahlen und Fakten, Klima).
Als eigentliche Hauptsaison gelten die Monate Dezember bis April, mit dem Schwerpunkt um die Weihnachtsfeiertage, obwohl es gerade in diesen Monaten mehr regnet als zu anderen Zeiten. Weitere Saisonmonate sind Juli und August. In der Hauptsaison sind die Hotelpreise in den meisten Fällen etwas höher als in den übrigen Monaten.

Restaurants

Alllgemeines

Auf den fünf Hauptinseln ist die Zahl der Restaurants beinahe unübersehbar, und was Küche und Geldbeutel angeht, wird fast für jeden Geschmack das Passende geboten. Von Schnellrestaurants wie McDonald's und Burger King bis zu exklusiven französischen Restaurants ist alles vertreten. Letztere findet man zumeist in den Luxushotels, wobei zu bemerken ist, daß man in den meisten Hotels nicht teurer ißt als in den übrigen Restaurants. In zahlreichen Hotels gibt es preisgünstige Frühstücks-, Mittag- oder Abendbüffets. In fast allen Restaurants wird man am Eingang durch durch ein Schild 'wait to be seated' aufgefordert, dort zu warten, bis man von einer Bedienung abgeholt und zu einem freien Tisch geleitet wird. Die Mißachtung des Schildes kann für den Gast unter Umständen peinlich werden! Die 'Fast-Food'-Küche ist besonders auf der Insel Oahu in großer Anzahl vertreten; hier gibt es immerhin 16 Burger Kings, 17 Jack in the Box, 31 (!) McDonald's, 18 Pizza Huts und 10 Wendy's, die meisten natürlich in Honolulu.

Authentische hawaiische oder polynesische Küche ist nicht leicht zu finden; die beste Möglichkeit ist die Teilnahme an einem traditionellen Luau (→ Essen und Trinken). Das Luau-Mahl dauert meistens von 18.00 bis 21.00 Uhr und ist mit einer Hula-Vorführung verbunden. Reservierungen hierfür sind unerläßlich, ebenso für Restaurants der Gruppen I und II.
In der nachfolgenden Liste sind die Restaurants (Auswahl) in fünf Gruppen eingeteilt, und zwar nach den Kosten eines Abendessens pro Person ohne Getränk und Trinkgeld:

Preiskategorien

Gruppe I	über 45 US-$
Gruppe II	30–45 US-$
Gruppe III	15–30 US-$
Gruppe IV	unter 15 US-$

Zu den Preisen hinzuzurechnen ist die hawaiische Sales Tax, die gegenwärtig 4,17 % beträgt, sowie das nicht im Preis enthaltene Trinkgeld, das etwa 15 % betragen sollte, so daß sich die obengenannten Preise um rund ein Fünftel erhöhen. In allen Restaurants der Gruppen I bis III kann man mit Kreditkarten bezahlen; teilweise ist dies in der Gruppe IV ebenfalls möglich.

Art der Küche

Hinter dem Namen des Restaurants ist die Art der Küche genannt; die Abkürzungen sind wie folgt:

A	=	Amerikanisch
CH	=	Chinesisch
F	=	FIsch
FR	=	Französisch
H	=	Hawaiisch
I	=	Italienisch
J	=	Japanisch
K	=	Kontinental
P	=	Polynesisch

Die Anschrift der Restaurants, die sich in Hotels befinden, ist aus der Hotelliste (→ Hotels) zu entnehmen.

Insel Hawaii · Big Island

Captain Cook

Manago Restaurant (A), IV, Manago Hotel, Tel. 323-2642

Hilo

Nihon Restaurant (J), IV, 123 Lihiwai St., Tel. 969-1133

Restaurants, Insel Hawaii, Hilo (Fortsetzung)

Restaurant Fuji (J), III, Hilo Hotel, 142 Kinoole St., Tel. 961-3733
Sandalwood Room, (K), IV, Hawaii Naniloa Hotel, Tel. 969-3333
Uncle Billy's Hilo Bay Restaurant, (F), IV, Uncle Billy's Hilo Bay Hotel, Tel. 935-0861/800-442-5841

Kailua-Kona

Captain's Deck (F), IV, Kona Inn Shopping Village, 57-5744 Alii Dr. Tel. 326-2555
Fisherman's Landing (F), III, 75-5744 Alii Drive, Tel. 326-2555
Jolly Roger Kona (A), III, 75-5776 Alii Dr., Tel. 329-1344
Kona Galley (F), IV-III, 75-5663 Palani Rd., Tel. 329-5550
Pele's Court (A), III, Kona Surf Resort, 78-128 Ehukai St., Tel. 322-3411

Volcanoes Nationalpark

Ka Ohelo Dining Room (K), III, Volcano House, P.O. Box 53, Tel. 967-7321

Kamuela

Batik Room (K), II, Mauna Kea Beach Hotel, One Mauna Kea Beach Dr. Tel. 882-7222
Donatoni's (I), II, Hilton Waikoloa Village, 425 Waikoloa Beach Dr., Tel. 885-1234
Hakone (J), II, Hapuna Beach Prince Hotel, 62-100 Kaunaoa Dr., Tel. 880-1111
Merriman's Restaurant (H), IV-III, Opela Plaza/Waimea, Tel. 885-6822
Orchid Cafe (A), IV, Hilton Waikoloa Village, 425 Waikoloa Beach Dr., Tel. 885-1234
The Royal Lu'au (H), I, Royal Waikoloan Hotel, Tel. 885-6789

Insel Kauai

Kapaa

Al & Don's Restaurant (A), IV, Kauai Sands Hotel, 420 Papaloa Rd., Tel. 822-4221
Flying Lobster Restaurant (F), III, Kauai Coconut Beach Resort, Tel. 800-22-ALOHA
Smith's Tropical Paradise (H), II, Wailua Marina, Tel. 822-4654

Lihue

Cafe Portofino Italian Restaurant (I), IV, Pacific Ocean Plaza, 3501 Rice St., Tel. 245-2121
Jacaranda Terrace (K), III, Outrigger Kauai Beach, 4331 Kauai Beach Dr., Tel. 245-1955
Lihue Barbecue Inn (A), IV, 2982 Kress St., Tel. 245-2921
Fisherman's Galley (F), IV, 3-1850 Kaumualii Hwy.

Koloa

Brenneckes (F), III, 2100 Hoone Rd., Poipu Beach, Tel. 742-7588
Dondero's (I), II, Hyatt Regency Kauai Resort & Spa, 1571 Poipu Rd., Tel. 742-1234
Ilima Terrace (K), III, Hyatt Regency Kauai Resort & Spa, siehe oben
The Dock (A), IV, Hyatt Regency Kauai, 1571 Poipu Rd., Tel. 800-233-1234

Princeville

Chuck's Steakhouse, III, 54280-F Kuhio Hwy., Tel. 826-6211
La Cascata (I), III-II, Princeville Hotel, 5520 Ka Haku Rd., Tel. 826-9644

Insel Maui

Lahaina

Beach Club (A), IV, Kaanapali Shores,3445 Honoapiilani Hwy., Tel. 669-2211
Beachcombers (P), III, Royal Lahaina Resort, 2780 Kekaa Dr., Tel. 661-3611
Chez Paul Restaurant Francais (F), II, 820 B Oluwalu Village, Tel. 661-3843
Golden Palace (C), IV, Lahaina Shopping Center, Tel. 661-3126
Hard Rock Cafe (A), IV, 900 Front St., Tel. 667-7400

Insel Maui, Lahaina (Fortsetzung)

Golden Palace (CH), III, Lahaina Shopping Center, Tel. 661-3126
Moana Terrace (A), II, Maui Marriott, Tel. 667-1200
Hecocks Ocean Front Dining (K, I), III, 505 Front St., Tel. 661-8810
Nikko Steakhouse (J), III, Maui Marriott, 100 Mohea Kai Dr., Tel. 667-1200
Old Lahaina Cafe & Luau (H), III, 505 Front St., Tel. 661-3303
Sea House Restaurant (A), III, Napili Beach Club, 5900 Honoapiilani Rd., Tel. 669-1500
The Villa Seafood Buffet (F), III, The Westin Maui, 2365 Kaanapali Pwy., Tel.667-2525

Kaanapali

Leilani's On The Beach (F), II, Whaler's Village, 2435 Kaanapali Pkwy., Tel. 661-4495
Mona Terrace (A), III, Maui Mariott, 100 Nohea Kai Dr., Tel. 667-1200
Tiki Grill (A), IV, Kaanapali Beach Hotel, 2525 Kaanapali Pkwy., Tel. 661-0011

Kapalua

The Beach House (A), IV, The Ritz-Carlton Kapalua, One Ritz Carlton Dr., Tel. 669-1665
The Grill & Bar at Kapalua (H), II, 200 Kapalua Dr., Tel. 669-5653

Kihei

Hula Moons (F), III, Maui Inter-Conti, 3700 Wailea Alanui, Tel. 879-1922
International House of Pancakes (A), IV, Azeka Plaze, South Kihei Rd., Tel. 879-3445
Lanai Terrace (K), III, Maui Inter-Continental, siehe oben, Tel. 879-1922
Satoru, Diamont Resort Hawaii (J), II, 555 Kaukahi St., Tel. 874-0500

Makena

Hakone (J), II, Maui Prince Hotel, Tel. 874-1111
Prince Court, Maui Prince Hotel, 5400 Makena Alanui Dr., Tel. 875-5888

Wailea

Bistro Molokini (I), III, Grand Wailea Resort, 3850 Wailea Alanui Dr., Tel. 875-1234
Hana Gion (J), I, Stouffer Wailea Resort, 3550 Wailea Alanui, Tel. 879-4900
Humuhumunukunukuapua'a (F), II, Grand Wailea Resort, siehe oben
Maui Onion (A), IV, Stouffer Wailea Resort, siehe oben
Polo Beach Grille & Bar (A), IV, Kea Lani Hotel, 4100 Wailea Alanui Dr., Tel. 875-4100

Insel Lanai

Lana'i City

Experience at Koele Clubhouse (A), III, The Lodge at Koele, Tel. 565-4605
Im Manele Bay Hotel, Tel. 565-2230, findet man vier Restaurants: Challenge at Manele Clubhouse (K), III; Hulopo'e Court (K), I; Ihilani (F), I; The Pool Grille (K), II,

Insel Molokai

Maunaloa

Ohia Lodge (A), IV, Colony's Kaluakoi Hotel & Golf Club, Kepuhi Beach, Tel. 552-2555

Insel Oahu

Honolulu
Downtown

Flamingo Chuckwagon (A), IV, 1015 Kapiolani Blvd
John Dominis Restaurant (F), I, 43 Ahui St., Tel. 523-0955
Kincaid's Fish, Chop & Steakhouse, 1050 Ala Moana Blvd., Tel. 591-2005
Studebaker's - All American Diner & Bar (A), IV, 500 Ala Moana, Tel.526-9888
The Wisteria (J), IV, 1206 S. King St., Tel. 591-9276
Wo Fat (CH), IV, 115 N. Hotel Street, Tel. 533-6393

Restaurants, Honolulu, Kahala (Fortsetzung)

Im Kahala Hilton, 5000 Kahala Ave., Tel. 734-2211 findet man zwei Restaurants: die Hala Terrace (A), III und das Maile Restaurant (K), II
Yum Yum Tree Kahala (A), IV, 4211 Waialae Ave., Tel. 737-7938

Honolulu Waikiki

Captain's Table (K), III, Hawaiian Waikiki Beach Hotel, 2570 Kalakaua Ave., Tel. 922-2511
Ciao Mein (I), III, Hyatt Regency Waikiki, 2424 Kalakaua Ave., Tel. 923-CIAO
Daruma (J), III, Royal Hawaiian Shopping Center, 2201 Kalakaua Ave., Tel. 926-8878
Golden Dragon (CH), II, Hilton Hawaiian Village, Tel. 946-5336
Hard Rock Cafe (A), IV, 1837 Kapiolani Blvd., Tel. 955-7383
Hee Hing Restaurant (CH), IV, Hee Hing Plaza, 449 Kapahulu Ave., Tel. 735-5544
House Without A Key (A), IV, Halekulani, 2199 Kalia Rd., Tel. 923-2311
La Mer (FR), I, Halekulani,2199 Kalia Rd., Tel. 923-2311
Lotus Room (CH), III, Princess Kaiulani Hotel, Tel. 922-5811
Momoyama (J), III, Sheraton Princess Kaiulani Hotel, 120 Kaiulani Ave., Tel. 922-5811
Top of Waikiki Revolving Restaurant (K), III, Waikiki Business Plaza, 2270 Kalakaua Ave., Tel. 923-3877
Royal Luau (H),I, Royal Hawaiian Hotel, 2259 Kalakaua Ave., Tel. 931-7194
Wailana Malia Restaurant (A), IV, 2211 Kuhio Ave., Tel. 922-4769

Rundfunk und Fernsehen

Rundfunk (radio)

Von den 38 Rundfunkstationen, die es derzeit auf den hawaiianischen Inseln gibt, befinden sich 24 in Honolulu (17 AM- und 7 FM-Stationen). Der Sender KCCN bringt 24 Stunden lang hawaiische Musik.
Radios sind eher selten in den Hotelzimmern vorhanden. Wer Deutsche Welle oder BBC empfangen will, muß sich ein Radio mit Kurzwellenfrequenz mitnehmen.

Fernsehen (television)

Von den zwölf hawaiischen Fernsehsendern befinden sich fünf in Honolulu, vier auf der Insel Hawaii und drei auf Maui. Die Tagesprogramme sind den Tageszeitungen zu entnehmen.
Da sich in den meisten Hotelzimmern Farbfernseher befinden, hat man ausreichend Gelegenheit, das hawaiische Fernsehprogramm selbst zu testen.
Ein warnendes Wort: Die Sendungen werden, wie in den Vereinigten Staaten üblich, immer wieder durch Werbe-Spots unterbrochen.

Shopping

Allgemeines

Einkaufsmöglichkeiten gibt es reichlich in Hawaii, besonders in Honolulu. Alle Varianten an Souvenirläden findet man in Waikiki entlang der Kalakaua Avenue, doch werden dort nicht nur hawaiische Produkte verkauft. Eine beliebt Form des Einkaufens ist der Besuch eines Shopping Centers, in dem man gleich alles unter einem Dach findet.

Kaufhäuser (Department Stores)

Honolulu, alleinige Großstadt Hawaiis, hat auch das einzige große Kaufhaus der Hawaii-Inseln: Liberty House in der Bishop Street. Zahlreiche Filialen befinden sich sowohl in Honolulu als auch auf den übrigen Inseln, häufig in den Läden der großen Hotels oder der in unmittelbarer Nähe befindlichen Einkaufszentren.

Einkaufszentren (Shopping Centers)

Für die fehlende Auswahl an Kaufhäusern in Honolulu entschädigen die großen Einkaufszentren:

Aloha-Hemden im Kaufhaus Hilo Hattie's

Einkaufszentren (Fortsetzung)

Ala Moana Shopping Center, Ala Moana Boulevard, das älteste und größte, mit u.a. mehr als 100 Geschäften, einem Dutzend Restaurants, drei Banken und einem Postamt.
Geöffnet Montag bis Freitag von 9.30 bis 21.00 Uhr, Samstag von 9.00 bis 17.30 Uhr, Sonntag von 10.00 bis 17.00 Uhr.

Ward Warehouse/Ward Center, 1050 Ala Moana Boulevard, aus alten Fabrikgebäuden gestaltet.
Geöffnet Montag bis Freitag von 10.00 bis 21.00 Uhr, Samstag von 10.00 bis 17.00 Uhr, Sonntag von 11.00 bis 16.00 Uhr.

Beide Einkaufszentren sind von Waikiki aus zu Fuß oder mit Buslinie Nr. 8 zu erreichen.

In Waikiki befindet sich das neue Royal Hawaiian Shopping Center, 2201 Kalakaua Avenue, mit etwa 100 Geschäften, elf Restaurants und zahlreichen Reisebüros.
Geöffnet Montag bis Samstag von 9.00 bis 22.00 Uhr, sonntags bis 21.00 Uhr.

Souvenirs
Aloha-Hemden

Aus der reichlichen Auswahl an Souvenirs soll hier ein Produkt herausgestellt werden: das Aloha-Hemd. Auch wenn die hawaiischen Frauen mit den 'muumuus', langen, bis auf die Erde reichenden locker sitzenden Kleidern ebenso hawaiische Mode bieten, so sind doch die Aloha-Hemden über Hawaii hinaus bekannt. Mit Hibiskusblüten, Palmen, ganzen Landschaften, Menschen, Bergen und Meeren geschmückt, strahlen die bunten Aloha-Hemden die exotische Atmosphäre Hawaiis aus. In allen Farben des Regenbogens leuchtend, spiegeln sie – das macht sich der Neuankömmling bald klar – in der Tat das für so viele Gefühle stehende Symbolwort 'aloha' wieder (außerhalb Hawaiis, vor allem in Kalifornien, wo sie häufig getragen werden, heißen sie Hawaii-Hemden).

Shopping, Souvenirs, Aloha-Hemden (Fortsetzung)

Die heutigen Aloha-Hemden hatten ihre Vorläufer schon zu Missionarszeiten, als die prüden Geistlichen die bis dahin mit nacktem Oberkörper herumlaufenden Hawaiianer 'bekleiden' wollten. Diese noch einfarbigen Hemden nannte man 'palakas'. Die ersten bunten Hemden wiesen traditionell geometrische Polynesien-Motive auf, gewöhnlich in warmen Erdfarben gehalten. Erst in den zwanziger und dreißiger Jahren dieses Jahrhunderts wagten sich die Designer an zum Teil wildleuchtende Hemden heran, die von einer zunehmenden Zahl von Touristen gern gekauft und getragen wurden. Die Muster waren oft kleine Inselszenen: z. B. Hula-Tänzerinnen unter Palmen, an deren Stämmen junge Männer emporkletterten. Diese vornehmlich aus einem Gemisch von Seide und Baumwolle hergestellten Hemden sind heute beliebte Sammlerobjekte.
In den dreißiger Jahren, als mit der Massenfabrikation begonnen wurde, war Rayon das vorzugsweise verwandte Material, weil auf diesem Stoff die Farben und Motive noch klarer herauskamen. Zwei Jahrzehnte blieb man bei Rayon, seither wird hauptsächlich Baumwolle verwandt, aber auch neuere Kunstfasern wie Polyester.

Einkauf von Aloha-Hemden

Vor allem in Honolulu gibt es eine Reihe von Geschäften, in denen man die alten Hemden kaufen kann, mit Etiketten der frühen Hersteller wie Kamehameha, Duke Kahanamoku, Paradise, Kahala und Shaheen's, für die das Zwanzigfache und mehr des Preises der heutigen Hemden bezahlt wird. In Bailey's Antique Clothing, 2051 Kalakaua Avenue, Waikiki, gehen diese Hemden weg wie warme Semmeln. Eine andere gute Adresse ist Clothes Addict in Paia (Maui) auf dem Weg nach Hana.
Am teuersten sind die Hemden mit schwarzem, hellblauem, rotem oder gelbem Hintergrund mit Ananasmotiven, im Wind wogenden Palmen, Fischerbooten oder Wellenreitern. Um diese Rayon-Hemden von neueren zu unterscheiden (und Firmen wie Kahala und Cooke Street bringen jetzt auch wieder neu hergestellte Rayon-Hemden in den Handel) muß man auf doppelt abgesteppte Nähte, spitz zulaufende Krägen und kompliziertere Designs achten, die man bei modernen Hemden nicht findet.
Neue Aloha-Hemden werden in großer Anzahl in vielen Geschäften angeboten; die Preise reichen von 20 – 50 US-Dollar. Gute Bezugsquellen sind die vielen Filialen des Kaufhauses 'Liberty House', ferner 'Andrade' und 'Rayns', die man in fast allen Einkaufszentren findet. Die Fabrikläden von 'Hilo Hattie's' (benannt nach einer der bekanntesten hawaiischen Hula-Tänzerinnen und Sängerinnen) sind auf allen Inseln vertreten und stellen im allgemeinen billigere Ware her. Einige der bekannteren Marken sind Cooke Street, Malihini of Hawaii, Princess Kaiulani, Tori Richards und Rayns.

Sicherheit

Sichere Reise!

Weitgehender Schutz durch Grundvorsorge

Die Versicherungen, die zur üblichen 'Grundausstattung' gehören, bieten während einer Reise weitgehenden Schutz: Lebensversicherung, Unfallversicherung und Privathaftpflichtversicherung der Allianz Gesellschaften gelten in der ganzen Welt, die Allianz Rechtsschutzversicherung in Europa und in den außereuropäischen Mittelmeerstaaten.

Privat-Haftpflicht-versicherung

Gerade auf Reisen gibt es immer wieder ungewohnte Situationen. In der fremden Umgebung genügt eine Sekunde Unaufmerksamkeit, zum Beispiel beim Überqueren der Straße: Sie zwingen einen Wagen zum Ausweichen, und schon ist es passiert. Da brauchen sie eine gute Rückendeckung; eine Haftpflichtversicherung zahlt nicht nur bei berechtigten Ansprüchen, sondern wehrt unberechtigte Forderungen ab.

Rechtsschutz-versicherung

Ihre Rechtsschutzversicherung hilft Ihnen hingegen, Ihre Ansprüche durchzusetzen, wenn Ihnen jemand einen Schaden zugefügt hat. Sie nützt

Ihnen auch bei Reisen außerhalb des eigentlichen Geltungsbereiches – zum Beispiel, wenn Ihr deutscher Reiseveranstalter Ihre Urlaubsunternehmung nur mangelhaft organisiert hat und Sie einen Teil Ihres Geldes zurückhaben wollen.

Rechtschutzversicherung (Fortsetzung)

Wenn Sie bisher keine Unfallversicherung haben, wäre Ihr Urlaub ein guter Anlaß, eine solche abzuschließen. Sie gilt rund um die Uhr, im Beruf, im Haushalt, auf Reisen und in der Freizeit. Sie läßt sich in Leistungen und Beitrag der allgemeinen Einkommensentwicklung anpassen; bei einer besonderen Form erhalten Sie sogar alle Beiträge mit Gewinnbeteiligung zurück.

Unfallversicherung

Sie sollten auch an eine Reisekrankenversicherung denken. Sie kostet nicht viel, gibt Ihnen und Ihrer Familie aber Sicherheit bei jedem Auslandsurlaub.

Reisekrankenversicherung

Für den Fall, daß Sie vor Reiseantritt krank werden, oder daß andere gewichtige Gründe Sie von der Reise abhalten, ist eine Reise-Rücktrittskosten-Versicherung nützlich. Sie kommt für Schadenersatzforderungen von Reisebüros, Hotels und Fluggesellschaften auf.

Reise-Rücktrittskosten-Versicherung

Folgen von Verlusten oder Schäden beim Gepäck mildert eine Reisegepäckversicherung – die übrigens während des ganzen Jahres für alle Reisen und Ausflüge gilt.

Reisegepäckversicherung

Während Ihrer Abwesenheit bewahrt Sie zwar die Hausratversicherung nicht vor Brand, Blitzschlag, Explosion, Einbruchdiebstahl, ausströmendem Leitungswasser, Sturm oder Hagel, aber vor den finanziellen Folgen solcher Schäden. Wenn Ihre Wohnung allerdings länger als 60 Tage unbewohnt bleibt und auch nicht beaufsichtigt wird, müssen Sie das Ihrer Versicherung mitteilen.

Hausratversicherung

Reise-Organisation

Gute Organisation ist schon vor der Reise wichtig. Die Gewißheit, daß zu Hause alles in Ordnung ist, und daß man nichts vergessen hat, macht gelassen und die Reise schön.
Ein erprobtes Hilfsmittel bei den Vorbereitungen sind Checklisten, auf denen Sie notieren, an was Sie noch denken müssen, und auf denen Sie abhaken, was Sie erledigt haben.
Klären Sie rechtzeitig, wer Ihre Blumen gießt, Haustiere versorgt und den Briefkasten vor verdächtigem Überquellen bewahrt.
Besorgen Sie beizeiten Papiere, Gutscheine, Tickets, Visa und Zahlungsmittel. Hinterlassen Sie Wertsachen, Fotokopien Ihrer Papiere und Ihre Urlaubsanschrift bei einer Vertrauensperson oder der Bank.

Vorbereitungen

Gültiger Personalausweis bzw. Reisepaß (ggf. mit Visa-Unterlagen)
Führerschein (ggf. mit Internationalem Führerschein)
Automobilclub-Ausweis
Allianz AutoCard
Reise-Versicherungen
Auslandskrankenschein
Fahrkarten, Schiffs- und Flugtickets, Buchungsbestätigungen
Impfzeugnisse
Fotokopien aller wichtigen Papiere (im Gepäck)
Reiseschecks, Kreditkarten, Geld
Landkarten
Reiseführer

Wichtige Unterlagen

Ihre Reiseapotheke sollte neben den notwendigen Dingen gegen leichte Verletzungen und Unpäßlichkeiten auch einen Vorrat jener Medikamente

Reiseapotheke

Reiseapotheke (Fortsetzung)

enthalten, die Sie regelmäßig einnehmen. Bedenken Sie bei Reisen in warme Gegenden, daß sich dort nicht alle Arzneimittel-Zubereitungen aus unseren Breiten halten; insbesondere Zäpfchen können unbrauchbar werden. Lassen Sie sich vom Arzt für Ihr Reiseland etwa zusätzlich erforderliche Schutzimpfungen oder geeignete Medikamente empfehlen. Beachten Sie bitte auch, daß Medikamente die Reaktionsfähigkeit und damit auch die Fahrtüchtigkeit beeinträchtigen können.
Ersatzbrille nicht vergessen!

Sicher Autofahren

Mietwagen

Wenn Sie einen Mietwagen mieten wollen, wenden Sie sich möglichst an namhafte internationale Autovermietfirmen. Hier können Sie darauf vertrauen, daß die Fahrzeuge den von zu Hause gewohnten Sicherheits-Standards für Lenkung, Fahrgestell, Motor, Bremsen, Beleuchtung und Karosserie entsprechen. Schließen Sie gegebenenfalls zusätzliche Versicherungen (Kraftfahrzeug-Haftpflicht, Fahrzeug-, Unfallversicherung) ab, falls die landesübliche Vorsorge Ihnen nicht ausreicht.
Übrigens bekommen Sie von vielen Vermietern Vorzugs-Service und Kostenvorteile, wenn Sie Ihre Allianz AutoCard vorlegen. Eine Kreditkarte kann Ihnen eine Barkaution ersparen.

Gurte

Gurten Sie immer richtig an und achten Sie darauf, daß Ihre Mitfahrer es – sowohl auf dem Vordersitz als auch auf den Rücksitzen – ebenfalls tun. Die Bänder sollen straff am Körper anliegen. Ein falsch angelegter Gurt kann bei einem Unfall zusätzliche Verletzungen verursachen.
Nur zusammen mit richtig eingestellten Kopfstützen am Autositz erfüllen Gurte optimal ihren Zweck. Die Oberkante der Kopfstützen muß in Augen- oder Ohrenhöhe oder darüber liegen. Nur dann schützen sie die Halswirbelsäule.

Sicht für Brillenträger

Brillenträger fahren nachts sicherer mit spezialentspiegelten Gläsern. Von einer getönten Brille bei Dämmerung oder Dunkelheit muß abgeraten werden. Weil jede Glasscheibe einen Teil des hindurchfallenden Lichtes reflektiert, erreichen selbst durch eine klare Windschutzscheibe nur 90% des auf der Straße vorhandenen Lichtes die Augen des Autofahrers. Durch getönte – auch beschmutzte Scheiben und getönte Brillengläser gelangt nur noch etwa die Hälfte der auf der Straße vorhandenen Lichtmenge bis ans Auge; das schränkt die Fahrsicherheit ein.

Verkehrsunfall in Hawaii: Was tun?

Sofortmaßnahmen

Sie können am Steuer noch so vorsichtig sein – es kann trotzdem einmal etwas passieren. Auch wenn der Ärger groß ist: Bitte bewahren Sie die Ruhe und bleiben Sie höflich. Behalten Sie einen klaren Kopf und treffen Sie nacheinander folgende Maßnahmen:

Absichern

1. Sichern Sie die Unfallstelle ab. Das heißt: Warnblinkanlage einschalten, Warnzeichen (Blinklampe, Warndreieck etc.) in ausreichendem Abstand aufstellen.

Verletzte

2. Kümmern Sie sich um Verletzte. Sorgen Sie gegebenenfalls für einen Krankenwagen.

Polizei

3. Verständigen Sie sicherheitshalber die Polizei.

Notizen

4. Notieren Sie Namen und Anschrift anderer Unfallbeteiligter, außerdem Kennzeichen und Fabrikat der anderen Fahrzeuge sowie Namen und Nummern der Haftpflichtversicherungen. Wichtig sind auch Ort und Zeit des Unfalles sowie Anschrift der eingeschalteten Polizeidienststelle.

5. Sichern Sie Beweismittel: Schreiben Sie Namen und Adressen von – wenn es geht, unbeteiligten – Zeugen auf. Machen Sie Skizzen von der Situation am Unfallort, noch besser ein paar Fotos aus verschiedenen Richtungen.

Verkehrsunfall Was tun? (Fortsetzung) Beweismittel

6. Unterschreiben Sie kein Schuldanerkenntnis und vor allem kein Schriftstück, dessen Sprache Sie nicht verstehen!

Unterschriften

7. Im Ausland gelten für eine Schadenregulierung und in den rechtlichen Fragen bei einem Unfall vielfach andere Regeln – für Deutsche oft höchst ungewohnt.
Recht wird grundsätzlich nach den Rechtsvorschriften des jeweiligen Landes gesprochen, und die Bearbeitung des Schadens dauert meist länger als daheim. Oft wird nicht alles ersetzt.

Andere Rechtsvorschriften

Sport

Surfing (Wellenreiten)

Von den an den Küsten der Hawaii-Inseln praktizierten Wassersportarten ist wohl Surfing die beliebteste und älteste Sportart, denn hier wurde sie ursprünglich erfunden.
Als die Schiffe von James Cook im Jahre 1778 vor der Küste von Kauai auftauchten, verwunderten die Eingeborenen die Briten, indem sie ihnen auf langen Brettern paddelnd entgegenkamen und über die Wellenberge wieder zur Küste zurückkehrten. Zur damaligen Zeit wurden Bretter aus Koa-Holz benutzt. Erste bildhafte Darstellungen existieren nicht nur von den Zeichnern der Cook-Expeditionen, sondern auch als Felszeichnungen.
Weltweit wurde Surfing durch einen Mann bekannt, Duke Kahanamoku (⟶ Berühmte Persönlichkeiten), einen der erfolgreichsten Olympiateilnehmer aller Zeiten. Im Jahre 1925 rettete er vor Newport Beach, Kalifornien,

Surfer in der Honolua Bay, Maui

Surfing (Fortsetzung)

acht Fischer, die er auf seinem Surfbrett bei hoher Brandung von ihrem gekenterten Boot an Land bringen konnte. Von Hawaii breitete sich das Surfen zunächst nach Kalifornien aus.
Während die ursprünglichen Bretter der Hawaiianer aus hartem Koa-Holz hergestellt wurden, etwa 6 m lang waren und bis zu 70 kg wogen, verwendet man heute leichtere Materialien. Diese modernen Surfbretter sind nur noch 2 m lang und wiegen etwa 5 kg. Man kann sie an allen Stränden, an denen Surfing betrieben wird, ausleihen.
Um ein guter Wellenreiter zu werden, bedarf es jahrelangen Trainings. Man muß nicht nur ein guter Schwimmer sein, sondern auch sein Gleichgewicht halten können. An einigen Stränden kann man Surfunterricht nehmen, ebenso gibt es ruhige Strände, die für Anfänger gut geeignet sind (→ Strände). Waikiki ist für den beginnenden Surfer wegen seines seichten Strandes geradezu ideal. Daher werden dort auch an zahlreichen Buden Surfingbretter verliehen (normalerweise für $ 5 pro Stunde). Unterricht kann man dort von den legendären 'Beachboys' erhalten.
Zwei der berühmtesten Surfstrände, der Sunset Beach und der Ehukai Beach Park, befinden sich im Norden Oahus. Hier werden alljährlich Ende November/Anfang Dezember die internationalen Surf-Meisterschaften (Triple Crown of Surfing) abgehalten, an denen die besten Profisurfer aus aller Welt teilnehmen.

Scuba-Tauchen

Beim Scuba-Tauchen (scuba steht für **s**elf-**c**ontained **u**nderwater **b**reathing **a**pparatus) ist ein Tauchschein, der nach vier bis fünf Tagen Unterricht erworben werden kann, Vorraussetzung, um sich eine Tauchausrüstung zu leihen und in den hawaiischen Gewässern zu tauchen. Wer die hawaiischen Tauchgründe nicht kennt, sollte nach Möglichkeit nie allein tauchen. Entsprechende Bootstouren (siehe unten) zu den schönsten Tauchrevieren werden angeboten, so etwa die Fahrt von Maui zur Vulkaninsel Molokini.

Schnorcheln

Zum Schnorcheln (Snorkeling) braucht man im Gegensatz zum aufwendigeren Scuba-Diving nur eine Taucherbrille, zwei Flossen und den Schnorchel. Die Ausrüstung kann im Hotel oder an den Strandbuden ausgeliehen werden. Wer sich für Unterwasserfotographie interessiert, kann in Fotogeschäften eine spezielle Unterwasserkamera ausleihen (für 10–20 US-$).

Bootstouren zum Schnorcheln und Tauchen (Auswahl)

Es gibt verschiedene Angebote, mit dem Boot Ausflüge in besonders schöne Schnorchel- und Tauchreviere zu machen (I = ab 45 US-Dollar, II = unter 45 US-Dollar):

Leahi Catamaran, II, 2255 Kalakaua Ave., Honolulu, Tel. 800-462-7975
Body Glove Cruises, I, Kailua-Kona/Hawaii, Tel. 800-551-8911
Eco-Adventures, I, 75-5744 Alii Dr., Kailua-Kona/Hawaii, Tel. 800-949-3483
Red Sail Sports, I, 69-425 Waikoloa Beach Dr., Kamuela/Hawaii, Tel. 800-255-6425
Frogman Charters, I, 888 Wainee St., Lahaina/Maui, Tel. 800-700-FROG
Trilogy Ocean Sports, I, 1036 Lanai Ave., Lanai City/Lanai, Tel. 565-2387

Hochseeangeln

Wer an Hochseefischerei interessiert ist, kann sich ein Boot für einen halben oder ganzen Tag mit Kapitän und einem Gehilfen mieten – aber das ist kein billiger Sport. Die Preise für einen ganzen Tag bis sechs Personen reichen bis zu 450 US-$. In Honolulu liegen die meisten Boote im Kewalo Marine Basin.

Windsurfen

Neben dem Wellenreiten wird das in den Vereinigten Staaten erfundene Windsurfen auch in Hawaii immer beliebter. Die starken Passatwinde und die hohen Wellen in den Wintermonaten – besonders an den Küsten Mauis – fordern die Wettkämpfer aus Europa und vom amerikanischen Festland immmer wieder von neuem heraus. Beliebter Surfstrand ist der Hookipa Beach auf Maui.

Windsurfen Fortsetzung

Verschiedene Windsurfschulen bieten Unterricht im Windsurfen an und verleihen Surfbretter, viele Anbieter stehen wochentags auch direkt an den Stränden.

Captain Nemo's Ocean Sports, Royal Waikoloan Hotel, Kohala Coast (Hawaii), Tel. 885-5555
Hanalei Surf Company, Hanalei Center, Hanalei (Kauai), Tel. 826-9000
Maui Windsurf Comp., 520 Keolani Place, Kahului (Maui), Tel. 877-4816
Robbie Naish, 155 A Hamakua Dr., Kailua (Oahu), Tel. 800-767-6068
Surf-N-Sea, Haleiwa (Oahu), Tel. 637-9887
The Kailua Sailboard Comp., 130 Kailua Rd, Kailua (Oahu), Tel. 262-2555

Paddeln

Ein weiterer althawaiischer Sport ist das Paddeln mit Auslegerbooten. Verschiedene Wettkämpfe werden von den Kanu-Clubs ausgetragen. Berühmt sind die beiden Langstreckenwettkämpfe durch den Kaiwi Channel von der Insel Molokai nach Oahu.

Segeln

Wegen der starken Passatwinde sind die Hawaii-Inseln auch ein Segelparadies sowohl fürs Sportsegeln als auch als reiner Freizeitsport. Segelschulen bieten Kurse an, ebenso können Segelboote und Katamarane gemietet werden (⟶ Inseltouren).

Wandern/ Hiking

Die Schönheit der Landschaft der Hawaii-Inseln läßt sich am besten auf einer Wandertour entdecken. Ein Netz von markierten Wanderwegen (trails) bietet gute Voraussetzungen. Doch ist das Wandern nicht ungefährlich, und so sollten einige Regeln eingehalten werden. Besonders wichtig ist, nicht zu spät am Tag aufzubrechen, Wanderkarten, genügend Trinkwasser und Proviant mitzunehmen und nicht die markierten Wege zu verlassen. Bergschuhe sind unbedingt erforderlich. Man sollte auch nicht allein auf eine Bergtour gehen.
Verschiedene Organisationen bieten geführte Wanderungen an. Daneben gibt es eine gute Auswahl an Wanderrouten in den Nationalparks auf Maui und Hawaii. Interessiert man sich für Wanderungen mit Führung auf den Inseln Oahu, Hawaii, Maui, Kauai oder Molokai informiert man sich am besten beim Sierra Club Hawaii, 212 Merchant St., Honolulu, Tel. 538-6616.
Veranstalter geführter Wandertouren sind unter anderem:

Discover Molokai, P.O. Box 123, Maunaloa (Molokai), Tel. 552-2975
Hawaiian Nature Center, Makiki (Oahu), Tel. 955-0100
Hawaiian Walkways, 73-1307 Kaiminani Dr., Kailua-Kona (Hawaii), Tel. 325-6677
Hike Maui, P.O. Box 330969, Kahului (Maui), Tel. 879-5270
Tortoise and Hare Adventure Tours, P.O. Box 637, Kilauea (Kauai), Tel. 800-538-4453

Kartenmaterial

Geeignetes Kartenmaterial kann man entweder in guten Buchhandlungen in Honolulu kaufen oder im State Department of Land and Natural Resources, 1151 Punchbowl Street, Honolulu, Tel. 587-0393

Reiten

Die Inseln auf dem Rücken der Pferde zu erkunden, wird durch die verschiedenen Angebote an Ausritten ermöglicht. Folgende Reitställe bieten Ausritte an (Auswahl):

Charley's Trailride an Pack Trips, Kaupo Store, Hana (Maui), Tel. 248-8209
CJM Country Stables, 1731 Kelaukia St., Koloa (Kaui), Tel. 742-6096
Paniolo Riding, Ponoholo Ranch, Kohala Mountain Rd., Kamuela (Hawaii), Tel. 889-5554
Kualoa Ranch, 49-560 Kamihameha Hwy., Kualoa (Oahu), Tel. 237-8515
Molokai Horse & Wagon Ride, Hoolehua (Molokai), Tel. 567-6773
Pony Express Tours, Kula (Maui), Tel. 667-2200
Sheraton Makaha Lio Stables, Makaha, Tel. 695-9511

Sport (Fortsetzung)
Tennis

Tennis ist eine Sportart, die dank des angenehmen Klimas an Beliebtheit stark zugenommen hat und auf allen Inseln gespielt werden kann.
Auf Oahu, der Insel mit den meisten Tenniscourts, gibt es einige vom County eingerichtete Tennisplätze, die kostenlos zugänglich sind (u.a. in Waikiki: im Ala Moana Park, Diamond Head Tennis Center und Kapiolani Tenniscourts). Nähere Auskünfte erteilt das Department of Parks and Recreation, Tel. 923-7927. Daneben gehören viele Tennisplätze zu Tennisclubs und können von Nichtmitglieder gegen Gebühr benutzt werden. Die meisten größeren Hotelanlagen haben ebenfalls Tennisplätze, die teilweise nur den Hotelgästen zur Verfügung stehen. Normalerweise sind sie auch der Öffentlichkeit (unterschiedlich hohe Gebühren) zugänglich.
Ein Verzeichnis der Tennisplätze mit genauen Informationen ist über das Hawaiian Tourist Bureau zu beziehen (→ Auskunft).

Weitere Sportarten

Die Hawaii-Inseln sind ein Paradies für unzählige Sportarten in der Luft, zu Wasser und zu Lande: Segelfliegen, Drachenfliegen, Paragliding, Bodysurfen, Bodyboarding, Wasserski, Süßwasserfischen, Jagen, Joggen, Fahrradfahren und Skifahren sollen zumindest erwähnt werden.

Sprache

Allgemeines

Die offizielle Sprache in Hawaii ist Englisch, daneben wird auch Hawaiisch und das sog. Pidgin oder Pidgen English gesprochen, eine auf den Südseeinseln weitverbreitete Sprache, die aber von Insel zu Insel verschieden ist. Es handelt sich dabei um eine vereinfachte Umgangssprache mit wenig Grammatik, die der Verständigung verschiedensprachiger Bewohner untereinander dienen soll. Beispiele: lesgo (ran an die Sache!), an'den (was dann?), bimbye (nach einiger Zeit), li'dis an' li'dat (wie dies und das), waddascoops (was ist los?).

American English

Das in Hawaii gesprochene amerikanische Englisch unterscheidet sich in einigen Ausdrücken vom britischen Englisch. Die folgende Zusammenstellung listet die wichtigsten Sprachunterschiede auf:

Deutsch	American English	British English
anrufen, telefonieren	to call, to phone	to ring up
Aussichtsturm	observatory	view tower, belvedere
Benzin	gas, gasoline	petrol
Brille	eyeglasses	spectacles
Bürgersteig	sidewalk	pavement
Bursche, Kerl	guy	fellow, chap
Drogerie,	drugstore	chemist's
einfache Fahrt	one way ticket	single ticket
Eisenbahn	railroad, railway	railway
Eisschrank	icebox	refrigerator
Erdgeschoß	first floor	ground floor
erster Stock	second floor	first floor
Fahrstuhl	elevator	lift
Ferngespräch	long distance call	trunk call
Garderobe, Gepäckraum	checkroom	cloakroom
Gepäck	baggage	luggage
Geschäft	store	shop
Hosen	pants	trousers
Kekse	cookies, crackers	biscuits
Kinder	kids	children
Kino	movie (theatre)	cinema
Konservendose	can	tin
Kühlerhaube	hood	bonnet

American-English (Fortsetzung)

Deutsch	American English	British English
Lastwagen	truck	lorry
Milliarde	billion	millard
nach	after	past
niedlich, reizend	cute	attractive, dainty
Pfingsten	Pentecost	Whitsuntide
Polizist	cop	bobby
Post	mail	post
Postleitzahl	zip code	postcode
Rechnung	check	bill
reparieren	to fix	to repair
Rindsfilet	tenderloin	undercut
Rückfahrkarte	round trip ticket	return ticket
Schrank	closet	cupboard
Schuhputzmittel	shoeshine	boot polish
Steppdecke	comforter	eiderdown
Stoßstange	bumper	buffer
Straßenbahn	streetcar	tram
Taschenlampe	flashlight	torch
Toilette	ladies/men's room, powder/rest room	lavatory
Universitätsgelände	campus	college ground
Unterführung	underpass	subway
Urlaub, Ferien	vacation	holidays
U-Bahn	subway	underground
Verabredung	date	appointment
Vorname	first name	Christian name
Wohnung	apartment	flat
Wohnwagen	trailer	caravan
Zuname	last name	surname
zweiter Stock	third floor	second floor

Wichtige Begriffe aus dem Autoverkehr:

bus lane only	Fahrspur nur für Busse
dead end street	Sackgasse
detour	Umleitung
do not enter	Einfahrt verboten
drivers licence	Führerschein
exit	Ausfahrt, Ausgang
no-turn	Abbiegen verboten
soft shoulders	Seitenstreifen nicht befahrbar
speed limit	Geschwindigkeitsbegrenzung
yield right of way	Vorfahrt beachten

Hawaiische Sprache

Allgemeines

Der Tourist wird der hawaiischen Sprache nur in den wenigen Worten begegnen, die in die englische Umgangssprache eingegangen sind sowie in den Orts- und Straßennamen, die infolge der kurzen Silben und Häufung von Vokalen nicht leicht im Gedächtnis zu behalten sind. Wer sich dafür interessiert, wie Hawaiisch klingt, besucht am besten die → Kawaiaho-Kirche in Honolulu, in der sonntags auf Hawaiianisch gepredigt wird.

Aussprache

Die Aussprache des Hawaiischen bereitet keine allzu großen Schwierigkeiten: sechs der Konsonanten werden wie im Deutschen ausgesprochen, w wie v nach e und i, sonst immer wie w. Bei den Doppelvokalen, sog. Diphtongen, ei, eu, oi, ou, ai, ae, ao und au wird immer der erste betont, beide verschmelzen also nicht zu einem Laut. Dasselbe gilt auch für die Verdop-

Hawaiische Sprache, Aussprache (Fortsetzung)

pelung desselben Vokals (aa, ee, ii, oo und uu): dies sind immer zwei getrennte Silben. Ein ¯ über einem Vokal bedeutet, daß dieser betont wird. Die meisten Worte werden auf der vorletzten Silbe betont, fünfsilbige Wörter ohne ein Betonungszeichen auf der ersten und vierten.

Hawaiisches Wörterbuch

Das folgende kleine hawaiisch-deutsche Lexikon soll die Bedeutung der gebräuchlichsten hawaiischen Wörter erklären. Wer sich beispielsweise am Ala Moana Boulevard befindet, sollte wissen, daß damit 'Straße am Meer' gemeint ist. In Honolulu sind viele Straßennamen der Geschichte entnommen; so sind Kalakaua, Kuhio, Likelike und Kapiolani Namen, die auf die Zeit der Monarchie von Hawaii zurückgehen.

a'a	dickflüssige, kantige Lava
ae	ja
ahi	Thunfisch
ala	Straße, Weg
alii	Häuptling, Herrscher, König, von königlichem Geblüt
aloha	allgemein verwandt: Guten Tag, Aufwiedersehen, alles Gute, Liebe usw.
aumakua	Familie
aole	nein
halau	Hula-Schule
hale	Haus, Gebäude
hana	Arbeit
haole	Weißer, Fremder
haupia	Pudding aus Kokosmilch
heiau	Tempel, Kultstätte
hoku	Stern
holomu	langes Kleid
huhu	verärgert
hula	hawaiischer Tanz
ilio	Hund
imu	unterirdischer Ofen, Erdofen
ipo	Freund oder Freundin, Geliebter oder Geliebte
kahuna	Priester (auch Zauberer)
kalua	im Erdofen (imu) gebraten
kamaaina	Einheimischer
kane	Mann (an Türen: Herrentoilette)
kapu	Tabu, etwas Verbotenes
keiki	Kind
kona	Leeseite (windabgewandt), westlich, auch schwüler Wind
lanai	Veranda, Balkon
lei	Blumenkette
limu	Seetang
lomilomi	traditionelle hawaiische Massage
lua	Toilette
luau	Fest, Festessen
mahalo	danke
makai	in Meeresrichtung
malihini	Neuankömmling
mana	göttliche Macht
mauka	in Bergesrichtung
mauna	Berg
moana	Meer
muumuu	lockeres, langes Kleid

ohana	Familie	Sprache, hawaiisches Wörterbuch (Fortsetzung)
ono	wohlschmeckend; auch Name eines Fisches	
opu	Bauch, Magen	
pali	Klippe, Abgrund	
paniolo	hawaiischer Cowboy	
pau	fertig (pau hana = Feierabend)	
pele	Lava, Feuergöttin	
poi	aus Taro hergestellter Brei	
pua	Blume	
puka	Loch	
punee	Bett, Sofa	
pupu	Vorspeise	
tapa	aus Baumrinde hersgestellter Stoff	
tutu	Großmutter	
wahine	junge Frau, Mädchen (an Tür: Damentoilette)	
wai	frisches Wasser, Trinkwasser	
wiki	rasch (wikiwiki = sehr rasch)	

Strände

Allgemeines

Kaum anderswo findet man auf so kleinem Raum so viele Badestrände wie auf den hawaiischen Inseln. Insgesamt gibt es mehr als 100 sog. 'County Parks', Strände, die der Kontrolle der vier hawaiischen Counties unterstehen. Hier kann man schwimmen, surfen, schnorcheln, sonnenbaden, Muscheln suchen und sonstigen Strandvergnügungen nachgehen. Bei wenigstens einem Drittel dieser County Parks besteht die Möglichkeit, mit Sondergenehmigung im Zelt zu übernachten (⟶ Camping).

Gefährliche Strömung

Ein Wort der Warnung sollte ernst genommen werden: nur wenige Strände sind bewacht. Normalerweise sind nur Warnschilder angebracht, die auf jeden Fall zu beachten sind. Die Variationsbreite der Strände der Hawaii-Inseln reicht von ruhigen Buchten bis zu Strandabschnitten mit starkem Wellengang und gefährlichen Strömungen oder Sogwirkungen. Man sollte also auf jeden Fall aufpassen und Vorsicht walten lassen.

Sonnenschutz

Eine andere Gefahr droht von der Sonne. Hawaii liegt nicht allzuweit vom Äquator entfernt, und die Sonne hat, selbst in den Wintermonaten, eine erheblich stärkere Intensität als man dies von Europa her gewohnt ist. Man sollte sich nur allmählich längere Zeit der Sonne aussetzen und die exponierten Teile des Körpers mit einer wirksamen Sonnenschutzcreme (Faktor 15 oder mehr) einreiben. Ein Sonnenbrand kann die ganzen Freuden eines Ferienaufenthalts in Hawaii zunichtemachen.

Insel Hawaii

Vorbemerkung

Angesichts einer Küstenlänge von 266 km verfügt Hawaii über eine beachtliche Anzahl ausgezeichneter Strände, von denen mehr als 25 eine offizielle Bezeichnung haben. Die weiteren ca. 75 Strände können bei den Inselerkundungen selbst entdeckt werden. Alle Strände sind öffentlich, d.h. jeder kann sie benutzen, sofern er zu ihnen gelangen kann (manche sind nur vom Wasser her zu erreichen). Insgesamt hat die Küste der Insel Hawaii weniger Schutz durch vorgelagerte Korallenriffe als die übrigen Inseln. Aus diesem Grunde ist besonders bei Flut mit starkem Wellengang zu rechnen. Auch starke Unterwasserströmungen sind keine Seltenheit, so daß Vorsicht beim Schwimmen und anderen Wassersportarten ratsam ist, zumal hier die Strände meist unbewacht sind.

Insel Hawaii, (Fortsetzung)

Die folgende Auswahl an Stränden beginnt im Norden der Insel und bewegt sich im umgekehrten Uhrzeigersinn um die Insel herum:

NORDKÜSTE
Waipio Bay

9,5 km nördlich von Honokaa führt am Ende der Straße Nr. 240 ein Pfad hinunter ins Tal zum schwarzen Strand (siehe unten); wegen starker Strömungen ist das Schwimmen nicht ungefährlich.

WESTKÜSTE
Samuel M. Spencer Park

Bei Kawaihae, direkt an der Straße Nr. 270, liegt dieser durch ein Riff geschützte weiße Sandstrand, der ideal zum Schwimmen und Schnorcheln ist. Picknick- und Campingmöglichkeiten sind vorhanden.

Mauna Kea Beach

Südlich von Kawaihae, an der Straße Nr. 19, erstreckt sich der von Riffen geschützte weiße Sandstrand vor dem Mauna Kea Beach Hotel; sehr empfehlenswert für alle Arten von Wassersport.

Hapuna Beach State Park

Nur etwas südlich vom Mauna Kea Beach, auch an der Straße Nr. 19, lädt der beliebte weiße Sandstrand zu allen möglichen Wassersportarten ein.

Kalahaipuaa

Direkt vor dem Mauna Lani Bay Hotel liegt der weiße Sandstrand (von der Straße Nr. 19 führt ein Weg zum Hotelparkplatz); das Meer ist hier ruhig; im Winter kann man Surfen.

Anaehoomalu Bay

Knapp 30 km nördlich vom Keahole-Kona-Flughafen, am Queen Kaahumanu Highway, lockt der halbmondförmige, mit Palmen bewachsene Strand des Royal Waikoloa Hotels (auch für Nichthotelgäste zugänglich) zum Schwimmen, Tauchen und Schnorcheln. Unmittelbar hinter dem Strand sind zwei alte Fischteiche angelegt; auf dem Hotelgelände befinden sich einige guterhaltenen Felszeichnungen aus der Zeit um 1500 nach Christus.

Maniniowale Beach

6,5 km nördlich des Keahole-Kona-Flughafens zweigt eine kleine Straße ab zu einem weißen, nur von einzelnen Lavafelsen unterbrochenen Sandstrand, der auch von Einheimischen gern zum Schwimmen, Fischen und Bodysurfen genutzt wird.

White Sands Beach Park

Dieser Sandstrand, 8 km südlich von Kailua-Kona, direkt am Alii Drive, wird regelmäßig im Winter von Wellen abgetragen; in den Sommermonaten wird er dann wieder angeschwemmt, weshalb er auch Magic oder Disappearing Sands Beach genannt wird. In den Sommermonaten ist er ideal zum Bodysurfen; Schwimmer müssen mit Strömungen rechnen.

Kahaluu Beach Park

9,5 km südlich von Kailua-Kona liegt an der Straße Nr. 11 ein schöner weißer Sandstrand in einer geschützten Bucht, gut zum Schwimmen und Schnorcheln.

Napoopoo Beach Park

Der durch ein Riff geschützte weiße Sandstrand, 21 km südlich von Kailua-Kona, ist ideal zum Schwimmen, Schnorcheln und Tauchen (Meeresnaturschutzgebiet mit reichem Fischbestand).

Hookena Beach Park

Der aus einer Mischung von weißem und schwarzem Sand bestehende Strand, rund 40 km südlich von Kailua-Kona, ist zum Schwimmen und Schnorcheln geeignet (Picknickmöglichkeiten).

SÜDKÜSTE
Mahana Bay/ Green Sand Beach

Die Südküste ist von den unzähligen Lavaausbrüchen der letzten Jahrtausende geformt, daher auch die sog. schwarzen Strände. Die glühendheiße Lava floß hier ins Meerwasser, durch den plötzlichen Abkühlungsprozeß zerfiel sie explosionsartig in kleine Stücke, die wiederum von der Brandung zu Sand zermalmt wurden. Ein Teil des Strandes hat durch die hier vorkommenden vulkanischen Olivine einen grünen Farbschimmer.
Mahana Bay oder auch Green Sand Beach genannt, erstreckt sich etwas nördlich von South Point, dem südlichsten Zipfel der Insel (nur mit einem Allradfahrzeug über die South Point Road erreichbar).

Schwarzer Sandstrand an der Küste der Insel Hawaii

Punaluu Beach Park

Eine Abzweigung der Straße Nr. 11 führt zu dem sehr schönen schwarzen Strand. Schwimmen, surfen und Schnorcheln sind nur im nördlichen Abschnitt sicher; jedoch muß man auch hier mit zum Teil gefährlichen Unterwasserströmungen rechnen.

Kaimu Beach Park

Bei dem Ort Kaimu befindet sich der oft als Fotokulisse verwendete Kaimu Beach. Da er genau im Auslauf einer der unterirdischen Lavaröhren liegt, wird er bei jedem Ausbruch des Kilauea mit heißer Lava überschüttet und sein Ende ist absehbar.
Unweit hiervon befand sich der Harry K. Brown Park, der jedoch vom Ausbruch des Kilauea bereits gänzlich überschüttet wurde.

OSTKÜSTE

Die Ostküste ist regenreich; außerdem gibt es hier nur schwarze, vor allem felsige Strände. Der kleine Reed's Bay Beach Park liegt an der Hilo Bay. Rund 7 km nördlich von Hilo, an der Straße Nr. 19, erstreckt sich der bei Surfern beliebte Honolii Beach Park. Die übrigen Strände (Leleiwi, Keahola Park, Onekahakaha, Hilo Bayfront Park und Kolelekole) sind nicht besonders zu empfehlen.

Insel Kauai

Vorbemerkung

Kauai hat mit einer Küstenlänge von 145 km eine Vielzahl von Stränden, jedoch von unterschiedlicher Qualität und unterschiedlichem Gefährlichkeitsgrad für Schwimmer und Wassersportler. Man sollte nicht allein schwimmen und immer auf die angebrachten Warnschilder achten.

SÜDKÜSTE

Salt Pond Beach Park

Dieser in der Nähe von Hanapepe (→ Reiseziele, Hanapepe) liegende Strand gehört zu den besten, sichersten und beliebtesten der Insel. Hier ist Wassersport fast das ganze Jahr hindurch möglich. (Anfahrt: Beim Wegweiser 'Veterans Cemetery' rechts in die Lolokai Road einbiegen).

Insel Kauai, Südküste (Fortsetzung)
Poipu Beach Park

An dem im Süden gelegenen, fast 3 km langen, breiten Strand kann man das ganze Jahr hindurch schwimmen und wellenreiten. Nur an seinem östlichen Ende muß man auf die Felsen aufpassen. (Anfahrt: Über die Straßen Nr. 520 oder Nr. 530 über Koloa in die Poipu Road nach links einbiegen.)

OSTKÜSTE
Kalapaki Beach

Der dem Westin Kauai Hotel vorgelagerte Strand ist zum Schwimmen und Surfen besonders geeignet.

Lydgate State Park

Hier ist sicheres und gefahrloses Schwimmen das ganze Jahr über möglich. Der Strand liegt am Westufer des Kailua-Flusses; Wegweiser an der Straße Nr. 56.

Wailua Beach

Der am anderen Ufer des Flusses liegende, dem Coco Palms Resort vorgelagerte Wailua Beach ist nicht durch Korallenriffe geschützt. Er sollte daher nur bei ruhigem Wellengang benutzt werden und nur, wenn Strandwächter anwesend sind.

Anahola Beach Park

Dieser an der gleichnamigen Bucht gelegene Strand (Wegweiser an der Straße Nr. 56 beachten) ist dank vorgelagerter Korallenriffe im Sommer für Schwimmer gefahrlos, in der Wintersaison wegen des fast immer vorherrschenden starken Wellengangs jedoch nicht ungefährlich.

NORDKÜSTE

Die Nordküste verfügt über eher kleine Sandstrände; einige sind auch in den Wintermonaten für Schwimmer und Schnorchler geeignet.

Larsen's Beach

Am Larsen's Beach, ein teilweise durch kleine Felsen unterbrochener Sandstrand, kann geschwommen werden.

Waiakalua Iki Beach

Von der N. Waiakalua Road führt ein kleiner Pfad zum Sandstrand Waiakalua Iki, wo man ebenfalls schwimmen kann.

Kaupea Beach

Der Kaupea Beach, auch Secret Beach genannt, liegt am Kilauea Point (von der Straße Nr. 19 auf die Kahiliwai Road abbiegen, bis zum Ende des Feldwegs); ein kleiner Fußweg führt direkt zum weißen Sandstrand, wo man Schwimmen und Wellenreiten kann.

Anini Beach Park

Dieser lange, von einem Riff geschützte Strand ist das ganze Jahr zum Schwimmen gut geeignet (an der Straße Nr. 56 in die Kalihiway Road, dann die Anini Road bis zum Strand).

Lumahai Beach

Der sich an die Hanalei-Bucht angeschließende Lumahai Beach ist zweifellos einer der schönsten und am häufigsten fotografierten Sandstrände von Kauai. Er ist durch kein Korallenriff geschützt und somit der vollen Gewalt der Meereswellen ausgesetzt. Schwimmen ist wegen der Strömung und der Wellen sehr gefährlich. Ins Wasser sollte man nur gehen, wenn das Wasser ausnahmsweise einmal ruhig ist. Am Meilenstein 33 ist ein Aussichtspunkt mit Parkmöglichkeit, von dem aus ein steiler, manchmal stark verschlammter Fußweg zum Strand führt.

Hanalei Beach

In der Hanalei Buch, die früher einer der drei Schiffsanlegeplätze von Kauai war und in der heute noch Jachten vor Anker liegen, befindet sich einer der schönsten Strände der Insel. Das Schwimmen ist aber nur an den beiden äußersten Enden der Bucht das ganze Jahr über ungefährlich. Wellenreiten ist besonders am Ostende der Bucht beliebt. Im Zentrum der Bucht ist selbst im Sommer zumeist hoher Wellengang; im Winter ist es dort sehr stürmisch.
Der Strand ist von der Straße Nr. 56 über die Aku Road oder Weke Road, zu beiden Seiten des Ortes Hanalei zu erreichen.

Haena Beach Park

Dieser an der Nordostspitze von Kauai, gegenüber der Maniniholo-Höhle gelegene weiße Sandstrand (kurz vor dem Ende der Straße Nr. 56) zerfällt in drei Teile von Ost nach West: Tunnels, der eigentliche Haena Beach

Hanalei Bay an der Nordküste der Insel Kauai

Insel Kauai, Nordküste (Forts.)

Park und Cannons. Alle drei Strandabschnitte sind in den Sommermonaten gleichermaßen zum Schwimmen geeignet.

Kee Beach

Dieser eigentlich schon der Westküste zugehörige Strand schließt sich fast unmittelbar an den Haena Beach Park an. Man hat es hier mit einem ruhigen Strand und flachem Wasser zu tun, das sich dennoch gut zum Schwimmen eignet. Kleine Korallenriffe, die den Strand schützen, bieten günstige Gelegenheiten zum Schnorcheln. Der Strand befindet sich am Ende der Straße Nr. 56 nahe dem Parkplatz. Hier beginnt auch der Kalalau-Pfad (→ Reiseziele von A bis Z, Na Pali Coast).

WESTKÜSTE

Polihale State Park

Der Polihale State Park erstreckt sich mit einem über 16 km weißen Sandstrand entlang des südlichen Endes der Na Pali-Küste. Er ist aber in seiner ganzen Länge ungeschützt, so daß selbst im Sommer Schwimmen hier nicht ratsam, im Winter praktisch unmöglich ist. Lediglich etwa in der Mitte des State Parks hat sich ein natürlicher kleiner See gebildet – er heißt Queen's Bath –, in dem wenigstens im Sommer geschwommen werden kann. Vom Ende der Straße Nr. 50 (Kaumuali'i Highway) sind es noch 8 km auf ungeteerter Straße bis zum State Park.

Kekaha Beach

Dieser Strand ist die Fortsetzung des Polihale State Parks Richtung Süden. Stürme aus West und Ost können diesen Strand im Sommer und Winter unbenutzbar machen; bei ruhiger Wetterlage kann man hier aber ohne Bedenken schwimmen.

Insel Lanai

Die Strände der Insel Lanai sind unter → Reiseziele von A bis Z, Insel Lanai, beschrieben.

Insel Maui

Vorbemerkung

Die Insel Maui hat mehr als 50 Strände; die meisten liegen entlang der Westküste zwischen Kapalua und Makena, weiterhin im Gebiet von Hana und einige nicht besonders attraktive in der Gegend von Paia, Kahului und Wailuku (→ Reiseziele von A bis Z, Insel Maui). Die folgende Auswahl bewegt sich von Norden nach Süden:

Kapalua (Fleming) Beach

Im Nordwesten erstreckt sich einer der schönsten, aber auch zum Schwimmen sichersten Strände von Maui mit guten Möglichkeiten zum Schnorcheln.

Napili Bay Beach

Ein lang ausgestreckter, hornförmiger Strand mit weißem Sand, zum Schwimmen und Schnorcheln geeignet, an dem es aber bei hohem Wellengang gefährlich werden kann.

Hanakaoo und Kaanapali Beach

Hanakaoo Beach und Kaanapali Beach liegen nördlich von Lahaina und sind sehr günstig für Schwimmer (Strandkarte liegt in den Hotels aus).

Wahikuli State Wayside Park (Lahaina)

Der Strand ist einer der beliebtesten auf Maui mit Picknicktischen, Duschen, Toiletten und einem gepflasterten Parkplatz. Schwimmen und Schnorcheln sind gut. Vorsicht vor Felsen im Wasser.

Launiopoko State Wayside Park (Lahaina)

Dieser Strand ist ebenso gut eingerichtet wie der Wahikuli Park; von hier hat man eine gute Aussicht auf die Inseln Molokai, Lanai und Kahoolawe. Auch hier ist der Untergrund zum Teil felsig.

Maipoina Oe Iau Beach Park (Kihei)

Dieser 1956 eingeweihte State Park zum Gedenken an die im Zweiten Weltkrieg gefallenen Soldaten und Matrosen – der Name bedeutet 'vergeßt mich nicht' –, bietet ausgezeichnete Möglichkeiten zum Schwimmen; schattige Pavillons, Picknickplätze und Duschen sind vorhanden.

Strandleben an der Kaanapali-Küste auf der Insel Maui

Kamaole Beach Parks

Die drei weißen, getrennten aber nahe beieinanderliegenden Strände im Süden bei Kihei sind zum Schwimmen, Schnorcheln und Wellenreiten ausgezeichnet.

Mokapu Beach Park

Der etwas versteckt hinter einer Apartmentanlage gelegene Sandstrand (die parallel zum Ufer verlaufende South Kihei Road in südlicher Richtung, dann bei einer Abzweigung geradeaus weiterfahren; die Straße endet in einer Sackgasse. Von hier über Treppenstufen zum Strand hinunter) bietet hervorragende Möglichkeiten zum Schwimmen und Wellenreiten. Unmittelbar an den Strand schließt sich ein schöner Park an.

Polo Beach Park (Wailea)

An den im Süden gelegenen herrlichen Stränden herrschen ausgezeichnete Bedingungen zum Schwimmen, Schnorcheln und Wellenreiten.

Palauea Beach (Makena)

Ein schöner, aber kleiner Strand mit weißem Sand, hervorragend zum Schwimmen geeignet.

Polenalena Beach Park

Ein schöner, breiter Strand, mit weißem Sand und guten Bedingungen zum Schwimmen.

Nahuna Point

Unweit des Nahuna Point befindet sich ein Friedhof aus dem 19. Jahrhundert. Hier gibt es keinen Strand, aber Nahuna Point ist zum Schnorcheln und für Scuba-Tauchen geeignet.

Maluaka Beach (Makena)

Dieser fast 200 m lange Strand mit feinkörnigem weißen Sand wird durch zwei Felsvorsprünge begrenzt. Am Südende sind interessante Korallenformationen in verschiedenen Farben zu sehen. Schwimmen ist hier gut, Schnorcheln nur, solange die Winde nicht zu stark werden, meistens am Nachmittag.

Puuolai Beach (Little Makena)

Puuolai Beach ist, obwohl offiziell nicht erlaubt, der einzige geduldete Nacktbadestrand auf Maui. Es ist ein flacher, weißer Sandstrand, zu dem man vom Auto noch etwa 100 m zu Fuß laufen muß. Schwimmen ist gut (außer im Winter) mit oft hohem Wellengang, Schnorcheln mittelmäßig.

Hana Bay State Park (Hana)

Von allen Stränden im Umkreis von Hana ist dies der sicherste. Schattige Plätze, Picknicktische, Duschen und Toiletten sind vorhanden.

Insel Molokai

Allgemeines

Mit Stränden, vor allem aber mit guten Stränden ist Molokai nicht allzu reichlich ausgestattet. Unter → Kaluakoi (Reiseziele von A bis Z, Molokai) wurden bereits die Strände der Westküste erwähnt. An der Südküste beginnt eine Kette von Stränden, von denen nur wenige als sehr gut bezeichnet werden können, mit dem etwa 6 km von Kaunakakai entfernten One Alii Park, an den sich weiter östlich der Kakahaia Beach Park und der Kumimi Beach anschließen, vielleicht die für Schwimmer optimalen Strände auf Molokai.
Schnorcheln ist am besten in der Halawa Bay im Osten, Wellenreiten am Moomoni Beach im Nordwesten der Insel möglich. Für Wassersport ganz allgemein sind die größeren Inseln vorzuziehen.

Insel Oahu

Vorbemerkung

Die Küste der Insel Oahu ist etwa 185 km lang und mit vielen schönen Stränden ausgestattet, manche besser zum Schwimmen, andere zum Wellenreiten oder Schnorcheln geeignet. Allerdings können Flut- und Ebbe-Verhältnisse unberechenbar sein und somit eine ständige Gefahr darstellen. Aus diesem Grunde muß man immer die Warnungsschilder beachten, vor allem an den nicht bewachten Stränden.

Insel Oahu, Vorbemerkung (Fortsetzung)

Besondere Vorsicht sollte man in den Wintermonaten walten lassen, also in den Monaten Oktober bis Februar. Der dann im allgemeinen hohe Wellengang treibt den Sand aufs Meer hinaus; die Strände, besonders an der Nord- und Westküste, werden schmaler. Erst in den ersten Frühjahrsmonaten wird der Sand erneut angeschwemmt und die Strände nehmen wieder ihr gewohntes Aussehen an. Doch auch dann muß immer auf Unterwasserströmungen geachtet werden.
Beginnt man an der Südküste in Honolulu und führt die ausgewählten Strände gegen den Uhrzeigersinn auf, ergibt sich folgendes Bild:

Ala Moana Beach Park

Hier bieten sich, noch dazu mitten in der Stadt, gute Möglichkeiten zum Schwimmen. Der Strand ist unter den Einheimischen sehr beliebt.

Waikiki und Kuhio Beach

Die Strände von Waikiki und Kuhio Beach sind unter → Waikiki, Reiseziele von A bis Z, beschrieben.

Diamond Head Beach Park

Die Schwimmgelegenheiten an dem direkt unter dem gleichnamigen Krater gelegenen Strand sind nicht sehr gut, aber ein Spaziergang ist empfehlenswert.

Hanauma Bay Beach Park

Dies ist vielleicht der schönste, aber auch der meist frequentierte Strand von Oahu. Die Bucht bildet ein teilweise unter Wasser liegender Krater. Das Wasser ist hier fast immer ruhig; es sind kaum Unterwasserströmungen zu erwarten, ein idealer Strand zum Schnorcheln und Scuba- Tauchen. Da die Hanauma-Bucht unter Naturschutz steht, kann man beim Tauchen zahlreiche farbenprächtige Fische beobachten.
Folgt man der Straße Nr. 72, gelangt man zum Koko Head Beach Park, auch als Sandy Beach bekannt, bei dem man es mit einem der gefährlichsten Strände von Oahu zu tun hat. Hier haben nur erfahrene Taucher etwas zu suchen; viele Unterwasserströmungen und Felsen im Wasser lassen ihn für den durchschnittlichen Schwimmer als ungeeignet erscheinen.

Hanauma Bay auf der Insel Oahu: idealer Platz zum Schnorcheln

Insel Oahu (Fortsetzung)

Auch im Makapuu Beach Park ist extreme Vorsicht für Schwimmer geboten; noch besser, man läßt es ganz sein.

Waimanalo Beach Park

Einige Kilometer weiter nördlich ist mit mehr als 5 km Länge der Waimanalo Beach Park der längste Strand auf Oahu und im Gegensatz zu den beiden vorhergehenden wieder für Durchschnittsschwimmer geeignet.

Bellows Field Beach Park

Dieser Strand ist an Werktagen Angehörigen der US-Luftwaffe vorbehalten und für Zivilisten nur von Freitagmittag bis Sonntagabend zugänglich. Gutes Schwimmen möglich, angenehme Picknick-Möglichkeiten.

Kailua Beach Park

Er besteht aus den drei, durch Riffe geschützten und daher sehr beliebten Sandstränden Kailua, Kalama und Oneawa. Insgesamt sind sie etwas über 3 km lang und erreichbar über den Kamehameha Highway (H 1), Pali Highway (Nr. 61) bis Kailua, dann über die Kailua Road bis an den Strand.

Kualoa Regional Park

Weiter nördlich entlang der Straße Nr. 83 ist einer der schönsten Strände, direkt gegenüber der Insel Chinaman's Hat, mit vielen Picknickplätzen und schattenspendenden Bäumen.
Nördlich von Laie befindet sich die Malekahana State Recreation Area, der ein Vogelschutzgebiet auf Goat Island vorgelagert ist.

NORDKÜSTE

Die Strände der Nordküste liegen sehr nahe beieinander; von Norden nach Süden aufgereiht sind es: Sunset Beach, Ehukai Beach, KeWaena Beach und Waimea Beach.
Diese Strände, die sich über mehrere Kilometer hinziehen, sind vor allem ein Paradies der Surfer; zum Schwimmen kann der Wellengang oft zu stark sein. Im Winter gibt es bis zu 8 m hohe Wellen; Warnschilder sind auf jeden Fall zu beachten. Während man die einheimischen Surfer vorwiegend am Makaha Beach an der Westküste sieht, treffen sich hier eher die Kalifornier. Auch im Waimea Bay Beach County Park ist starker Wellengang nicht selten; hier sind bis 9 Meter hohe Wellen gemessen worden, so daß weniger Erfahrene besser daran tun, vom Strand aus den Wassersportlern zuzusehen, statt sich selbst ins Wasser zu wagen. Auch hier ist besondere Vorsicht in den Wintermonaten geboten.

WESTKÜSTE

An der Westküste Oahus, nun aber von Süden nach Norden, liegen eine Reihe leicht erreichbarer Strände entlang der Straße Nr. 93. Es sind dies: Kahe Beach Park, Nanakuli Beach Park, Ulehawa Beach Park, Maili Beach Park, Lualualei Beach Park, Pokai Beach Park, Makaha Beach Park, Keeau Beach Park und Yokohama Bay, am Ende der Straße.
Mit Ausnahme des letzteren sind alle diese Strände gut ausgestattet, wenn auch Keeau für Surfen besser geeignet ist als zum Schwimmen. Makaha ist, wie schon erwähnt, in erster Linie ein Treffpunkt der Surfer, Schwimmen ist hier bei hohem Wellengang nicht ungefährlich. Maili liegt zwischen den beiden aus den Bergen kommenden Flüßen Ulehawa und Mailiili, die hier ins Meer münden. Die Bedingungen zum Schwimmen sind hier überall ausgezeichnet.

Taxi

Allgemeines

Taxis gibt es auf allen Inseln mit Ausnahme von Lanai. Sie sind im allgemeinen recht teuer, was natürlich in erster Linie auf die weiten Entfernungen zurückzuführen ist und die fehlende Konkurrenz von öffentlichen Verkehrsmitteln (außer auf Oahu).

In Honolulu gibt es, außer am Flugplatz, keine Taxistände, obwohl die Taxis meist vor den größeren Hotels stehen. Sie dürfen eigentlich nicht auf den Straßen anhalten, um Fahrgäste mitzunehmen, machen es aber doch üblicherweise.

Taxi, Allgemeines (Fortsetzung)

Am besten bestellt man ein Taxi telefonisch; der Wagen wird fast immer innerhalb weniger Minuten kommen. Auf den anderen Inseln ist mit einer längeren Wartezeit zu rechnen.

Fahrtkosten

Die Grundgebühr für das Taxi beträgt bis zu 2 Dollar (auf Hawaii) und jede weitere Meile kostet hier rund 1,75 Dollar.

Taxigesellschaften

Im folgenden einige empfehlenswerte Taxigesellschaften:

Oahu

Sida Taxi & Tours, Tel. 836-0011
Aloha State Taxi, Tel. 847-3566
TheCAB, Tel. 533-4999 oder 422-2222
Charley's Taxi , Tel. 955-2211
Americabs Taxi, Tel. 988-5733 und 848-8133
Century Cab, Tel. 528-4655

Hawaii
Big Island

Kona Airport Taxi, Tel. 329-7779
Bob's Taxi in Hilo, Tel. 959-4800

Kauai

Kauai Cab, Tel. 246-4622
Garden Isle Taxi, Tel. 245-6161

Maui

Mita Taxi, Tel. 871-4622
Kahului Taxi, Tel. 242-6404
Red and White Cab, Tel. 661-3684
Alii Taxi, Tel. 6861-3688 und 661-0133

Molokai

Molokai Off Road Tours & Taxi, Kaunakakai, Tel. 553-3369
Molokai Limousine Taxe Service, Kaunakakai, Tel. 553-3979

Lanai

Lanai City Service, Tel. 565-7227
Oshiro Service, Tel. 565-6952

Telefon

→ Post, Telegraf, Telefon

Tourist Information

→ Auskunft

Trinkgeld

In Hawaii ist das Trinkgeld (tip) normalerweise nicht im Endpreis enthalten und muß gesondert gegeben werden. In Restaurants und Nachtclubs gelten 15 bis 20 % als Richtwert, bei Taxis 15 %.
Für Gepäck, das ins Zimmer gebracht oder von dort bei der Abreise wieder abgeholt wird, gibt man ein Trinkgeld von 1 Dollar. Für das Zimmermädchen läßt man bei der Abreise nach mehr als dreitägigem Aufenthalt 50 Cents bis 1 Dollar pro Tag zurück.

Unterkunft

→ Camping, → Hotels und → Jugendherbergen

Veranstaltungskalender

Allgemeines

Die meisten Veranstaltungen finden im Freien statt. Vor Ort sollte man sich in der Tageszeitung oder in den überall erhältlichen Werbebroschüren über genaues Datum und Anfangszeiten der Veranstaltungen informieren. Soweit möglich, kann bei den in der nachfolgenden Liste angegebenen Telefonnummern nähere Auskunft über die Veranstaltung eingeholt werden. Um Verwechslungen auszuschließen, steht Big Island, wenn die Insel Hawaii gemeint ist. Die allermeisten Veranstaltungen sind kostenlos. Das Hawaii Visitors Bureau (→ Auskunft) gibt außerdem einen Veranstaltungskalender (Calendar of Events) heraus mit Daten und Ortsangaben.

Januar

Anfang

Hawaiian Open Golf Turnier, Waialae Country Club Golf Course, Honolulu, Oahu, Tel. 526-1232

Mitte bis Ende

Narcissus Festival, in Chinatown, dem chinesischen Viertel von Honolulu. Chinesisches Neujahrsfest mit bunten Löwen- und Drachentänzen, Feuerwerk und Blumenschauen, Tel. 533-3181
Kirschblütenfest in Honolulu, meistens bis Anfang März

Februar

Anfang

Punahou School-Carnival, Faschingsfest in der Punahou School, Honolulu, Tel. 944-5711 und 944-5753

Mitte

Surfwettbewerbe u. a. auf Oahu, Makaha Beach, Tel. 593-9292; auf Maui, Honolua Bay und Hookipa Beach Park, Tel. 572-4883

März

Anfang

Mauna Kea Ski Meet, Slalomrennen am Mauna Kea, Big Island, Tel. 943-6643
Marathon von Wailuku nach Lahaina, Maui, Tel. 242-6042
Cemiesee Windsurfing Championship, Hookipa Beach Park, Maui, Tel. 572-4883

Mitte

Cherry Blossom Queen Pageant, großes japanisches Fest mit Wahl der Kirschblütenkönigin in Honolulu, Oahu, Tel. 949-2255
Kamehameha Schools Song Contest, Liederwettbewerb im International Center, Honolulu, Tel. 842-8338 und 842-8495

Ende

Prince Kuhio Festival, Fest zum Gedenken an Prinz Kuhio (1902–1922; an dem Wochenende, das auf den Staatsfeiertag am 26.3. folgt) auf Kauai, Tel. 245-3971
Kona Stampede, Rodeos auf Big Island, Tel. 885-7949
Beginn der Polo-Saison, die bis September dauert; Hawaii International Polo Club Games, Oahu, Tel. 637-Polo; Honolulu Polo Club Games, Waimanalo, Oahu, Tel. 396-7656

April

Anfang

Wesak Day an dem ersten Sonntag, der auf den 8. April (Geburtstag von Gantana Buddha) folgt. Sonnenaufgangszeremonien mit Tänzen im Ala Moana Park und einem Chorkonzert im Kapiolani Park in Honolulu, Tel. 538-3805

April (Fortsetzung) Mitte	Whale Day in Kihei, auf Maui, Tel. 879-8860 Hawaiian Festival of Music, Waikiki Shell, Honolulu, Tel. 637-6566
Ende	Hula Pakahi & Lei Festival, Fest mit Hula-Tänzen und Blumenbinden, Maui Inter-Continental Resort, Wailea, Maui, Tel. 879-1922

Mai

1.Mai	Lei Day, Maifeier. Auf allen Inseln werden Blumengebinde, Nusskränze und Federschmuck gezeigt. Wahl der weißen Königin mit sieben Begleiterinnen im Kapiolani Park in Honolulu, Tel. 521-9815
Anfang	Captain Cook Festival, hawaiianische Spiele, Kanuregatten, Angelwettbewerbe und Musikveranstaltungen auf Big Island, Kailua Kona
Mitte	Bankoh Kayak Challenge, Kayak-Rennen von Molokai nach Oahu, Tel. 521-2345 Fiesta Filippina, mehrtägiges philippinisches Volksfest und Wahl der Miss Philippina in Honolulu.
Ende	Bankoh Ho'Omana'O Challenge, Segelregatta von Maui nach Honolulu, Tel. 537-8660 Keauhou-Kona Triathlon, Keauhou Bay, Kailua-Kona auf Big Island, Tel. 329-2692 Memorial Day, am letzten Montag im Mai werden in Honolulu Tausende von Gräber im Punchbowl-Army-Friedhof mit Blumenkränzen geschmückt

Juni

Anfang	King Kamehameha's Day, am 10. Juni werden auf allen Inseln prächtige Feste zu Ehren von König Kamehameha abgehalten, u.a. Hoolaulea (Straßenfeiern) in Waikiki und Kona, Paraden in Kailua-Kona, Lahaina und Kahului, Auskunft: Honolulu, Tel. 586-0333
Ende	Hawaii State Farm Fair, Landwirtschaftsausstellung in Honolulu, Tel. 848-2074

Juli

4. Juli	Parker Ranch Rodeo, Waimea, Big Island, Tel. 885-7655 Makawao Rodeo, Hawaiis größtes Rodeo, Makawao, Maui, Tel. 572-9928 Naalehu Rodeo, Naalehu, Big Island, Tel. 928-8326 Mac Farlane Kanuregatta and Surf Race, Waikiki, Honolulu, Tel. 921-1400
Anfang	Na Wahine O Hawaii, Musik- und Tanzvorführungen im Ala Moana Park, Honolulu, Tel. 239-4336 Na Hula O Ka'Ohikukapulani, Hula-Festival in Lihue, Kauai, Tel. 335-576 und 335-6466 Big Island Marathon, Hilo, Big Island, Tel. 961-6651 Transpacific Yacht Regatta Los Angeles – Honolulu, die weltberühmte Segelregatta startet am 4. Juli, die ersten Boote treffen nach etwa 9 Tagen in Honolulu ein. Festival of the Pacific, Hilo, Big Island, Tel. 961-6123 Prince Lot Hula Festival, Moanalua Gardens, Honolulu, Tel. 839-5334 Ukulele Festival, Fest mit Musik und Tanz im Kapiolani Park in Honolulu, Tel. 737-3739
Ende	International Jazz Festival, Waikiki Shell, Baisdell Center, Tel. 941-9974 Kilauea Volcano Marathon and Rim Runs, Marathon im Hawaii Volcano National Park, Big Island, Tel. 967-8222

August

Hanalei Stampede, Po'oka-Stallungen, Princeville, Kauai, Tel. 826-6777 Hula Festival, Kapiolani Park, Honolulu Kapalua Music Festival, Kapalua Bay Hotel, Kapalua, Maui, Tel. 669-5656	Anfang
Macadamia Nut Harvest Festival, Honokea, Big Island, Tel. 755-7276 Admission Day-Feiern (wird am 17. August auf allen Inseln gefeiert) Hawaii Intercultural Dance Festival, Big Island, Tel. 965-7828 Hula Festival im Kapiolani Park, Honolulu, Tel. 266-7654	Mitte bis Ende

September

Polynesian Festival, Tanzwettbewerb, Kaneohe, Oahu, Tel. 247-6188 Parker Ranch Round-Up Club Rodeo, Waimea, Big Island, Tel. 885-7447 Kapalua Open Tennis Tournament, Tennis-Grand-Prix, Kapalua, Maui, Tel. 669-0244 Queen Liliuokalani World Championship Long Distance Canoe Races, Kanuregatta für Männer und Frauen in Kailua-Kona, Bis Island, Tel. 323-2565 Okinawan Festival, Tänze, Kunsthandwerk und andere kulturelle Darbietungen im Kapiolani Park, Honolulu, Tel. 676-5400 Chinese Moon Festival Day, chinesisches Mondfest zu Ehren des chinesischen Kaisers Ming Huang, Auskunft: Chinese Chamber of Commerce, Tel. 533-3181 Hawaiian Oceanfest: The Diamond Head Wahine Windsurfing Classic, Waikiki, Oahu, Tel. 521-4322	Anfang
Hawaii County Fair, Hilo Civic Auditorium, Hilo, Big Island, Tel. 935-5022 Aloha Week, Straßenfeste auf allen Inseln bis Anfang Oktober, Auskunft: Honolulu Tel. 944-8857	Mitte

Oktober

Maui County Fair, Kahului, Maui, Tel. 877-3432 Mukahiki Festival, Waimea Falls Park, Oahu, Tel. 638-8511 Ironman Triathlon in Kailua-Kona, Big Island, internationale Teilnehmer	Anfang
Orchid Show, große Orchideenschau in Honolulu, Tel. 395-3689	Mitte

November

Lincoln Mercury Kapalua International Golf Tournament, Kapalua, Maui, Tel. 669-0244 Kona Coffee Festival, Folkloreveranstaltungen in Kailua-Kona, Big Island, Tel. 326-7820	Anfang
King Kalakaua Keiki Hula Festival, Kailua-Kona, Big Island Veterans Day Parade von Fort DeRussy zum Kapiolani Park, Honolulu	Mitte
Internationale Meisterschaften im Wellenreiten bis Dezember am Sunset Beach und am Makaha Beach auf Oahu	Ende

Dezember

International Film Festival, Vorführungen auf Oahu und den Nachbarinseln Festival of Christmas Trees, in Lanai geschlagene Weihnachtsbäume werden geschmückt und in Honolulu ausgestellt, Tel. 547-4780	Anfang

Veranstaltungen (Fortsetzung)

Mitte Dezember: Honolulu Marathon, Tel. 734-7200
Buddha Day, in allen buddhistischen Tempeln der Inseln, Tel. 245-6262

Verkehrsmittel

Busnetz

Abgesehen von der Insel Oahu und ihrer Hauptstadt Honolulu sind die öffentlichen Verkehrsmittel auf den hawaiischen Inseln sehr unzureichend. Auf den wenig bewohnten Inseln Molokai und Lanai gibt es überhaupt kein Busnetz; man ist dort von einem Auto abhängig. Eine andere Möglichkeit, die einzelnen Inseln ohne Auto zu erkunden, ist die Teilnahme an organisierten Ausflugsfahrten (→ Inseltouren).

Hawaii

Mit öffentlichen Verkehrsmitteln ist die Insel Hawaii nicht sehr reichlich ausgestattet. Innerhalb Hilos gibt es Stadtbusse (sechs Linien); Überlandbusse verkehren ab Hilo, Ecke Kamehameha Avenue und Mamo Street, Mo.–Sa. 6.00–18.00 Uhr. Der Hele-on-Bus, wie er allgemein genannt wird, verkehrt unregelmäßig, befährt aber die ganze Insel. Er ist preiswert, aber sehr langsam (Preise und Abfahrtszeiten telefonisch zu erfragen: 961-6722 oder 935-8241). Ferner gibt es noch einen sechsmal täglich verkehrenden Bus (9.30–18.00 Uhr) zwischen dem Postamt in Kailua-Kona und dem Kona Surf Hotel.

Maui

Auf Maui sind mehrere Buslinien vorhanden, die aber nur kurze Strecken fahren und ziemlich teuer sind. Blue Shorelinie verkehrt zwischen Lahaina und Kaanapali mit Verbindungen nach Napili und Kapalua (Mo.–Fr. 8.00–17.00 Uhr im 15-Minuten-Takt, 17.00–22.00 Uhr im 30-Minuten-Takt). Dreimal täglich verkehrt ein Bus zwischen Lahaina und Wailea.

Kauai

Kauai hat keine öffentlichen Verkehrsmittel. Lediglich eine Linie verkehrt vom Hotel Westin Kauai über Lihue und Wailua nach Kapaa (Aloha Bus, Mo.–Sa. 8.15–16.20 Uhr).

Oahu
Honolulu

Die Insel Oahu und dort vor allem Honolulu verfügt über ein hervorragendes Busnetz, mit dem man praktisch jeden Punkt auf der Insel erreichen kann. TheBus, wie sich die städtische Linie nennt, fährt um die ganze Insel – jede Fahrt kostet nur 60 Cents, womit es die billigste Buslinie in den Vereinigten Staaten sein dürfte; Umsteigefahrscheine sind umsonst vom Fahrer zu bekommen. Für die Fahrkarte, die man im Bus kaufen kann, muß man das Fahrgeld abgezählt bereithalten, da die Fahrer nicht wechseln. Die Busse sind alle klimatisiert. Bleibt man längere Zeit in Honolulu, lohnt sich der Kauf einer Monatskarte, die nur 15 US-Dollar kostet, also das Equivalent von 25 Fahrten.

Busgesellschaften

Folgende Busgesellschaften sind vertreten:
TheBus, Oahu, Honolulu, 1585 Kapiolani Street, Tel. 942-3702
MTS, Hawaii, Hilo, 25 Aupuni Street, Tel. 961-6722 oder 935-8241
Aloha Bus, Kauai, Tel. 822-9532
The Blue Shorelinie Bus, Maui, Tel. 661-3827.

Zeit

Zeitverschiebung

Die Ortszeit in Hawaii liegt gegenüber der amerikanischen Westküste um 2 Stunden, der amerikanischen Ostküste um 5 Stunden und gegenüber Mitteleuropa um 11 Stunden zurück.

Sommerzeit

Im Gegensatz zu Europa und allen anderen US-Bundesstaaten hat Hawaii keine Sommerzeit (daylight saving time). In den sechs Monaten der Sommerzeit vergrößert sich demnach der Zeitunterschied um eine weitere

Zeit (Fortsetzung)

Stunde: 3 Stunden gegenüber der Westküste der USA, 6 Stunden zur Ostküste der USA und 12 Stunden gegenüber Mitteleuropa. Kommt man in Hawaii vom Abendessen ins Hotel zurück, werden in Europa gerade die Geschäfte und Büros am nächsten Tag geöffnet.

Datumsgrenze

Da Hawaii östlich der internationalen Datumsgrenze liegt, sind die Uhren der Inseln um fast einen vollen Tag gegenüber denen der asiatischen und pazifischen Länder zurück (Singapur 18 Stunden, Japan 19 Stunden, Sydney 20 Stunden, Neuseeland und Fidschi je 22 Stunden).

Hinweis

Wie allgemein in den Vereingten Staaten üblich, werden die Stunden von Mitternacht bis 12.00 Uhr mittags mit a.m. (ante meridiem) und die von 12.01 bis 23.59 Uhr mit p.m. (post meridiem) bezeichnet.

Zeitungen

Honolulu hat zwei ausgezeichnete Zeitungen, das 'Honolulu Star Bulletin' und den 'Honolulu Advertiser', beide mit einer Auflage von je etwa 100000 Exemplaren. Von geringerer Bedeutung sind die Tageszeitungen 'Hawaii Tribune-Herald' in Hilo (Hawaii), die 'Maui News' in Wailuku (Maui) und 'West Hawaii Today' in Kailua-Kona. 'Hawaii Hochi' ist eine japanisch-englische Tageszeitung, die in Honolulu gedruckt wird. Auch Koreaner und Chinesen verfügen über eigene Tageszeitungen in ihren Sprachen.
Amerikanische Zeitungen vom Festland, wie die 'Los Angeles Times', der 'San Francisco Chronicle', der 'San Francisco Examiner', die Westküsten-Ausgabe des 'Wall Street Journal' sowie der 'New York Times' sind ebenfalls täglich in Honolulu und häufig auch auf den anderen Inseln erhältlich.
Selbstverständlich werden auch alle Zeitschriften vom amerikanischen Festland in Honolulu vertrieben; von den hawaiischen Zeitschriften sind nur 'Honolulu Business' und 'Hawaii Business' von allgemeinem Interesse.
Eine große Auswahl an deutschen Zeitungen und Zeitschriften findet man im Hawaiian Shopping Center (2201 Kalakana Avenue, Waikiki), im Nene Travel.

Zollbestimmungen

Einreise in die USA, nach Hawaii

Zollfrei sind Gegenstände des persönlichen Bedarfs (Kleidungsstücke, Toilettenartikel, Schmuck, Foto- und Filmapparate, Filme, Fernglas, Reiseschreibmaschine, tragbares Radio-, Tonband- und Fernsehgerät, Sportausrüstung, Kfz (bis 1 Jahr); ferner für Erwachsene 1 Quart (ca. 1 l) alkoholische Getränke, 300 Zigaretten oder 50 Zigarren oder 3 US-Pfund (lbs.; ca. 1350 g) Tabak. Zusätzlich pro Person Geschenke bis zum Gegenwert von 100 US-Dollar (darunter für Erwachsene bis 1 Gallone/3,78 l alkoholische Getränke und 100 Zigarren).
Für die Einfuhr von Tieren, Fleisch und Pflanzen gelten besondere, z.T. komplizierte Bestimmungen (Auskunft bei den Zollämtern). Für Hawaii gelten Sonderbestimmungen für die Einfuhr von Agrarprodukten. Die Hawaii Visitors Büros (→ Auskunft) geben nähere Informationen.

Wiedereinreise in den EU-Binnenmarkt

Zollfrei sind alle persönlichen Gebrauchsgegenstände (vgl. oben), 200 Zigaretten oder 100 Zigarillos oder 50 Zigarren oder 250 g Tabak. 1 l Spirituosen mit über 22 Vol.-% Alkohol oder 2 l Spirituosen unter 22 Vol.-% oder 2 l Schaumwein. Ferner 2 l Wein, 250 g Kaffee oder 100 g Kaffee-Extrakt (Pulverkaffee), 100 g Tee oder 40 g Tee-Extrakt, 50 g Parfüm, 0,25 l Toilettenwasser (Tabakwaren und alkoholische Getränke nur bei Personen über 17 Jahre, Kaffee nur bei über 15jährigen).

Register

Bei Ortschaften und Sehenswürdigkeiten ist jeweils der Name der betreffenden Insel zusätzlich in Klammern angegeben. Der Großraum Honolulu mit Honolulu Downtown, Waikiki und Pearl Harbor ist in einem Subregister unter dem Stichwort 'Honolulu' gesondert aufgeführt.

Verzeichnis der Karten, Pläne und graphischen Darstellungen

Bildnachweis

Archiv: S.36
Drechsler-Marx: S.8, 15, 19 (2×), 25 (4×), 26 (2×), 31 (2×), 32, 35, 62, 81 (2×), 84, 88, 89, 92, 97, 98, 101, 103, 105, 111, 114, 115, 119, 123, 124, 127, 141 (2×), 143, 145 (2×), 153, 163, 165, 167, 169, 170 (2×), 176, 178, 182, 185 (2×), 188, 195 (2×), 197, 199, 201, 208, 210, 211, 215, 216, 220, 221, 223, 224, 226, 231, 237, 240, 243, 244, 259, 273
Hawaiian Visitors Bureau (Waterfall): S. 131
Historia-Photo: S. 41, 51 (3×)
IFA-Bilderteam : S. 1, 3 (oben), 5, 6, 151
Lade: S. 3 (unten), 6, 6/7, 7 (2x), 146, 157, 207, 277
Schuster: S. 77, 120, 134, 148, 263, 271
Simon: S. 233
Steenmans: S. 274
Strüber: S. 93, 160, 191, 204
Ullstein-Bilderdienst (Haeckel): S. 59

Impressum

Ausstattung:
108 Abbildungen
9 Übersichtskarten, 8 Inselkarten, 7 Stadtpläne, 4 graphische Darstellungen, 3 Orientierungskarten, 2 Lagekarten, 2 Grundrisse, 1 Orientierungsplan, 1 Sonderkarte, 1 große Reisekarte

Text: Henry Marx, Claudia Smettan
Nachführung: Baedeker-Redaktion (Anja Schliebitz, Barbara Branscheid)

Kartographie: Ingenieurbüro für Kartographie Harms, Erlenbach bei Kandel/Pfalz

Gesamtleitung: Dr. Peter H. Baumgarten, Baedeker Stuttgart

3. Auflage 1995

Urheberschaft: Karl Baedeker GmbH, Ostfildern (Kemnat) bei Stuttgart
Nutzungsrecht: Mairs Geographischer Verlag GmbH & Co., Ostfildern (Kemnat) bei Stuttgart

Druck: Mairs Graphische Betriebe GmbH & Co., Ostfildern (Kemnat)
Printed in Germany
ISBN 3-87504-423-1

Gedruckt auf 100% chlorfreiem Papier